Das Eigenthum am Kirchenvermögen

mit

Einschluss der heiligen und geweihten Sachen

dargestellt auf Grund

der

Geschichte des Kirchenguts

und

des katholischen und protestantischen Kirchenrechts

von

Heinrich v. Poschinger

Doctor der Rechte.

Eine von der Münchner Juristenfakultät gekrönte Preisschrift

Anhang:

Ein Rechtsgutachten über die Ansprüche der Altkatholiken auf Kirchen und Kirchengut.

München 1871

Rudolph Oldenbourg.

Akademische Buchdruckerei von F. Straub in München

Vorwort.

Es gibt auf Erden keine Person, welche nur den zehnten Theil jener Summen besitzt, über welche die katholische Kirche in ihrer Gesammtheit zu gebieten hat. Nicht nach Tausenden oder Millionen, nach Milliarden muss man rechnen, will man ihre Schätze entziffern.

Während es nun gewiss wenig Gegenstände gibt, die nicht ihren Eigenthümer aufzuweisen hätten, zerbricht man sich merkwürdiger Weise schon seit Hunderten von Jahren den Kopf, wem denn eigentlich das Kirchengut eigenthümlich zustehe.

Ja der Streit um den wahren Eigenthümer des Kirchenvermögens ist geradezu epidemisch geworden, und wüthet er noch lange in dem Masse fort wie bisher, so wird unsere Streitfrage bald eine Literatur aufzuweisen haben, so umfangreich wie keine zweite.

Freilich bietet sie auch ausserordentliches Interesse dar, ein Interesse, welches sich durch die neuesten Ereignisse in der katholischen Kirche nur noch gesteigert hat. Denn zu den vielen Eigenthumscandidaten, welche für das Kirchengut bereits aufgetreten sind, ist in Folge der entstandenen Kirchenspaltung auch noch ein neuer in der Person der Altkatholiken hinzu gekommen.

Dass ihre Anrechte auf Kirchen und Kirchengut rechtlich gewürdigt werden musste, liegt auf der Hand.

Was die Behandlung des Stoffes betrifft, so wurde der streng geschichtlichen Methode der Vorzug eingeräumt. Von Christus an bis auf unsere Tage wurden alle Momente gesammelt, welche mit der Frage des Rechtssubjectes des Kirchenvermögens nur irgendwie in Verbindung stehen. Dadurch wurde der Frage eine ganz neue Seite abgewonnen; noch mehr aber geschah diess, indem einzelne bisher ganz vernachlässigte Partien des Kirchenvermögens in das Bereich der Abhandlung herein gezogen wurden: ich nenne Beispielsweise blos das gesammte Klostervermögen, ferner den ganzen consecrirten und benedicirten Theil des Kirchenvermögens. Aber auch abgesehen hievon wird man bei näherer Betrachtung des Inhaltsverzeichnisses eine ganze Reihe von Ueberschriften finden, welche Themate behandeln, die bisher entweder gleichfalls ganz ignorirt, oder mit ein Paar Worten abgefertigt worden waren.

So glaube ich denn, dass vorliegende Arbeit den Ansprüchen gerecht wird, welche man an eine neue Bearbeitung einer alten Lehre mit vollem Rechte wird stellen können.

Schliesslich bemerke ich noch ausdrücklich, dass an der ursprünglichen Fassung der Schrift, wie sie bereits im Jahre 1868 von der Münchner Juristenfakultät gekrönt wurde, nichts Wesentliches geändert wurde. — Soviel, um der etwaigen Annahme zu begegnen, als sei dieselbe eine tendentiöse Gelegenheitsschrift, und ermangle als solche am Ende gar der nöthigen Objectivität.

München, den 28. Oktober 1871.

Heinrich v. Poschinger.

Inhalt.

Vierter Abschnitt.

Die Capitulargesetzgebung und der Geist der kirchlichen Schenkungen im Mittelalter.

Fünfter Abschnitt.

Das canonische Recht.

Sechster Abschnitt.

Das Tridentinische Concil.

Siebenter Abschnitt.

Rechtliches Verhältniss der einzelnen Kirchen unter einander.

Achter Abschnitt.

Rückblick auf die gegnerischen Theorien.

Neunter Abschnitt.

Das Rechtssubject der consecrirten und benedicirten Sachen.

Erste Unterabtheilung.
Die consecrirten Sachen.

Zweite Unterabtheilung.
Die benedicirten Sachen.

Anhang

Einleitung.

§ 1.

Welches Recht entscheidet in den Fragen des kirchlichen Vermögensrechts? *)

Es ist schon vielfach die Behauptung aufgestellt worden, die Frage, ob der Kirche Vermögens- und Erwerbsfähigkeit zukomme, sei ihrem ganzen Umfange nach, nach ihrem und nicht so fast nach dem bürgerlichen Rechte zu beurtheilen,[1] jedenfalls sei aber die Controverse über den Eigenthümer am Kirchengute eine canonistische; dass die erste Thesis unhaltbar sei, wird nunmehr fast allgemein zugegeben; die Billigkeit mag es verlangen, dass der Kirche die Erwerbsfähigkeit nicht vorenthalten werde; allein ein angebornes Recht zu besitzen hat sie nicht, da alle Rechtsfähigkeit im Staate einzig und allein von ihm ausgeht.

---

*) Vergl. im Allgem. Schulte System des allgem. kath. Kirchenrechts Giessen 1856. S. 490 idem die Erwerbs- und Besitzfähigkeit der deutschen Bisthümer Prag 1860. S. 14. idem die juristische Persönlichkeit der katholischen Kirche, ihrer Institute und Stiftungen, sowie deren Erwerbsfähigkeit Giessen 1869. § 1. S. 1 ff. und Hübler der Eigenthümer des Kirchenguts Leipzig 1868. S. 145—152.

[1] S. die Citate bei Hübler l. c. S. 145 Note 1. Affre Traité de la Propiété des Biens Ecclesiatiques Paris 1837. p. 8. „L'église a une capacité de posséder, indépendante de la loi, et que la loi ne peut lui ravir" ebenso Th A. J. de Montpellier Défense des Droits de Dieu de l'église Catholique et de ses membres etc. Liége 1865. s. bes. Chap. V. „L'église catholique pose en fait son droit d'acquerir et de posséder sans autorisation de la loi civile" die im Syllabus v. 8. Dez. 1864 condemnirte Thesis No. 26 lautet endlich: „Ecclesia non habet nativum ac legitimum jus acquirendi ac possidendi."

[2] Schulte System S. 490.

Allein auch die zweite Thesis, die Beantwortung der Frage, wer denn der eigentliche Eigenthümer des Kirchengutes sei, stehe dem Kirchenrechte zu, ist neuerdings angefochten, und in Folge davon unsere Controverse eine eminent civilistische genannt worden.[3]

Zunächst ist allerdings richtig, dass für den concreten Fall die Frage, wer der Eigenthümer des Kirchengutes in einem Lande sei, allein nach dem positiven Rechte des betreffenden Staates entschieden werden müsse. Die Frage ist aber die, ob nicht der Staat, welcher auf eigene Faust hin ein Rechtssubject des Kirchenvermögens statuirt, welches der kirchlichen Verfassung ganz heterogen ist, z. B. die Landeskirche, damit die Rechte der Kirche verletzt, ob er nicht hiedurch in eine fremde Rechtssphäre hinüber greife.

Vom allgemeinen Standpunkte aus betrachtet kann diess letztere nicht behauptet werden; denn eine andere als höchstens moralische Verpflichtung, die Kirche überhaupt im Lande als eigenthumsfähig anzuerkennen besteht nicht.[4] Nachdem nun aber der Staat in die kirch-

---

[3] cf. Hübler l. c. S. 151 f. „Ebenso irrig ist es, zwischen einer generellen und einer speciellen Vermögensfähigkeit zu unterscheiden, und die erstere auf das Civil-, die letztere auf das Kirchenrecht zurückzuführen. In beiden Fällen sind die Fragen gleich, in beiden muss mithin die Antwort gleich ausfallen. Wird für die allgemeine das Privatrecht als massgebend hingestellt, so steht auch die besondere auf demselben Boden, und hängt die Lösung dieser von dem Kirchenrechte ab, so kann auch jene nicht von einer anderen Ordnung dependiren."

[4] Man hat vielfach das Gegentheil behauptet, und gestützt auf die immanente Nothwendigkeit des Güterbesitzes, auf eine rechtliche Verpflichtung des Staates, der Kirche die Corporationsqualität zu verleihen, schliessen wollen, ja dieselbe gar als ipso jure gegeben betrachtet. S. die Citate bei Hübler l. c. S. 145 Note 1. Allein diess war ein arger Trugschluss. Trefflich bemerkt hiegegen Hübler S. 151 Note 5. „Käme es blos auf die immanente Nothwendigkeit des Güterbesitzes an, so würde auch jede Handelsgesellschaft eo ipso die Corporationsqualität beanspruchen können. Ueber die Frage, ob eine Verbindung im Staate als juristische Person anzusehen sei oder nicht, entschiede folgeweise nicht der Staat (die

liche Rechtsphäre nicht eingreift, wenn er sagt, die katholische Kirche kann in meinem Lande für ihre Zwecke überhaupt kein selbständiges Vermögen erwerben, so kann von einem Eingriff in ihr Recht auch dann noch keine Rede sein, wenn er sagt: nach meinen Gesetzen sollen die politischen Gemeinden jene Subjekte vorstellen, welche fähig sind Vermögen für kirchliche Zwecke zu erwerben oder zu besitzen. Die Erfahrung aber lehrt, dass die Kirche sowohl unter den einen als den andern Verhältnissen recht wohl bestehen könne. [5]

So kömmt denn Alles auf die Grundgesetze an, welche die Verhältnisse zwischen Kirche und Staat in den einzelnen Staaten regeln. Sind hienach, wie z. B. in Bayern die Kirchen und Geistlichen in ihren bürgerlichen Hand-

---

betreffende Rechtsordnung), sondern das specielle Vereinsstatut. Dem ist nicht so!" Ueberhaupt hat man aber bei der Aufstellung der obigen Thesis übersehen, dass zwar Güterbesitz für die Kirche nöthig ist, dass es aber keineswegs für die Kirche Existenzfrage ist, ob das kirchlichen Zwecken dienende Vermögen im formellen Eigenthum der Kirche selbst und ihrer Institute, oder in dem anderer Persönlichkeiten sich befinde, z. B. der Geistlichen, insbesondere der jeweiligen Bischöfe, wie das z. B. vielfach in Amerika zutrifft, oder der politischen Gemeinden, des Staates, der Kirchenpatrone, etc. cf. Note 5.

[5] In den ersten 3 Jahrhunderten des Bestehens der katholischen Kirche war die Eigenthumsfähigkeit derselben so viel als nicht anerkannt. (s. wegen ein Paar vereinzelnter Ausnahmen den § 3.) Gleichwohl gedieh die Kirche prächtig, und hatte mitunter bessere Früchte aufzuweisen, als im 19. Jahrhundert wo die Kirche unter rechtskräftigem Titel Milliarden zusammengehäuft hat. Allein wir brauchen keineswegs soweit in der Geschichte zurück zu blättern. Wird etwa die Eigenthumsfähigkeit der Kirche in China anerkannt; oder in allen Ländern Amerika's? Oder fühlt sich die Kirche desshalb daselbst nicht lebensfähig? Oder tangirt es dieselbe, dass in Frankreich nach einer vielverbreiteten Ansicht die politische Gemeinde Herrin des Kirchengutes ist? (Ueber die Wege, welche die Kirche eingeschlagen hat, um auch in Ländern, wo sie und ihre kirchlichen Institute nicht als eigenthumsfähig anerkannt sind, für die Beschaffung und gesetzmässige Regelung ihrer materiellen Bedürfnisse genügend zu sorgen, werden wir unten cf. § 48 zu berichten Gelegenheit haben.)

lungen und Beziehungen wie auch in Ansehung des ihnen zustehenden Vermögens den Gesetzen des Staates und den weltlichen Gerichten untergeben,[6] so ist die Frage nach dem Rechtssubjekte des Kirchenvermögens allerdings eine civilistische, sind dagegen, wie z. B. in Oesterreich alle inneren Fragen des Vermögens als da sind Verwaltung, Verwendung, kirchliches Subjekt, Verwendung des Vermögens aufgehobener Corporationen, den Staatsgesetzen entrückt,[7] so ist die Frage eine canonistische, d. i. eine nach dem Kirchenrechte zu entscheidende.

Will man demnach die Controverse über das Rechtssubjekt ganz lösen, so wird man sich mit einer lediglich civilistischen Antwort[8] nicht begnügen dürfen; die letztere bietet ohnedem lange nicht die Schwierigkeiten, wie die Beantwortung nach canonischem Rechte;[9] hier liegt überhaupt der Schwerpunkt der Controverse, und ist die Lösung des seit einem halben Jahrtausend immer fester verschlungenen Knotens auch für die civilistische Beantwortung der Frage um so wichtiger, als in vielen Fällen das einschlägige Civilrecht die rechtliche Normirung des Verhältnisses, selbst wo es dazu berechtigt gewesen wäre, unterlassen,[10] und hiedurch stillschweigend jene Grundsätze adoptirt hat, welche die Kirche aufzustellen für gut befunden hat.

---

[6] cf. Verf.-Urkunde v. 26. Mai 1818 Tit. IV § 9 und Edikt die äusseren Rechtsverhältnisse der Einwohner des K. Bayern in Beziehung auf Religion u. kirchliche Gesellschaften betr.

[7] cf. Schulte die juristische Persönlichkeit der kath. Kirche etc. Giessen 1869. S. 84. Daselbst auch die Belege.

[8] Wie diess Hübler thut, s. dessen zweite Abtheilung der oben S. 1 Note * allegirten Schrift, betitelt: „der richtige Standpunkt!"

[9] Doch herrscht mitunter auch hier Streit; so insbes. in Frankreich u. Bayern. Die einzelnen Theorien, die man hier aufgestellt hat, werden wir weiter unten anzuführen haben.

[10] Mitunter sind die Daten so spärlich und armseliger Natur, dass gleichfalls eine positive Entscheidung nicht gefasst werden kann.

§ 2.

Die juristischen Personen. *)

Ehe wir nun zu deren Erforschung übergehen, halte ich es für angemessen, einige Worte über die Lehre von den juristischen Personen vorauszuschicken; denn vor allem müssen die Begriffe klar sein, und ehe man das Eigenthum Personen zusprechen will, die nicht wie wir Menschenkinder auf zwei Beinen umhergehen, wird es gut sein, sich über deren Wesen und Eigenthümlichkeit umzusehen, zumal darüber nicht allseitige Uebereinstimmung herrscht. Sind sich die Civilisten doch sogar darüber in die Haare gerathen, ob es überhaupt juristische Personen gebe, und ob nicht deren Einfügung in der Lehre von den Personen der Aufführung der Vogelscheuche in der Naturgeschichte unter den Menschen gleichkäme.

Während nämlich die bisherige Theorie die juristischen Personen den natürlichen entgegensetzte, bricht Brinz [1] der Begründer der modernen Lehre von dem „Zweckvermögen" ganz mit diesem Rechtsgebilde, behauptet, es bedürfe eines fingirten oder bloss im Rechte bestehenden Subjektes für das einem gewissen Zwecke dauernd gewidmeten Vermögens nicht, da dasselbe vielmehr als subjektloses existire. Weil das Vermögen einer universitas res nullius sei, könne es nicht res personae sein, müsse also für einen Zweck gehören. Der Schwerpunkt liege also nicht im Subjekte, sondern vielmehr in dem Zwecke. Sachen, die einer Person gehören, stellen sich Sachen gegenüber, die für einen Zweck gehören, dem Personenver-

*) Im Allgemeinen verweise ich auf die Lehrbücher der Pandekten von Windscheid §. 57, Seuffert §. 50, Arndts §. 41, daselbst auch die weiteren Literaturanzeigen.

[1] Vgl. dessen Lehrb. der Pandekten II. Abthl. 2. Hälfte 1. Liefer. die juristischen Personen Erlangen 1868 Ferner dessen Vorrede z. Lehrb. d. Pand. Die Brinz'sche Auffassung ist nicht ohne Nachfolger geblieben vgl. die Literaturangaben bei Windsch. P. §. 49 Note 4.

mögen wird das **Zweckvermögen** gegenübergestellt. Trotz der geistreichen Durchführung der Theorie vom Zweckvermögen kann indess die Herrschaft der juristischen Personen doch noch nicht als so sehr erschüttert betrachtet werden, dass wir die Theorie von dem Zweckvermögen dieser Abhandlung ganz zu Grunde legen zu dürfen glauben; wenigstens hat dieselbe bis jetzt weder in der Doktrin [2] noch in der Praxis [3] recht durchzudringen vermocht. [4]

Der Weg, den das römische Recht einschlug, um für einen Zweck ein Vermögen selbständig zu constituiren, war nach der herrschenden Auffassung vielmehr der, dass auf dem Wege der Fiktion, dem rechtlichen Mittel, zu normirende Verhältnisse mit normirten gleichzustellen, eine nur in der Idee (mystische) in der Fiktion (fingirte), nur im Rechte bestehende (juristische) Person geschaffen wurde, der dann das Vermögen, gleich wie einer natürlichen Per-

---

[2] Gegen die Brinz'schen Zweckvermögen haben sich hauptsächlich erklärt Arndts in Pözl Vierteljahrsschrift Bd. V S. 93 Unger in der kritischen Ueberschau der deutschen Gesetzgebung Bd. IV S. 171 s. auch ebendens. in s. System des österr. allg. Privatrechts Bd. VI d. röm. Erbrecht S. 38. Windscheid P. §. 41 Note 3 (dagegen aber Brinz l. c. S. 989 replicirend.) S. auch Schulte die juristische Persönlichkeit der kathol. Kirche etc. Giessen 1869 S. 9 Note 1, welcher mit Recht bemerkt, **praktisch** komme es auf dasselbe hinaus, ob man auf dem kirchlichen Gebiete verschiedene Individuen als Subjekte des Vermögens oder verschiedene Sonderzweckvermögen existiren lassen wolle, wie sich dann auch Brinz mit der eindringlichsten Erörterung der Frage nach dem Rechtssubjekte am K. V. einverstanden erklärt habe.

[3] Arndts Pandekten §. 41. „So zeigen denn auch die neuesten Gesetzgebungen durchaus keine Geneigtheit, das, was der Verstand von Jahrhunderten gemacht hat, wieder aufzugeben."

[4] Dagegen sind wir weit entfernt, die Brinz'schen „Zweckvermögen" über die Achsel ansehen zu wollen. Ich gestehe vielmehr unumwunden, seine Theorie hat mich an vielen Stellen überzeugt, sie ist ebenso geistreich, als neu, die Partie, welche von dem Kirchengute handelt, möchte ich geradezu klassisch nennen. Auch werden wir im Laufe der Darstellung wiederholt Gelegenheit nehmen, die Brinz'schen Ideen in ihrer Anwendung auf das Kirchengut, und die dabei gewonnenen Resultate zu verzeichnen.

son eigenthümlich zustehen soll. Die sonst subjektlose Sache verdankt dem uns innewohnenden Personifikationstriebe [5] ein Subjekt, eine Person, die res nullius ist zur res universitatis geworden.

Die juristischen Personen zerfallen in zwei grosse Klassen: Corporationen und Stiftungen [6] Corporationen, bei denen der Personenverein als das Substrat gilt, [7] Stiftungen, bei welchen dasselbe durch das Vermögen gebildet wird.

Entscheidend für die Eigenschaft einer juristischen Person als Corporation ist der Umstand, dass bei dieser der Wille derselben durch eine Anzahl von Corporationsgliedern (oder durch alle zugleich) hergestellt wird, während bei einer Stiftung [8] gleichsam der Wille des Stifters als fortlebend gedacht wird, so dass die physischen Personen, welcher die Stiftung zum Auftreten im praktischen Rechtsleben bedarf, denselben bloss äusserlich vermitteln. Im einzelnen ist es oft schwer zu constatiren, ob eine Corporation oder Stiftung gegeben sei. [9] Auch kömmt es vor, dass eine juristische Person zuerst unverkennbar Stiftung ist, und erst allmählig Corporation wird, welchen Entwicklungsgang wir z. B. später bei den Domkapiteln nachweisen werden.

Eine weitere Eintheilung ist die: in weltliche und kirchliche juristische Personen, je nachdem die juri-

---

[5] Windscheid P. S. 113 und S. 114 Note 2.

[6] Savigny Syst. II §. 85 Seuffert prakt. Pandektenrecht. 4. Aufl. §. 50 Arndts P. §. 41 Pfeifer d. Lehre v. d. juristischen Personen §. 5 Anm. 2. Böcking Institutionen §. 62.

[7] Diess stellt mit guten Gründen in Abrede, und behauptet, stets sei das Vermögen das Substrat Demelius über fingirte Persönlichkeit in v. Gerber's und Ihering's Jahrbüchern für die Dogmatic des heutigen röm. u. deutsch. Privatrechts Bd. IV S. 118. — Ueber das Substrat der jurist. Pers. vgl. auch Brinz l. c. S. 1070.

[8] Ueber Stiftungen s. bes. P. Roth in den Jahrb. f. Dogmatik Bd. I S. 189 ff.

[9] Vgl. Brinz l. c. S. 998.

stische Person ihre Rechtsfähigkeit für weltliche oder exclusiv für kirchliche Zwecke in Anspruch nimmt. [10]

Es empfiehlt sich nunmehr, hauptsächlich das Moment des Zweckes, und all die verschiedenen Beziehungen, in welche sich derselbe zu den juristischen Personen zu setzen vermag, näher ins Auge zu fassen; denn merkwürdig genug, nicht bloss dass der Zweck und das für denselben bestimmte Vermögen „das Zweckvermögen" die Herrschaft der juristischen Personen zu stürzen drohte, hat derselbe auch da, wo er in deren Reiche Unterkommen fand, nicht geringe Verwirrungen hervorgerufen, und zu den allergrössten Irrthümern Veranlassung geboten.

So hat man z. B. die Behauptung aufgestellt, die Eigenthumsfähigkeit einer juristischen Person werde durch Ewigkeit und Stetigkeit des von derselben zu erreichenden Zweckes bedingt. Unter Anwendung auf die vermögensrechtlichen Verhältnisse der Kirche wurde sodann der dauernde Zweck der einzelnen Kirche in Abrede gestellt, [11]

---

[10] Für die kirchlichen juristischen Personen haben sich im Allgemeinen keine besondere Regeln ausgebildet, nur verlangt die Kirche unbedingt spezielle Verleihung der jurist. Persönlichkeiten durch den kirchlichen Obern. Neben den kirchlichen juristischen Personen spricht man auch von kirchlichen moralischen Personen, d. h. an sich unpersönliche Wesen, welche wohl kirchliche, aber keine privatrechtliche Rechtsfähigkeit geniessen. So sind die Brüderschaften kirch. moralische, aber nur vereinzelt (z. B. in Oesterr.) auch kirchl. jurist. Personen; ebenso ist die allgemeine Kirche eine kirchlich moralische, keine kirchl. juristische, wie unten zur Genüge bewiesen wird. Vgl. zu dem Gesagten Schöpf kathol. Kirchenrecht Bd; IV §. 261.

[11] Maas in s. Schrift betitelt das Rechtssubjekt, die Vertretung, Verwaltung und Verwendung des Kirchen-, Schul- und Stiftungsvermögens etc. in Moy's Archiv f. kath. Kirchenrecht (Bd. IV S. 583—604 und 644—704 Bd. V S. 1—35) S. 699: „Jener (der Zweck der einzelnen kirchlichen Institute) ist ein lokal und zeitlich begrenzter, dieser (der Zweck der allgemeinen Kirche) ist ein ewiger, universeller, der unabhängige, selbständige Zweck, das an und für sich bestehende Existenzrecht einer juristischen Person, ist der Eigenthümer ihres Vermögens" S. 698 „das einzelne Institut hat keinen (?) ständigen Zweck."

und dann frischweg auch deren Eigenthumsfähigkeit geläugnet.

Das Alles ist aber grundfalsch; denn die Irrigkeit obiger Prämisse ist schon längst eingesehen worden, und nun allgemein anerkannt, dass wie bei den natürlichen so auch bei den juristischen Personen Rechtsfähigkeit nicht von der Dauer des Zweckes bedingt ist.

Für's Zweite behauptet Maas nach dem Vorgange einiger Civilisten, der Zweck sei der Eigenthümer einer juristischen Person, er sei das Subjekt derselben.[12] Ist diess wirklich der Fall, dann argumentirt Brinz Pand. S. 987 vollkommen richtig, wenn er bemerkt, dass es logischer sei, fortan kein Subjekt mehr zu dulden, dem das Vermögen gehöre, sondern es nur mehr für diesen Zweck selbst gehören zu lassen, als erst noch ein Subjekt zu fingiren, so dass es mit dem Zwecke nur durch diese Vermittlung in Beziehung gesetzt sei.

Allein auch abgesehen hievon beruht jene Annahme auf der petitio principii, dass der Zweck überhaupt eigenthumsfähig sei. Nun ist aber[13] der Zweck stets etwas Objektives, und rechtlich betrachtet der modus die Auflage, unter welcher die juristische Person als solche als Eigenthümerin erscheint.[14] Wer demnach den Zweck den

---

[12] Vgl. Puchta Institutionen II. S. 291—296: „der Zweck selbst ist gewissermassen die Person, der die Güter zustehen." Savigny System II. S. 244 Note 6. Puchta Pandekten §. 27 S. 41. Holzschuher Theorie und Casuistik d. gem. Civilrechts Bd. I. §. 33 Note 1. Maas l. c. S. 651.

[13] Vgl. z. B. Warnkönig in der kritischen Vierteljahrsschrift Bd. III (1861) S. 363.

[14] Windsch. P. §. 58 S. 138: „das Subjekt der Rechte ist die juristische Person als solche." cf. auch Brinz l. c. S. 988. Warnkönig bemerkt a. a. O. gegen Maas: Was das Vermögen betrifft, welches einer juristischen Person zu erwerben gestattet wird, so bildet ihr Zweck, weil es nur zu dessen Verwirklichung verwendet werden darf, dessen Bestimmung und daher den seinem Erwerb auferlegten Modus . . . . Es scheint uns eine juristische Monstrosität, diesen modus zu einer jurist. Person zu machen."

Eigenthümer des Vermögens der juristischen Person nennt, der begeht eine Subjekt-Objektivirung, die ihres Gleichen sucht.[15] — Die gänzliche Unhaltbarkeit des Satzes, der Zweck sei der Eigenthümer, geht aber auch noch aus einer andern Betrachtung hervor; es trifft nämlich bei vielen jurist. Personen zu, dass eine einzige mehrere ganz verschiedenartige Zwecke zu verfolgen hat. Wäre nun der Zweck der Eigenthümer des Vermögens der juristischen Person, so müsste man in diesem Falle mehrere Eigenthümer (da Zwecke) annehmen, während doch die Zweckverschiedenheit nicht das Subjekt spaltet, sondern nur zu einer administrativen Theilung des Vermögens führt.[16]

Trefflich bemerkt hienach Hübler in seiner Schrift der Eigenthümer des Kirchenguts. Leipzig 1868. S. 131. „Eigenthum und Zweck sind Begriffe, die sich im Leben vielfach decken, die aber auch weit von einander weichen können. Es gibt Fälle, in welchen das Eigenthum einer Person zusteht, die von dem Zweck desselben gar nicht berührt wird, und der Zweck geht überhaupt nicht selten über den Eigenthümer hinaus oder bleibt hinter ihm zurück. Dafür sei beispielsweis nur an den heres fiduciarius, an das legatum (donatio) sub modo und an die communalen

---

[15] Unger, in der kritischen Ueberschau der deutsch. Gesetzgebung Bd. VI S. 158 fragt: „Was ist personificirt? Was ist das Subjekt der Rechte? Man sagt in der Regel: der Zweck, die Idee. Allein um des Zweckes willen findet zwar eine Personifikation statt, nicht aber ist es der Zweck, der personificirt wird, da der Zweck stets etwas Objektives, zu Erreichendes, Erstrebendes ist und eine Subjekt-Objektivirung des Zweckes nicht angeht, da der Zweck sich nicht selbst verfolgt, sich nicht selbst erreicht.“ Vgl. auch dessen System d. österr. Pr. R. I §. 42 N. 7. —

[16] cf. Brinz P. l. c. S. 1021. „Im Allgemeinen muss noch bemerkt werden, dass mehrere solche Zwecke zusammen eine Einheit bilden können; es gibt universitates nicht nur der Personen und Sachen, sondern auch der Zwecke. Die Folge davon ist, dass dann trotz der Mehrheit der Zwecke, für welche das Vermögen gehört, doch nur ein Vermögen, ein Zweckvermögensfall, vorliegt, und die dabei etwa vorkommende Theilung nur eine der Administration sein kann.“

Vermögenszuwendungen erinnert, wie sie (inter vivos oder mortis causa) alle Tage zu Gunsten bald engerer, bald weiterer Interessen vorzukommen pflegen. Ein Vermögensstück kann überdies gleichzeitig mehrfachen Zwecken dienen: einem allgemeinen und einem besonderen, einem unmittelbaren und einem mittelbaren, einem näher und einem entfernter liegenden; dagegen kann die Sache immer nur einen Eigenthümer haben, weil das Dominium seinem Begriff nach ausschliesslich und unumschränkt ist, d. h. die Totalität der Herrschaftsrechte in sich fasst. Der Zweck allein gestattet mithin keine Schlussfolgerung auf das Eigenthum. Wie die Erreichung jenes nicht nothwendig durch seine Congruenz mit diesem bedingt wird, so präjudicirt umgekehrt das Eigenthum nicht dem Zweck. Beide Begriffe haben eben eine durchaus verschiedene Natur: der Zweck läuft mehr auf eine That-, das Eigenthum auf eine Rechtsfrage hinaus. Mögen also immerhin die kirchlichen Gütermassen sich in einem engeren und einem weiteren Kreise manifestiren; mögen sie, indem sie den Einzelinstituten dienen, zugleich die allgemeine Kirche mit berühren; mögen sie einen doppelten, einen generell- und einen speziell-kirchlichen Zweck erfüllen; — für das Subjekt des Eigenthums folgt daraus ohne Weiteres nichts, weder zu Gunsten noch zu Ungunsten der allgemeinen Kirche."

Im Anschluss an den übrigens als falch erwiesenen Satz, der Zweck sei Eigenthümer des Vermögens, stellt Maas die weitere Thesis auf: die Einheit des Zweckes verlange auch eine Einheit des Eigenthümers. Vorerst musste natürlich eine Einheit des Zweckes der ganzen Kirche angenommen werden; [17] aber selbst diese lässt sich nicht annehmen, ohne auf einen so allgemeinen

[17] Maas, l. c. S. 691: „Die Einheit der Kirche fordert allerdings auch Einheit ihres Zweckes, und da dieser das Subjekt des Vermögens einer juristischen Person ist, so schliesst er eine Mehrheit von Eigenthumssubjekten aus." cf. Maas l. c. S. 553. — Aehnlich schon Jos.

ätherischen und überirdischen [18] Zweck zu gelangen, der unmöglich fähig ist, die Bildung, einer juristischen Person zu bewerkstelligen. [19] Allein die Einheit des Zweckes derselben selbst zugegeben, was folgt daraus für das Eigenthum der allgemeinen Kirche? Blicken wir vorher, um ja möglichst objektiv zu Werke zu gehen, auf das benachbarte so viele Analogien darbietende staatliche Verhältniss. Der Staat verfolgt einen einheitlichen Zweck, den Staatszweck; zur Erreichung und besseren Erfüllung desselben bedarf er unstreitig Vermögen.

Der Staat kann nun seinen Staatszweck in der Art verfolgen, dass er selbst Eigenthümer der für denselben zur Verwendung kommenden Vermögensmassen bleibt und diess ist bekanntermassen das regelmässige Verhältniss. Die den Staatszweck unmittelbar verfolgenden Anstalten bilden dann keine juristische Personen, sind vielmehr nichts als stationes fisci,

---

Evelt l. c. die Kirche und ihre Institute auf dem Gebiete des Vermögensrechts Soest 1845. S. 29; „Wir müssen also, wenn der Zweck und die Bedeutung des Kirchenvermögens in's Auge gefasst werden soll, um das Rechtssubjekt zu finden, nur diesen einen und allgemeinen Zweck als Rechtssubjekt annehmen."

[18] Gottesverehrung ist überhaupt nicht der Zweck der Kirche Schöpf, l. c. kath. K. R. Bd. IV bemerkt §. 262 S. 605 Note 2: „Der mittelbare Zweck einer kirchlichen Corporation fällt mit dem allgemeinen Zwecke der Societät der Kirche zusammen — Erzielung des ewigen Heiles." Auch dieser Zweck ist zu vag; Zwecke wie Sustentation des Clerus, der fabrica ecclesiae, der Sorge für die Armen u. s. w. nur diese sind es, die Vermögen wünschenswerth machen und eben desshalb zur Personifikation führen können.

[19] Bluntschli, deutsch. Pr. R. V. Cap. Von d. jur. Pers. §. 33 §. 39. S. 109: „Den blossen Einbildungen der Phantasie kann die Persönlichkeit nie zukommen; — freilich legten die Alten auch den Göttern als lebendig persönlichen Wesen und die christliche Kirche Gott und den Heiligen Persönlichkeit bei, in der Regel aber nur im Anschluss an einen sichtbaren Tempel, Kirche, Priesterschaft und nur in solcher Verbindung kann das menschliche Recht diese Ausdehnung auffassen, ohne sie schweift es über seine natürlichen Grenzen hinaus."

einzelne Kassen des Staatsärars, und der Fiskus bleibt Eigenthümer der so verwendeten Summen.[20]

Der Staat kann nun aber auch noch einen andern Weg einschlagen, er kann Anstalten schaffen, denen er ein eigenes Vermögen anweist, denen er juristische Persönlichkeit verleiht. Diese Institute erscheinen dann, trotzdem sie keinen von dem Staatszweck verschiedenen Zweck verfolgen, als unbestrittene Eigenthümer ihres Vermögens.[21] Ja dieselbe Erscheinung, dass es gar wohl der Fall sein könne, dass mehrere juristische Personen als Eigenthümer ihres Vermögens einen einheitlichen Zweck verfolgen, lässt sich auch noch in kleineren Verhältnissen beobachten. So gibt es z. B. innerhalb der Gemeinde wieder eine Menge Institute, welche den Gemeindezweck, der im Grunde wieder nur ein einheitlicher ist, verfolgen, die einen so, dass eine Mehrheit der Eigenthumssubjekte ausgeschlossen ist, so dass sie als stationes des städtischen oder Gemeinde-Vermögens erscheinen, andere so, dass die den Gemeindezweck verfolgenden Anstalten

---

[20] Windscheid, Pand. §. 58.

[21] Puchta, Vorlesungen § 26 S. 62. „Juristische Persönlichkeiten haben, wie der Staat im Ganzen, so auch die in ihm enthaltenen engeren Corporationen, Gemeinden, res publicae. Sie unterscheiden sich von andern dadurch, dass sie keinen von dem des Staats verschiedenen Zweck haben, nur verfolgen sie als natürliche Bestandtheile des Staats diese Zwecke in beschränkten Kreisen . . . . ." Noch schärfer tritt das hier bezeichnete Verhältniss hervor bei Roth und Meibom, kurhessisches Privatrecht § 71 S. 239 u. 240. „Von diesen Anstalten (stationes fisci) unterscheiden sich die vom Staate zur Beförderung von Staatszwecken für das gesammte Land oder einzelne Landestheile mit selbständiger juristischer Persönlichkeit errichteten Institute. Dergleichen Anstalten fallen mit dem Fiskus so wenig zusammen, dass Rechtsgeschäfte und Rechtsstreite zwischen beiden möglich sind;" — solcher Art seien die Landesuniversität, die Bezirkskassen, Staatsdienststellen, welche nach Analogie der Pfründen als selbständige Rechtssubjekte erscheinen, wenn damit ein eigenes zum Diensteinkommen des Inhabers der Stelle bestimmtes Vermögen verbunden sei."

als selbständige juristische Personen anerkannt sind, wie diess z. B. bei einer Schule, einem Krankenhaus, einem Kunstinstitute der Fall ist, wofür die Stadt das Recht der Persönlichkeit erwirbt.[22]

Wir treffen nun aber auf kirchlichem Gebiete ein ganz analoges Verhältniss; auch hier haben sich Anstalten gebildet, welche den ganz allgemeinen kirchlichen Zweck lokalisirt, specialisirt und mit einer gewissen vermögensrechtlichen Selbtständigkeit verfolgen.[23] Den den Staatszweck verfolgenden Gemeinden, Distriktsgemeinden, Kreisgemeinden u. s. w. entsprechen auf kirchlichem Gebiete die Pfarreien, Diözesen, Provinzen u. s. f. Gleichwie nun auf staatlichem Gebiete das Vermögen des Staates und seiner oben angeführten einzelnen Anstalten nicht dadurch zu einer Masse wird, dass die letzteren einen mit dem ersteren identischen Zweck verfolgen, so bleibt auch auf kirchlichem Gebiete die Eigenthumsfähigkeit der einzelnen Kirchen davon ganz unberührt, dass dieselben nur den kirchlichen Zweck verfolgen. Die Kirche ist daher ebensowenig Eigenthümer des Vermögens aller kirch-

---

[22] Vgl. auch Roth u. Meibom l. c. § 80 S. 272 ff „Die in den Gemeinden zu Gemeindezwecken . . bestehenden Anstalten . . erscheinen in der Regel nicht als selbständige juristische Personen." -- (Folgen die Fälle, wo dieselben doch als solche erscheinen.)

[23] Vgl. Roth und Meibom l. c. § 75 S. 253: „Die Anstalten zu kirchlichen Zwecken fallen theils mit der juristischen Persönlichkeit der Ortskirchen zusammen, theils bestehen sie neben derselben mit selbstständiger Persönlichkeit." Als solche nennen die Verfasser „die Pfarreien, welche im Gegensatz zu dem Kirchenkasten oder der Pfarrgemeinde als selbständige juristische Personen sich darstellen." cf. l. c. S. 242. — Diese Auffassung wird erläutert mit einem praktischen Falle: das O. A. G. Erk. v. 25. Febr. 1837 in S. Gemeinde Fechenheim g. Pfarrei Fechenheim nimmt an: „dass unter der klagend aufgetretenen Pfarrei, da es sich um ein dieser angeblich zustehendes Diensteinkommen handelt, nicht die Pfarrgemeinde, sondern nur das Pfarramt zu verstehen ist, dieses auch als moralische Person zur selbständigen Prozessführung für berechtigt gehalten werden muss."

lichen Institute, als der Staat dieses rücksichtlich aller Gemeinden ist.[24]

So gelangt denn auch Brinz, der die Lehre vom Zwecke und dessen Vermögen im grossartigsten Massstabe durchgeführt hat, wiewohl er den Grundsatz aufgestellt hat: „Ist nur ein und derselbe Zweck da, so mag das Vermögen, welches für ihn gehört, so vielgestaltig, ja noch ungleich mannigfaltiger und massenhafter sein, als ein Personenvermögen, es ist doch nur ein Vermögen, nur ein einzelner Fall der Zweckvermögen vorhanden"[25] doch nicht, wie man am Ende vermuthen möchte, zu dem Maasschen Resultate, sondern bemerkt ausdrücklich:[26] „die katholische Kirche könnte nach Umfang, Einheit, Gliederung, Selbstgesetzgebung, Selbstregierung einst sogar den Reichen, geschweige denn unsern Staaten, an die Seite gesetzt werden, allein ein Vermögen, das für dieses Gemeinwesen in seiner Gesammtheit gehörte, kennen wir nicht."

Frägt man nun aber, welches der Zweck der Kirche und damit ihres Vermögens sei, so gibt und Maas darauf eine in der That überraschende Antwort, der Zweck des Kirchenvermögens sei die allgemeine Kirche, der Zweck der allgemeinen Kirche aber sei sie selbst: (!)[27] es ist diess

---

[24] Vgl. Förster a. a. O. S. 239: „Allerdings haben alle einzelnen Pfarrkirchen dieselbe religiöse Bestimmung, aber wie kann man darauf den Schluss bauen, dass sie desshalb auch sämmtlich an Einer Gütermasse nur nutzniessend Theil haben? Ist nicht aller Orten eine sehr grosse Verschiedenheit des Vermögens bei den einzelnen Kirchen bemerkbar? Während die eine Kirche höchst kümmerlich nur ihre Bedürfnisse befriedigen kann, während sie kaum im Stande ist, ihr Gebäude zu erhalten und ihre Beamten vor Nahrungssorgen zu schützen, kann eine andere Kirche mit äusserstem Glanze auftreten."

[25] Pandekt l. c. S. 1002.

[26] l. c. S. 1019.

[27] Maas l. c. S. 689. „Der Zweck der Kirche ist sie selbst als Repräsentantin J. Christi." „Die Kirche, der mystische Leib des Herrn, existirt als Organismus und ihrer Verfassung gemäss nur als einheitliche Anstalt; mit einem, mit ihrem Zwecke; der Zweck des ganzen K. V.

aber geradezu ein non sens. Christus stiftete seine Kirche nicht desshalb, dass sie überhaupt existire, einen Selbstzweck besitze, sondern zu dem Behufe, die von ihm gestiftete Religion auf Erden zu verwirklichen,[28] wobei wir übrigens davon ganz absehen wollen, dass es eine juristische Person, die einen Selbstzweck verfolgt, nicht gibt, ja nicht einmal geben kann.[29] — Auf der andern Seite sind wir aber auch weit entfernt, die Möglichkeit, sich die allgemeine Kirche als juristische Person zu denken, in Abrede stellen zu wollen.[30]

---

ist die eine allgemeine apostolische Kirche, folglich ist sie auch das Rechtssubjekt des ganzen Kirchenvermögens."

[28] Vgl. Schulte die Erwerbs- und Besitzfähigkeit der deutsch-kath. Bisthümer u. Bischöfe überhaupt u. des Bisthum's und Bischofs von Limburg insbesond. Prag 1860. S. 27.

[29] S. Unger in der kritischen Ueberschau der deutschen Gesetzgebung Bd. VI S. 172: „Eine solche juristische Person, die lediglich um ihrer selbst willen existirte, zu deren Vortheil allein das Vermögen dienen würde, gibt es überhaupt nicht, da auch diese Schöpfung des Rechts nur der physischen Personen willen gemacht ist, quarum causa omne jus constitutum est, und das Vermögen der juristischen Person doch immer wieder den einzelnen Menschen zu Gute kommen soll."

[30] Auch dies ist bereits geschehen, so z. B. von Dorner: Kurze Erörterung der R.-Frage, wem das Eigenthum am Kirchengut zusteht? Rosenheim 1868. S. 8: „Eine juristische Person, die sich über die ganze Erde erstrecken und ideell wachsen könnte, gibt es nicht." Vgl. auch Förster Theorie der preussischen Gesetze über das Eigenthum am Kirchenvermögen in Sukow: Der Prophet. Breslau 1846. VIII. 223, 235: „Eine Korporation hat aber stets ein lokales Element in sich, ist räumlich begrenzt; die allgemeine Kirche kann daher nicht Korporation sein." Ferner den Artikel „Kirche" in Rottek und Welker Staatslexikon. Dort auch über die Frage, ob der allgemeinen Kirche nicht vielmehr der Charakter einer Anstalt, und nicht so fast einer Gesellschaft, wie Schöpf kath. Kirchenrecht Bd. IV § 264 Anm. 1 S. 606 behauptet, zukomme. — Für die Möglichkeit der Construktion eines im Eigenthum der allgem. Kirche stehenden Vermögens vom rechtlichen Standpunkte aus auch Brinz l. c. S. 1019 und Hübler l. c. S. 96: Wäre es wahr, dass eine Gesellschaft qua juristische Person nicht über die Grenzen eines bestimmten Staates hinausreichen dürfte, wie stünde es dann mit Corportionen, die sich theilweise oder gar in ihrer Mehrheit aus auswärtigen Mitgliedern

Ein anderer Grundirrthum der Maas'schen Theorie auf dem Gebiete der juristischen Personen, den übrigens mit diesem Autor die meisten Canonisten, die sich mit unserer Frage beschäftigt haben, theilen, ist der, aus dem Umstande, dass das Vermögen einer juristischen Person der ausgedehnten Verwaltung einer dritten Person untersteht, zu schliessen, jener Dritte müsse damit auch der Eigenthümer jenes Vermögens sein. Ueberhaupt ist es, wenn man häufig zu sagen pflegt, das Vermögen einer juristischen Person müsse ganz selbständig sein, gewiss nur eine ungenaue Ausdrucksweise; denn schon aus dem obigen Principe, dass eine juristische Person keinen Selbstzweck hat, folgt nothwendig, dass auch das Vermögen derselben sich in einer grösseren oder geringeren Abhängigkeit und Unselbständigkeit von den einzelnen Menschen, die den betreffenden Zweck verfolgen oder denen das Vermögen zu Gute kommen soll, befinden müsse. Ich erinnere nur an das gewiss schlagende Beispiel einer Aktiengesellschaft: die Mitglieder können jeden Tag darüber beschliessen, das Vermögen bald zu diesem, bald zu jenem Zweck verwenden, die juristische Person selbst supprimiren u. s. w. und doch trotz dieser Unselbständigkeit des Vermögens der Corporation gegenüber den einzelnen sie bildenden Mitgliedern ist sie Eigenthümerin des Vermögens derselben, nicht etwa sind es die dieselbe bildenden Personen oder regierenden Vorstände. Schon Savigny und Puchta warnen daher bei juristischen Personen vor einer Verwechslung der Existenz mit der Verwaltungsfrage.[31]

---

zusammensetzen? Bliebe die künstliche Vermögensfähigkeit in der That auf solche Gemeinschaften beschränkt, die für den Staat greifbar sind und „seiner allgemeinen Macht untergeordnete Einheiten" bilden, wie dürfte dann jemals ausländischen Corporationen das commercium freigegeben werden?

[31] Savigny, Syst. II S. 227. Schöpf, l. c. S. 611 bemerkt über das bei kirchlichen juristischen Personen übliche Verwaltungsrecht der kirch-

Was die Entstehung der juristischen Person betrifft, so stimmen wir in diesem Punkte mit Maas dahin überein, dass sowohl bei Corporationen, als bei Stiftungen eine specielle staatliche Verleihung gemeinrechtlich nicht erforderlich sei,[32] und wir können somit, da die Frage nach dem Schicksal des Vermögens der aufgehobenen juristischen Personen weiter unten behandelt werden muss, den vorliegenden Paragraph beschliessen, indem wir uns mit dem Beweise begnügen, dass die Lehre der juristischen Personen oder der Zweckvermögen nicht nur keinen Anhaltspunkt für die Annahme der allgemeinen Kirche biete, dass vielmehr im Gegentheil dieselbe auf das Eigenthum der einzelnen kirchlichen Institute hinzuweisen scheine, welche Behauptung wir von dem Zeitpunkt an, wo überhaupt von einem eigentlichen Kirchenvermögen die Rede sein kann, auf jedem Blatte der Geschichte des Kirchenvermögens bestätigt finden werden.

---

lichen Obern. 3. „Diese kirchengewaltliche Aufsicht darf jedoch nicht in dem Sinne verstanden werden, als könnte dadurch die corporative Unabhängigkeit, Selbständigkeit und Selbsthätigkeit der kirchlichen Corporationen beschränkt werden — im Gegentheile sind die kirchl. Associationen berechtiget, auf Grundlage ihrer jura originaria u. jura adventitia innerhalb ihres Kreises sich frei zu bewegen. Es war desshalb ein totales Verkennen der Natur und Wesenheit einer kirchl. Corporation, als im verflossenen Jahrhunderte selbst Bischöfe in das innere Leben der Körperschaften sich einmengend, dasselbe nach allen Seiten hin zu massregeln trachteten. Es war diess eine Nachahmung der sogenannten Staatsomnipotenz oder des sogenannten modernen Staatsabsolutismus, der Viel- oder Allregiererei. Diese Kirchenfürsten hätten wohl in ihrer Sphäre genug zu thun und vor Gott zu verantworten gehabt. Selbst dem Oberhaupte der Kirche sind bezüglich der Mitglieder gewisser kirchlicher Corporationen Grenzen gezogen, die es nicht überschreiten darf."

[32] cf. Maas l. c. S 684 und Windsch. P. S. 143, s. daselbst auch weitere Literaturangaben.

Erster Abschnitt.

Das Kirchenvermögen von Christus bis auf Justinian.*)

§ 3.

Das Kirchenvermögen bis auf Constantin den Grossen.**)

Das Kirchenvermögen lässt sich bis zur Entstehungszeit der Kirche selbst verfolgen. Sobald nämlich der Sohn Gottes aus seinem Privatleben sich zum öffentlichen Leben gewandt hatte, war er es selbst, der den Grund dazu legte; wir lesen nämlich in der heiligen Schrift von einem Säckel, aus dem die gemeinsamen Ausgaben Christi und seiner Apostel bestritten wurden; diess der Ursprung des Kirchenvermögens. [1]

Ein positiver Ausspruch des Papstes Johann XXII [2] enthebt uns der Erörterung der Frage, wem dieses Ver-

---

*) Ueber diesen Zeitabschnitt existirt bereits eine gediegene Monographie von Joseph Braun: das kirchliche Vermögen von der ältesten Zeit bis auf Justinian. Giessen 1860. S. ferner Thomassin vetus et nova ecclesiae disciplina circa beneficia et beneficiarios Pars III Lib. I Cap. I—III Cap. XVI f.

**) Roestell, de bonis ecclesiasticis ante Constantinum M. Regiom 1825.

[1] Augustinus sagt: „Ergo et dominus loculos habuit, et a fidelibus oblata conservans et suorum necessitatibus et indigentibus tribuebat. Tunc primum ecclesiastice pecuniae forma est instituta.“ cf. Tractatus beneficiarius authore Caesar. M. Sguanin am Schlusse des 3. Bdcs von Thomaxin Quaest. 4 § 1.

[2] Extravag. Joh. XXII. Tit. XIV cap. 4 et 5.

mögen eigenthümlich gehört habe; als Eigenthümer desselben galt Christus und seine Apostel.[3]) Ist doch die entgegengesetzte Ansicht, Christus und seine Apostel hätten weder in communi noch in particulari Eigenthum besessen, vom Papste Johann XXII geradezu als irrig verworfen worden.[4]

[3] Falsch ist aber die Deduction von Phillips in seinem Lehrbuch des Kirchenrechts 1862 S. 682, 684, 689, der aus diesem Verhältnisse auf ein Eigenthum der allgemeinen Kirche schliessen zu können glaubt. „Untersucht man die Frage historisch, so ergibt sich für die Anfänge der Kirchen die nicht minder sichere Wahrheit, dass Christus persönlich und zwar in Gemeinschaft mit seinen Aposteln wirklich Eigenthümer zeitlicher Güter war; die Behauptung, dass dem nicht so gewesen, ist sogar als häretisch verworfen worden. Obwohl nun Christus aus dieser Vermögensgemeinschaft durch seinen Tod persönlich ausschied, so lebt Er doch in seiner Kirche, die sein mystischer Leib ist, fort, denn Christus und seine Kirche sind Eine Person, und was der Kirche ist, das ist Christi. Die Kirche wurde aber durch Petrus und die übrigen Apostel repräsentirt. Somit war in jenen ersten Zeiten der Eigenthümer des Kirchenvermögens: Christus und seine durch die Apostel repräsentirte Kirche . . . Das Eigenthum der Gesammtkirche an dem Vermögen und deren Repräsentanz durch Petrus und die übrigen Apostel unterliegt für die älteste Zeit keinem Zweifel. An die Stelle Petri und der Apostel traten der Bischof von Rom und die übrigen Bischöfe, und diese Succession in den Primat und in den Apostolat war auch zugleich die Succession in jene Repräsentanz." Mit Recht bemerkt dagegen Schulte, Lehrbuch des kath. Kirchenrechtes. Giessen 1863 S. 430 Anm. 1, dass, wenn auch Christus und die Apostel seiner Zeit die rechtmässigen Eigenthümer des Kirchenvermögens gewesen sein mögen, sie diess doch nur in ihrer Eigenschaft als Menschen waren, als welche sie aber zu existiren aufgehört haben. Vgl. auch Walter Lehrbuch des Kirchenrechts 13. Aufl. § 251 Note 6 und Hübler: Der Eigenthümer des Kirchenguts. Eine civilistische Antwort auf eine canonistische Frage. Leipzig 1868. S. 91 und 98.

[4] „Rursus in posterum affirmare, quod redemptori nostro praedicto ejusque apostolis iis, quae ipsos habuisse scriptura sacra testatur, nequaquam jus ipsis utendi competerit, nec illa vendendi seu donandi jus habuerint, aut ex ipsis alia acquirendi . . . . assertionem ipsam pertinacem de fratrum nostrorum consilio deinceps erroneam fore censendam merito ac haereticam declaramus." Extravag. Joh. l. c.

Die hl. Schrift erzählt ferner von einer nach der Auferstehung Christi unter den Gläubigen zu Jerusalem bestehenden Gütergemeinschaft.[5] Ein ausgeschiedenes Kirchenvermögen existirte also zur Zeit noch nicht, vielmehr war die ganze christliche Gemeinde Eigenthümerin dieses Vermögens. Insoferne die Kirchengemeinde von Jerusalem damals auch die Kirche bildete, und sich der Ausdruck ecclesia ursprünglich mit Kirchengemeinde deckte, kann man also wohl sagen, die Kirche sei damals[6] Eigenthümerin dieses Vermögens gewesen.[7] Seitdem die Apostel aber, dem Befehle des Herrn getreu, das Evangelium in alle Weltgegenden zu tragen begonnen hatten, war auch die ursprünglich lokale Einheit des Kirchenvermögens von selbst vernichtet. Folgen wir nun den Aposteln auf der Schaubühne ihrer weiteren Thätigkeit

[5] Act. II V. 49. Habebant omnia communia, possessiones et substantias vendebant et dividebant illa omnibus, prout cuique opus erat — Fleury, Inst. jur. can. P. II c. 10 n. 3. Schulte Dissertat. Inaugural. De Rerum Ecclesiasticarum Dominio Berolin. S. 14. Braun l. c. S. 2 f. cf. Actor. II 45. 46. IV 32—35. Quotquot enim possessores agrorum aut domorum erant, vendentes offerebant pretia eorum, quae vendebant et ponebant ante pedes Apostolorum IV. 37. Thomassin l. c. No. 4.

[6] Besagte Gütergemeinschaft konnte sich nicht lange halten, wenigstens nicht jene „allgemeine". Bezüglich der Geistlichen fehlt es an sicheren Daten, vgl. jedoch den Tractatus beneficiarius auth. Caes. Sguanin Quaest. IV § 1. De divisione bonorum Ecclesiasticorum n 5: „Porro sub hac ratione vita communis inter fideles multis annis perduravit, licet diutius adhuc inter clericos, quam laicos: quod assertum quidem testimoniis certis in tanta rerum antiquissimarum obscuritate roborari non potest. conjecturae tamen satis probalises non desunt."

[7] Pehem, Praefatio in jus eccl. P. I § 729. — Caspar Ziegler, de dote ecclesiae cap. XI n. 5 S. 199. Primis ecclesiae nascentis temporibus omnium bonorum ecclesiasticorum dominium penes totam erat ecclesiam, id est penes omnes Christienos, qui in unum coetum conveniebant. J. H. Böhmer, De jure paroch. circa bona parochialia Sect. V cap. II § 9 erklärt im Hinblick darauf die Kirchengemeinde als die auch noch jetzige rechtmässige Eigenthümerin des Kirchenvermögens; doch ohne Grund, da heutzutag (was allerdings damals zutraf) die Kirchengemeinde nicht mehr die Kirche bildet.

und in dem Aufbau des kirchlichen Organismus und dessen Vermögens.

Vorerst wandten sich dieselben nur in die grösseren Städte, Landchristen gab es anfänglich überhaupt nicht oder jedenfalls nur zertreut (daher pagani später so viel als Heiden), so dass dieselben sich zum Gottesdienste in der Stadt einfinden mussten [7] Als sich jedoch deren Anzahl später vermehrte, da gründeten die Bischöfe an geeigneten Stellen sogenannte Stationskirchen, an denen mitunter allerdings die Diöcesangeistlichen mit Erlaubniss des Bischofs längere Zeit hindurch bleiben durften, allein ohne alles Recht darauf und ohne selbständige Regierung der Landbevölkerung; häufig wurde es auch dem Presbyter gestattet, an gewissen Tagen die Taufe spenden zu dürfen, woher der Name ecclesiae baptismales rührt, in bedeutenderen Orten auf dem Lande dagegen finden sich endlich seit dem dritten Jahrhundert sogenannte Chorbischöfe[8] (*ἐπίσκοποι τῆς χώρης*) mit eigener, selbständiger Leitung der Gemeinde in vermögensrechtlicher Beziehung jedoch nicht besser gestellt als die oben erwähnten Staatsgeistlichen.[10] **Es bildete nämlich in dieser ältesten Zeit der christlichen Gesellschaftsverfassung das Vermögen der ganzen bischöflichen Pfarre nur eine Masse.**[11] Alles musste an die bischöfliche Kirche abgeliefert werden, die dagegen mit

---

[8] cf. Schulte Dissertat. cit. S. 10: „Tribus primis saeculis parochiales ecclesiae rurales nullae exstiterunt, sed episcopales tantum."

[9] Rabanus Maurus opuscul. de chorepiscopis — Thomassin a. a. O. P. I L II c. 14 § 2. — Bingham antiqu. eccles. L. II c. 14. § 1. — Planck, Geschichte der christlichen Gesellschaftsverfassung Bd. I S. 76 ff.

[10] Conc. v. Antioch. c. 10 a. 338. Qui in vicis vel in possessionibus chorepiscopi nominantur, quamvis manis in positionem perceperint et ut episcopi consecrati sunt, tamen sanctae synodo placuit, ut modum proprium cognoscant, ut gubernent sibi subjectas ecclesias, earumque moderamine curaque contendi sint.

[11] Planck l. c. Bd. I S. 562. Jos. Braun l. c. S. 56 zu Nte 16 u. Thomassin P. III L. II C. III n. 2.

ihrem Vermögen die vermögensrechtlichen Bedürfnisse der Stations- und chorbischöflichen Kirchen bestritt, und insbesondere den Stationsgeistlichen stipendia anwies.

Was nun die **rechtliche** Seite des Kirchenvermögens vor Constantin betrifft, so ist allerdings von einer ausdrücklichen Anerkennung der Erwerbsfähigkeit der Kirche nicht die Rede. Dass die Kirchen überhaupt als erlaubte Anstalten galten, muss als der Ausnahmszustand bezeichnet werden, da im Grossen und Ganzen die christlichen Religionsvereine collegia bildeten, quibus coire non licebat, [12] die daher auch kein gemeinsames dem Zweck ihrer Vereinigung gewidmetes Vermögen constituiren konnten, das nicht rechtlich als jus singulorum [13] betrachtet und bei Auflösung der Gesellschaft entweder eingezogen oder doch unter die einzelnen Mitglieder zu vertheilen gewesen wäre. [14] Die vermögensrechtlichen Verhältnisse der Kirche waren desshalb zu jener Zeit nach ihrem inneren kirchlichen Gesellschaftsrechte geordnet.

[12] L. 1 § 1 de collegiis (47,22) „Sed religionis causa coire non prohibentur, dum tamen per hoc non fiat contra senatusconsultum, quo illicita collegia arceantur." cf. l. 3 § 1 l c. u. Uhrig (cf. Note 14) S. 44.

[13] Friedr. Kunstmann Grundzüge eines vergleichenden Kirchenrechtes der christl. Confessionen. München, Christian Kaiser, 1867 S. 196 bemerkt: „In der primitiven Kirche bestand das Kirchengut nur aus den freiwilligen Gaben der Gläubigen (oblationes) für den Cult und die Zierde der Kirchen. Corporative Rechte konnte die Kirche keine ausüben, ihre liegenden Güter galten als Eigenthum derjenigen, welche sie ihr zugewiesen hatten."

[14] L. 3 l. c. „Collegia si qua fuerint illicita mandatis et constitutionibus et senatusconsultis dissolvuntur; sed permittitur eis, cum dissolvuntur, pecunias communes, sis qua habent, dividere, pecuniamque inter se partiri." S. hiezu Uhrig. Das Kirchengut. Ein Versuch zus Lösung der Frage, wem das Eigenthum zustehe an den Kirchen und den aus ihnen hervorgegangenen Stiftungen. Augsburg 1867 S. 44: „Aber all diess hatte bis auf Constantin den Gr. nur unter ihnen, nicht auch schon vor dem weltlichen Gerichte eine Würdigung gefunden. Vor diesem genoss vielmehr bis dahin weder die Kirche in ihrer Gesammtheit noch die Einzelkirche in ihrer Sonderheit ein rechtliches Dasein mit Anspruch auf Rechtsfähigkeit (persona)."

Die christlichen Gemeinden hatten indess wenigstens in den Städten schon zumeist ihre eigenen Gotteshäuser,[15] die aber allerdings häufig durch versteckte Zusammenkunftsorte (conventicula)[16] welche meist in den Gräbern stattfanden (coemeteria)[17] ersetzt zu werden pflegten. Zweifelsohne konnten nun die Christen auch schon damals ihren Gotteshäusern Vermögen aller Art zuwenden, Aecker, Gärten[18] u. s. w.; diess Besitzthum galt dann nach dem Rechte der Societät als Eigenthum der einzelnen Kirchen,[19] rechtlich betrachtet war es jedoch meist nur, wie bereits bemerkt, jus singulorum, d. h. es blieb **im Eigenthum der es zu kirchlichen Zwecken Verwenden-**

---

[15] Eusebius hist. eccles. VIII 1. Vgl. über die Gotteshäuser der ersten 3 Jahrhunderte die reichen Literaturangaben bei Uhrig l. c. §. 6.

[16] Lactantius, de morte persecutorum 15. 34. 48.

[17] Eusebius, hist. eccles. VI 13, VII 9, IX 2. Onuphrius Panvinius in Append. ad Platinam de coemeteriis: „Quia veteres primitivae Ecclesiae patres solebant ad sepulchra S. Martyrum, quorum sacrosancta erat memoria, aniversario die passionis eorum convenire, ampla et capacia coetibus publicis orationum loca coemeteriis adjacentia, etiam coemeteria vocarunt: Legimus veteres Rom. Pontifices inter martyrum tumulos stationes. i. e. omnes actes publicos pontificales, celebrare consuevisse. Itaquae haec coemeteria erant Christianis velut templa et orationum loca, in quibus Episcopi Synodos congregabant, Sacramenta administrabant et verbum Dei concionabantur."

[18] Thomassin, l. c. P. III L. 1. c. 3 Nr. 3 u. 4 . . . ecquis dubitet, quin sui illis fundi, reditusque ante esse potuerint, ad altaris ministerium, ad ministrorum cibos? — . . . Fateamur ergo necesse est, fidelium pietate et largitate ecclesiis dono datas esse terras, domos, hereditates, ante etiam quam habenas Imperii Christiani principes tractare incoepissent: eorum fundorum episcopos usumfructum et administrationem habuisse penes se, ut eos tuerentur etiam judicio et ope Principum" etc.

[19] Dieser Beweis lässt sich aus dem 3. Restitutionsedicte vgl. §. 4 führen, woselbst den einzelnen Kirchen Eigenthum restituirt wird, was doch offenbar früheres Eigenthum voraussetzt. Vgl. Thomassin l. c. P. III L. I c. 16 Nr. 1 in fine — „non aliud Constantinus, quam pristinum in statum omnia revocavit, nec tam haec donavit ecclessiae, quam restituit."

den, ohne aber mit dieser Behauptung, wie unten gezeigt werden soll, ein rechtlich geschütztes Eigenthum der einzelnen Kirchen auch schon für diese Periode prinzipiell negiren zu wollen.

Gerade in der Zeit der Verfolgung der christlichen Religion, nehmen die oben erwähnten coemeteria [20] eine rechtliche Stellung ein, die eine eingehendere Besprechung rechtfertigen wird. Die Begräbnissplätze hatten überhaupt in der antiken Welt eine hohe Bedeutung: dieselben ähnelten keineswegs etwa unsern jetzigen unterirdischen Gräbern; es waren vielmehr steinerne Gebäude von der Form eines Kellers (cellae memoriae), oder eines gewöhnlichen Zimmers, (cubiculum memoriae), oder von der eines kleinen Tempels, [21] woran häufig ein oder zwei Säle gereiht wurden, um daselbst jährliche Gelage zu feiern. [22] Ja noch mehr: man konnte sogar Renten oder die Einkünfte grösserer Ländereien an den Begräbnissplatz knüpfen zur Erhaltung des Monuments, um daraus den Lohn für die Wärter desselben, und die Kosten der jährlichen Gelage zu bestreiten und zur Vertheilung von Almosen. [23] Wie bedeutend endlich diese Gebäulichkeiten waren, geht schon aus dem uns bekannten Umstande hervor, dass die Christen darin ihren förmlichen Gottesdienst abzuhalten pflegten. [24]

---

[20] Vgl. im Allgem. Aringhi, Roma subterranea. Paris 1658, 2 Vol. — G. Marchi Monumenti delle arti ckristiane primitive 6 Vol. Paris 1851. — Boldetti Osservazioni sopra i cimiteri dei santi martiri et antichi Christiani di Roma 2 Vol. — Phillipps Vermischte Schriften Bd. II S. 188.

[21] Fanum Cicero Ep. ad Allic. XII 35. 36.

[22] Pitticus, Lexikon antiqu. Rom. s. v. Sepulcrum.

[23] Th. A. Montpellier Défenses des Droits de Dieu Siège 1865 S. 64. Ueber die Rechte, die den Erben an jenem Vermögen gelassen wurden, vgl. Terasson, Hist. de la Jurisprud. Rom. P. II §. 12.

[24] Pitticus l. c. S. 407, „Etiam alios nonnunquam sepulcris pro latibulis non autem dolo malo usos legimus“ ... „Democritus philosophus solitudinis causa sepulcra frequentavit et in iis noctes diesque commoratus est ut testatur Lucian philos.“

Wir haben also in jenen antiken Coemeterien und in den daran geknüpften Grundstücken und Renten geradezu ein kirchlichen Zwecken dienendes Vermögen, von den Römern meist selbst in den Zeiten der schlimmsten Verfolgungen, wenn auch nicht direkt anerkannt, so doch verschont; denn eine ihnen innewohnende tiefe Scheu hinderte sie, Hand an eine res religiosa zu legen.[25] De Rossi, La Roma sotteranea Christiana Roma 1864 Tom I §. 4 p. 103 f.[26] will nun aus diesem den Christen zustehenden Rechte, für ihre kirchlichen Zwecke in den Coemeterien ein Vermögen zu constituiren, geradezu Corporationsrecht derselben schon vor Constantin's Zeiten ableiten;[27] und in der That, die Zeiten, in denen

---

[25] Terrason l. c. part II §. 12. „Les Romains n'eurent pas moins de respect pour les sepulcres; ils les regardaient comme les lieux ou reposaient éternellement les Manes de leurs ancêtres."

[26] Rossi bemerkt a. a. O.: „E reramente, che almeno fino dal secolo III i fedeli abbiano possetude cemeteri a nome commune, e che il loro possesso sia stato riconosciuto dagli imperatori è cosa impossibile a negare . . . negli editti di Valeriano certamente fu decretato, che i fideli non potessero entrare ne' lore cemeteri, e in quello di Gallieno i cemeteri furono ai vescosi medesimi restituti (Euseb. Hist. eccl. VII 13) prova irrepugnabile, che quei sepolcreti erano riconosciuti come spettanti non ad alcun privato, ma alla chiesa. Che se questo non basta, ecco la testimonianza chiara e lampante, che il corpo de' Christiani possedette a nome commune i cemeteri ed i luoghi di adunanza restituti loro da Gallieno e da Diocleziano confiscati. Constantino medesimo con Licinio solennemente lo dichiara nel editto di Milano: Christiani non ea loca tantum ad quae convenire solebaut, sed etiam alia habuisse noscuntur, **ad jus corporis eorum, id est ecclesiarum, non hominum singulorum pertinentia** . . . Questi fatti notissimi e indubitati dimostrano, che nel secolo III la chiesa o per pur tolleranza degli Augusti, o per alcun mezzo termino legale, col quale furono eluse le leggi sempre vigenti contro i Christiani, possedette luoghi di adunanza e cemeteri spettanti al corpo de' fideli, e che gl' imperatori riconnebbero siffatti possessi.

[27] Dagegen Kunstmann, vergleichendes Kirchenrecht §. 81 S. 196.

selbst die coemeteria nicht geschont wurden, [28] abgerechnet, besteht gar kein Zweifel, dass in denselben so gut als später in den conventiculis und martyriis juristische und zwar kirchliche juristische Personen erkannt werden können; es fehlt keines der dazu erforderlichen Momente; das Substrat war zur Existenz gekommen, ein Vermögen bestehend in Gebäuden, Grundstücken und Renten, [29] der Zweck, Todte zu bestatten, ihnen ein monumentum zu setzen, und daran ein Vermögen (Grundstücke, Renten) zu knüpfen, war ein erlaubter. Das an die coemeteria geknüpfte Vermögen war ferner res nullius, [30] und da es gleichwohl nicht res libera, primi occupantis war, lässt sich zu gar keiner andern Construktion greifen, als zu der der juristischen Personen, oder der eines Zweckvermögens.

Die juristische Person war aber eine kirchliche, da die Zwecke, welche in den Coemeterien verfolgt wurden, [31] nur kirchliche waren, da die letztern auch der kirchlichen Gesetzgebung unterstanden.

---

[28] Tertull. ad Scapul. c. 3. S. 543: „Areae Christianorum non sint." Dazu Anmerk. c. „area pro coemeteriis sumitur.

[29] Windscheid, Lehrb der Pandekten Bd. I §. 60 der 2. Aufl.

[30] aber nicht res nullius κατ' ἐξοχήν, so dass es absolut nicht im Eigenthum gestanden wäre, wie etwa das Grab selbst, da jene Grundstücke nicht wie das letztere res religiosa wurden. Jene Grundstücke und Renten waren res nullius, sowie es von den res publicae heisst: nullius in bonis esse credentur (ipsius enim civitatis esse creduntur). L. I pr. D. divis. rer I 8. Vgl. Brinz, Lehrb. der Pandekten. II. Abth. 2. Hälfte, die juristischen Personen. Erlangen 1868. S. 984. Windscheid l. c. S. 391 Note 16. — Auch an den res religiosae lässt sich die Personifikationslust der Römer recht deutlich verfolgen; nicht zufrieden mit der res nullius-Qualität geht dieselbe, wie Brinz an einer andern Stelle l. c. S. 994 trefflich bemerkt, gleich kategorisch vor und sagt, dass das Ding alicujus sei, und dichtet, weil der aliquis in Wirklichkeit oder doch auf Erden nicht zu finden ist, denselben hinzu, in unserem vorliegenden Falle in der Person „des Todten," (naturaliter enim videtur ad mortuum pertinere locus, in quem infertur. L. 4 Dig. XI 7,) oder nach alter Anschauungsweise in der Person „der Manen."

[31] Diess geht besonders aus dem Concil. Illibertian. hervor, can. XXVIV „Cereas in coemeteriis per diem non placuit accendi;" c. XXXV

Die Behauptung De Rossi's wäre demnach nur dahin näher zu modificiren, dass dieses kirchliche Zweckvermögen nicht so fast als Eigenthum der Kirchengemeinde als Corporation, (corpo de fideli) — sondern vielmehr als Stiftungsvermögen mit anstaltlichem Charakter (wie die Kirchen, die durch die coemeteria surrogirt wurden) angesehen werden muss, wie diess schon daraus hervorgeht, dass die erste Restitution der coemeteria durch Gallienus nicht an die Gemeinden, sondern an die Bischöfe, die Repräsentanten des kirchlichen Zweckes, geschah. [32]

Es weisen nun aber eine Reihe geschichtlicher Thatsachen darauf hin, dass die christlichen Kirchen auch vor Constantin kleinere Perioden hindurch nicht nur geduldetes, wie wir diess bei den Coemeterien in der Regel anzunehmen haben, sondern auch rechtlich geschütztes Eigenthum besessen hatten, so dass sich die Behauptung derer, die ein juristisches Eigenthum der Kirchen vor Constantin kurzweg in Abrede stellen, [33] als ganz irrthümlich erweist. Ganze Menschenalter hindurch war das Vermögen der Kirchen nicht nur nicht verfolgt, [34]

„placuit prohiberi, ne feminae in coemeterio pervigilent, eo quod saepe sub obtentu orationis scelera latenter committant."

[32] Euseb. Hist. eccles. VII, 13. „Est et alia ejusdem imperatoris constitutio ad alios episcopos data, quae iis permisit, ut coemeteriorum suorum loca recuperarent."

[33] Seiz, Recht des Pfarramtes der kath. Kirche. Regensburg 1840. Thl. I §. 56 S. 300: „Ich halte es für unjuristisch, vor Constantin von einem Kirchenvermögen zu sprechen." — So auch Schöpf, Kirchenrecht. Bd. IV S. 368. Note 12. Vgl. nunmehr auch Schulte, die juristische Persönlichkeit d. kath. Kirche, ihre Institute und Stiftungen. Giessen 1869. S. 8.

[34] Euseb. Hist. eccles. VII, 13. „Imperator C. P. L. Gallienus P. T. A. Dionysio Pinnae Demetrio et reliquis episcopis. Indulgentiam beneficii nostri per universum orbem diffundi praecipimus, ut cuncti a religiosis locis abscedant. Quod circa et vos rescripti nostri forma uti potestis, ut nullus vobis deinceps molestiam facessat. Atque id quod vobis exequi licet, jamdudum a me concessum est."

sondern den letzteren der Besitz desselben [35] förmlich gestattet, [36] so dass nicht nur die Kirchen in den Städten und auf dem Lande Grundstücke besitzen, [37] sondern auch den weltlichen Arm um Schutz desselben anzurufen wagen konnten. [38]

§. 4.
Die Restitutionsedicte und die Gesetzgebung Kaiser Constantin des Grossen.

In einem so leidlichen Zustaude befand sich die Kirche auch zu Anfang des vierten Jahrhunderts, als plötzlich Kaiser Diocletian im Jahre 303 die Verfolgung der Christen und die Confiscation alles Kirchenvermögens auf's Neue verordnete; es war diess die letzte Prüfung, die über die Kirche verhängt werden sollte, denn unmittelbar nach

[35] Dio Belege finden sich gut zusammengestellt bei Jos. Braun, l. c. S. 9. 11. und Uhrig l. c. S. 44.

[36] Vgl. z. B. Gothofred in s. Anmerk. zu l. 4 Cod. Theod. XVI, 2. „Attamen ut per intervalla quaedam Christianis esse licuit, suasque possessiones illae (scil. ecclesiae) habuere."

[37] Thomassin l. c. P. III L. I. c. 2 Nr. 11. „Hinc probabilis conjectura, non vetuisse illos (sc. imperatores) quin ruri et in urbibus fundos agrosque passim acquireret ecclesia. Res in aperto est. Si Romae, si Antiochiae sinebant Imperatores aliquas ecclesias Christiano cultu frequentari . . . . non intercessisse eos, quin praedia et fundos ruri et in urbibus illae ecclesiae obtinererent." Vgl. ferner w. des Immobiliarbesitzes der Kirche vor Constantin noch Jos. Braun l. c. S. 13 f. Hospinian De templis N. e. de origine progressu, usu et abusu templorum et rerum ad templa pertineniium Genuae 1672 L. V c. 1. Thomassin l. c. Nr. 3 u. 4 u. c. XVI Nr. 1. Fleury, Institut, eccles. P. II c. 10 §. 2 a. M. ist Seitz, Recht des Pfarramts d. kath. Kirche Thl. I S. 302.

[38] Ueber die Duldsamkeit des Alexander Severus Philippus vgl. Euseb. hist. eccl. V. 36. Thomass. l. c. C. 3 Nr. 9. s. auch Jos. Braun l. c. S. 10. Euseb. hist. lib. VII 27. 30. u. Schulte Dissertat. cit. S. 14 u. Uhrig l. c. S. 44: „Und wenn auch einzelne Kaiser wie z. B. Alexander Severus, Philippus und Gallienus oder Statthalter . . . die christlichen Kirchen so behandelten, als wenn sie eigenthumsfähig wären, so waren diess doch nur unsichere, von der Gnade abhängige Zustände, die auf einmal wieder verschwanden."

Niederlegung seiner Regierung (305) gelangte dieselbe auch rücksichtlich ihres Vermögens in einen nunmehr dauernd geschützten rechtlichen Zustand. Es ist dies überhaupt der Zeitpunkt, von dem aus unsere Untersuchung nach dem Rechtssubjekte am Kirchenvermögen positivere Anhaltspunkte gewinnt.

Im ersten Restitutionsedikte der Kaiser Constantin und Licinius vom Jahre 310 findet sich zwar noch keine direkte Bestimmung über das Rechtssubjekt am Kirchenvermögen, allein dasselbe ist doch anderweitig nicht ohne Bedeutung. Es heisst nämlich darin, es solle den Christen erlaubt sein, ihre Kirchen wieder aufzubauen [1] „et conventicula sua componant." Derselbe Ausdruck „conventicula" findet sich im dritten Restitutionsedikte wieder, wo es heisst, es solle diesen conventiculis das früher confiscirte Vermögen wieder zurückgegeben werden. Es wird also von Vortheil sein, sich schon hier über diesen Ausdruck Klarheit zu verschaffen. Conventicula bedeutet nun aber in den Quellen dieser Periode zumeist die einzelnen Kirchen, und nicht, wie man anknüpfend an diese Stelle behaupten zu können glaubte, die kirchlichen Gemeinden: [2] von einer Anerkennung derselben als Corporation kann also wohl hier nicht die Rede sein.

---

[1] Lactantius, de morte persecut. c. 34 „ut denuo sint Christiani et conventicula sua componant, ita ut ne quid contra disciplinam agant — et securi vivere in sedibus suis possint."

[2] Dass dieser letzte Sinn Constantin und seinem Mitkaiser nicht in den Mund gelegt werden darf, geht viel deutlicher aus der von dem gleichen Vorgange handelnden Stelle bei Eusebius, hist. eccles. VIII. 17 hervor, wo es heisst: „ut omnes Christiani aedes suas, in quibus conventus peragebant, denuo instaurare possint, ita ut nihil contrarium disciplinae suae deinceps facere cogantur. Vgl. ferner eine andere Stelle bei Lactantius, wo der Ausdruck Gemeinde für conventiculum absolut sinnlos wird. (Lactantius, de morte persec. c 36.) „Sub ornatis legationibus civitatum, quae peterent, ne intra civitates suas Christianis conventicula exstruere liceret." S. auch Lact. de morte persec. cum notis Stephani Baluzii Tutelensis S. 230 Note 25: „Conventicula sua componant, hoc est coetus suos celebrant secundum

Von einem zweiten Toleranzedikte vom Jahre 312 ist uns zwar der Inhalt, soweit er auf das Kirchenvermögen Bezug hat, nicht aber der Wortlaut überliefert worden; hier wurde bestimmt, dass es den Christen nunmehr gestattet sei, ihre Kirchen wieder aufzubauen, und dass, wenn dieselben ehedem Häuser oder Grundstücke besessen hätten, welche ihnen durch frühere Edikte entzogen worden seien, diese den Christen als ihr Eigenthum (ad jus ae dominum Christianorum) [3] wieder zurückgegeben werden sollten. Was unter dem letzteren Ausdruck zu verstehen sei, darüber finden wir ausführlicheren Bescheid in dem dritten unstreitig wichtigsten in Mailand verabredeten, in Nikomedien publicirten Restitutionsedikt vom 13. Juni 1313. Der Text desselben lautet nach Lactantius [4] folgendermassen: „Atque hoc insuper in persona christianorum statuendum censuimus, quod si eadem loca, ad quae antea convenire consueverant, de quibus etiam datis ad officium tuum literis certa ante hac forma fuerat comprehensa, priore tempore aliqui vel a fisco nostro vel ab alio quocunque videntur esse mercati, eadem christianis sine pecunia et sine ulla pretii petitione, postposita omni frustratione atque ambiguitate, restituantur. Qui etiam dono fuerunt

---

interpretes et „de tenir leurs assemblées" (Moucroix too hold their assembles) malim ego conventicula de coetuum locis interpretari et per componant aedificia intelligeri, quo sensu sc. Virgil Aen. 3.

[3] Eusebius, hist. eccles. IX 10. „Sed et Dominica sua ipsis instaurare concessum est. Caeterum ut indulgentia nostra prolixior appareat, illud etiam saancire voluimus: ut si quae domus aut loca ad jus Christianorum antehac pertinentia, ex jussione parentum nostrorum ad jus fisci devoluta sint, aut ab aliqua civitate occupata, aut certe vendita, aut alicui dono data, cuncta ad pristinum jus ac dominum Christianorum (*τοῦ δικαίου τῶν Χριστιανῶν . . .*) revocentur."

[4] Lactant. de morte persec. c. 48. Cf. Euseb. hist. eccles. X, 5. („hoc est *cuilibet* corpori et conventiculo ipsorum restitui jubebis *τοῖς αὐτοῖς Χριστιανοῖς, τοῦτ' ἔστι τῷ σώματι αὐτῶν καὶ τῇ συνόδῳ, ἑκάστῳ αὐτῶν ἀποκαταστῆναι κελεύσεις*)."

consecuti, eadem similiter hisdem christianis reddant; etiam vel hi qui emerunt, vel qui dono fuerunt consecuti, [eadem similiter Christianis] si petiverint de nostra benevolentia aliquid, vicarium postulent, quo et ipsis per nostram clementiam consulatur. Quae omnia corpori Christianorum protinus per intercessionem tuam ac sine mora tradi oportebit, Et quoniam iidem christiani non ea loca tantum, ad quae convenire consueverunt, sed alia etiam habuisse noscuntur, ad jus corporis eorum, *id est ecclesiarum*, non hominum singulorum pertinentia, ea omnia lege, qua superius comprehendimus, citra ullam prorsus ambiguitatem vel controversiam hisdem christianis, id est corpori et conventiculis eorum, reddi jubebis, supradicta scilicet ratione servata, ut ii qui eadem sine pretio restituerint, indemnitatem de nostra benevolentia sperent."

Betrachtet man den Wortlaut des Edikts, so möchte man glauben, es habe gar nie ein Zweifel darüber entstehen können, wem Constantin das Vermögen zurückgeben und wen derselbe damit als eigenthumsfähig habe anerkennen wollen, gewiss nur die einzelnen Kirchen, „ad jus corporis eorum, id est ecclesiarum." [5]

Dagegen wurden von anderen Seiten verschiedene Erklärungsversuche gemacht. Savigny, [6] Eichhorn, [7] und Andere [8] schliessen aus dem Ausdrucke conventicula auf

[5] Kunstmann l. c. S. 106: „Mit der Aufnahme der Kirche in den Staat kann der rechtliche Besitz liegender Güter als zweiter Bestandtheil hinzu, denn Constantin der Grosse u. Licinius erklärten die einzelnen Kirchen als erwerbsfähig und gaben ihnen ihre liegenden Güter zurück."

[6] System Bd. II. S. 266.

[7] Einleitung ins Kirchenrecht Bd. II S. 648 folg.

[8] Hübler, l. c. S. 86 bemerkt hiezu: „Denn wenn hier auch unzweifelhaft (?) der Gemeinden als Eigenthümer gedacht wird. — das geht nicht blos aus dem Worte conventiculum, sondern vor Allem aus der bei Corporationen technischen Terminologie jus corporis Christianorum hervor, — so ist dasselbe doch,

ein Eigenthum der kirchlichen Gemeinden; ja selbst Autoren, die der letzteren Theorie im Allgemeinen ferne stehen, vielmehr für das Justinianische Recht das Eigenthum der einzelnen kirchlichen Anstalten mit Festigkeit behaupten, finden doch in dieser (und andern bald anzuführenden) Stellen wirklich Andeutungen an die Kirchengemeinde.[9] Allein die Irrthümlichkeit dieser Annahme liegt so zu sagen auf der Hand; denn was erstens den Ausdruck corpori christianorum betrifft, so ist davon keine Rede, dass derselbe stets ein corporatives Verhältniss andeute; die Römer sprachen von einem corpus Christianum ebenso wie von einem corpus Sabinorum,[10] weit entfernt, diese

---

selbst abgesehen von seiner mangelhaften (?) Verbürgung bei der Justinianischen Gesetzcodification unberücksichtigt geblieben und bildet also keinen Bestandtheil des gemeinen Rechts." Nach der Ansicht von Sarpi (Traité des benefices), sollen, sobald durch Constantin der Kirche die Erbfähigkeit gegeben war, hierunter nur die christlichen Gemeinden in den Städten („communeautés chrétiennes, c'est-à-dire à tout le corps des Chrétiens, qui se trouvait dans les villes,") verstanden worden sein.

[9] cf. Hübler's Citat in Nte 8. Brinz l. c. S. 1053: „So fehlt es zwar nicht an Zeugnissen, dass in der vorjustinianischen Zeit unter Kirche hin und wieder die Kirchengemeinde, mithin ein Gemeinwesen als jener Zweck gedacht wurde." — Vgl. auch Schulte, System des Kirchenrechts S. 480. Schulte, Dissert. inauguralis De rerum ecclesiasticarum dominio Berolin 1851 S. 26: „Vox conventiculis ad communitates christianas certo trahi potest. At tam eadam lege claris verbis singulae ecclesiae personae, quae vocantur morales, agnoscuntur, iisque rerum ecclesiast, proprietas attribuitur, quam apertum non est, num sub voce „conventicula" absolute intelligendae sint communitates an potius „loca ad quae convenire consueverant; id quod propter primam equidem statuere malim postionem atque propter similitudinem utriusque edicti partis. Nullo denique modo plus ex hac lege potest deduci, quam varietas, qua possint ex jure Romano tam ecclesiae singulae quam communitates religiosae dominiae esse. Caeterum hoc edictum nihil valet ad definiendum, quid sit juris Romani."

[10] Vgl. die Note von Steph. Baluz zu Lactant. liber de morte c. 48: „Quae omnia corpori Christianorum protinus per intercessionem tuam ac sine mora tradi oportebit: to the Christians versio Anglica ad verbum Christianis; recte. Nam ut Sabini et Sabinorum corpus omnino

Vereinigungen desshalb als eine juristische Person, als eine Corporation aufzufassen.[11]

Aber auch der Ausdruck conventicula berechtigt keineswegs zu dem Zweifel, ob nicht am Ende gleichwohl für die älteste Zeit ein Eigenthum der Kirchengemeinde statuirt werden müsse. Ich verweise bloss auf die Bemerkungen zum ersten Constantinischen Anerkennungsdekrete; schliesslich erklärt ja die Stelle selbst ein paar Zeilen höher ganz deutlich, wen sie darunter verstanden wissen wolle; denn gerade als ahnte Constantin die zu allgemeine Fassungsweise des Ausdrucks „ad jus corporis eorum", corrigirt er sich augenblicklich und setzt erläuternd und näher bestimmend hinzu: „id est ecclesiarum", ich meine, das heisst, die einzelnen Kirchen.[12]

---

confunduntur, apud Livium in his verbis (lib. I): Ita Licinio in hac epistola Christianis et corpori Christianorum locutiones sunt synonymae prorsus et promiscue, quas tantum, ne semper hisdem Christianis diceret, intermiscuit."

[11] Uhrig, l. c. S. 105. „Im römischen Rechte finden wir bezüglich der Kirche bisweilen den Ausdruck corpus, corpus pium, catholicum u. s. f. gebraucht, und namentlich haben die beiden Kaiser Constantin der Grosse und Licinius in dem Mailänder Toleranzedicte vom Jahre 313 die Kirche „sanctissimum catholicum venerabileque concilium", ferner die Einzelkirchen „conventicula" und „corpus" genannt, was unter anderen insbesondere auch den so verdienstvollen Kirchenrechtslehrer Dr. Ferdinand Walter veranlasste, den Eigenthümer des Kirchenvermögens in der Kirchengemeinde zu finden. Allein zunächst wollten die beiden Kaiser ja nur bezwecken, dass die katholische Kirche nunmehr als eine im Staate anerkannte Confession erscheinen, aus der Reihe der verbotenen oder nur geduldeten Secten heraustreten, und als recipirte Körperschaft auch eigenthumsfähig sei; sodann aber erkannten sie ja auch die Rechtsfähigkeit der Einzelnkirchen conventicula und ecclesiae an, ohne hierbei im Geringsten der innern Kirchenverfassung vorgreifen zu wollen."

[12] Vgl. oben S. 30 Note 2 S. 33 Nte 9 ferner Bingham hist. eccles. Vol. III Lib. VIII § 67 Cp. I. Ecclesiae nonnunquam vocatae synodi, concilia, conciliabula, conventicula. Et quum Latinorum nomen conventiculum ex primigena notatione nihil nisi conventum seu concilium significet, saepissime ab antiquis scriptoribus pro ecclesia

Im übrigen unterscheidet Constantin in dem fraglichen Edicte nach der Annahme von Uhrig schon drei Arten von Kirchenvermögen: erstens solches, das formell im Eigenthum einzelner Privatpersonen stand (id est ecclesiarum, non hominum singulorum pertinentia).[13] Für's Zweite unterscheidet Constantin zwischen dem, was conventiculis und corporibus (ecclesiis) zurückzustellen sei; unter conventiculis sollen die versteckten, unter corporibus (ecclesiis) die öffentlichen Kirchen zu verstehen sein. Dass Constantin die allgemeine Kirche[15] mit keinem Worte erwähnt, braucht wohl nicht eigens hervorgehoben zu werden. Wer sich übrigens durch dieses dritte Restitutions-

---

adhibetur, sic in exemplum Lactant. lib. V c. XI . . . universum popolum cum ipso pariter conventicula concremavit. Arnobius Ambrosiast in Ephes. IV p. 248. „Nostra quidam scripta cur ignibus meruerunt dari? cur immaniter conventicula dirui?" — Vgl. die oben citirte Ausgabe von Lactantius S. 294 Nte 43. „Conventicula les églises. Moucroix, hoc est ecclesias." — Cf. l. 10 Cod. Theod. XVI, 5, l. 4 C. Th. XVI, 4 und C. XXIV qu. III c. XXXV. „Clericus haereticorum et schismaticorum tam convivia quam sodalitates evited aequaliter. Eorum conventicula non ecclesiae sed conciliabula appellanda sunt."

[13] cf. oben S. 23 und Jos. Braun l. c. S. 12 „die nicht als Privateigenthum Einzelnen, sondern ihrer Gesammtheit vermöge Gesellschaftsrechts gebührten." — Einen anderen Text des Edicts scheint Evelt (die Kirche und ihre Institutionen auf dem Gebiete des Vermögensrechtes, Soest 1845) benützt haben; es findet sich daselbst folgende dieses Verhältniss noch schärfer charakterisirende Bemerkung: „In dem von Eusebius aufbewahrten Edicte des Lizinius hiess es: ut non solum ea loca, in quibus convenire consueverint christiani, sed et alia quaedam peculiaria non singulis privatim, sed juris societatis ipsorum competentia, si ablata fuerint, restituantur." — Vgl. auch Müller, Lexikon des Kirchenrechts s. v. Kirchen-Vermögen.

[14] Nach Uhrig, l. c. S. 45.

[15] Die Bemerkung von Maas in v. Moy's kirchenrechtlichem Archiv IV S. 587 f. anlässlich des Ausdrucks id est ecclesiarum „diess Edict handelt nicht davon, ob die einzelnen Kirchen oder Kirchengemeinden oder die Gesammtkirche das Rechtssubjekt sei, sondern nur von der Erwerbsfähigkeit der Christenheit resp. Kirche überhaupt," ist ganz aus der Luft gegriffen. Mit solchen Phrasen schafft man sich missliebige Stellen nicht aus dem Wege!

edikt nicht überzeugen zu können glaubt, dass Constantin die einzelnen Kirchen als Rechtssubjekte des restituirten Vermögens betrachtet wissen wollte, den verweisen wir auf eine Reihe anderer Beweisstellen, wo derselbe stets nur von ihnen als eigenthumsfähigen Personen spricht. So heisst es z. B. in einem Befehlschreiben des Kaiser Constantins an Anulius: „Volumus ut, quae praedictae ecclesiae antea possiderunt, ad earundem jus omnino revertantur.“ [16] Die einzelnen Kirchen waren es, denen Constantin Zuschüsse aus Staatsmitteln gewährte. [17] Nur von ihnen sprechen die nachfolgenden Stellen bei Eusebius de vita Constantini lib. II c. XL: „Sed et locailla, quae martyrum reliquiis honorata sunt“, ... quis dam praetextu ab injustis ac nequissimis hominibus ablata sunt, ea justissime restituta sanctis Dei ecclesiis denuo redhibeantur.“ Cap. 39 l. c. findet sich folgende Ausdrucksweise: „neque enim vel fisco conceditur, si quid eorum, que supra dixi, possideat, id firmiter retinere. Verum adversus sacrosanctas ecclesias nihil obloquii ausus, ea quae aliquam-

---

[16] Euseb. hist. eccl. X. 5. „Exemplum alterius Constitutionis qua Imperator soli ecclesiae catholicae beneficium a se concessum esse indicavit. „Jubemus ut simul atquae has literas acceperis, si quae ex illis quae ad catholicam Christianorum ecclesiam per singulas civitates aut in aliis locis pertinebant, nunc a decurionibus aut quibulibet aliis detinentur, ea confestim illorum ecclesiis restitui facias Quandoquidem volumus ut quae supradictae ecclesiae antea possederunt, ad earumdem jus omnino revertantur. Cum ergo perspiciat devotio tua hujus nostrae jussionis manifestissimum esse praescriptum operam dabis ut sive horti sive aedes seu quodcunque aliud ad jus earundem ecclesiarum pertinuerint, cuncta illis quantocius restituantur.“ (εἴθ' ὁτιονδήποτε τῷ δικαίῳ τῶν αὐτῶν ἐκκλησιῶν διέφερον, σύμπαντα αὐταῖς ἀποκαταστῆναι ὡς τάχιστα.) — Bingham orig. eccl. vol. II L. 5 p. 266.

[17] Ensebius, hist. eccl. X 6. „Exemplum epistolae Imporatoris Constantini, qua pecunias ecclesiis donat.“ — Sozom. hist. I. 8. „Quin etiam ex terra, quae in singulis civitatibus vectigalis erat, certum vectigal quod aerario pensitari solet (Imper. Constantinus M.) accepit et ecclesiis ac clero distribuit, quam quidem largitionem in omne tempus ratum esse sancivit.“

diu injuste detinuit, ecclesiis tandem jure restituat. Omnia ergo quae ad ecclesias recte visa fuerint pertinere . . . nullo jure, quod ad dominium pertinet imminuto, sed salvis omnibus atque integris manentibus restitui jubemus."

Wer in den Zeiten der Verfolgungen sein Vermögen eingebüsst hatte und wegen seines Verharrens bei der christlichen Religion verbannt, das Vaterland hatte verlassen müssen, dem sollte alles Vermögen zurückgegeben werden; falls er aber nicht mehr lebe oder keine Erben hinterlassen habe, solle die jeweilige Kirche seines Wohnorts die Erbschaft antreten dürfen, ecclesiam cujusque loci hereditatem adire decernimus.[18] Der letzte Rest eines Zweifels muss hiemit schwinden; denn deutlicher lässt es sich in der That nicht ausdrücken, ob Constantin etwa die allgemeine oder die einzelne Kirche als Eigenthümerin anerkannt wissen wollte.

Kaum war die christliche Kirche im Staate anerkannt, kaum hatte der heidnische Fiscus die Jagd auf deren Güter eingestellt, als mit dem äusseren Frieden auch das Vermögen der Kirche sich schnell vermehrte. Die Kaiser selbst waren eifrigst bemüht, die Wunden, welche ihre Vorgänger der Kirche geschlagen hatten, zu heilen, und förderten den irdischen Besitz derselben durch mancherlei Privilegien.

Nachdem Constantin schon im Jahre 319 den **katholischen Priestern** Immunität von allen öffentlichen Lasten gewährt hatte,[19] sollten nun auch bald die **Kirchen** bevorzugt werden. Das Vermögen derselben (ecclesias) wird dem Eigengute des Kaisers gleichgestellt.[20]

Bei weitem das wichtigste Privileg, das die Kirchen

---

[18] Euseb. Vita Constant. II 35 und 36. Vgl. auch die Noten Gothofred's zu l. 4 C. Th. XVI 2 in fine.

[19] L. 1, 2, 9, 11, 24 C. Th. XVI 2.

[20] L. 1 C. Th. XI. 1 (anno 315). „Praeter privatas res notras et ecclesias catholicas . . . nemo ex nostra jussione praecipuis emolumentis familiaris juvetur substantiae."

durch Constantin erhielten, war aber die denselben im Jahre 321 verliehene testamenti factio passiva.[21] Es wird als bekannt vorausgesetzt, dass nach römischem Rechte juristische Personen testamenti factio passiva nur in Folge eines speciellen Privilegiums[22] besassen. Nun hatten zwar schon vor dem Erlasse dieses Gesetzes die Kirchen Zuwendungen unter Lebenden und zweifelsohne auch unter Todten erhalten, aber der Besitz eines solchen Vermögens war doch noch stets ein prekärer,[23] solange nicht die Erbfähigkeit der einzelnen Kirche förmlich und feierlichst anerkannt war. Diese Rechtswohlthat wurde nun den Kirchen durch ein Gesetz zu Theil, welches lautete: habeat unusquisque licentiam sanctissimo catholicae venerabilique concilio decedens bonorum quod optaverit relinquere, non sint cassa judicia."

Wir sehen nun zwei sich einander geradezu abstossende Theorien auf diese Stelle stützen. Eichhorn[24] beruft sich darauf, um das Eigenthum der Kirchengemeinden zu beweisen, concilium bedeute Gemeinschaft, bedeute Gemeinde. Auch Brinz[25] setzt diese lex unter jene Zeugnisse aus vorjustinianischen Zeit, die für ein Eigenthum der Kirchengemeinde zu sprechen scheinen. Andserer-

---

[21] De testamenti factione passiva plenissima Ecclesiis catholicis indulta, Titel zu l. 4 C. Th. XVI 2 — Cf. Sozomenus l. c. I. 8 und Thomassin l. c. T. III L. I. c. XX No. V.

[22] L. 8 C. Just. de instit. et substit. II 24. „Collegium, si nullo speciali privilegio subnixum est, hereditatem capere non posse, dubium non est."

[23] Planck, l. c. Bd. I S. 279. Thomassin bemerkt an der oben citirten Stelle von dem Vorconstantinischen Kirchenvermögen: „Fateamur ergo necesse est, fidelium pietate .... ecclesiis dono datas esse .... hereditates"; vgl. noch Gothofred Commentar ad l. 4 C. Theod. XIV 2 S. 29.

[24] Einleitung in's Kirchenrecht Bd. II S. 249 Note 1. — Hübler, l. c. bemerkt Seite 85 Nte 15 zur lex cit.: „Nach Eichhorn wäre concilium die wörtliche Uebersetzung von ecclesia in seiner ursprünglichen (nämlich gemeindlichen) Bedeutung. Der Beweis dafür fehlt."

[25] Brinz, l. c. S. 1053.

seits bemerkt Maas: „Constantin der Grosse erklärte die Kirche nicht blos in ihrer geistigen Wirksamkeit zur Staatsreligion, sondern erkannte sie auch damit und ausdrücklich auf dem Gebiete des Vermögensrechtes als eigene, in und neben(?) dem Staate bestehende universitas an.“ [26] Constantin wollte jedoch mit dieser Stelle weder das eine noch das andere ausdrücken, überhaupt nicht direkt das Rechtssubjekt des Kirchenvermögens bestimmen, sondern nur die Möglichkeit gewähren, kirchlichen Zwecken ein Vermögen auch auf dem Wege der Erbeseinsetzung zu hinterlassen. [27] — Die Schwierigkeit, um zu näherer Erklärung der Stelle überzugehen, liegt offenbar in den Ausdrücken „concilium“ und „catholicae“, der letztere Ausdruck bedeutet soviel als die katholische Kirche [28] und war keineswegs eine müssige Bemerkung, da sich ja das ertheilte Privilegium nicht auf die christlichen Kirchen überhaupt (z. B. auch auf die der Sectirer), sondern nur auf die der orthodoxen Kirche, erstrecken sollte. [29] Ueber den Ausdruck „concilium“ gibt uns Gothofred gründlichen Auf-

---

[26] Maas, l. c. S. 380. Ebenso Evelt die Kirche und ihre Institute auf dem Gebiete des Vermögensrechtes. Soest 1845 S. 27. Andere sind gar der Ansicht, Constantin habe der ganzen Kirche und ihren einzelnen Theilen den Patriarchalkirchen, Bisthümern und Ortskirchen Erbfähigkeit zuerkannt cf. Elvers Erörterungen aus der Lehre von den testamentarischen Erbeseinsetzung juristischer Personen S. 106. cf. auch Kunstmann vergleichendes Kirchenrecht S. 197.

[27] Gothofred (Comment. ad l. cit. S. 27) drückt den Sinn dieser lex folgendermassen aus: „licere unicuique nullo discrimine decedenti ecclesiae cuicumque catholicae, quaecumque tandem bona relinquere ultima voluntate.“

[28] Gothofred, l. c. „Catholicae absolute pro catholicae fidei seu Religionis aut ecclesiae.“ Cf. Hänel corp. jur. Rom. antejustin. S. 1482. Anm. 51.

[29] Gothofred, l. c. S. 28. „Neque tamen quod tertio loco hic occurrit, omnibus ecclesiis seu conciliis Romae jus hoc tribuit Constantinus, verum, quae limitatio hic notanda est, conciliis catholicae (ut nominatim scriptum hic exstat) accepta voce catholicae absolute pro catholicae ecclesiae et unionis.“

schluss: derselbe gelangt zu dem Resultate, es sei darunter die Kirche jedes Ortes zu verstehen; zu dieser Annahme berechtige schon das dritte Restitutionsedict, ferner die ganz conforme Auffassungsweise der Basiliken; der Ausdruck sei überhaupt ein ganz genereller und finde sich auch in anderen Verbindungen, woselbst darunter auch wiederum bestimmte Körperschaften einzelner Orte zu verstehen seien.[30] Hieraus folgt zur Genüge, dass der Ausdruck „concilium" sich am besten dazu eignen musste, eine allgemeine Anerkennung der Erbfähigkeit aller Kirchen

---

[30] Gothofred l. c. S. 28. „Secunda ampliatio seu generalitas hujus legis est, de iis quibus relinqui potest: nempe Sanctissimo et venerabili catholicae concilio, *ταὶς ἁγίαις, ἐκκλησίαις*, Catholicis ecclesiis et Martyriis: id enim est, quod indicatur sanctissimi catholicae et venerabilis concilii appellatione. Nam et ita in edictis Constantini et Licinii apud Euseb. lib. X c. V *σῶμα* mox et *σύνοδος* vocatur: *τοῖ αὐτοῖς Χριστιανοῖς, τοῦτ' ἔστι τῷ σώματι αὐτῶν καὶ τῇ συνόδῳ ἑκάστῳ αὐτῶν ἀποκαταστῆναι κελεύσεις*, iisdem christianis, hoc est cuilibet corpori et conventulico ipsorum restitui jubebis. Ubi vides, corpus omnium christianorum et singulas synodos seu singula concilia, id est ecclesias cujusque loci conjungi. **Concilium nempe est quodcunquae tandem corpus speciale cujusque loci** . . . . folgen eine Reihe Beispiele, wo concilium in einem ähnlichen Sinne gebraucht wird. Ut proinde fallantur (etiam Alciatus hic) qui concilium hic pro synodo ecclesiastica accipiunt; quos vel titulus, sub quo haec lex posita est, refutat. Contra, recto hic Graeci et Basilica lib. I tit. I verterunt *ταῖς ἁγίαις ἐκκλησίαις*. Denique concilium est corpus speciale cujusque loci: et hic concilium catholicae, pro ecclesia catholicà Ita concilium Patrum Symacho pro senatu lib. I epist. 89 et publicum concilium eodem sensu l. 7 epist. 21 et concilium Latiare pro coetu et auditorio literatorum lib. 1 ep. 9. Ita concilium Naviculariorum dicitur, non omnium in orbe romano, vel in imperio orientis, verum speciale cujusque loci, veluti Alexandrinorum, Carpathiorum l. 32 supr. de Navicul. — Folgen andere Beispiele . . . Concilii vox hoc aevo tributa omni coetui legitmo, ut dictum est ex Symacho." — Dieselbe Interpretation findet sich bei Christian Rau, dissertatio historica jur. civil. Rom. de personis incertis ex testamento heredibus Lips. 1784 S. 41, 42. „Sed ecclesiam catholicam intellexit, cum concilium denotet quodcunque tandem corpus speciale cujusque loci." Vgl. auch Hänel corp. jur. not. ad l cit.

auszusprechen.[31] Zu dieser Auffassung der l. 4 C. Th. ist man um so mehr berechtigt, als eine Reihe anzuführender Stellen aus diesem Codex, sobald es sich um eine specielle Eigenthumszuwendung handelt, diese immer den einzelnen Kirchen machen.[32] So bestimmt Constantin nur fünf Jahre später (a. 326), es solle den Novatianern[33] gestattet sein, Kirchen und Coemeterien zu besitzen, die sie durch Kauf oder einen andern rechtsmässigen Titel erworben hätten, es sei denn, dass dieselben vor der grossen Glaubensspaltung den katholischen Kirchen gehört hätten.[34]

[31] Jos. Braun, l. c. S. 22 bemerkt zu dieser Stelle: „So vag und unbestimmt diese Bestimmung immerhin ist, so war sie dennoch eine heitere Erscheinung für die Kirche. Anerkannt wurde durch sie zwar die testam. fact. pass. der Kirche überhaupt, allein alle Anhaltspunkte fehlten, wem in derselben im Falle einer Delation die Erbmasse anfallen sollte, eine Lücke, die um so fühlbarer werden musste, je mehr man zur Einsicht kam, dass die Kirche weder eine lokal beschränkte sei, noch auch ihrer Bestimmung nach bleiben konnte; dazu kam, dass die kirchliche Gesetzgebung sich immer mehr dahin consolidirte, keinem Laien irgend welche Disposition über ein der Kirche angefallenes Gut einzuräumen, so dass wir also in jenem Gesetze nur den grossen Rahmen angegeben sehen, in welchen die einzelnen Bilder, jedes an seiner Stelle, hineingesetzt werden mussten. Eine detaillirte Bestimmung, eine nach allen Richtungen consequente Durchführung des im Bewusstsein Liegenden durfte man von Constantin wohl kaum erwarten; diess liegt theils in seinem Verhältnisse zur Kirche, theils in den Gesetzen einer jeden Entwicklung, so dass die Umgestaltung des Vorhandenen sich nicht mit einem Schlage als vollendet darstellt, theils endlich in dem Ungewöhnlichen und in der Neuheit des Verhältnisses selbst. Genug, er that, was er quoad hoc thun konnte, das Weitere musste er der kirchl. Gesetzgebung und der Zeit überlassen." Hübler, der Eigenthümer des Kirchengutes S. 98 meint, der Ausdruck „concilium (congregatio, collegium convocatum, consessus) könne sowohl die Einzel- wie die Gesammtkirche bezeichnen.

[32] Ich erinnere auch an die obigen Belege aus der Zeit Constantin's, hauptsächlich an die wichtige Stelle aus Euseb. Vita Constant. II. 35. „ἡ καθ' ἑκάστους ἀεὶ τόπους ἐκκλησία διδάχεσθαι τετάχθω τὸν κλῆρον."

[33] Den übrigen Häretikern hatten verschiedene Gesetze diese Befugniss entzogen; vgl. l. 1, 2, 6, 7, 8, 12, 30, 65, C. Th. (de haereticis) XVI. 5.

[34] L. 2 C. Th. XVI, 5. „Novatianos non comperimus praedammatos

Wenn bisher vom Eigenthum der Kirchen die Rede war, so waren darunter stets nur bischöfliche Kirchen zu verstehen; denn eigentliche Pfarrkirchen gab es vor der Mitte des vierten Jahrhunderts nicht. In diese Zeit fällt aber deren Aufkommen, und zwar steht die Bildung derselben [35] in unmittelbaren Zusammenhange mit dem Institute der Landbischöfe, indem die Pfarrer dieselben allmälig zu verdrängen begannen. [36] Mit der Ausbildung der Parochien traten die Bischöfe aus einer unmittelbaren lehr- und priesterlichen Thätigkeit in eine leitende, herrschende über; die bischöfliche Pfarre [37] wird zur Diöcese. [38] Der alte Zustand der Diözesanverfassung, wonach die bischöfliche Kirche allein den Säckel für das ganze Bisthum führte, erlitt jedoch durch diese neue Einrichtung wenigstens für die erste Zeit keine Aenderung. Die bischöfliche Kirche, deren auch in den Quellen noch immer am häufigsten Erwähnung geschieht, [39] blieb noch fortwährend Eigenthümerin

---

ut iis, quae petierunt crederemus minime largienda. Itaquae ecclesiae suae domos et loca sepulcris apta sine inquietudine eos firmiter possidere praecipimus, eas scilicet quae ex diuturno tempore vel es emto habuerunt vel qualibet quaesiverunt ratione. Providendum erit, ne quid sibi usurpare conentur ex his, quae ante discidium ad ecclesias perpetuae sanctitatis pertinuisse manifestum est." — Siehe auch l. 6 C. Th. XVI 2. „Opulentos enim subire necessitates oportet pauperes ecclesiarum divitiis sustentari."

[35] Vgl. im Allgemeinen Jos. Braun l. c. S. 31. Plank l. c. Bd. I S. 546 f. Schulte Diss. cit. p. 10.

[36] Ein Schreiben Leo d. I. v. J. 440 bestätigt diese Behauptung.

[37] cf. Euseb. Histor. eccl. III. 28 IV. 32 X 4.

[38] Zum erstenmal findet sich der Ausdruck auf dem ersten Concil v. Constantinopel (a 381) c 2. „Episcopi, qui extra dioecesin sunt ... ad ecclesias quae extra terminos earum sunt, nec accedant neque confundant et permisceant ecclesias secundum regulas constitutas." Vgl. auch Athanas. Apol. II „... Mareotas ager est Alexandriae, quo in loco episcopus nunquam fuit, immo ne chorepiscopus quidem, sed universae ejus loci ecclesiae episcopo Alexandriae subjacent, ita tamen singuli pagi suos presbyteros habeant." Im IV. Jahrh. entwickelte sich übrigens die Parochialverfassung auch in den Städten.

[39] Unter den Quellen des römischen Rechts werden die Pfarrkirchen

alles Diöcesankirchengutes,[40] wogegen für die vermögensrechtlichen Bedürfnisse der einzelnen Pfarrkirchen auf dem Wege der sogen. stipendia gesorgt wurde, die anfänglich ganz nach Belieben des Bischofs,[41] später observanzmässig seit dem Ende des 5. Jahrhunderts endlich gesetzmässig geleistet werden mussten;[42] dass sich indessen die Pfarrkirchen schon frühzeitig aus diesem vermögensrechtlich ganz

---

zuerst in der l. 16. C. Th. XVI. 2, einem Gesetze vom Jahr 361 erwähnt, wo es heisst: „in qualibet civitate, in quolibet oppido, vico castello municipio quocunque“ sollten die Geistlichen eine Immunität erhalten. — Andere Quellen, wo sich der Ausdruck Pfarrkirche parochia findet, s. b. Gothofred Comment. ad l. cit. Note e; daselbst bemerkt der Verfasser: „Est porro haec lex pariter ut lex 33 infra eo notabilis, quod ostendit, ecclesias et clericos fuisse non tantum in civitatibus sed et in vicis.“ Die l. 33 C. Th. XVI. 2 besagt, der Bischof solle die Priester nur aus den Dörfern selbst wählen. S. besonders den Commentar ad l. cit.

[40] cf. Plank, l. c. S. 562 u. f.: „die ersten Parochien, welche auf dem Lande entstanden, bekamen wahrscheinlich zuerst nur wenige Einkünfte. Sie konnten höchstens aus demjenigen, was von freiwilligen Geschenken und Oblationen fiel, etwas ziehen. Diess aber mochte bei manchen schwerlich so viel austragen, dass der Presbyter, der aus dem Stadt-Klerus dahin geschickt wurde, dabei hätte bestehen, und für das, was ihm bisher von der monatlichen Austheilung unter dem Stadt-Klerus zugefallen war, hätte schadlos gehalten werden können.“

[41] Das Concil v. Antiochien 341 c. 25 bestimmt: „... Episcopus ecclesiasticarum rerum habet potestatem ad dispensandam.“ C. 39 c. 41. „Si animae hominum pretiosae episcopo sunt creditae, multo magis oportet eum curam pecuniarum gerere.“ — Constitut. apost. L. VIII c. 30. S. auch bes. F. A. Loberschiner das kirchl. Güterrecht u. die Verwaltung des kirchl. Vermögens im Archiv f. kath. Kirchen-Recht. Bd. II (1857) S. 169.

[42] Concil. Roman. sub Sylvestr. I c. 4. — Gregor der Gross. L. II epist. 51 c. 30 c. XII 9. 2. — Helfert Kirchenvermögen I. Bd. S. 21. — Thomass. l. c. P. III. lib. II c. 13 § 1. „Non facile est diffinire, quo certissime tempore instituta sit distributio illa canonica et quadripartita redituum ecclesiae in episcopum, in sarta tecta, in pauperes et in Clerum. Etsi enim usus idem esset eorum tribus, vel quatuor etiam prioribus saeculis, nulli autem adhuc Canones illam aut praeceperant, aut commemoraverant in quatuor partes sectionem. Non alius fere ante Simplicium papam illam alligit, quanquam de ea ille, ut de re usitatissima verba faciat.“

ausserordentlich abhängigen Zustande herauszuarbeiten wussten, dafür werden wir bald hinreichende Belege zu bringen im Stande sein.

§ 5.

Die Nachconstantinischen Kaiser bis auf Justinian.

Wir sahen die Kirche unter Constantin nicht nur rechtlich anerkannt, sondern sogar schon priveligirt. Mit dem in Folge davon rasch zunehmenden Reichthume der einzelnen Anstalten hatte aber schon gegen das Ende des vierten Jahrhunderts die Ueppigkeit und Habsucht der Priester einen solchen Grad erreicht, dass sich die römischen Kaiser veranlasst sahen, die in der l. 4 C. Th. XVI, 2 im vollsten Masse zugesagte Erwerbsfähigkeit der katholischen Kirche wieder einzuschränken. Nachdem die Kaiser Valentin und Gratian im Jahre 370 ein Gesetz gegen die Erbschleicherei der Geistlichen erlassen hatten,[1] worin denselben die Erbfähigkeit aus den Testamenten der Wittwen und Waisen, deren Häuser sie fortan nicht mehr betreten sollten, entzogen wurde,[1] bestimmte Kaiser Theodosius im Jahre 390 eine Diaconissin solle in Zukunft von ihrem Hausgeräthe ihren Kindern oder nächsten Angehörigen nichts mehr entziehen dürfen; erreiche sie der Tod, dann dürfe sie keine Kirche, keinen Geistlichen, keine Armen zu Erben einsetzen;[2] in dieser Stelle haben wir einen neuen Beweis für das Eigenthum der einzelnen Institute; denn offenbar heisst

[1] L. 20 C. Th. XVI. 2; dazu l. 22 l. c. cf. Thomassin P. III. L. I. C. XVIII n 1.

[2] cf. Thomassin P. III Lib. I Cap. XVIII n 5. L. 27 C. Th. XVI 2. „Universa integra in liberos, proximos vel in quoscunque alios arbitrii sui existimatione transcribat, ac si quandem diem obierit, nullam ecclesiam, nullum clericum, nullum pauperem scribat heredes." — Cf. Thomass. l. c. P. III l. I c. 18 nr. 5. — Vgl. über dieses Amortisationsgesetz: Ambros. adv. Symmach. p. 325. Edit. Symmach. Paris 1604. — Hieronymi epist. ad Nepotianum p. 9 Tom. I Oper. Edit. Frankford. Derselbe bemerkt: „nec de lege conqueror sed doleo, cur meruerimus hanc legem."

es nicht, sie dürfe die Kirche schlechthin nicht einsetzen, sondern nullam ecclesiam. Könnte ein Zweifel bestehen, ob etwa Constantin der allgemeinen Kirche oder etwa den einzelnen Anstalten passive testamenti-factio habe verleihen wollen, — hier wäre der sprechendste Beweis geliefert.

Die späteren Kaiser hoben dieses erste Amortisationsgesetz allmälig wieder auf. Nachdem noch Theodosius selbst (390) die Strenge des Gesetzes gemildert hatte,[3] gestatteten die Kaiser Valentinian und Marcian im Jahre 455 den Wittwen, Diaconissinnen und gottgeweihten Jungfrauen wieder, in Testamenten oder Codicillen einer Kirche oder der Capelle eines Heiligen ihr Vermögen ganz oder zu Theilen hinterlassen zu dürfen.[4]

Auf dieses Gesetz berufen sich hinwiederum Maas[5] und Eichhorn zur Unterstützung ihrer Theorien, beide aber ohne Grund, denn dass der Ausdruck „ecclesiam" nicht „die Kirche" bedeute, dass vielmehr nur die oben gebrauchte Fassungsweise „eine Kirche" einen dem Text entsprechenden Sinn gibt, geht ja schon aus dem Zusammenhange von ecclesia mit martyrium hervor; der letzte Ausdruck gibt einem Gedanken an die allgemeine Kirche nicht den minde-

---

[3] cf. Thomassin P. III L. I C. XVIII n 5. L. 28 C. Th. XVI, 2.

[4] Novella Marciani tit. V., de testam. clericorum. „Hac lege sancimus, ut sive vidua, sive diaconissa sive virgo Deo dicata vel sanctimonialis mulier sive quocunque alio nomine religiosi honoris vel dignitatis femina nuncupetur testamento vel codicillo suo . . . ecclesiae vel martyrio vel clerico vel monacho, vel pauperibis . . . . crediderit relinquendum. Id modis omnibus ratum firmumque consistat; sive hac institutione sive substitutione seu legato aliquo aut fideicommissio . . . . donationibus etiam vel qualibet liberalitate tam viduarum quam diaconissarum . . . quaecunque in ecclesiam vel martyrium vel clericum vel monachum vel pauperes conlata fuerint, pari robore firma esse praecipio." Vgl. auch l. 13 C. Just. de SS. eccl. I 2 (dort heisst es „clero vel monachio"). Cf. Thomass. l. c. P. III L I c. 18 Nr. 6.

[5] Maas l. c. S. 588 Nte 3.

sten Spielraum.[6] Ebenso muss sich die Eichhorn'sche Deduction, die in der citirten Novelle einen Beweis für das Eigenthum der Kirchengemeinde zu finden glaubt, als unhaltbar erweisen: der Ausdruck ecclesia liesse sich äussersten Falles noch auf Gemeinde beziehen, nie und nimmer aber der Ausdruck martyrium.[7] Ueberdiess fehlt es nicht an Beweisen dafür, dass der Ausdruck ecclesia zu Constantins Zeit schon nicht mehr die Kirchengemeinde sondern vielmehr stets die einzelne Anstalt, die Kirche, das Gotteshaus bedeutete.[8]

Unwichtigere Gesetze, die stets nur die einzelnen Kirchen und an **diese** verliehene Privilegien betonen,[9] gar nicht zu erwähnen, besitzen wir mehrere kaiserliche Verfügungen, welche von den zu Gunsten der katholischen Kirche vorzunehmenden Innovationen der heidnischen Tempel und deren Güter handeln; das heidnische Tempelgut war mit dem Untergange des Paganismus Beute des Fiscus geworden, da ja der Staat die Götter, unter deren Namen die heidnischen Tempel Rechtsfähigkeit genossen, nicht mehr aner-

---

[6] Martyrum = templum martyrum. Gothofred ad l. 13 C. de SS. eccl. I 2 not. 52

[7] Die Stelle spricht im Anfange von sacrosanctas ecclesias. Seit wann wird denn der **Gemeinde** Heiligkeit beigelegt?

[8] Gründliche Nachweise hierüber finden sich bei J. H. Boehmer: Dissertat. XII jur. eccles. antiq. diss. IX 446 sq. Cf Euseb. hist. eccl. VII. 27. „Sed cum Paulus e domo Ecclesiae nullatenus excedere vellet.“ Chrysostomus tom. VII p. 514 ed. Paris; „*Τότε αἱ οἰκίαι ἐκκλησίαι ἦσαν νυνὶ δὲ ἡ ἐκκλησία οἰκία γέγονε.*“ — Weiter beruft sich Eichhorn auf l. 34 l. 52 l. 57 C. Th. XVI. 5. Die l. 34 ist ein ganz unbrauchbares Citat. Ueber l. 52 u. 57 vgl. S. 28 u. 29.

[9] L. 15 C. Th. XI 16. „Beneficia doceantur fuisse concessa circa ecclesias.“ L. 18. C. Th. XI 16: „quae simili privilegio ecclesiis largimur.“ L. 29. C. Th. XVI 2: „Quaecunque a Parentibus nostris diversis sunt statuta temporibus, manere inviolata atque incorrupta circa sacrosanctas ecclesias praecipimus.“ L. 34 C. Th. XVI 2: „Si ecclesiae venerabilis privilegia cujusquam fuerint vel temeritate violata.“

kannte, ja die Verehrung derselben später mit den strengsten Strafen bedrohte.[10]

Im Jahre 408 bestimmten die Kaiser Honorius und Theodosius die Confiscation der Güter der Donatisten zu Gunsten der einzelnen Kirchen.[11] Ein ähnliches Gesetz erliessen dieselben Kaiser im Jahre 412 betreffs des Kirchenvermögens der Montanisten; auch hier befehlen sie, es solle das Vermögen derselben den hochheiligen Kirchen der orthodoxen Secte zugesprochen werden;[12] ein Eigenthum der Kirchengemeinde aber unter dem Ausdrucke „venerabiles ecclesiae" versteckt zu finden (so Eichhorn) dazu fehlt doch jeder Anhaltspunkt. Aus der letzgenannten Stelle erhellt ferner, dass es mit dem Kirchenvermögen der christlichen Secten damaliger Zeit nicht anders bestellt war als mit dem der orthodoxen Kirchen. Auch die Sectirer hatten ihre eigenen Kirchen, die sie mit beweglichen und unbeweglichen Gütern ausstatteten, ja ein späteres Gesetz von Theodosius und Valentinian vom Jahre 428[13] spricht

---

[10] Cf. die Schrift der Untergang des Hellenismus und die Einziehung seiner Tempelgüter durch die christl. Kaiser von Ernst von Lassaulx. München 1854. Hoffmanni Diss. de ara Victoriae Imperatoribus Christianis odiosa 1760. —

[11] L. 57 C. Th. lib. XVI tit. 5. „Si qua etiam propria eorum nunc extant aedificia, quae non ecclesiae, sed antra debent feralia nominari, venerabilibus ecclesiis, orthodoxae sectae cum donariis addicentur, Quod quidem ita fieri oportebit, ut abstineatur a privatorum rebus, ne sub obtentu rerum ad ecclesias Montanistarum pertinentium adversus privatos spoliatio et direptio perpetretur."

[12] L. 43. C. Th. XVI 5: „Omnia quae in Donatist. . . . . decreta sunt, non solum manere decernimus, verum in executionem plenissimam effectumque deduci, ita ut aedificia quoque vel horum vel coelicolarum etiam (quae nescio cujus dogmatis novi conventus habent,) ecclesiis vindicentur." Wenn demnach die einzelnen Kirchen vindikationsberechtigt erscheinen, so müssen sie doch wohl Eigenthümer ihres Vermögens sein.

[13] L. 65 C. Th. l. XVI 5. „Sive de donationibus in haereticorum factis ecclesias sive ex ultima voluntate rebus qualitercumque relictis, sive de privatis aedificiis, in quae domino permittente

nicht nur von Schenkungen unter Lebenden, sondern selbst von Todeswegen an diese Kirchen, so dass allerdings deren Vermögen oft nicht unbedeutend sein mochte. Werden wir noch zweifeln können, wer als das Rechtssubjekt dieser kirchlichen Güter angesehen wurde, wenn die Kaiser von res ad ecclesias Montanistarum pertinentes sprechen?

Von den auf die Conversion des Vermögens der heidnischen Tempel oder schismatischen Kirchen sich beziehenden Gesetzen sind auch einige zu Gunsten der gegnerischen Theorien ausgebeutet worden. So sollte z. B. der in einem Gesetze der Kaiser Honorius und Arcadius vorkommende Ausdruck „proprietati catholicae" [14] für die Kirchengemeinde sprechen. [15] Dass hiezu nicht der geringste Anhaltspunkt vorhanden ist, wird einleuchten, wenn man weiss, dass unter dem Ausdruck „catholicae" nichts Anderes zu verstehen ist als die ecclesia catholica. [16] Die Kaiser stellen hier die katholische Kirche den Sectirern gegenüber, waren aber offenbar weit entfernt, in dieser Bestimmung

---

et conhibente convenerint, venerandae nobis catholicae vindicandis ecclesiae." — Diese Stelle findet sich auch im Cod. Just. als l. 5 lib. I tit. 5 aufgenommen, woselbst sich sogar noch eine weitere für uns wichtige Bemerkung findet; es heisst nämlich daselbst von den Schenkungen an „conventicula, quae ipsi audacter Ecclesias nuncupare conantur;" wir hätten also einen neuen Beweis dafür, dass man unter conventicula die einzelnen Kirchen, nicht die Kirchengemeinden, zu verstehen pflegte.

[14] L. 52 C. Th. XVI, 5. „Ecclesias eorum (sc. haereticorum) vel conventiculis praediisque, si qua in eorum ecclesias haereticorum largitas prava contulit, proprietati catholicae sicut jamdudum statuimus, vindicatis." — Ganz ähnlich l. 2 C. Just. de haereticis et Manichaeis I, 5, „his aedibus vel locis privatis ecclesiae catholicae vindicandis. Wir sehen übrigens in obiger Stelle auch noch einen weiteren Beweis dafür, dass das Kirchengut der Sectirer als Eigenthum ihrer einzelnen kirchl. Anstalten gegolten haben muss.

[15] Eichhorn l. c. Cf. oben S. 46 not. 8.

[16] Gothofred note f u. u ad l. cit.

einen definitiven Entscheid über das Rechtssubjekt des Kirchenvermögens erlassen zu wollen. [17]

Ein zweites Missverständniss rief die bekannte l. 20 de paganis, ein Gesetz der Kaiser Theodosius und Honorius vom 30. August des Jahres 415 [18] hervor, worin dieselben gleichfalls einen Theil des alten Tempelgutes der christ-

[17] Wiewohl nun keine aller bisher citirten Stellen ein Eigenthum der Kirchengemeinde rechtfertigt, so lässt sich die Behauptung, das Kirchenvermögen sei ursprünglich Eigenthum der Gemeinde gewesen, doch nicht ohne weiters zurückweisen. Ebenso wie ein einzelner Privatmann formal Eigenthümer von Kirchenvermögen oder besser gesagt von kirchlichen Zwecken dienendem Vermögen sein konnte, und es in den Zeiten der Verfolgungen gewiss nicht selten war (res ad jus singulorum pertinentes), so konnte auch die Gemeinde es übernommen haben, mit ihrem gemeinsamen Vermögen die kirchlichen Ausgaben zu bestreiten. Doch blieb dieser Zustand nur kurze Zeit bestehen; den sobald sich auf dem Wege der Geldbeiträge der Mitglieder der Gemeinde in die carbona, concha (Thomass. P. III L. II c 12 §. 5. Id jam ex Tertulliano adnotari potuit: ubi ab eo narratum est in arcam ecclesiae stipem jactare solitos fideles singulis mensibus. Cf. Thomass. P. III L I c. 2 § 1), d i. in den in der Kirche befindlichen Opferkasten oder durch sonstige Zuwendungen sich ein von dem Communalvermögen verschiedenes und ausgeschiedenes, einem gewissen Zwecke exklusiv gewidmetes Vermögen gebildet hatte, hatte sich mit dem nunmehr eigenem Zwecke und der eigenen Verwaltung auch das Subjekt jenes Vermögens von dem alten losgelöst. — Unger, zur Lehre von den jurist. Personen in der Ueberschau der deutschen Gesetzgebung Bd. 4 Nr. 9 bemerkt S 168: „So sind z. B. die Corporationen gewiss lange Zeit hindurch als die einheitliche Mehrheit physischer Personen und das Corporationsvermögen als gemeinschaftliches Vermögen der Mitglieder angesehen worden (arca communis servus communis), bis die Wissenschaft es gewahr wurde, dass hier ein von der gleichzeitigen und successiven Totalität der Mitglieder verschiedenes ideales Rechtssubjekt vorhanden sei." — Eine ähnliche nur ganz successive Emancipation des Vermögens der Kirchen aus dem Vermögen der Gemeinden, der Gläubigen und auch der Bischöfe, die gewiss die Oblationen anfänglich als ihr Eigenthum betrachteten, müssen wir uns auch bei den ersten Kirchen denken.

[18] L. 20 Cod. Theod. XVI 10. „Omnia enim loca, quae sacris error veterum deputavit, secundum Divi Gratiani constituta nostrae rei jubemus sociari. Ea autem, quae multiplicibus constitutis ad venerabilem ecclesiam voluimus pertinere, Christiana sibi merito religio vindicavit."

lichen Kirche zuwenden. In dem Umstande, dass denselben der Ausdruck „ad ecclesiam voluimus pertinere, Christiana religio sibi merito vindicavit" entschlüpfte, will Maas[19] einen Beweis gefunden haben, dass das römische Recht die allgemeine Kirche als erwerbsfähig angesehen habe. „Und in der That," so bemerkt derselbe, „das römische Recht der christlichen Kaiser vindicirt der einen allgemeinen katholischen Kirche die juristische Persönlichkeit, das Recht, Eigenthum zu besitzen, ja sogar die Privilegien der heidnischen Tempel (Asylrecht, Steuerfreiheit, Immunität)." Dagegen ist einzuwenden, dass die oben angeführten Stellen schlagend bewiesen haben, dass die christlichen Kaiser die einzelnen Kirchen als rechts- und eigenthumsfähig angesehen haben; sprechen doch dieselben Kaiser in einem acht Jahre später erlassenen Gesetze wiederum von synagogae ecclesiis vindicatae[20] so dass wir also gewiss berechtigt sind, den obigen Ausdruck „ad ecclesiam pertinere" als einen ganz allgemeinen aufzufassen. Ganz unerwiesen ist indess die Behauptung, die Kaiser hätten der allgemeinen Kirche das Asylrecht und die übrigen Privilegien zugeschrieben. Die aus jener Zeit überlieferten Gesetze erwähnen privilegia, quae **ecclesiis** decrevit auctoritas;[21] privilegia **ecclesiarum**,[22] quae **sacro-**

---

[19] Maas, l. c. S. 591.

[20] L. 25 C. Th. XVI 8. „Placeat in posterum nullas omnino synagogas Judaeorum vel aufferi passim vel flammis exuri. Et si quae sunt post legem recenti molimine vel ereptae synagogae vel ecclesiis vindicatae .... pro his loca eis in quibus possint exstruere, ad mensuram videlicet sublatarum praeberi." Dieses Gesetz wurde erlassen gegen eine von Seiten der Christen ausgebrochene Judenverfolgung; vgl. das Nähere bei Gothofred Comment. ad l. cit.

[21] L. 38 C. Th. XVI 2. Cf. l. 16 C. Just. I 3 „ea scilicet immunitate indulta, quae certae capitationis venerandis ecclesiis relaxatur" (Honor. u. Theodosius a. 409) l. 8 C. Just. de SS. eccl. I 2. — L. 33 C. Th. XI 1.

[22] L. 52 C. Th. XVI, 2. „Privilegia **ecclesiarum** .... privilegia **eccleciarum omnium**."

sanctis ecclesiis sunt praestita,[23] sprechen also doch wohl stets nur von den einzelnen Kirchen.

Von besonderer Wichtigkeit ist eine im Jahre 412 durch die Kaiser Honorius und Theodosius den **städtischen** Kirchen verliehene Immunität.[24] Aus dieser Stelle scheint hervor zu gehen, dass zu dieser Zeit auch schon Landkirchen ein eigenes Vermögen besessen, da sonst die Kaiser doch nicht die städtischen Kirchen speciell zu nennen brauchten. Auf diess Resultat scheint auch schon die citirte Novelle Martians hinzudeuten, die von der Erbfähigkeit eines Martyriums spricht, unter welch' letzterem Ausdrucke doch wohl nicht die Cathedralkirche verstanden werden wollte, da diese in den Quellen zumeist unter dem Namen „ecclesia magna, in qua servit episcopus, cui adscriptus est episcopus, cui praesidet episcopus" u. s. w. auftritt.

Es wurde oben als Grund der Reichthümer der Kirche die systematisch durchgeführte Erbschleicherei der Geistlichen genannt. Eine andere Quelle war die gesetzmässig eingeführte Intestat-Succession der Kirchen in das Vermögen ihrer respectiven Geistlichen. Ein Gesetz von Theodosius dem Jüngeren aus dem Jahre 434 befahl nämlich, dass alles Vermögen der Bischöfe, Cleriker, Diakonen und Diakonissinnen, Subdiakone, Mönche, kurz des ganzen geistlichen Personals, wenn sie ohne Testamentshinterlassung und ohne Intestaterben sterben würden, den Kirchen gehören solle, an denen sie angestellt waren.[25] Damit war wiederum die Erbfähigkeit **der ein-**

---

[23] L. 22 C. Just. de S.S. I 3. (Theodosius u. Valentinian a 439.)

[24] L. 40 C. Th. XVI, 2. „Placet rationabilis concilii tenore perpenso destricta moderatione describere, a quibus specialiter necessitatibus ecclesiae urbium singularum habeantur immunes." Cf. l. 5. C. Just. I 2.

[25] L. 1 C. Th. V. 3. „Si quis episcopus aut presbyter aut diaconus aut Subdiaconus vel cujuslibet alterius loci clericus aut monachus aut mulier, quae solitariae vitae dedita est, nullo condito testamento decesserit,

zelnen Kirchen auf's glänzendste anerkannt; auch diese Stelle lässt übrigens schon eine Scheidung des Vermögens innerhalb der Diözese selbst verfolgen; es heisst ja nicht, dass stets die bischöfliche Kirche erben solle, sondern jene hochheilige Kirche, cui fuerat destinatus, also eventuell auch die Pfarrkirche.[26]

Weiter sprechen zu unsern Gunsten zwei Verordnungen der Kaiser Theodosius und Valentinian und Martian; die ersteren bestimmen durch Gesetz vom 17. Februar 445, dass, wenn der Kaiser eine Reise mache, Niemand sich den herkömmlichen Diensten und Lieferungen entziehen solle, selbst dann nicht, wenn die Besitzungen den Kirchen gehörten (licet ad sacrosanctas ecclesias possessiones pertineant.)[27] An einer andern Stelle sprechen die letztgenannten Kaiser von Privilegien der einzelnen Kirchen und den Zuschüssen, welche denselben fortan aus der Staatskasse verabreicht werden sollen.[28] Ferner bestimmten die Kaiser Valentinian und Martian im Jahre 454, die Apolli-

---

nec ei parentes utriusque sexus vel liberi vel si quis agnationis cognationisve jure jungantur, vel uxor extiterit, bona quae ad eum pertinuerint, sacrosanctae ecclesia vel monasterio, cui fuerat destinatus, omnifarium socientur. Nec enim justum est, bona seu peculia, quae aut patrono legibus debentur ab ecclesiis detineri. Actionibus videlicet competenter sacrosanctis ecclesiis reservatis", etc. . . . . in fine heisst es: „bonis quae relicta sunt, religiosissimis ecclesiis vel monasteriis, quibus dedicati fuerant." — Vgl. l. 20 C. Just. I 3.

[26] Presbyter ist so viel als Parochus; vergleiche z. B. die Synode von Carthago im Jahre 398 Cap. 36.

[27] L. 11 C. Just. de SS. I 2 possessiones — der bekannte römische terminus technicus für „Grundstücke".

[28] L. 12 C. Just. de SS. eccl. I 2 § 1 (a. 456 Valentin u. Martian) „Privilegia quae generaliter constitutionibus universis sacrosanctis ecclesiis orthodoxae religionis retro principes praestiterunt firma et illibata in perpetuum decernimus custodiri. § 2. Salariae etiam quae sacrosanctis ecclesiis in diversis speciebus de publico hoctenus ministrata sunt, jubemus nunc quoque incorrupta et a nullo prorsus imminuta praestari."

naristen und Eutychianisten sollten keine Kirchen oder Klöster errichten, widrigenfalls dieselben der orthodoxen Kirche der betreffenden civitas zufallen solle.[29] — Wie man angesichts solcher ganz specieller Bestimmungen die Behauptung aufzustellen vermag, die vorjustinianischen Kaiser hätten die allgemeine Kirche als Rechtssubjekt anerkannt, ist wirklich kaum einzusehen.

Unstreitig den sprechendsten Beweis aber, dass die römischen Kaiser die oben commentirte l. 4 C. Th. XVI II in unserem Sinne aufgefasst haben, liefert ein Gesetz der Kaiser Leo und Anthemius vom Jahre 470,[30] worin die vollste Erb- und Erwerbfähigkeit der Hauptkirche von Constantinopel ausdrücklich anerkannt ist. Weiter wird bestimmt, dass der Niessbrauch eines Grundstücks der Kirche von Constantinopel auf gewisse Zeit unter der Bedingung verliehen werden dürfe; dass der Bittsteller eine gewisse Entschädigung zu leisten verspreche,[31]

[29] L. 8 C. Just. de haeret. et manich. lib. I t. V § 3. „Quod si fecerint, et hoc factum fuisse domino volente constiterit, . . . domum vel possessionem ejus, in qua convenerint, vel monasterium ejus civitatis orthodoxae ecclesiae, in cujus territorio est, jubemus addici. Vgl. ferner l. 35 C. Just. de episc. et cleric. I 3 (ein Gesetz der Kaiser Leo u. Anthemius vom Jahre 469). „Omnia privilegia quae . . . praestita sunt, orphanotrophiis seu asceteriis vel ecclesiis aut ptochotrophiis vel xenedochiis vel monasteriis atque ceteris omnibus, ac etiam rebus juris eorum u. s. w. Weiter unten werden Privilgien der Kirche von Constantinopel erwähnt.

[30] L. 14 C. de eccl. SS. I 2. „Verum sive testamento quocunque jure facto seu codicillo vel sola nuncupatione, legato, seu fideicommisso aut mortis causa donatione aut alio quocunque ultimo arbitrio, aut certe inter viventes habita largitate, sive contractu venditionis, sive donationis, aut alio quocunque tutulo, quisquam ad praefatam venerabilem ecclesiam patrimonium suum, partemve certam patrimonii, in fundis, praediis, sive domibus vel annonis mancipiis et colonis eorumque peculiis voluerit pertinere, inconcussa ea omnia sine ulla penitus immutatione conserventur."

[31] § 5 lex cit. . . . „Post statutum tempus et placitum ipsorum redituum proprietate ad dominium et jus ecclesiasticum recurrente firmiter ita scilicet, ut is . . . . non minus quam alterius tantae quantitatis, quan-

dass aber nach Ablauf der bestimmten Frist das volle Eigenthum wieder an jene Kirche zurückfallen müsse.

Zu erwähnen ist endlich noch ein Gesetz des Kaisers Zenno (um 477), welches von einer Schenkung an einen Heiligen, Propheten oder Engel spricht, damit demselben ein oratorium erbaut werde.[32] Es erhellt daraus, wie frühzeitig schon bei den Römern die Sitte herrschte, sich die Rechtsfähigkeit der einzelnen Kirchen unter der persona des daselbst verehrten Heiligen vorzustellen.[33]

---

tac acceperit reditus, cum ipsorum praediorum dominio et rebus immobilibus eorumque colonis et mancipiis ecclesiae dereliquat. Nisi enim hac conditione pacta inita fuerint, ea quoque decernimus non valere, sed possessionem ecclesiasticam tanquam nullo jure transcriptam, in jure ipsius atquue dominio permanere, et ab ecclesiasticis oeconomis vindicari." Dass unter ecclesia im gegebenen Falle nicht die allgemeine Kirche verstanden sein könne, geht schon daraus hervor, dass das Gesetz überhaupt nur für das Vermögen der Constant. Kirche gilt — da erst ein späteres Gesetz diese Bestimmung für die Kirche überhaupt generalisirt. — In pr. erwähnt die l. c. „res immobiles . . . aut annonas civiles cujuscunque suprema vel superstisis voluntate ad religiosas ecclesias devolutas."

[32] L. 15 C. de SS. eccl. I 2. „Si quis donaverit aliquam rem mobilem vel immobilem vel se moventem aut jus aliquod peronae martyris aut prophetae aut angeli, tanquam ipsi postea oratorium aedificaturus", etc.

[33] Vgl. noch l. 18 C. de SS. I 2 Magna etc. constitutio adsignat magnae ecclesiae Constantinopoleos septuaginta librarum auri reditum (Anastasius). — Eine bemerkenswerthe Notiz, die allerdings den römischen Grundsätzen betreffs der res sacrae als res nullius direkt widerspricht, findet sich bei Brinz, l. c. S. 1048. „Kaiser Anastasius verbietet es, Besitzungen, auf welchen sich orthodoxe Kirchen oder Oratorien befinden, an Ketzer u. s. w. zu veräussern (l 10 C. haeret. I 5), setzt also voraus, dass Kirchen auf Privatboden und mit diesem im Eigenthum der Grundeigenthümer stehen können." — Dass es im römischen Heidenthum Privattempel gab, darüber vgl. v. Lasaulx l. c. S. 118. w. der Privatoratorien, die schon nach römischen Recht im Eigenthum derer, die sie errichteten blieben. s. auch Uhrig l. c. S. 23 zu Nte 55.

Zweiter Abschnitt.

Die Gesetzgebung Justinians.

§ 6.

Beleuchtung des l. 1 und l. 26 C. J. I. 2.

Die Reihe der in grosser Anzahl von Justinian erlassenen auf das Kirchenvermögen Bezug habenden Gesetze eröffnet die uns schon aus dem Cod. Theod. bekannte Constitutio Imperatoris Constantini Augustini ad Populum, welche in folgender Fassungsweise als l. I C. de SS. eccl. in dessen Sammlungen Aufnahme gefunden hat: „Habeat unusquisque licentiam sanctissimo catholico venerabilique concilio decedens bonorum, quod optaverit, relinquere, et non sint cassa judicia ejus.“ In dieser Stelle glaubt nun Maas [1] den Beweis gefunden zu haben, dass auch Justinian die allgemeine Kirche als das Rechtssubjekt des Gesammtkirchengutes betrachtet habe, und derselbe steht, was constatirt werden muss, mit dieser Behauptung keineswegs vereinzelt da; [2] andere, besonders Civilisten erklären sich unter Berücksichtigung der späteren Gesetze Justinians für

[1] Maas, l. c. S. 588. „Dasselbe thaten die nachfolgenden christlichen Kaiser und dem entsprechend erklärte Justinian in seinem Codex und seinen Novellen die durch ihre hierarchischen Obern regierte katholische Kirche als eigenthumsberechtigt.“

[2] So z. B. Gräff, das Eigenthum der kathol. Kirche an den ihrem Cultus gewidmeten Kirchen. Trier 1859 S. 17 u. 18. Philipps, Lehrbuch des Kirchenrechts 1860. II. Bd. § 220 S. 664.

eine Erbfähigkeit der Kirche im Grossen und Ganzen **und** der einzelnen Anstalten.[3] Justinian hat nun aber dieses Gesetz wie eine Reihe anderer aus dem Theod. Cod. in seine Sammlungen aufgenommen und wollte ganz selbstverständlich demselben keinen weiteren Sinn beilegen als den, welchen wir oben bereits kennen gelernt haben. Diess bezeugen ja die Menge der nachfolgenden Gesetze, in denen er wiederholt von der Erbfähigkeit der einzelnen Kirchen spricht.[4] Es war auch ihm das allgemeine Anerkennungsgesetz der Erwerbsfähigkeit der Kirchen; ein weiters Gewicht kann dieser Stelle[5] nicht beigelegt werden.

---

[3] Vgl. Glück's Erläuterung d. Pand. Bd. 39 S. 433 (Mühlenbruch). — Arndts, Rechtslexikon, Art. Erbeinsetzung Bd. II S. 301. — Römisches Erbrecht von Vering S. 267 u. 268. — Puchta, Vorlesungen, § 26 S. 62 u. 63. — Von Canonisten Schöpf Kirchenrecht (1858) Thl. IV S. 372.

[4] Vgl. z. B. l. 23 C. de SS. eccl. I 2. „Sive itaque memoratis (sc. socrosanctis ecclesiis) religiosissimis locis vel civitatibus hereditas sive legatum vel fideicommissum fuerit relictum', u. s. w. —

[5] Dieselbe unterscheidet sich von der aus dem Cod. Theod. citirten durch den Ausdruck „catholico". Unter catholico (cotholicos) wollten nun einige den Papst verstehen und man glaubte darin ein neues und wichtiges Beweisstück für die Eigenthumsfähigkeit der allgemeinen Kirche gefunden zu haben; allein auch diese Annahme erweist sich als unstichhaltig. Die Hinzufügung des Ausdruckes „catholica" zu dem venerabile concilium war dessbalb, wie schon oben angedeutet, von Interesse, da sich das Privilegium nur auf die katholischen Kirchen im Gegensatze zu den vielen christlichen Secten der damaligen Zeit erstrecken sollte. Cf. Gothofred l. c. Anm. o. Aliud in non catholico et illicito. Vgl. auch Sintenis, d. corpis jur. civilis in's Deutsche übersetzt. Leipzig 1832 Bd. I S. 30: „Es solle einem jeden freistehen, bei seinem Tode der heiligen katholischen und ehrwürdigen Gemeinde „Kirche" u. s. w. — Auch der Titel, unter dem wir unsere lex wiederfinden, ist entscheidend; derselbe spricht von den sacrosanctis ecclesiis et privilegius earum. Gegen Maas s. noch Hübler der Eigenthümer des Kirchenguts. S. 103. „Nur ein Theologe kann behaupten: Das römische Recht kennt nur die allgemeine Kirche als Eigenthümerin im juristischen Sinne des Wortes . . . L. 1. C. de SS. Eccles. (Habeat unusquisque licentiam, sanctissimo

Bieten sich doch in unseren heutigen Rechtsleben ganz analoge Verhältnisse dar. Vergleicht man nämlich die mit der Kirche abgeschlossenen neueren Concordate, so findet sich in der Regel auch hier eine generelle Anerkennung der Erwerbsfähigkeit der Kirche, die dem Zwecke vollkommen entsprechend, auch allgemein abgefasst ist; so heisst es z. B.: die Kirche darf neue Besitzungen erwerben, ihr Eigenthum soll unverletzlich sein, aber wer wollte darin einen Grund finden, zu glauben, jene Staaten hätten damit die allgemeine Kirche als juristische Person anerkennen wollen? Im Gegentheil statuiren dieselben Concordate, so oft es sich um spezielle Bezeichnung des Eigenthümers einer Kirchenvermögensmasse handelt, und ohne sich eines Widerspruchs bewusst zu sein, ein Eigenthum der einzelnen Institute auf die unzweideutigste Weise. Ein paar Beispiele werden die Sache deutlicher machen: Das bayerische Concordat Art. VIII bestimmt: Ecclesia jus habebit, novas acquirendi possessiones; im österreichischen Concordat Art. XXIX heisst es: Ecclesia jure pollebit, novas acquirendi possessiones ejusque proprietas inviolabilis erit; gleichwohl sind sowohl nach bayerischem als nach österreichischem Rechte nur die einzelnen Kirchen und kirchlichen Corporationen als Eigenthümer des Kirchenvermögens anerkannt;[6] denn wie Schulte trefflich bemerkt, kann aus

---

catholico venerabilique concilio decedens bonorum quod optavit relinquere! Woher heisst denn concilium nothwendig die allgemeine Kirche?)“

[6] Wegen Oesterreich verweise ich auf Schulte System d. K. R. § 94 Nte 1: „In Oesterreich sind die Güter einfach als Eigenthum der Kirche anerkannt, Concord. Art. 29, 31, 32, wodurch selbstredend und zufolge Art. 34 die Frage, wer in der Kirche Eigenthümer sei, nicht beantwortet, sondern dem Kirchenrechte überlassen ist.“ S. das Nähere bei Schulte die juristische Persönlichkeit der kath. Kirche etc. Giessen 1869 S. 83 Nte 1. Für Bayern ist vielfach die Behauptung aufgestellt worden, dass nicht so fast die einzelnen kirchlichen Institute, als die kirchlichen Gemeinden das Rechtssubjekt des K. V. seien. Das Nähere über diese Controverse s. unten § 43. Vgl. auch den Aufsatz in dem Abendblatte zur Neuen Münchner Zeitung v. 5. Mai 1860 No. 108 wo es unter andern heisst:

obigen Ausdrücken ebensowenig ein Eigenthum der Kirche am Gesammtcultusvermögen abstrahirt werden, als aus der Bezeichnung „diess Stück Land gehört zu Bayern“ ein specielles Eigenthum dieses letzteren Staates.

Das eine ist gewiss, dass sich die üblen Folgen der Unklarheit des obigen aus älterer Zeit stammenden Gesetzes bald fühlbar machten, ein Umstand, dem wir die l. 26 C. de SS. eccles. I, 2 verdanken, die für ewige Zeiten aller Zweideutigkeit (ἀδηλία) ein Ende machte. Es wurde bereits oben angedeutet, dass, entsprechend der alten römischen Sitte sich die Götter als rechtsfähige Personen vorzustellen, um durch diese Fiction den Anstalten, an denen dieselben zumeist verehrt wurden, Erwerbsfähigkeit zu verleihen, auch die christlichen Römer ein ähnliches Verhältniss kannten, indem sie die Rechtsfähigkeit einer Kirche an die einzelne Person eines Heiligen, Martyrers, ja an die des „Herrn Christus“ selbst knüpften, wodurch es kam, dass zu Justinians Zeit sich Erbeseinsetzungen Christi gerade so wie anderer rechtsfähiger Personen vorfanden.[7]

Um nun die aus solchen Erbeseinsetzungen unbestimmter Art herrührende Ungewissheit und Rechtsunsicherheit zu heben, und das Kirchenvermögen vor einer allgemeinen Confusion zu bewahren, erliess Justinian im Jahre 530 ein Gesetz,[8] worin festgesetzt war, dass, wenn Jemand

„Wenn Staatsgrundgesetze oder besondere Verträge mit dem Papste besagen, dass es der kathol. Kirche freistehe, Eigenthum in den betreffenden Staaten zu besitzen, so kann diess doch wohl nur von den Anstalten verstanden werden, mittelst deren die kath. Kirche ihre Thätigkeit entfaltet.“

[7] cf. J. Domat. les lois civiles dans leur ordre naturel T. III L. IV T. II Lect. VI No. 4 p. 669. Interessante Bemerkungen über jene Erbeseinsetzungen Christi finden sich bei M. F. Conradi, de diis heredibus ex testamento § 29 f. — Ueber den Ausdruck patrimonium Christ J. H. Böhmer, J. eccl. Tom. II lib. III tit. V § 17 u. 18 u. Thomass. l. c. P. III L I c. XX 1.

[8] Die berühmte l. 26 C. I. 2 lautet: „Quoniam in plerisque nuper testamentis invenimus ejusmodi institutiones, quibes ex asse quis scrip-

Jesum Christum zum Erben einsetze, ohne ausdrücklich eine Kirche zu bestimmen (in welchem Falle nämlich ganz

---

serat Dominum nostrum Jesum Christum heredem non adjiciens oratorium aut templum ullum (Gothofred ad l. 26 n. 36: non adjiciens oratorium: „hinc ratio dubitandi summitur, videtur enim incerta institutio ideoque nulla; certum enim esse debet consilium testantis") aut ipsum dominum Jesum Christum ex semisse vel aliis inaequalibus partibus, alium vero quempiam ex dimidia vel alia portione (jam enim in complura hujusmodi testamenta incidimus), cum videremus, multam exinde incertitudinem (*πολλὴν ἀδηλίαν*) secundum veteres leges exoriri, nos hoc etiam emendantes sancimus: Si quidem Dominum nostrum Jesum Christum scripsit quis heredem vel ex asse vel pro parte, manifeste videri ipsius civitatis vel castelli vel agri, in quo constitus erat, ecclesiam sanctissimam institutam esse heredem et hereditatem peti debere per deo ammantissimos ejus oeconomos ex asse vel pro parte, ex qua heres institutus est; eodem obtinente, et si legatum vel fideicommissum relictum sit, ut ipsa competant sanctissimis ecclesiis ad hoc quidem ut ad pauperum alimoniam conferant. Si vero unius ex Archangelis meminerit, vel venerandorum martyrum nulla facta aedis mentione (quod quidem etiam novimus a quodam factum qui ex illustribus erat in omni verborum et legum doctrina spectatissimus), si quidem aliquis sit in illa civitate vel vicinia ejus venerabilis locus in honorem illius reverendissimi archangeli vel martyris constructus, videri ipsum scriptum esse heredem, si vero nullus talis locus (*τοιοῦτός τις οἶκος*) est in illa civitate viciniave ejus, tunc venerabilia loca, quae in metropoli ejus sunt (*τοὺς κατὰ τὴν μητρόπολιν οἴκους*) videri instituta; et si quidem in ipsa metropoli inventus fuerit talis aliquis locus, illi procul dubio videri relictam vel hereditatem vel legatum vel fideicommissum; si vero illic nullus talis locus apparet, denuo ecclesias quae in illo loco sunt capere id debere (sane sanctissimis ecclesiis omnes aliae domus cedant) *δηδόντι ταῖς ἁγιωτάταις ἐκκλησίαις ἅπαντες οἱ λοιποὶ δικαίως παραχωροῦσιν οἶκοι*], nisi constat, defunctum aliud nomen sensisse et voluisse adjicere et aliud dixisse, nam tale quid accidisse et nos scimus in cujusdam Pontificis testamento, et tunc etiam constitutum fuisse, ut contra scriptum veritas obtineret. Si autem testator certum locum non apposuerit, multa autem templa ejusdem tituli aut nominis in illa civitate inventa fuerint vel ejus vicinia (*εἰ μὲν ἐν τινὶ τούτων συχνῶς ὁ τελευτήσας ἐφοίτα, καὶ τινὰ πρὸς αὐτὸ μείζονα εἶχε προσπάθειαν, ἐκείνῳ δοκεῖν καταλελεῖφθαι τὸ πρεςβεῖον*), si quidem in aliquo illorum defunctus frequenter versabatur et majorum erga illud habebat affectionem, illi templo videri relictum; si vero nihil tale invenietur, maxime ei templo

selbstverständlich die angegebene Erbe resp. Eigenthümer werde), die Kirche des Wohnorts darunter zu verstehen sei; bei Erbeseinsetzung eines Erzengels oder Märtyrers solle die demselben in dem Orte oder in der Nachbarschaft geweihte Kirche des Wohnorts zu verstehen sein, in deren Ermangelung eine in der Metropole; befinde sich auch dort keine demselben geweihte Kirche, so falle die Erbschaft definitiv an die Kirche des Wohnorts. Habe aber der Erblasser überhaupt keine Kirche bezeichnet, so solle, wenn in den fraglichen Orte oder dessen Bezirke sich mehrere Kirchen befinden, der Verstorbene aber eine derselben häufig besucht und eine besondere Vorliebe für dieselbe gezeigt habe, des Legat dieser Kirche hinterlassen werden. Sollte aber keine derartige Kirche vorhanden sein, so solle die Zuwendung an die ärmste Kirche erfolgen.

Damit war aber offenbar dem alten Streite auf immer ein Ende gemacht, den klarer konnte Justinian sich nicht mehr ausdrücken, dass er in allen Fällen nur die einzelnen und speciell, welche der einzelnen Anstalten als Erbe resp. Eigenthümer anerkannt wissen wollte.

War dort für das praktische Leben die Frage endgiltig gelöst, so war dies keineswegs auch für die Juristen der Fall; denn der Klarheit des Gesetzgebers ungeachtet (Justinians hauptsächlichster Wille war ja darauf gerichtet, klar und deutlich zu sein, jede incertitudo auszuschliessen), findet sich diese Stelle gleichwohl zur Unterstützung direkt gegenüberstehender Ansichten citirt. Vor Allem beruft sich Savigny [9] Syst. II S. 266 darauf, um das Eigenthum

ex multis ejusdem nominis videatur relictum legatum vel hereditas, quod est ceteris indigentius et magis opis et eleemosynae egens."

[9] Savigny hebt bei dieser Gelegenheit besonders hervor, dass sogar ältere katholische Canonisten die Kirchengemeinde für das Rechtssubjekt am Kirchenvermögen hielten. Unter anderen beruft sich Savigny auf Faber (Johannes Comment. in Institutiones Lugd. 1557), welcher Schriftsteller jedoch nach Hübler der Eigenthümer des Kirchenguts

der Kirchengemeinde zu beweisen. „Subjekt des Erbrechtes ist also eine individuelle Kirchengemeinde, d. h. die Corporation der zu dieser Kirche gehörenden Christen.“ Derselben Ansicht huldigt auch Keller Pand. §. 35 S. 64, welcher bemerkt: „Wie nun wenn die Gottheit der Christen, oder Jesus Christus, oder ein Erzengel, oder ein Märtyrer z. B. zum Erben eingesetzt wurde, wohin war hier die juristische Persönlichkeit zu versetzen? Die Einheit der christlichen Kirche führte leicht darauf, auch die Vermögensverhältnisse auf diese Einheit zu beziehen, und so alle derartigen Erwerbungen entweder der gesammten christlichen Kirche und ihrem sichtbaren Oberhaupte oder doch der Diöcesankirche (Bischof) zuzuschreiben. Und diese Meinung hat von der ältesten christlichen Zeit bis auf diese Tage ihre Vertheidiger gefunden. Allein sie ist zum Glück schon durch eine Constitution Justinians l. 26 C. de SS. eccles. (1. 2) wiederlegt, und es ist seither nichts geschehen, was sie wieder aufrecht gestellt hätte. Die juristische Persönlichkeit soll zunächst in die individuelle Kirchengemeinde gesetzt werden. Und dieser wohlthätigen Ansicht, welche im catholischen wie im protestantischen Kirchenrecht festgehalten werden muss, kam in der byzantinischen Zeit gewiss auch die aus dem Heidenthum überkommene Individualisirung der Gottheit in den Volksvorstellungen wesentlich zu (Gute) Hülfe; denn wie es einen Jupiter von Corinth gegeben hatte, so gab es auch einen Jesus oder Paulus von Corinth. Man sehe nur, wie in Italien, besonders in Sicilien, einzelne Apostel und Heilige geradezu und ganz örtlich einzelnen Göttern in ihrem Wohnsitz succedirt haben.“

Betrachtet man nun den Wortlaut der l. cit. näher, so wird man zugestehen müssen, dass man auf dem Wege

---

S. 39 Note 2 nicht für die Kirchengemeinde, sondern für die sogen. clericale Collegialtheorie spricht. Ganz dasselbe gilt von Gonzalez Tellez auf den sich Savigny gleichfalls berufen zu können glaubte und von Sarmiento. cf. Hübler l. c. S. 79 Nte 1.

einer eingehenden Kritik nimmermehr zum Savigny-Keller-schen Resultate gelangen konnte.[10] Wäre der Ausdruck „ecclesia" allein in der Stelle, so liesse sich ihre Deduction zur Noth rechtfertigen, da ja ecclesia besonders in frühester Zeit sowohl die Kirchengemeinde als die kirchliche Anstalt bedeutete.[11] Dagegen lassen die übrigen Ausdrücke keinen Zweifel, dass Justinian nur die letztere (oratorium!) als das fragliche Rechtssubjekt betrachtet wissen wollte; man betrachte nur den griechischen Text; οἶκος heisst doch nie und nimmermehr die Gemeinde. Am Ende des § 1 werden die Kirchen anderen Häusern gegenübergestellt, sane sanctissimis ecclesiis aliae domus cedant; weiter unten spricht Justinian geradezu von dem templum, — multa autem templa ejusdem tituli aut nominis in illa civitate inventa.[12]) Ueberall ist das mit Rechtsfähigkeit ausgestattete Subjekt nicht die Gemeinde, sondern die einzelne kirchliche Anstalt das heilige Haus,[13] wie diess ja auch aus den rein kirchlichen Quellen dieser Periode deutlich hervorgeht;[14] ja die Ausdrücke domus, templum, ecclesia, casa u. s. w. traten zu allen Zeiten so sehr in den Vordergrund,[15] dass

---

[10] Vgl. bes. Schulte Dissert. cit. S. 25 auch Evelt lc. S. 27.

[11] August. Tom. 4 quaest. super Lev. lib. 3 qu. 57 ecclesia dicitur locus, quo ecclesia congregatur. Vgl. oben S. 46 N. 8.

[12] Schulte Dissert. S. 25. Vgl. auch Jos. Braun lc. S. 25 und Puchta in Richters krit. Jahrb. Jahrg. 1840. pag. 703

[13] Brinz. l. c. 1053, „Allein andrerseits tritt uns doch auch schon aus den ältesten Concilienbeschlüssen in Bestimmungen über das Kirchenvermögen eine Redeweise entgegen, die wir nachher bei dem Paralellismus der sacri canones und der leges in den Justinianischen Quellen natürlich wieder finden. Hier wie dort ist es die Kirche als Haus, das Gotteshaus, welches sinnbildlich, dort als κοριακόν hier als „heiliges Haus" oder damit gleichbedeutend ecclesia erwirbt, besitzt klagt."

[14] Cf. Conc. Nic. a. 314 c. 15; Conc. Antioch. a. 341 c. 24, 25. Conc. Gangr. c. 7.

[15] L. 42 §. 1 de episc. et cleric. I 3. — Novell. 7 c. 2 §. 1. — Nov. 120 c. 10. — Nov. 120 c. 3. Locationes vero ab ipsis venerabilibus domibus fieri concedimus. — L. 57 1 3 „id quod in perpetuum relictum est venerabilibus domibus, quibus praesunt."

es nicht an solchen fehlte, die das Kirchengebäude, also die ecclesia materialis oder lapidea für den Eigenthümer des Kirchenvermögens hielten.[16] Fast könnte man mit einem mitleidigen Lächeln darüber hinweggehen, hätte nicht diese Ungereimtheit zum Theil sogar bei Neueren Eingang gefunden.[17] Es ist diess indess dieselbe naive Auffassung, als wollte man den bischöflichen Stuhl, Tisch (mensa, sedes episcopalis) und andere Objekte, deren sich die Personificationslust auf dem Gebiete der juristischen Personen bediente, als Eigenthümer des Vermögens derselben ansehen. Der Eigenthümer ist ja eben das Fingirte, das in rerum natura nicht Existente, die juristische, nicht die materielle Person.[18]

Die Behauptung Keller's von der Succession einiger Heiligen früherer heidnischer Götter ist uns als historische Notiz gewiss von Interesse, einen Beweis für das Eigenthum der Kirchengemeinde könnte man aber nur dann darin sehen, wenn etwa die Tempelgemeinde[19] als das

---

[16] Vasquez de reddit eccles. cap. II § 1 S. 704. „Tertia fuit illorum opinio, qui dicebant, dominium esse apud ecclesiam materialem ex lapidibus constructam; haec tamen opinio irrationabilis est.“

[17] Falk's Handbuch des schlesw.-holstein. Privatrechts B. III § 131 S. 742 bemerkt: „Was insbesondere das Vermögen der Kirche betrifft, so ist das Eigenthumssubjekt keinewegs die Gemeinde oder der Kirchenpatron, sondern die Kirche selber, oder nach einer ganz materiellen Vorstellung das Kirchengebäude, welches kraft einer juristischen Fiction bei uns in gleicher Weise wie nach Grundsätzen des gemeinen Rechts die Rechte einer Person geniesst.“

[18] Glück, Erläuter. der Pandekten (Forts. v. Mühlenbruch) Bd. 39 S. 443. „Nach der Vorstellungsweise der Neueren nun ist es die religiöse Anstalt und der dazu gehörige Vermögenscomplex als reines Abstractum, welches man hier personificirt, wenn von Erbeseinsetzung und überhaupt von Erwerbfähigkeit der Kirche die Rede ist“ —

[19] Oder: die Curie, das antik-römische Vorbild unserer jetzigen Pfarreien (Uhrig, l. c. S. 19 Anm. 32. Gonzalez Telez bemerkt im Comment. ad decretales ad C. 2 de paroch.: „Schon das Alterthum hatte ein Vorbild unserer Pfarreien, denn es ist bekannt, dass, als Rom in 19 Tribus und jede Tribus in 10 Curien eingetheilt war, eine jede Curie

Subjekt des Tempelguts gegolten hätte, was doch keineswegs der Fall war wie unten gezeigt werden soll. Wollte uns Jemand glaubwürdig zu machen versuchen, l. 26 spreche für das Eigenthum der allgemeinen Kirche, so würden wir eine solche Behauptung gewiss mit Recht für Scherz oder Ironie halten;[20] nichtsdestoweniger stellt Maas dieselbe allen Ernstes auf, indem er auf S. 101 der oben citirten Abhandlung bemerkt: „Das römische Recht kennt indess nur die Kirche als Eigenthümerin im juristischen Sinne des Wortes und desshalb schreiben die l. 1 C. eccl. und Nov. 131 c. 11 vor, dass, wenn in einem legatum ad pias causas kein bestimmter Ort genannt sei, der Ordinarius, also der Repräsentant der Kirche, Erbe (Eigenthümer) sein solle. In demselben Geiste verfügt die bekannte l. 26 de sacros. eccl.,[21] dass, wenn keine einzelne Kirche als Erbin genannt sei, d. h. anderen kirchlichen Instituten gegenüber die Proprietätsrechte erhalten habe, die Metropolitankirche als ordentliche Vertreterin der Kirche (des dominus sensu stricto) Erbin sein solle." Diese Erklärung ist so gesucht, dass sie keiner Widerlegung

---

ihren eigenen Tempel und ihren eigenen Priester hatte. So heissen manche lat. Canonisten die Pfarreien Curien, die Pfarrer curiones, die Parochianen curiales.") —

[20] Brinz, l. c. bemerkt S 1052 1: „Bereits im Justinianischen Recht finden wir ein eigenes Vermögen einzelner Kirchen — . . . — wogegen ihm der Gedanke eines allgemeinen Kirchenvermögens so fremd ist, dass Dispositionen, welche, wenn irgend etwas, als Vergabungen an die Kirche im Allgemeinen betrachtet werden müssten, zu Gunsten einer einzelnen Kirche oder sonst eines einzelnen Hauses, Oratoriums, Martyriums interpretirt werden."

[21] Aehnliche Bestimmungen wie in der l. 26 finden sich im Codex Max Bavaric. Thl. III K. VI § 4 wornach, „was Gott oder seinen Heiligen überhaupt vermacht wird, zum Gottesdienste in der Pfarrkirche gehört, wo der Verstorbene zur Zeit des Absterbens eingepfarrt gewesen" ferner im Sächs. bürgerl. Gesetzb. § 2165. Dagegen fehlt es daran in dem preussischen, badischen, würtembergischen und französischen Rechte. (Schulte, die juristische Persönlichkeit der kath. Kirche etc. Giessen 1869 S. 152, Note 9 und 10.)

bedarf.[22] Justinian sagt nur, dass die Metropolitan-, eine bischöfliche oder eine Pfarrkirche Erbin sein solle; dass aber der Erbe auch Eigenthümer sei, ist jedenfalls eine unbestreitbare Thatsache.[23] Der Einwurf, dass die Stelle nicht glossirt sei, dass also dieses wichtigste aller Dokumente des röm. Rechts doch nur einen zweifelhaften Werth besitze, ist nicht von Bedeutung, da ja fast dieselbe Bestimmung in der Nov. 131 c. 17. v. J. 645 wiederholt wird,

---

[22] Ueber das Interpretationsgeschick von Maas vgl. auch Hübler l. c. S. 109: „Nur ein Theologe kann behaupten u. s. w." S. 110: „Wo steht denn in der Constitution auch nur ein einziges Wort von alledem: von feudalartigen jura in re, von einem blossen Zweckdominium, von einem vermögensrechtlichen Gegensatz zwischen der allgemeinen und der particulären Kirche?"

[23] Denn Eigenthümer des Nachlasses sein, heisst bekanntlich nichts anderes, als Erbe sein, (heres est successor in universum jus, quod defunctus habuit). l. 24 de verb. sign. l. 62 de reg. jur. u. l. 70 § 1 de verb. sign.: „qui universum dominium vel jure civili vel jure praetorio succedit." l. 48 pr. de her. inst. 28, 5. His verbis: Titius hereditatis meae dominus esto, recte institutio fit. — Ja das alte Wort herus oder heres bedeutet gerade soviel, als das auch im technischen Sinn erst viel spätere Wort „dominus." Festus de verb. signif lib. VIII S. 99: Heres apud antiquos pro domino ponebatur. — Seitz, Recht des Pfarramtes, I 344 ff. hält dafür, dass nicht über die bedachte Rechtsperson (nämlich die Universalkirche oder Christus), sondern nur über den geographischen Ort oder über die specielle Station des allgemeinen Aerars der Universalkirche oder des Patrimoniums Christi, an welcher diese letztwillige Disposition in Vollzug zu setzen sei, Ungewissheit vorwalte, . . . an welchem Orte nämlich die Einsetzung der Universalkirche oder Christi zu realisiren sei, mit anderen Worten: welchem speciellen Kirchenkultus die unbestimmte Disposition zu Gunsten des allgemeinen Kirchenärars (als des einzig möglichen Subjectes aller nur denkbaren frommen Dispositionen) zu Statten kommen solle. Der Beweis dieser Behauptungen, wozu sich in der l. 26 auch nicht der geringste Anhaltspunkt findet, wurde nicht einmal versucht, — dieselben bedürfen daher auch keiner Widerlegung. — Vgl. dagegen übrigens Schulte, Dissert. cit. S. 26: „De ordinanda vere hereditate minime loquitur Justinianus . . . quare ex hac lege ecclesiae universae proprietatem adjuvare, singulae vero attribuere merum usumfructum; legis sensum est pervertere."

woselbst es Cap. IX heisst: „Si quis in nomine dei magni et salvatoris nostri herditatem aut legatum reliquerit, jubemus ecclesiarum loci illuis, in quo testator domicilium habuerit accipere, quod demissum est; — Si quis autem unum Sanctorum heredem scripserit, aut legatum ei reliquerit, et non specialiter nominaverit locum, in quo est venerabilis domus, inveniantur autem in eodom loco aut civitate plura oratoria ejusdem sancti, illi magis domui, quae pauperior est, quod relictum est, praebeatur. Si autem non est in civitate basilica nominati sancti, inveniatur autem in territorio ejus, illi detur. Si autem neque in territorio ejus reperitur hujusmodi domus, tunc ecclesia civitatis, in qua testator domicilium habuerit, quod demissum est, praebeatur.“

§. 7.

Das Rechtssubject des heidnischen Tempelgutes.

Andere, hauptsächlich Canonisten, beriefen sich auf die l. 26 und meinten, hier habe man ja die Beweise, dass selbst das römische Recht an dem Eigenthume Christi am Kirchenvermögen festgehalten habe; wie die alten Götter Eigenthümer der Tempelgüter, so sei Christus Eigenthümer des Kirchenvermögens gewesen und es bestehe kein Grund, warum es nicht noch heute in derselben Weise der Fall sein könne.[1] Wie, das römische Recht sollte in

---

[1] So bemerkt z. B. Seitz Recht des kath. Pfarramtes Bd. I S. 316: „Wie grundlos die Behauptung sei, diese Theorie der göttlichen Proprietät stehe mit unseren Rechtsbegriffen in Widerspruch, widerlegt sich schon dadurch, dass zur Zeit der Blüthe der nämlichen Jurisprudenz, welche wir bewundern, von einer fremden Nation entliehen und zur vaterländischen gemacht haben, die Römer bestimmten Gottheiten, die sie gewissermassen mit Civität bekleideten, Erbfähigkeit zugestanden. Dass auch noch die römisch-griechische Jurisprudenz von dieser Theorie der göttlichen Proprietät durchdrungen war, gibt C. F. Mühlenbruch einer unserer gelehrtesten Civilisten, zu erkennen, wenn er sagt: „. . . . Auch Christus und seine Apostel hatten gelebt und gewirkt, wie die mythologischen Personen der alten Welt; es liess sich also bei ihnen ebenso

der That als unterstützendes Moment für diese ganz unjuristische Theorie vom Eigenthume Christi am Kirchenvermögen angeführt werden können? Die römische Jurisprudenz sollte überirdische Wesen in Wirklichkeit als Eigenthümer, Schuldner, als Kläger und Beklagte angesehen haben? Eine solche Construction können wir von diesem Rechtsvolke κατ' ἐξοχήν nimmermehr erwarten. — Die Untersuchung der Frage, wer Eigenthümer des römischen Tempelgutes[2] gewesen sei, wird gerade das gegentheilige Resultat liefern, dass zwar nominell die Gottheiten, in der That aber die einzelnen Tempel, die einzelnen Cultusinstitute als die Eigenthümer des Tempelguts angesehen wurden.

---

gut wie bei diesen ein persönliches Fortbestehen annehmen. Man setzte den Herrn Jesus Christus, einen Heiligen, Erzengel, ja Gott selber zu Erben ein; die Gültigkeit solcher Einsetzungen war ausser Zweifel, und nur darüber wurden gesetzliche Bestimmungen nöthig, auf welche besondere Gemeinde die Einsetzung zu beziehen und auf welche Art die Erbschaft zu reguliren und zu verwenden sei, wenn der Testirer nichts Besonderes hierüber bestimmt hatte". Zum Theile gehört hieher auch Uhrig, Kirchengut, S. 88: „Aus diesen durch das Gerichtsleben hervorgerufenen Civilgesetze sehen wir, wie schon zu Kaiser Justinians Zeiten sowohl die Wohlthäter der Kirchen wie auch die Gerichte angewiesen waren, das Rechtssubject des Kirchenvermögens unter dem Namen des Schutzheiligen in Christo, jedoch in solcher Weise zu suchen, das hierbei die höchste Genauigkeit zur Individualisirung und gesonderten Sicherung des Kirchenvermögens in Anwendung zu kommen hatte, um jede Confusion zu vermeiden."

[2] Quellen: Hellfeld Jurispr. for. § 164. — De diis heredibus ex testamento apud Romanos autore M. Francisco Carolo Conradi. — Carpzow, Jurispr. Consist. lib. II def 299 Nr. I und II. — Chr. Rau Diss. Histor. jur. civ. de person. incert. ex testamento heredibus Lips 1784. — Mühlenbruch in Glück Erläuterung d. Pand. Bd. XXXVIII S. 443 und 445. — Mühlenbruch, Beurtheilung des Städel'schen Erbfalles S. 169. — Dirksen, civilistische Abhdlg. II. Bd. 1820 S. 114. — v. Savigny, Syst. II S. 263. Just. Friedr. Runde, über das Erbrecht der Götter bei den Römern nebst einem Commentar über Ulp. fragm. tit. XXII. — Auch Brinz jurist. Pers. an mehreren Orten z. B. S. 1045, S. 1055. Uhrig l. c. S. 10—24. — Sintenis Civilrecht II. Aufl. § 15 Anm. 46.

Der wahre Sachverhalt ist nämlich folgender: Während in den ältesten Zeiten die Gottheiten als des Menschen nicht bedürftige Wesen (Indigetes) aufgefasst wurden,[3] verwischte sich jene reine Anschauungsweise bei den Römern schon sehr frühzeitig und machte einer ganz naturalistischen Platz.[4] Um das Tempelgut, welches sich durch eine Art zu Lehen verliehenes Staatsgut, Straf- und Succumbenzgelder aller Art gebildet hatte,[5] zu vermehren, erhielten bekanntlich gewisse heidnische Götter das Recht, zu Erben eingesetzt werden zu können.[6] Daran knüpft sich hauptsächlich nun die obige Annahme von einem Eigenthum der Götter;[7] in der That war aber nicht der Gott der Eigenthümer des Tempelvermögens, es besass vielmehr der Tempel selbst unter dem Namen des daselbst verehrten Gottes Rechtsfähigkeit, wie diess schon ganz deutlich aus einer weit bekannten Stelle Ulpian's hervorgeht.[8] Es

---

[3] De diis heredibus Conradi § 1 u. § 3 „unde absurdum iis visum, deos heredes facere."

[4] Conradi l. c. § 11. „Itaque certis diis jus liberorum datum, ut essent hereditatum capaces."

[5] Dirksen, Abhandlungen S. 114.

[6] Ulpiani fragm. tit. XXII § 6. „Deos heredes instituere non possumus praeter eos, quos senatusconsulto vel constitutionibus principum instituere concessum est, sicut Jovem Tarpeium, et Apollinem" u. s. w.

[7] Uhrig l. c. S. 19 „nur der Gott dem der Tempel geweiht war, war der Eigenthümer" und S. 16 „mit anderen Worten: Diese in den Staat aufgenommenen Götter waren juristische Personen, welche durch die am Tempel aufgestellte Priesterschaft in Rechtshandlungen stellvertreten wurden." — Savigny, System II p. 264 bemerkt: „Die alten Götter wurden gedacht als individuelle Personen, ähnlich den einzelnen sichtbar umherwandelnden Menschen; nichts war natürlicher, als dass Jeder derselben sein eigenes Vermögen haben konnte und es war eine Fortsetzung desselben Gedankens, wenn auch der in einem einzelnen Tempel verehrte Gott wieder eine besondere jurist. Person vorstellte, ja selbst eigene Privilegien erhielt."

[8] Ulp. fragm. tit. XXII § 1. De annuis legatis: „Attia fideicommissum his verbis reliquit: quisquis mihi heres erit fidei ejus committo, ut det ex redditu coenaculi mei et horrei post obitum sacerdoti et hyerophylaco

war der bekannte, den Römern innewohnende Personifikationstrieb, welcher sie dazu drängte, auch für die einem Tempel zustehenden Rechte und Verbindlichkeiten ein sie tragendes Subjekt zu suchen und dasselbe in einer künstlich durch Gedankenoperation geschaffenen Person zu finden.[9] So wurden die Rechte und Verbindlichkeiten, die dem Cultuszwecke dienten, den Göttern vindicirt, während doch eigentlich das heidnische Cultusinstitut als der wirkliche Eigenthümer erscheint.[10]

Gleichwie also im Heidenthume die Tempel unter der Firma eines Gottes specielle Rechtsfähigkeit genossen, und selbständige juristische Personen darstellten, so hatten auch die christlichen Kirchen ihr eigenes Vermögen, waren selbständige Rechtssubjecte und durch den Heiligen, dem die Kirche geweiht war, gegen Vermögensconfusion geschützt.[11] Diese Analogie[12] mochte es auch bewirken, dass bei den Römern die Frage nach dem Rechtssubjecte des Kirchen-

---

et libertis dumtaxat, qui in illo templo erunt, denaria decem die nundinarum quas ibi posui. Quaero utrum his dumtaxat qui eo tempore quo legabatur, in rebus humanis et in officio fuerint, debitum sit an his, qui in locum eorum successerunt? Repondit secundum ea, quae proponerentur, ministerium nominatorum designatum caeterum datum templo." — Der Tempel selbst ist also hier als Eigenthümer (legator) anzusehen.

[9] Windscheid, Pand. (2. Auflage) § 49 S. 114.

[10] Mühlenbruch rechtliche Beurtheilung des Städel'schen Falles S. 169 „Ueberdiess waren es ja doch nicht eigentlich die Götter, sondern ihre Tempel und das dazu gehörige Vermögen τὰ ἱερὰ χρήματα, worauf sich die Erbeseinsetzung bezog: indessen macht die bekannte Art der röm. Jurisprudenz sich von gewissen Grundbegriffen nicht sprungweise zu entfernen und alle Abstracte so viel möglich zu versinnlichen, es sehr begreiflich, dass man die Vermögensrechte der Gottheiten nicht als ein reines Abstractum personifizirte, sondern die Persönlichkeit derselben an die Person des Gottes selbst knüpfte." S. auch Puchta's Citat in der Note 12.

[11] L. 26 C. de ss. eccl. I, 2,

[12] Puchta's Institut. des röm. Rechts II. Bd. 1846 § 191 S. 293: „Analog den Staatsverhältnissen kömmt die Persönlichkeit der Kirche

vermögens eine unbestrittene war, da in der That nur eigentlich der christliche Heilige dem heidnischen Gotte zu succediren, nur an die Stelle des caeterum datum templo das caeterum datum ecclesiae martyrio venerabili loco zu treten brauchte. — Sofern den Römern der Gedanke an eine Einheit des Vermögens aller Tempelgüter, ebenso fern musste denselben der Gedanke an die Einheit des Vermögens aller Kirchen liegen. Nur in einem Punkte dürfte sich allerdings ein bedeutender Unterschied ergeben, dass nämlich das römische Tempelgut öffentliches Gut, mittelbares Staatsvermögen[13] war, (das jus sacrum bildete ja einen Theil des jus publicum), während dagegen das Vermögen der christlichen Kirchen schon im römischen Rechte als Privatgut der Kirche anerkannt war, wie diess schon auf das deutlichste aus der l. 14 pr. de sacros. eccl. (1. 2) erhellt wo es heisst: „Sicut sacrosancta ecclesia religionis et fidei mater perpetua est, ita ejus patrimonium jugitar servetur illaesum.“[14]

---

im Ganzen, soweit sie durch gemeinsame Verfassung ein juristisches Dasein hat, und (?) den einzelnen Bestandtheilen derselben, den Kirchengemeinden zu. Sowie aber im heidnischen Rom die Religionsgesellschaft im Ganzen nicht ein von dem Staate unterschiedenes Dasein hatte, sondern nur die einzelnen Tempel mit ihren Priestern als juristische Personen erscheinen, so erhob sich auch die Gesetzgebung der christlichen Kaiser nicht zur vollen Anerkennung der Kirche im Ganzen als juristische Person neben dem Staate sondern beschränkte sich praktisch wenigstens darauf, die einzelnen bischöflichen und Pfarrkirchen als die Subjecte des Kirchenvermögens zu behandeln.“

[13] Dass das Tempelgut Eigenthum des Staates, des Fiskus war und dann etwa die einzelnen Tempel zu demselben in einem stationsartigen Verhältniss gestanden waren, lässt sich schon desshalb nicht behaupten, weil ja die Götter eine spezielle Erbfähigkeit und damit auch eine eigene Persönlichkeit erhalten hatten. Ein Staatseigenthum liesse sich höchstens für die von Brinz Pand. S. 1624 erwähnten, den einzelnen Tempeln zu einer Art Lehen gegebenen Ländereien rechtfertigen.

[14] Vgl. auch unten § 11 in fine.

Aus dem Gesagten ist so viel ersichtbar, dass im römischen Rechte kein Grund für die Annahme gegeben ist, Christus sei Eigenthümer des Kirchenvermögens, und dass selbst die Analogie des heidnischen Tempelgutes diese mit so grosser Sicherheit aufgestellte Behauptung in keiner Weise rechtfertigt.

Dass aus der l. 26 C. de SS. eccles., von welcher wir ausgingen, auch ein Eigenthum der Armen am Kirchenvermögen abgeleitet wurde, sei hier nur der Kuriosität halber erwähnt. [15]

§ 8.
Die Eigenthumsfähigkeit der römischen Bisthümer.

Es soll nunmehr auf Grund der l. 26 C. I 2 gezeigt werden, in welcher Weise sich die Vermögensmassen zu Justinians Zeit vertheilt hatten, in welchem Zusammenhange das einzelne Institut mit der bischöflichen Kirche stand, und in welches Verhältniss das zu Armenzwecken verwendete Vermögen und die diesen Zweck verfolgenden Anstalten zu der Kirche überhaupt getreten waren. Der Diöcesanverfassung gemäss, wie sie sich im Justinianischen Recht ausgebildet hatte, erscheint vor Allem das Bisthum als juristische Person und zwar erstreckt sich dessen Rechtsfähigkeit auf alles innerhalb desselben befindliche Kirchenvermögen, insoferne es nicht durch den Willen des Schenkers oder des Bischofes selbst in das Eigen-

---

[15] cf. Sarmiento de Mendoza. De redit. eccles. Francf. 1580 I c. 2 n. 16. „His consonare videntur verba cujusdam constitutionis Justiniani, quam cum aliis habemus diligentia R. P. Antonij Augustini Episcopi olim Alifani, in auditorio Sacri Palatij collegae nostri clarissimi, nunc Ilerdensis Episcopi meritissimi, totius antiquitatis paratissimi promptuarii. quae constitutio est in tit. de sacros. eccles. num. 26. incipiens cum in multis ubi Justinianus approbans institutiones de Jesu Christo domino nostro factas interpretando per eas ecclesiam vocatam, subdit haec verba: Ea autem omnia deferentur ecclesiis, ut in pauperum educationem distribuantur, ex quo apparet, ecclesiam mediam personam esse, per quam pauperibus acquiratur."

thum einer einzelnen mit eigener Rechtsfähigkeit ausgestatteten kirchlichen Anstalt übergegangen ist.

Den unwiderlegbaren Beweis dieser Behauptung[1] liefern eine Reihe von Stellen aus der Justinianischen Gesetzgebung. So findet sich z. B. die Bestimmung, es solle den Bischöfen nicht erlaubt sein, Sachen, die sie nach Erhebung zur Bischofswürde erlangt haben, auf ihre Verwandten oder auf andere Personen zu übertragen. Was nach ihrem Tode sich davon vorfinde, das solle in's Eigenthum der Kirchen, an denen sie ihr priesterliches Amt bekleidet, kommen.[2]

Der Bischof, der Jemanden gegen die Vorschrift zu

[1] Ich kann mich im Folgenden auf die Allegation der Hauptstellen des R. R. beschränken, nachdem bereits Schulte in seiner Schrift die Erwerbs- und Besitzfähigkeit der deutschen kath. Bisthümer und Bischöfe Prag 1860. den vorliegenden Gegenstand (cf. § 6 die private Rechtsfähigkeit der Bisthümer nach dem römischen Rechte) auf das Ausführlichste erörtert, und zu (meines Erachtens) unumstösslichen Resultaten gelangt ist. Vgl. ausserdem Schulte's Schrift, betitelt die juristische Persönlichkeit der kathol. Kirche etc. Giessen 1869 S. 9—27.

[2] L. 42 § 2 Cod. de episc. (I. 3). „De his vero episcopis, qui nunc sunt vel futuri sunt, sancimus, nullo modo habere eos facultatem testandi vel donandi vel per aliam quamcunque excogitationem alienandi quid de rebus suis. quas postquam facti fuerint episcopi, possederint et adquisierint, vel ex testamentis, vel ex donationibus vel ex alia quacunqûe causa: exceptis duntaxat his, quae ante episcopatum habuerunt a parentibus et theiis, hoc est patriis vel avunculis et a fratribus ad ipsos pervenerunt, perventuraeque sunt: quaecunque enim post ordinationem ex quacunque causa extra praefatas personas ad ipsos pervenerunt, ea jubemus ad sanctissimam ecclesiam, cujus episcopatum tenuerint, pertinere et ab ea vindicari et evinci: nulla alia persona potestatem habente, ex eo proprium quid auferre lucrum." — Nov. 131 c. 13. „Interdicimus autem sanctissimis episcopis res mobiles aut immobiles seseque moventes, quaecunque post episcopatum ad eos quoquo modo pervenerint, in proprios cognatos aut in alias quascunque transferri personas. In captivorum vero redemptionem et egentium pabula et alias pias causas, aut pro utilitate propriae ecclesiae, ex his expendere licentiam habeant; et quidquid ex hujusmodi rebus post obitum eorum in ipsorum facultate remanserit, jubemus hoc ad proprietatem ecclesiarum, quarum sacerdotium habuerunt, competere."

einem Bischofe ordinirt habe, solle ein Jahr von dem priesterlichen Dienste entfernt, und sein ganzes Vermögen von der Kirche, deren Bischof er ist, vindicirt werden.[3] Was einer an Geld oder andern Sachen dafür gegeben habe, um zur Bischofswürde zu gelangen, solle in's Eigenthum der Kirche vindicirt werden, an der er ein priesterliches Amt habe erkaufen wollen.[4] Nicht unter das Gesetz von Simonie falle es, wenn ein Bischof nach seiner Ordination der Kirche, an der er das priesterliche Amt erhält, Vermögen zuwenden wolle.[5] Geistliche überhaupt sollen sich von den weltlichen Geschäften fern halten; verfehle sich einer gegen diese Vorschrift, so solle, wenn er Bischof war, sein ganzes Vermögen ununterschiedlich seiner Kirche (offenbar also der bischöflichen) eigenthümlich zufallen.[6]

Das römische Bisthum hat das Privilegium der hundertjährigen Klagenverjährung; ferner erwähnt Justinian in mehreren Gesetzen das der Hauptkirche von Constantinopel gehörige Vermögen,[8] diese Kirche dürfe mit

---

[3] Nov. 123 c. 1. „et omnem ejus substantiam, quae quolibet tempore aut modo in ejus dominium deducta est, propter culpam, quam fecit, dominio ecclesiae, cujus episcopus est, vindicari."

[4] Nov. 123 c. II. „Ecclesiae illi vindicetur, cujus voluit sacerdotium comparare." cf. Nov. VI c. 1 § 9.

[5] Nov. 123 c. III. „Res aut partem earum ecclesiae afferre, cujus sacerdotium accepit, non prohibemus."

[6] Nov. 123 c. VI. „Omnes ejus res ex qualibet caussa vel persona sive ante episcopatum sive post hoc fuerint ad eum venientes, ejus ecclesiae vindicari sancimus."

[7] Nov. 8. „Ut etiam ecclesia romana centum annorum gaudeat praescriptione, non solum in occidentalibus partibus romanae ecclesiae condonamus, sed etiam in orientalibus partibus, in quibus eccleiasticae urbis Romae possessiones sunt." Cf. Auth. quaestiones ad l. 23 C. I 2. . . . „Sola romana ecclesia gaudente centum annorum spatio vel privilegio."

[8] L. 24 (25) l. c. u. l. 25 (26) l. c. „Chartularii ecclesiae magnae neque per intermediam personam possunt accipere rem immobilem ipsius." — Nov. 7 Praef. heisst es: „donare aut aliter alienare rem immo-

ihrem Vermögen Emphyteusen[9] bestellen (gewiss ein sicheres Beispiel, dass sie volle Eigenthümerin ist, da ihr ja selbst an der bestellten Emphyteuse fast nichts mehr bleibt, als die nuda proprietas); dagegen wird den Verwalter des Vermögens dieser Kirche verboten, Schenkungen davon zu machen, etwas davon zu verkaufen[10] oder zu vertauschen, in dem letzten Falle solle der Tausch nichtig sein, die Hauptkirche aber das Recht besitzen, den Gegenstand wieder zu vindiciren.[11] — In der Novelle 7, in der Justinian das von Kaiser Leo im Jahre 470 erlassene Gesetz betreffs der Veräusserungen dieser Kirche generalisirt, modificirt er die von Leo aufgestellten Bedingungen[12] der

---

bilem, domum forsan aut agrum aut colonum aut mancipia rustica, quae competunt Constantinopolitaneae sanctissimae majori ecclesiae.“ l. c. „hoc enim super rebus sanctissimae majoris ecclesiae fieri.“ — Nov. 120 Cp. 1. „De competentibus vero proastiis ipsi sanctissimae majori ecclesiae et nominatis venerabilibus domibus in regia hac curtate . . . constitutis.“ — Nov. 120 Cp. 1 § 2. „Si vero quaedam sunt loca, aut ipsi sanctissimae ecclesiae majori aut alicui venerabilium domorum competentia.“ — Nov. 120 c. 8. „Si quis aut locator aut emphyteuta alicujus rei competentis aut sanctissimae majori ecclesiae aut alteri venerabili domui.“ — Nov. 120 c. 10. „De sacris aut vasis competentibus sanctissimae majori ecclesiae.“

[9] Novelle 120.

[10] Nov. 120 c. 1. „Sancimus, nullam habere licentiam ordinatores rerum hujus regiae civitatis sanctissimae majoris ecclesiae aut orphanotrophii aut nosocomii aut xenodochii aut ptochotrophii aut alterius venerabilis domus . . . aut vendere aut donare.“

[11] Nov. 55 c. 1. „Hoc etiam infirmum esse, et sanctissima majore ecclesia in perpetuum vindicari.“

[12] In der praef. zu Nov. 7 heisst es: „Hoc igitur increpans vehementer, permittit rei ecclesiasticae usum . . . . dare sanctissimam majorem ecclesiam sub hac tamen definitione, ut is, qui hanc accepit, munificentiam, ejusdem quantitatis recompenset rem sanctissimae majori ecclesiae sub proprietatis ratione, ex qua posset eundem reditum sanctissimae ecclesiae habere, quantum ille ex usu accepit; post percipientis utique mortem aut definitum tempus usu videlicet et usufructu dato ecclesiasticae rei ad sanctissimam majorem ecclesiam redeunte, et usu

Verleihung eines kirchlichen Grundstücks dahin, dass, wenn Jemand auf Lebenszeit oder auch auf eine kürzere Zeit den Gebrauch eines Kirchenguts empfing, er der Kirche eine andere Sache von gleichem Werthe sofort in's volle Eigenthum übergeben musste und dass sowohl diese bei der Kirche verblieben, als auch die verliehene nach dem Tode des Empfängers oder nach Ablauf der festgesetzten früheren Zeit an die verleihende (Kirche von Constantinopel) zurückfallen soll.

Es steht also auch für das Justinianische Recht[13] die Eigenthümsfähigkeit der Cathedralkirchen resp. Bisthümer unerschütterlich fest.[14]

donatae rei cum proprietate sanctissimae ecclesiae faciendo."

[13] C. 4 l. c. bestimmt Justinian: „Si quis autem voluerit accipere secundum rationem usus aut qui vocatur ususfructus, rem ecclesiasticam aut sanctissimae majoris ecclesiae aut alterius cujuslibet .... secundum praedictam observationem et secundum formam constitutionis Leonis piae memoriae: ut iste locuples existens et substantiae immobilis dominus, aliam mox rem secundum proprietatis jus compenset sanctissimae ecclesiae, aut venerabili domui, ex qua percepit tantos et tales frequentes redditus, quantos aut quales habet, quod datur ita, ut post ejus obitum ecclesiastica aut ptochica res vevertatur ad venerabilem domum cum usu, qui datus est" .... „Accipiat autem similiter etiam rei in compensationem datae et usum, quatenus sit post percipientis obitum aut tempus, in quo donatio usus convenit, non transcendens videlicet percipientis vitam: utrumque secundum proprietatem, secundum usum apud sanctissimam ecclesiam remansurum." — Nov. 120 c. 2. „Si vero aliquis voluerit quamlibet rem immobilem nomine usus accipere a sanctissima majore ecclesia regiae civitatis, aut unius momoratorum venerabilium domorum non aliter hoc accipiat, nisi aliam rem mox dominii jure praebuerit, ex quo eandem rem accepit, tantum habendum reditum, quantum habeat res, quae ei datur, et non majoribus fisci praestationibus praegravatum: ut post ejus mortem aut post tempus, in quo datio usus convenit non transcendentem videlicet accipientis vitam, utraque res integra et in dominium et in usum in eandem venerabilem domum perveniat."

[14] Cf. Nov. 120 c. 9 u. Nov. 40. — Nov. 123 c. 8. „Sed judicem ... post cinguli privationem viginti librarum auri poenam exsolvere jubemus ecclesiae, cujus episcopus produci aut exhiberi jussus est." c. 18.

§ 9.
Die Eigenthumsfähigkeit der Pfarrkirchen.

Während in der älteren Zeit, wie bereits oben bemerkt, die Cathedralkirche für alle innerhalb des ganzen Bisthums auftretenden kirchlichen Zwecke mit ihrem Vermögen gesorgt hatte,[1] war dieser Zustand in der Justinianischen Periode, ja, wie wir wissen zum Theil schon gegen das Ende der vorigen bereits ein überwundener. Die gewiss auffallende Erscheinung von Eigenthum besitzenden Pfarrkirchen schon in dieser frühen Zeit findet indess ihre volle Erklärung in dem, dem römischen und speciell dem justinianischen Rechte innewohnenden Streben, eine confusio der innerhalb eines Bisthums sich befindlichen kirchlichen Zweckvermögensmassen zu verhindern,[2] welches Streben, in der bekannten l. 26 C. X 2 den prägnantesten Ausdruck gefunden hat. Recht bezeichnend ist auch die l. 40 C. I 2 wo eine Confusion des der Loskaufung von Gefangenen gewidmeten Vermögens mit dem Vermögen der Ortskirche verboten wird, und wo es vom Bischofe heisst, er solle die Vertheilung eines Legats zu Gunsten der Armen vornehmen, nullo penitus ex hoc lucro vel oeconomo vel episcopo vel sacrosanctae ecclesiae relinquendo.[3] Ja es muss anerkannt

---

„Episcopus vero pro rebus ecclesiae suae nullam exactionem molestiamquae sustineat." — Nov. 131 c. 8. „Si quis in sua domo ecclesiasticum ministerium ministrare praesumpserit, jubemus hanc domum, aut suburbanum aut praedium, ubi tale aliquid delinquitur, loci illius sanctissimae ecclesiae vindicari per amabilem episcopum; eos autem, qui hoc fecerint, aut fieri permiserint ex provincia, ubi hoc commissum est, expelli, rebus eorum loci illius sanctissimae ecclesiae vindicandis."

[1] Vgl. oben Seite 22 Nte 11 u. S. 42. Thomass. P. III L. II Cap. VII n. 2. „Primaevo in ecclesiarum exortu sola Chatedralis ecclesia totam Dioecesin in ditione sua habuerat, . . . Ex quo planum est, ad eam pertinuisse, quidquid tunc ecclesiis offerebatur." s. auch l. c. C. 1 n. 1.

[2] Vgl bes. Uhrig Kirchengut S. 48.

[3] Cf. § 2 § 4 § 8 eod.

werden, dass sich Justinian mit der Scheidung der einzelnen Zweckvermögen noch gar nicht begnügte; dass er vielmehr noch einen Schritt weiter geht und schon Integrität derselben auf ewige Zeiten verlangt. So verbietet derselbe eine einer kirchlichen Anstalt vermachte jährliche Rente in eine bestimmte Geldsumme umzuwandeln; denn, so setzt er bedeutungsvoll hinzu: „venerabilibus vero domibus et earum coetibus indesinenter a deo custoditis non est neque secundum earum possessiones inducere aliquam metam, sed quousque utique permanserint venerabiles domus aequum itidem est manere et in perpetuum relictas erogationes aut redditus immortales semper piis actionibus nunquam cessaturis servituros.[4] Die gleiche Tendenz beherrscht die Nov. 57 vom Jahre 537, wo Justinian erklärt, der Umstand, dass ein Geistlicher seine Kirche verlasse, dürfe dem Dienste an der Kirche keinen Eintrag thun; der Bischof solle neue Geistliche dorthin ordiniren und derselbe solle die Verpflegungsgelder der Kirche erhalten; „denn wir gestatten keinem, dass er sich mit dem, was einmal von ihm oder durch ihn zum Verpflegungsgeld der Kirche bestimmt ist, bereichere; was einmal zum Unterhalte für die Geistlichen ausgesetzt ist, das soll auch ohne Zurückhaltung gewährt werden"; „sed quae abinitio ministrabantur, semper dari et non sacrum ex hoc ministerium corumpi, non existente licentia."[5]

Der directe Beweis der Persönlichkeit der einzelnen Pfarrkirchen lässt sich schon aus der l. 26 C. I 2 führen. Justinian nennt daselbst schon eine Scala von Kirchen, von denen jede eventuell Eigenthümer werden konnte; subsidiär

---

[4] L. 57 C. I 3.

[5] Es verdient hervorgehoben zu werden, dass das römische Recht dem Stifter nicht nur die Bestimmung überliess, welche Kirche er zum Eigenthümer machen wolle, sondern demselben sogar einen Einfluss auf die Verwaltung des Vermögens gestattete. — L. 15 C. de ss. eccl. I 2 — „administratio secundum ea, quae his, qui liberalitatem exercuerunt, visa fuerint, et secundum praescriptes fines fiat."

trat bekanntlich stets die Kirche des Wohnorts des Erblassers als Erbin ein. Wenn nun der Erblasser an einem Orte wohnte, woselbst sich keine bischöfliche, sondern nur eine Pfarrkirche befand, so war kraft des Gesetzes die Pfarrkirche Erbin und damit ipso jure juristische Person und Eigenthümer. Ja die Sache erhellt noch viel deutlicher; Justinian bestimmt nämlich in § 2, dass unter mehreren Kirchen der Stadt in dubio die ärmste als Erbe gelten solle, an die bischöfliche Kirche kann hier begreiflicherweise nicht einmal gedacht werden.[6] Bei Justinian waltete demnach schon nicht mehr das Streben ob, alles Vermögen an die bischöfliche Kirche, als die Centralanstalt der Diöcese zu bringen, damit es von dort aus an die einzelnen Stationen verwendet werde, vielmehr wurde bezweckt gerade die einzelnen Kirchen und auch diese nach Bedürfniss, (daher die ärmste) mit eigenem Vermögen auszustatten.

Dass unter dem Ausdruck ecclesia vici stets eine wirkliche Pfarrkirche gemeint ist, die zum Eigenthum gelangt, kann nicht bestritten werden, denn vicus bedeutet so viel als Dorf, Flecken, Landgut, Häuserreihe, Quartier, Stadtviertel) hier wurde aber zu Justinian's Zeiten nicht mehr ein Bischof oder Chorbischof, sondern stets nur ein Pfarrer, oder wie aus der l. 33 C. Th. bekannt ist, mehrere presbyteri ordinirt. Gerade die ecclesia vici besitzt aber nach den Quellen schon eigenthümliches Vermögen. So bestimmt die Nov. 131 c. 14 dass unter gewissen Umständen „sancta ecclesia ejusdem **vici** hujusmodi vindicat **proprietatem.**“ Auch in den castellis befanden sich zu Justinians Zeiten bloss mehr Pfarrkirchen, ja selbst unter der Bezeichnung ecclesia civitatis darf nicht einmal stets an eine bischöfliche Kirche gedacht werden; diess erhellt aus der Vergegenwärtigung der Stellen, die von der Einführung der Pfarrkirchen überhaupt sprechen. Im Concil von Sardina 347 c. 6 heisst es: „Licentia vero non danda

[6] Da sich ja nur eine bischöfliche Kirche in jeder Stadt befand.

est ordinandi episcopum aut in vico aliquo aut in modica civitate, cui sufficit unus presbyter." Gerade die ecclesia castelli vel vici werden aber gleichfalls wiederholt als vindicationsberechtigt anerkannt. Ich verweise, um von der l. 26 C. I 2 ganz abzusehen, auf das oben citirte Gesetz der Kaiser Valentinian und Martian vom Jahre 457, wo es hiess: „domum vel monasterium ejus civitatis orthodoxae ecclesiae, in cujus territorio est, addici jubemus." In Nov. 115 c. 3[6] entschied Justinian; Sollten Kinder eines der Kriegsgefangenen dessen Auslösung verabsäumen, so solle ihre Erbfähigkeit beschränkt, ein ihnen gleichwohl testamentarisch zugewendetes Vermögen aber mit Aufrechthaltung des Testamentes selbst der Kirche der betreffenden civitas zufallen mit der Auflage, dasselbe zur Auslösung des Gefangenen zu verwenden. Ich erinnere ferner an die bereits in der vorigen Periode citirten Gesetze, aus denen auf ein Vermögen der Pfarrkirchen geschlossen

---

[6] „Haec ergo succesio defertur ecclesiae civtatis ejus, expendenda scilicet in captivorum redemptionem. Substantiae talium personarum simili modo ecclesiis civitatum, ex quibus orti sunt, applicetur;" nach anderer Leseart: ἐξ ἧς ὥρμηται, aus der sie aufgebrochen sei, die sie verlassen habe. — Cf. Nov. 131 c. 14. „Si quis autem haereticorum .... praesumserit speluncam suae incredulitatis aedficare ... locorum sancta ecclesia aedificia suae proprietati defendat. Si vero quis per emphyteusim .... dederit possessionem hujusmodi personae ... si quidem sciebat dominus possesionis ejus, quia haeretico hanc commisit, omnes reditus illius temporis, quod in contractu transiit, ecclesiae civitatis, sub qua possessio constituta est, vindicari." — So trägt auch Gothofred in seinem Comment. zur l. 26 C. I 2 keineswegs Bedenken, ecclesiam civitatis schlechtweg mit Pfarrkirche zu übersetzen; indem er (cf. n. 38) bemerkt: „Manifeste videri ipsius civitatis, id est in ejus ecclesia, ut vocant parochiali" cf. n. 3 zu § 1: „Si vero unius ex archangelis; ex hoc loco et sequentibus nota legatum D. puta Paulo deberi hoc ordine: primum parochiali, dein urbano potius quam extraneo eut vicaneo, tum metropolitano. His deficientibus, ecclesiis urbanis alterius cognominis et ita defectu certi templi nunquam deficit tale legatum." — Cf. auch Gothofred ad l. 16 C. Th. lib. 16 tit. 2 not. d.

werden muss, besonders an die l. 1 C. Th. lib. V tit. III, deren Inhalt sich in der Nov. 131 c. 13 wiederholt findet, woselbst es hiess: Si quis autem episcopus aut clericus aut cujuslibet ecclesiastici gradus minister aut ecclesiae diaconissae moriantur sine testamentis et legitimis successoribus horum successio ecclesiae competat, in qua constituti fuerint," also stets das betreffende kirchliche Institut, die Cathedrale, die Pfarrkirche, die Wohlthätigkeitsanstalt. Wer die Persönlichkeit der einzelnen Kirchen für das römische Recht läugnete, und sie in das Rechtsverhältniss der stationes fisci zur bischöflichen Hauptkirche bringen wollte, müsste consequenter Weise dasselbe Verhältniss auch für die kirchlichen Wohlthätigkeitsanstalten aller Art annehmen; denn diese pia corpora als ptochotrophia, brephotrophia, xenones und wie sie heissen mochten, hatten keine andere Stellung als die Pfarrkirchen selbst, wurden ganz wie die letzteren behandelt und theilen alle Rechte und Privilegien derselben;[7] dass man jedoch hiemit sich auf einen längst antiquirten Standpunkt stellen würde, werden wir demnächst auszuführen Gelegenheit haben.

Jede Pfarrkirche hatte also ihr eigenes Vermögen, ihre selbständige, wenn auch von der Cathedrale abgeleitete Persönlichkeit. Damit stimmt auch Schulte, Erwerbfähigkeit des Bisthums Limburg überein, indem er S. 24 bemerkt: „Und ganz consequent liegt desshalb, wie oben bereits für das römische Recht bewiesen wurde und gerade von diesem den christlichen Grundsätzen ganz entsprechend statuirt ist, die privatrechtliche Persönlichkeit der Kirche zunächst in dem einzelnen Hause, den Kirchen"; und S. 30 heisst es: „Somit sind in der That nach der Grundverfassung der Kirche die Pfarrkirchen nur Filialen der bischöflichen, deren Zweck lokalisirend. Wegen dieser Stellung kommt ihnen die Eigenschaft von Personen auch auf dem

---

[7] cf. Mühlenbruch der Städel'sche Beerbungsfall S. 170 ff.

Rechtsgebiete als Ausfluss der Persönlichkeit der bischöflichen Kirche zu und ist ihnen, wie bekannt, im römschen Rechte beigelegt worden."[8]

Konnten wir bezüglich des Grundstockvermögens der römischen Pfarrkirchen an der Hand der Quellen zu einem sicheren Resultate gelangen, so müssen wir andrerseits gestehen, dass uns fast alle Nachrichten darüber fehlen, wie es mit den sonstigen Einkünften derselben bestellt gewesen war, welche theils die Kapitalien der einzelnen Kirchen abwarfen, theils die Pfarrkinder auf den Altar ihrer Kirchen legten. Durfte sich der jeweilige Parochus die Oblationen aneignen, oder musste er sie, mit den Renten des Stiftungsvermögens, an die bischöfliche Kirche abliefern? Wie bereits angedeutet, lässt sich diese Frage aus den uns überkommenen Daten nicht beantworten, es bleibt uns also nichts übrig, als nach allgemeinen Grundsätzen zu entscheiden, dass nach wie vor die einzelnen Presbyter die Oblationen und sonstigen Einkünfte an den Bischof abgeben mussten,[9] wogegen er ihnen die bekannten stipendia zutheilte.

---

[8] Vgl. auch Schulte, System des kath. Kirchenrechts § 94 S. 488. Damit stimmen auch andere überein so z. B. Glück, Erläuterung der Pandecten Bd. 39 S. 450. Schöpf, Handb. des kath. Kirchenrechts Bd. IV § 203 Anm. 3 S. 372: „Es ist von Bedeutung, hervorzuheben, dass das römische Recht die einzelnen kirchlichen Institute wie z. B. Kirchenfabriken, Klöster u. s. w. mit juristischer Persönlichkeit begabt hat." — S. auch Puchta in der oben citirten Stelle. — Ja merkwürdiger Weise findet sich selbst bei Maas l. c. S. 591 dieses Verhältniss anerkannt; derselbe bemerkt nämlich: „Sobald die in jeder Diöcese durch den Bischof repräsentirte Kirche sich lokale Stationen geschaffen und ihnen mit eigenen Zwecken auch die eigenen hiezu tauglichen Mittel ausgeschieden hatte, finden wir in den römischen Rechtsquellen auch diese als Rechtssubjecte (!) als juristische Personen" cf. auch S. 685. Maas scheint sich durch diese Behauptung selbst in's Gesicht zu schlagen. Vgl. auch Schulte Die juristische Persönlichkeit der katholischen Kirche ihrer Institute und Stiftungen Giessen 1869 S. 9. „Die Persönlichkeit jeder Kirche und die der bischöflichen Kirche . . . ist im römischen Rechte aufs Unzweideutigste anerkannt."

[9] Thomassin P. III L. II c. XIII nr. 2 schildert den Zustand dieser

Sehr unterstützt wird diese Annahme durch die einzige Notiz, die wir überhaupt über dieses Verhältniss besitzen, dass nämlich im Jahre 458 in der Constantinopolitanischen Kirche die gerade gegentheilige Einrichtung getroffen und uns als ein unicum mitgetheilt wird;[10] es soll nämlich Marcian, der Oekonom des Patriarchen Gennadius bestimmt haben, „dass fortan die Pfarrer die an ihren Kirchen gemachten Oblationen an der Pfarrkirche zurückbehalten dürften (constituit enim Marcian, ut ecclesiae cujusque clerici et beneficiarii oblationes ejus reciperent, cum antea deferri solitae fuissent ad ecclesiam majorem).[11] Gewiss wird man berechtigt sein, die weitere und vielleicht schon allgemeine Verbreitung dieser für die einzelnen Pfarrkirchen wohlthätigen Institution zur Zeit Justinians, (also fast ein ganzes Jahrhundert später) anzunehmen, wenn man die ausserordentlich einflussreiche und fast mit Rom rivalisirende Stellung bedenkt, welche die Hauptkirche Constantinopels in jener Zeit einnahm, und welche gewiss auch andere Kirchen zur Nachahmung ihrer Institutionen anregen musste; doch fehlen uns, wie gesagt, alle positiven Beweise.

Zeit folgendermassen: „Hinc dilucet: Ita praefuisse summa cum potestate episcopum dispensationi rerum ecclesiae, ut canonicae tamen partitionis legi serviendum ei esset.“ n. 12. „Non solius autem ecclesiae cathedralis suae res et proventus dispensabat episcopus per diaconos vel oeconomos suos, sed et omnium parochiarum urbis et ruris totius Diöceseos suae; qui enim supra laudati sunt Apostolici, Ancyrani et Antiocheni canones nullos limites objiciunt potestati episcopi in dispensandis oblationibus, reditibus et bonis ecclesiae sive ruri sive in urbibus; totum ei subjiciunt, quidquid illud est rei temporalis, totum ab eo volunt per presbyteros et diaconos adgubernari.“

[10] Bernardi, Comment. tom. II p. 50. -- Vgl. Theodor Lector collect. L. 1. Nicephor. XV c. 22. — Thomassin P. III Lib. II Cp II n. 4. Die Glaubwürdigkeit dieser Nachricht bezweifelt Philipps, K R. 1860, Bd. II, S. 660.

[11] Plank Bd. I S. 565 bemerkt, es lasse sich nicht mit Gewissheit bestimmen, ob sich die neue Einrichtung bloss auf die Parochialkirchen in Constantinopel selbst, oder auch auf die Landkirchen, die in den Bischofs-Sprengel des Patriarchen gehörten, erstrecken sollte.

§ 10.

Rechtliche Stellung der kirchlichen Wohlthätigkeitsanstalten.

Auf derselben rechtlichen Stufe wie die Pfarrkirchen stehen die im römischen Reiche im fünften Jahrhundert in grosser Anzahl auftauchenden Wohlthätigkeitsanstalten, piae causae, welche ganz der kirchlichen Gesetzgebung unterstanden, und deren Vermögen ganz als kirchliches behandelt wurde,[1] so dass also die Frage nach dem Rechtssubjecte desselben hier nicht umgangen werden kann.

Auch der Armenunterstützungszweck ist ein erlaubter und, da er allerorts derselbe, in gewisser Beziehung ein einheitlicher, und doch ist derselbe nicht fähig geworden, ein grosses, einheitliches Vermögen zu bilden. Einer juristischen Persönlichkeit aller Christen der Erde, nur desshalb, weil sie alle ein und denselben kirchlichen Zweck verfolgen, könnte füglich mit demselben Rechte die Persönlichkeit des Inbegriffs aller Armen an die Seite gestellt werden; denn warum sollte, wenn der einheitliche, kirchliche Zweck im Stande war, zu einer corporativen Verbindung der fideles zu führen, nicht ein ähnlicher Zweck gar zu einer universitas pauperum führen können?

Wer sieht aber das Monstruöse einer derartigen Construktion nicht ein?

Schon frühzeitig kamen Einsetzungen vor, in denen sich der Erblasser ganz genereller, den Wohlthätigkeitszweck nur ganz allgemein indicirender Ausdrücke bediente; gleichwie wir früher Einsetzungen Christi kennen gelernt haben, so haben wir es jetzt mit Einsetzungen der Armen zu thun. Sollte nun in diesen Fällen entweder das Legat nicht ganz hinfällig werden und wollte das Eintreten eines fortwährenden Streits der verschiedenen Armenhäuser verhindert werden, so bedurfte es auch hier einer gesetzlichen Regelung, welches Haus oder welche Wohlthätigkeitsanstalt Eigenthümer des Vermögens werden solle. Die l. 49 C. I, 3

[1] S. die Belege bei Maas l. c. S. 644 § 3.

hat diese Verhältnisse definitiv geregelt. Justinian bestimmt darin Folgendes: Habe der Testator die Armen schlechthin zu Erben eingesetzt, so solle das Hospital des Wohnortes des Erblassers die Erbschaft erhalten; sind mehrere Hospitäler an jenem Orte, dann gelangt das ärmste (ganz analog der l. 26) zur Erbschaft. Sollte sich endlich an dem betreffenden Orte keine derartige Anstalt befinden, so solle der Bischof oder Oeconom die Vertheilung des Vermögens vornehmen; doch gelten diese Bestimmungen selbstverständlich nur dann, wenn keine bestimmte Kirche, kein bestimmtes Armenhaus oder Hospiz in Aussicht genommen worden sei, in welchem Falle natürlich dieses allein Erbe i. e. Eigenthümer werden solle.[2] Es bildet diese l. 49 offenbar das Seitenstück zu l. 26 C. I 2; wie dort musste auch hier die Rechtsunsicherheit (*ἀδηλία*) gehoben werden, denn auch der Armenzweck liess sich nicht in einer Universal-, sondern nothwendig nur in lokalen Anstalten verfolgen.

Mühlenbruch bemerkt in Glücks's Commentar über das rechtliche Verhältniss der piae caussae (Bd. 39, S. 449): „Auch hierin stimmt das canonische Recht mit dem römischen vollständig überein; Hospitäler und andere milde Stiftungen, wenn sie gleich ihre eigenthümlichen Dotationen und Vorsteher haben, sind doch in aller Beziehung mit der Kirche verbunden und den Kirchenoberen unterworfen. Dies darf aber freilich nicht so verstanden werden, als ob sie durchaus keine selbständige Persönlichkeit gehabt hätten, also ihre Erbeseinsetzung schlechthin als Erbeseinsetzung der Kirche betrachtet worden wäre. Es verhielt sich hiermit vielmehr auf ähnliche Art, wie mit den einzelnen Kirchen in ihrem Verhältnisse zu dem

---

[2] l. 49 C. I 3 § 7. „Haec tamen omnia locum habere sancimus, quando non certi xenones vel certi ptochotrophii vel certae ecclesiae nominatio a testatore subsecuta est, sed incertus est ejus sensus. Sin autem in personam certam, venerabilem certam domum respexerit, ei tantum modo hereditatem vel legatum competere sancimus, nulla Falcidia nec in hac parte intercedente."

Metropolitan oder dem Papste: jede einzelne Kirche mit dem dazu gehörigen Vermögen hatte ein selbständiges Leben; sie wurde besonders vertreten, gerichtlich wie aussergerichtlich, konnte für sich Rechte erwerben und mit Verbindlichkeiten belastet werden, ohne dass diess die übrigen Kirchen etwas anging. Nur wurden die Interessen aller Kirchen eines Orts, einer Provinz, der gesammten katholischen Christenheit von den Kirchenobern geleitet und beaufsichtigt; die Vorsteher der einzelnen Kirchen konnten mithin ohne Autorisation der Oberen oder gesetzliche Gestattung keinerlei Verfügungen oder Veränderungen vornehmen, mochten sie das Vermögen oder die sonstigen Interessen der Kirche betreffen. In einem gleichen Falle befanden sich denn auch die milden Stiftungen; eine jede derselben hatte ihr eigenthümliches Vermögen, ihre besonderen Vorsteher" u. s. w. Beweise für die Richtigkeit dieser Auffassung lassen sich in reichlicher Fülle erbringen. Die Quellen sprechen von Geschenken,[3] Erbschaften, Legaten und Fideicommissen an solche loca venerabilia,[4] privilegiren dieselben rücksichtlich der ihnen zustehenden Klagen,[5] gestatten denselben emphy-

---

[3] L. 19 C. de ss. eccl. I 2. „Si quis vero donationes usque ad quingentos solidos in quibuscunque rebus fecerit vel in sanctum ecclesiam vel in xenodochium vel in gerontocomium vel in brephotrophium."

[4] L. 23 (24 C. de ss. eccl. I 2. „Si quis aliquam reliquerit hereditatem vel legatum vel fideicommissum vel donationis titulo aliquid dederit vel vendiderit sive sacrosanctis ecclesiis sive venerabilibus xenonibus etc.; Sive itaque memoratis religiosissimis locis vel civitatibus heredibus sive legatum vel fideicommissum fuerit relictum sive donatio vel venditio processerit, sit eorum paene perpetua vindicatio et ad annos centum extendatur."

[5] Cf. Nov. 131 c. 12. Nov. 111 c. 1 (a. 542). „Jubemus in negotiis, quae antehac triginta annorum removebat exceptio, nunc venerabilibus ecclesiis, monasteriis et xenodochiis, nec non et orphanotrophiis et brevotrophiis et ptochotrophiis quadraginta annorum protelatio conferatur." — Vgl. überhaupt über die Verjährung l. unic. Cod. de usuc. transform.

teutische Verträge einzugehen und zwar sowohl mit Kirchen als auch mit andern Wohlthätigkeitsanstalten.[6] Es steht denselben, ähnlich wie den Kirchen gegenüber den Bischöfen und Presbytern sogar ein Intestaterbrecht an dem Vermögen ihrer Administratoren zu.[7] Was einer für die Erlangung eines Amtes gezahlt habe, solle von dem betreffenden venerabilis locus vindicirt werden.[8] Die oben citirten von der Verleihung von Immobilien handelnden Gesetze gelten auch für die Güter der genannten kirchlichen Institute.[9] Eine Unzahl von Stellen spricht de rebus ad venerabilia loca pertinentibus[10], de rebus immobilibus, quae

§ 2 VII 31. — Authent. quas actiones ad l. 23 C. de ss. eccl. I. 2. — Nov. 7 c. 3. Nov. 131 c. 6.

[6] Nov. 55 c. 2 (537) „Licentia sit sanctissimis ecclesiis et venerabilibus domibus ad invicem et emphyteusim perpetuam agere." — Nov. 123 c. 6. „Sed etiam ipsis sanctissimis ecclesiis et aliis venerabilibus domibus damus licentiam, conductiones et emphyteuses possessiones conducere et gubernare." — Nov. 54 c. 2. „Ut venerabilium locorum oeconomi res ecclesiae permutare invicem possint excepta ecclesia Constantinopolitanea." — Der Tausch begründet nun aber bekannter Massen auf beiden Parteien stets das Eigenthum cf. Windscheid Pand. (2. Aufl.) Thl. II § 398 zu Note 4.

[7] l. 42 C. I 3 § 3. „Omnia enim quaecunqe ad loca sancta pertinent, vel quae ad ipsorum praepositos post susceptam hujusmodi curam pervenerunt, vel proventura sunt, ad ipsa venerabilia pertinebunt."

[8] Nov. 133 c. 16. Jis quae accipiuntur, vindicandis venerabili loco, cujus talis persona ordinationem aut solicitudinem aut gubernationem accipit."

[9] Nov. 120 c. 9. „Si vero quis voluerit rem immobilem nomine usus accipere ab aliqua praepictarum venerabilium domorum (secundum quae superius de venerabilibus domibus, quae in regia civitate sunt positae, disposuimus) non aliter hoc accipiat, nisi aliam mox rem dominii jure praestiterit venerabili domui, a qua eandem rem acceperit, tantum habentem reditum, quantum habet res, quae ei datur, et non majoribus tributis gravatam: quatenus post ejus transitum aut tempus, in quo datio usus est placita, non transcendens sc. ejus qui acceperit, vitae tempus: utramque rem integro jure et secundum dominium et secundum usum in ipsam venerabilem domum pervenire."

[10] Nov. 7. c. 1. Nov. 9. pr. — Vgl. auch Nov. 7. c. 6, 11 u. 13.

locis venerabilibus pertinent[11] viele erwähnen die possessiones ecclesiarum et omnium venerabilium domorum,[12] einzelne einem locus venerabilis zu vindicirende Sachen[13] und ähnliche Verhältnisse, die den sprechendsten Beweis ihrer eigenen, wenn auch abgeleiteten Rechtsfähigkeit liefern.[14]

Verschiedene Ausdrücke, wie z. B. consortium, corpus, collegium, wie sie in Verbindung mit den Wohlthätigkeitsanstalten an mehreren Stellen vorkommen,[15] möchten viel-

„ubi possessiones inveniuntur ad ecclesias nostras sive nunc pertinentes seu posteas his adquirendae."

[11] Nov. 119 Nov. 120 c. 5 c. 6 § 1 § 2. Nov. 55 c. 7 in fine.

[12] Nov. 131 c. 5.

[13] Nov, 123 c. 43. „Si quis rapuerit aut sollicitaverit aut corruperit ascetriam aut diaconissam, hujus (des Räubers) res ex talis sceleris ejus participio jubemus venerabili loco, in quo talis femina habitat, per locorum sanctissimos episcopos et occonomos eorum . . . vindicari. Si autem intra annum tales res juri venerabilium domorum non vindicentur, jubemus omnibus modis" etc. — Nov. 131 c 14. „Jubemus nullum haereticorum . . . res immobiles accipere a qualibet sancta ecclesia aut alio venerabili loco, . . . hujusmodi res venerabili loco, a quo etiam datae sunt, vindicentur."

[14] Nov. 7 praef. „Legem imponere omnibus sanctissimarum ecclesiarum et xenodochiorum et nosocomiorum et monasteriorum et brevotrophiorum et gerontocomiorum et totius sacrati collegii rebus." — Nov. 120 c. 4. „Redeat iterum res ad venerabilum domum, ex qua data est." c. 5 in fine: „Omnem substantiam in venerabilem domum, de qua rem accipiunt, post obitum eorum pervenire jubemus." c. 6 § 2 inf. „Aliud quid fructiferum aliud vero possessionum sterilium ejusdem venerabilis domus." c. 9 „jubemus pro talibus rebus nullam laesionem sustinere venerabilem domum, in quam hujusmodi possessiones pervenerunt." Cf. in fine. C. 11. „Si vero praeter haec quae inserta sunt praesenti legi, contractus fiat super competentibus rebus mobilibus et immobilibus uni memoratarum venerabilium domorum . . . . Si vero donetur res ecclesiastica aut alterius venerabilis domus, et hanc reddi sanctissimae majori ecclesiae aut aliis venerabilibus domibus." Vgl. im Allgem. bes. Schulte, die juristische Persönlichkeit der Kirche. ihrer Institute und Stiftungen. Giessen 1869, S. 22 ff.

[15] De ss. eccl. I. 2, L 35 Cod. Just. de Episc. I. 3 L. 46 § 9. „Si vero quae vocantur annua legata relicta fuerint aut donata clero forte aut monasterio, aut ascetriis, — aut ptochiis, aut xenonibus, aut noso-

leicht zu der Annahme verleiten, es habe das römische Recht die Wohlthätigkeitsanstalten nicht so fast als Stiftungen, denn als Corporationen, gebildet durch die in denselben verpflegten Armen, Kranken und Nothleidenden aufgefasst; allein man sieht auf den ersten Blick, dass eine solche Annahme der Verfassung jener kirchlichen Anstalten geradezu widerspricht; zu einer Corporation gehört ein einheitlicher Wille, der Corporationswille als die Seele derselben; wo aber unter den einzelnen Kranken ein solcher zu Tage tritt, ist nicht einzusehen. Jeder Kranke, Arme, Fremde hat nur den einen Willen, für sich die Segnungen der Anstalt zu empfangen und zu geniessen, sie sind so zu sagen nur Gäste am Tische jenes Hauses, die demüthig empfangen, was ihnen daselbst geboten wird. Bei welcher Gelegenheit treten sie denn als Corporation auf? Führt doch kein aus ihrer Mitte gewählter Ausschuss die Verwaltung, haben sie doch das Institut nicht mit ihrem gemeinschaftlichen Willen und Vermögen in's Leben gerufen, da diess vielmehr durch den Willen des Einzelnen, des Bischofs oder Privaten geschah, dessen Stiftungswille in der Anstalt herrscht.

Recht schlagend bemerkt Schulte, dass, um zur Construction der Armen einer Gemeinde als juristische Person zu schreiten, das einzig Charakteristische einer solchen Person im Nichthaben bestehe, welches schwerlich den Zweck der Person abgeben und zur Schaffung von deren Begriff genügen könnte. [16] Es wäre die Auffassung der in einer solchen Anstalt verpflegten Personen als eine Corporation ebenso unlogisch, als wollte man behaupten, die

---

comis aut brevetrophiis, aut sanctissimarum ecclesiarum pauperibus, aut simpliciter coetibus quibusdam piis, aut omnino non prohibitis ex plebe collegiis etc." — L. 22 pr. C. de ss. eccl. I 2 „vel si quid aliud tale consortium" l. 57 C. de episc. et cleric. I 3 „aut aliorum talium corporum." — Nov. 7 „c. 9 pr. Vulg.: „aut ptochiis aut aliis venerabilibus collegiis."

[16] Schulte, Syst. des kath. K. R. S. 482.

an den Wohlthaten der einzelnen Kirchen Theilnehmenden hätten nach römischen Rechte eine Corporation gebildet, mit andern Worten, die Kirchengemeinde sei die Eigenthümerin des Vermögens der einzelnen Cathedral- und Pfarrkirchen gewesen. Die Kirchengemeinde hatte ja nach römischen Gesetzen **noch nicht ein einziges Recht** über das Kirchenvermögen erlangt, da der Bischof es war, der alle Rechte in ihrer Gesammtheit absorbirte, wesshalb denn auch, wie oben gesagt, die Persönlichkeit nicht an die einzelnen Glieder, sondern an die Kirche, die verkörperte Anstalt geknüpft war.[17] Die juristische Persönlichkeit der Stiftungen für das römische Recht ganz zu läugnen, muss als ein überwundener Standpunkt angesehen werden.[18]

§ 11.

Die Klöster — Schluss.

Auch die Klöster waren nach Justinianischem Rechte die unbestrittenen Eigenthümer ihres Vermögens; die wichtigsten Stellen, welche diess bezeugen, sind folgende: Eltern sollen ihre Kinder desshalb, weil sie Mönche oder Geistliche werden wollen, nicht enterben und ihnen den Pflichttheil nicht entziehen dürfen; wenn jene die Klöster oder Kirchen verliessen, so solle das Vermögen im Eigenthume des Klosters oder der Kirche verbleiben.[1] Wer in ein Kloster

---

[17] Eine wenn auch nicht sehr plausible Erklärung der Ausdrücke consortium, collegium findet sich bei Brinz Pand. l. c. S. 1056.

[18] Doch ist auch diess geschehen; vgl. Rosshirt Archiv für civilrechtliche Praxis Bd X. S. 321—327. Gemeines deutsches Civilrecht Heidelberg 1840. S. 154. Dagegen alle Neueren s. z. B. Mühlenbruch an der oben angeführten Stelle; es waltete hier eine Verwechslung der Verwaltungs- mit der Existenzfrage ob.

[1] L. 55 C. de episc. et cler. I 3 § 1. „omne ipsorum jus ad monasterium aut ecclesiam pertinet." — L. 56 C. de episc. et cler I § 3 in fine. „Jubemus omnes eorum res ad ejusdem ecclesiae vel monasterii, a quo recesserunt pertinere." — Nov. 5 c. 4. „Res autem, quascunque habuerit, dum in monasterium intrabat, eas dominii esse monasterii, et nihil penitus ejiciat."

treten will, darf vor dem Eintritte testiren, mit dem Eintritt in dasselbe gehört all' sein Vermögen dem Kloster.[2] Wenn einer ein Kloster verlässt und in ein anderes übertritt, so soll sein Vermögen in dem früheren zurückbehalten werden.[3] Wer zum Raube einer gottgeweihten Jungfrau mitgeholfen, der soll mit dem Tode bestraft werden, sein Vermögen fällt eigenthümlich dem Kloster zu, der die Entführte angehört hatte; war dieselbe Diaconissin einer Kirche, so fiel das Eigenthum jener Kirche zu, an der sie diente.[4]

Brinz, Pand. S. 1057 glaubt auch ein von dem eigentlichen Kirchenvermögen getrenntes Sonderzweckvermögen des Clerus statuiren zu müssen, anknüpfend an die l. 13 C. de ss. eccl. I 2 (Valent. et Mart. a. 455) wo es heisst: „Sive vidua ... ecclesiae vel martyrio vel clero credidit relinquendum, id modis omnibus ratum firmumque consistat und die l. 46 § 9 C. I 3 Si ... annua legata relicta fuerint, aut donata clero forte aut monasterio aut simpliciter coetibus quibusdam piis aut omnino non prohibitis" u. s. w. und clericorum consortium in l. 27 C. I 3, Authent. zu l. 25 Cod. Erwägt man jedoch den innigen vermögensrechtlichen Zusammenhang, in dem nach älterem canonischen Rechte der Geistliche mit seiner Kirche stand, in Folge dessen z. B. eine Schenkung an denselben schlechthin als an seine Kirche geschehen

[2] Nov. 76 praef. „eo quod sanciverimus nos hujusmodi viros ipso ingressu ad monasterium dedicare se suasque substantias, et si quidem discesserint, manere etiam sic eorum substantias in monasterio." cf. Nov. V c. 5. u. Nov. 123 c. 42 ... „proprio monasterio in quo ab initio ingressus est, eas sc. res competere jubemus."

[3] Nov. 123 c. 7. „Etiam sic quidem ejus substantia maneat et vindicetur a priori monasterio."

[4] L. 53 C. de episc. et cler. I 3. „Bona autem eorum ... eidem monasterio vel asceterio, ubi consecrata est, addicantur ... et res omnes sacrosanctum asceterium seu monasterium **pleno habeat dominio.** Si autem diaconissa cujuscunque ecclesiae sit, in nullo tamen asceterio vel monasterio constituta, sed per se degit, raptores ejus

betrachtet wurde,[5] dass die Geistlichen in der früheren Zeit sich geradezu mit den Armen identificirten, in Folge dessen der Ausdruck patrimonium pauperum nicht nur die Bedeutung „Gut der Armen" sondern ebenso sehr auch das Vermögen des Clerus hatte, so dürfte doch wohl die Annahme eines Sonderzweckvermögens des Clerus oder nach Uebersetzung in die herrschende Theorie der juristischen Personen, eines Clerusvermögens im Eigenthum einer von der Einzelkirche verschiedenen juristischen Person zum mindesten als eine gewagte erscheinen.[6])

---

substantiae ecclesiae, cujus diaonissa est, adsignentur, ut ex his facultatibus ipsa quidem usum fructum, dum super est, ab eadem ecclesia consequatur; ecclesia vero omnem proprietatem et plenam possessionem earumdem rerum nostro habeat beneficio." Nov. 6 c. 6. „Substantia earum applicabitur sanctissimis ecclesiis aut monasteriis, in quibus sunt" Nov. 123 c. 30 „Diaconissam vero nullo modo cum viro, ex quo potest inhonestae vitae emergere suspicio habitare permittimus. Si vero haec non observet . . . rebus ejus dividendis ut competentem ipsi mulieri partem monasterium accipiens, eam alat, regat; si autem non habuerit filios, omnis ejus substantia inter monasterium, ubi mittitur, et ecclesiam, in qua prius erat constituta, aequa portione dividatur." — Nov. 123 c. 35 „nullam contra ecclesiam aut monasterium aut res ejus . . . habeant actionem." Nov. 123 c. 6 und c. 38. „Monasterio, quod ingreditur, res ejus competere jubemus" . . „quam vero monasterio non dederit filiis partem, monasterio competat". Unam sibi partem omnibus modis retineat, quae debeat juri monasterio competere, . . . reliqua vero substantiae pars monasterio competat" u. s. w. — Ueber ein schon dieser Periode angehöriges Exemptionsprivilegium aus der bischöflichen Gewalt, erlassen auf einer Afrikanischen Synode v. J. 525 (Synode v. Carthago) vgl. Spilic. tom. 6 p. 2 sequ. „Coenobium suum a jure ejusdem sedis episcopi absolutum."

[5] L. 42 C I 3 (a. 528) § 2.

[6] Schulte, die juristische Persönlichkeit der katholischen Kirche, ihrer Institute und Stiftungen, sowie deren Erwerbsfähigkeit, Giessen 1869, S. 11 Note 4 bemerkt gegen Brinz: „Ich glaube, aus der blossen Absicht, dem Zwecke, den der Testator (darum handelt es sich in den Stellen) bez. der beiläufigen Erwähnung eines „consortium clericorum" lässt sich das nicht folgern, da stets die dispositiven Sätze der Gesetze nur die Kirchen bez. andere feste Anstalten (Klöster u. dgl.) im Auge haben."

Was schliesslich noch die gegnerischen Theorien betrifft, so kann man die, welche die Kirchengemeinde im Auge hat, schlechthin als im Römischen Rechte jedwelcher Begründung entbehrend, zurückweisen,[7] was aber die Maas'sche anlangt, so sind die Stellen, worauf sie sich stützt,[8] doch gar zu dürftig. Zur Construction einer Rechtsfähigkeit der Kirche im Grossen und ihrer einzelnen Theile scheint sich ausser den oben Genannten[9] auch Puchta hinzuneigen;[10] dass sie aber dem römischen Rechte fremd ist, und fremd sein musste, geht schon daraus hervor, dass Justinian in dem einzigen Falle, in dem an eine Rechtsfähigkeit der allgemeinen Kirche gedacht werden könnte, nämlich im Falle der Erbeseinsetzung Jesu Christi und Gottes zu Gunsten der einzelnen Kirche entscheidet. — Dass im ganzen Corpus Juris sich keine Stelle vorfindet, welche auf ein Staatseigenthum schliessen lässt; braucht kaum erwähnt zu werden, nichtsdestoweniger hat das römische Recht den publicistischen Theorien zur Stütze dienen müssen;[11] indess wurde hiebei bloss übersehen, dass

---

[7] Vgl. oben S. 32 f. S. 61 u. S. 89. (vgl. aber auch S. 49 Nte 17.)

[8] Maas nimmt keinen Anstand, sich auf Stellen zu berufen, wie „ecclesiastica bona" „res religionis destinatas" (l. c. S. 591 Nte 1.)

[9] Vgl. S. 56 Nte 3.

[10] Puchta, Vorlesungen § 26 S. 62, 63 bemerkt: „Neben diesen öffentlichen Körperschaften ist auch die Kirche, sowie sie im Staate recipirt ist, eine juristische Person, theils im Ganzen, theils in ihren Bestandtheilen, den Kirchengemeinden (?); die Streitfrage, ob es nicht bloss die letztere ist, ist im Kirchenrecht zu entscheiden. Sie entscheidet sich nämlich nach der Vorfrage des Verhältnisses der Kirche zum Staat. In der That würde man mit demselben Rechte den Staat aus der Reihe der juristischen Personen streichen, und bloss die öffentlichen Gemeinden darin stehen lassen können." Vgl. auch Puchta, kleine civilistische Abh. Nro. XXVIII 1851 S. 511. „Die Kirche ist eine universitas personarum" u. Puchta, Pandecten 9 Aufl. § 27 S. 43.

[11] cf. Schook. De bonis vulgo ecclesiasticis dictis. Gron 1651 p. 90. „Bona sacra sive Ecclesiastica in nullius bonis esse recte a Jureconsulto in leg. 6 § 1 ff. de R. D. itemque ab Imperatore in Instit §. d. statuuntur, quod ita intelligendum est, quod in nullius bonis sint aut respectu

zwischen den öffentlich geweihten Sachen des römischen Alterthums (bona sacra i. e. rite et per pontifices consecrata, rite ad ministerium Dei dedicata § 8. J. de rer. divis. I 2) wovon es in den Quellen heisst, dass sie nullius in bonis seien, und den zum grössten Theile weihelosen Vermögensstücken der christlichen Kirche ein gewaltiger Unterschied bestehe nnd dass die römische Auffassung des Fürsten als dominus sacrorum auf den christlichen Staat unübertragbar ist. [12]

---

dominii proprietatis aut respectu usus profani (nisi quem talem forte Magistratus ordinet . . .): si enim aut attendatur possessionis dominium aut usus sacer aut alius quis usus a Magistratu ordinatus, certum est, ea in alicujus dominio esse." Vgl. auch Carpzow Jurispr. consist. Lips. 1665 II 299. Grotius de jure belli et pacis Amst. 1689 III c. 5 § 2 n. 1, 2, 3. Uhrig l. c. bemerkt S. 2 Nte 2: „Dafür erlaubten sich dieselben Kaiser (welche vorher die christliche Kirche aus dem Staatsärar beschenkt hatten) in dem Kirchengut nur eine Art von Staatsvermögen(?) zu sehen." Die bezügliche Stelle, worauf sich Uhrig beruft, rechtfertigt diese Behauptung nicht, dieselbe sagt bloss: „Cum neque multum differant ab alterultro sacerdotium et imperium, es res sacrae a communibus et publicis, quando omnibus sanctissimis ecclesiis abundantia et status ex imperialibus manificentiis perpetuo praebeatur." (Nov. VII cp. 2.)

[12] Hübler der Eigenthümer des Kirchengutes S 71 f. In diesem Sinne schon J. H. Böhmer Jus. Eccl. Protest III 5 § 32: „Qualis enim est convenientia inter sacra juris Romani et res ecclesiasticas? num aliqid sacri his inest? num publice consecrantur? dedicantur? uti apud gentiles templa, arae ceteraque cultui gentilium inservientia? Ab illis ad has consecutionem nectere et argumentum ducere a diversis ad diversa. Addit (sc. Schookius) ex l. 1 § 2 D. de J. et J. publicum jus in sacris consistere. Ita recte JCti Romani philosophabantur, quorum religio statui publico attemperata et pars haud exigua regiminis publici erat. Id vero aegrae ad nostras ecclesias earumque bona applicaveris: gaudent Principes jure sacrorum, sed non ex eo fundemento, quod, uti apud gentiles, domini sacrorum religionis cultusque divini sint, quod minime ferendum est, sed ex solidiore jure, quod libertatem sacrorum rerumque ecclesiasticarum in tuto collocent loco." S. auch darüber, dass sich die römischen Kaiser in das christliche Verhältniss von Staat und Kirche nicht so recht hineinzudenken

Ehe wir mit dem römischen Rechte abschliessen, drängt sich uns noch die Frage auf, in welchem Verhältnisse denn die römische Kaisergesetzgebung zur kirchlichen gestanden habe; diese Frage ist vor allem zu lösen, sonst könnte man uns am Ende gar einwerfen, dass, wenn gleich das römische Recht die einzelnen kirchlichen Institute als Eigenthümer ihres Vermögens anerkannt habe, diess doch mit dem canonischen Rechte nichts zu schaffen habe, welches hier von ganz anderen Voraussetzungen ausgegangen sei. Dieser Einwand wäre jedoch ein ganz unberechtigter; vielmehr muss constatirt werden, dass zwischen den weltlichen Gesetzen und canones ecclesiae jederzeit die vollste Uebereinstimmung geherrscht hat. Diese Harmonie hat in einer Reihe von Stellen ihren prägnantesten Ausdruck gefunden. So heisst es z. B. in der l. 2 C. Th. XVI 6: „Nihil alud praescribi volumus, quam quod Evangeliorum et Apostolorum fides et traditio incorrupta servavit" etc. Im Jahre 412 erliessen ferner die Kaiser Honorius und Theodosius an den Philippus praef. praetor in Illyrien folgende Bestimmung: „Omni innovatione cessante vetustatem et canones pristinos ecclesiasticos, qui usque nunc tenuerunt, per omnes Illyrici provincias servari praecipimus, ut si quid dubitatis emerserit, id oporteat non absque scientia viri reverendissimi sacrosanctae legis antistitis ecclesiae urbis Constantinopolitaneae, quae Romae veteris praerogativa laetatur, conventui sacerdotali sanctoque judicio reservari" (l. 6 C. de ss. eccl. I 2). Noch weit strenger besteht Justinian auf einer stetigen Einhaltung der canones. Nov. 137 c. 2. „His igitur, que sacris canonibus definita, insistentes;" Nov. 131 c. 1: „Sancimus igitur, vim legum obtinere sacros ecclesiasticos canones in sanctis quatuor synodis expositos vel confirmatos." In der Nov. 79 c. 1 heisst es, die Bischöfe sollten „judicare

vermochten und noch lange mit dem Zustande liebäugelten, wo die kaiserliche und höchste priesterliche Gewalt Roms in der Person des Fürsten eng mit einander verbunden war. Jos. Braun l. c. S. 74 f.

honeste atque sacerdotaliter et secundum leges nostras et sacratissimas regulas." Nov. 83 c. 1: „cum oporteat talia ecclesiastice examinari et emendari animas delinquentium per ecclesiasticam mulctam secundum sacras et divinas regulas, quas etiam nostrae sequi non dedignantur leges." L. 45 C. de episc. et cleric. I 3 „sacros autem canones non minus quam leges valere etiam nostrae volunt leges." Unter solchen Voraussetzungen kann uns also der Einwand, das Rechtssubject, welches das römische Civilrecht für das Kirchenvermögen aufgestellt hat, sei dem älteren Kirchenrechte fremd gewesen, nimmermehr gemacht werden.

Dritter Abschnitt.

Geschichte der Theilungen des Kirchenvermögens.*)

§ 12.

Allgemeine Grundlagen; der Ausgangspunkt der Entwicklung der vermögensrechtlichen Verhältnisse der Kirchen in den neuen christlichen Reichen.

In dieser Periode, in der wir die vermögensrechtlichen Verhältnisse wie sich in den auf den Trümmern Roms entstandenen neuen Reichen gestalteten, betrachten wollen, finden wir die früher kennengelernten Grundzüge der kirchlichen Verfassung im Grossen und Ganzen vollkommen recipirt. Die Leitung der Kirche verlangte auch hier eine Scheidung der einzelnen Teritorien, wir treffen Bisthümer, an deren Spitze die Bischöfe, während die kleineren kirchlichen Verwaltungsbezirke den Pfarrern übertragen sind. [1] Bevor wir nun auf die Entwicklung der vermögensrechtlichen Verhältnisse der Kirchen in den neuen Staaten eingehen, muss vor Allem eines Umstandes Erwähnung geschehen, der für die Beantwortung der Frage nach dem Rechtssubject des Kirchenvermögens in dieser Periode von entscheidender Wichtigkeit ist. Es bietet nämlich das auf Grund der römischen Gesetzgebung gewonnene Resultat von dem

*) Thomass. Vet. et nov. eccles. discipl. P. III lib. II de distributione et partitione rerum ecclesiae temporalium c. 1—38. — Planck, Geschichte Geschichte der christlichen Gesellschaftsverfassung Bd. II Abth. I.

[1] Planck, l. c. cap. VII S. 91.

Eigenthum der einzelnen kirchlichen Institute eine sichere Basis für die ganze weitere Entwickelung, da ja die Kirche in den neuen christlichen Ländern das römische Recht zum Ausgangspunkt aller ihrer Bestimmungen gemacht hat.[2] „Id constituimus observandum", so erklärt das Concil von Orleans vom Jahre 511, „quod ecclesiastici canones decreverunt et romana lex constituit."

Ein Beispiel wird die Wichtigkeit dieses Verhältnisses deutlich erscheinen lassen. Nach dem ripuarischen Rechte musste sich der Bischof sein Testament durch seinen Archidiakon machen lassen „secundum legem Romanam, qua ecclesia vivit;"[3] nun wissen wir aber, dass nach römischem Rechte der Bischof nullo modo habere facultatem testandi vel donandi vel per aliam quamcumque excogitationem alienandi quid de rebus suis, u. s. w. — vielmehr sollte quaecunque ... post ordinationem ... ad ipsos pervenerunt ea .... ad sanctissimam ecclesiam, cujus episcopatum tenuerint, pertinere et ab ea vindicari et evinci ...[4] — Also, so wird man schliessen müssen, war auch der ripuarische Bischof verpflichtet, seine Kirche zum Erben einzusetzen und wir haben somit auch nach ripuarischem Rechte ein einzelnes Institut eine Cathedrale als Eigenthümerin, da Erbin des Bischofs. Dass sich auch in der That die Uebung, die Kirche, an der man als Bischof fungirte, zum Erben einzusetzen, in späterer Zeit erhielt, bestätigen einige Testamente gallischer Bischöfe aus der ältesten Zeit, welche uns Brissonius de formulis lib. VIII S. 653 ff. aufbewahrt hat. Hienach testirte z. B. Remigius, Erzbischof von Rheims folgendermassen: „Tu sancta heres mea Remensis

---

[2] Savigny, Geschichte des röm. R. im M. A. Bd. I S. 131 ff. — Eichhorn, deutsche Staats- und Rechtsgeschichte 5. Aufl. § 28 § 91. — Planck II S. 105. — Zöpfl, deutsche Rechtsgeschichte 3. Aufl. Stuttg. 1859 § 27 S. 104.

[3] Lex Ripuariorum tit. 59 c. 1 (bei Eccard leg. barb. S. 222.)

[4] L. 42 § 2 Cod. de episc. et cler. I 3.

ecclesia, colonos, quos in Portensi habeo territorio vel de paterna maternaque substantia, vel quos cum fratre meo sanctae memoriae Principio episcopo commutavi, vel donatos habeo, possidebis. Dagaredum, Profuturum, Coloros, Amorinum quoque servum **tuo dominio vindicabis.** Nec non villas, agrosque quos possideo in solo Portensi . . . . integre cum omnibus campis, pratis pascuis, silvis ad te testamenti hujus auctoritate revocabis." (Folgen eine Reihe Schenkungen an diese und andere Kirchen und sonstige Bestimmungen).

Weiter findet sich daselbst das „testamentum Hadoindi Cenomannis episcopi" (St. Mans in Frankreich) woselbst es heisst: „Itaque, si quando ego Hadoindus suprascriptus episcopus e rebus humanis excessero, et debitum venturi temporis complevero, tunc tu sacrosancta ecclesia venerabilis, heres mea esto, heredemque meam te esse constituo . . . Dona tibi sancta ac venerabilis mater ecclesia Cenomanica in honore sanctae Mariae et domini Gervasii et Prothasii Martyrum, villam juris mei, cujus vocabulum appellatur Ausa, quam datis rebus propriis meis comparavi . . . . et integro termino suo ad jus et dominationem vestram revocetur perpetualiter possidendum. Similiter Basilica domini Victurii . . . . dono tibi villam nuncupatam Acerveo, quam dato pretio comparavi . . . totum et ad integrum praefata Basilica post meum discessum suae potestatis faciat revocare perpetua dominatione possidendum . . . . Similiter Vernicella cum omni jure et termino suo vel coloniis ad se pertinentibus, ad ipsam sanctam Basilicam proficiat in perpetuum." [5]

Wir erkennen aus diesen Testamenten, [6] wie uralt, wie fest und unerschütterlich schon in diesen ältesten Zeiten

---

[5] Vgl. auch Thomass. P. III L. II C. XLII ff.

[6] Ein anderes Testament aus dem Jahre 621 von dem Abte Alfredus findet sich bei Mabillon Analect. tom. II p. 48.

die Ueberzeugung vom Eigenthume der Einzelkirche (in dieser frühesten Zeit speciell der Cathedrale) gewurzelt hatte.

Wenn wir oben bemerkten, dass das römische Recht uns eine sichere Basis für diese neue Periode böte, so darf diese Behauptung doch nicht in der Art aufgefasst werden, als ob alle Verhältnisse, z. B. auch das der im Justinianischen Rechte schon mit Eigenthum versehenen Pfarrkirchen so ohne weiters als recipirt angesehen werden müssten. Es bildete sich vielmehr in den neuen christlichen Reichen eine Reihe ganz eigenthümlicher Verhältnisse aus, und unter diesen finden wir als natürliche Folge der fast mit despotischem Charakter auftretenden monarchischen Stellung der Bischöfe [7] gegenüber den einzelnen Pfarrern im Vergleiche mit dem römischen Rechtszustande geradezu einen Rückgang in der vermögensrechtlichen Stellung der einzelnen Kirchen zur bischöflichen; denn weit entfernt, die Pfarrkirchen im Frankenreiche oder in Spanien zu Anfang des sechsten Jahrhunderts mit Eigenthum dotirt zu sehen, bildet vielmehr die Darstellung des sich erst im neunten Jahrhundert abschliessenden Entwicklungsprocesses, des Gelangens derselben zu eigen-

[7] Synode von Braga 675 can. 7. „Ne passim unusquisque episcopus honorabilia membra sua, presbyteros sive Levitas prout voluerit, et complacuerit verberibus subjiciat et dolori.“ Vgl. auch Roth Geschichte des Beneficialwesens von den ältesten Zeiten bis in's 10. Jahrh. Erlangen 1850 S. 260: „die Gewalt des Bischofs über den Clerus war ohnehin eine beinahe willkürliche.“ S. auch Thomass. l. c. P. III L. II C. V nr. 7: „Ita in Galliis eximia quidem erat et summa episcoporum potestas in temporali regimine rerum redituumque cleri communium.“ P. III L. II C. VII nr. 2. „Tempore concilii Aurelianensis I. a. 511 episcopi Gallicani, fundos adhuc omnes omnium parochiarum sibi servabant.“ — P. III L. II C. VII nr. 6. „Penes episcopos primarium erat jus in omnia, quae ibi vel fundis darentur, vel oblationibus.“ Cf. can 8 Conc. Aurel. III. — Maas S. 588 u. 589. Concil. Aurel. a. 511 c. 19. „Omnes basilicae, quae per diversa loca constructae sunt, placuit secundum priorum canonum regulam, ut in ejus episcopi potestatem consistant, in cujus territorio positae sunt.“ Vgl. im Allgem. Plank l. c. Bd. II S. 365 ff.

thümlichem Vermögen die Hauptaufgabe der kommenden Darstellung.

Das rechtliche Verhältniss, wie es zur Zeit der Entstehung der Parochien bestanden hatte, dass der Pfarrer und mit ihm die Pfarrkirche in vermögensrechtlicher Beziehung in der allerdrückendsten Abhängigkeit vom Bischofe verblieb, war auch in den neuen christlichen Ländern der Ausgangspunkt der weiteren Entwicklung; ja die schon angedeutete, jetzt mit weit grösserer Intensivität auftretende bischöfliche Macht über den niedern Clerus hatte sogar diess Abhängigkeitsverhältniss zu einem noch viel drückenderen umgestalten müssen. Alle Einkünfte der einzelnen Pfarrkirche, sei es aus Oblationen, Geschenken Vermächtnissen oder sonstwo herrührend, mussten an die Cathedrale abgeliefert werden,[8] von welcher aus dann die Vertheilung des Kirchenvermögens für die einzelnen innerhalb der Diöcese auftretenden kirchlichen Zwecke erfolgte. Der Bischof pflegte

[8] Plank l. c. Bd. II S. 435 u. S. 598. — Roth l. c. S. 259, 267. — Thomassin l. c. P. III L. II C. VII n. 2. „Primaevo in ecclesiarum exortu sola cathedralis ecclesia totam Dioecesin in ditione sua habuerat, ut non aliunde quam ab ipsa possent vel fideles singuli in Christo gigni, vel ecclesiae propagari. Ex quo planum est ad eam pertinuisse quidquid tunc ecclesiis offerebatur. Cum fidei fundamenta jecisset episcopus ab ecclesia sua cathedrali exorsus, ubi postea permittente ipso novae condebantur ecclesiae, sive parochiae, has non poterat in potestate sua retinere, et nutu arbitrioque suo moderari ac praeesse oblationibus fidelium, quae jam in eis non in sola ut prius cathedrali frequentabantur. Decerptae enim quodammodo fuerant ecclesiae ceterae ex cathedrali earumque oblationes ab hujus oblationibus delibatae, et alio traductae. Itaque et clericos ipse illis in novis ecclesiis episcopus ordinabat et beneficiarios instituebat, quibus et quantam sibi jubebat agrorum et oblationum portionem admetiebatur. Initio totum sibi et communni mensae episcopi vindicabant, sportulis ac stipendiis cuique beneficiario assignatis.“ Thomassin P. III L. II Cap. V n. 1. „Extra dubium est, summam penes Episcopos fuisse rerum ecclesiae temporalium potestatem, quae tunc in commune a clero universo possidebantur“ und C. XV n. 5. „Quidquid dono dabatur vel offerebatur Ecclesiis parochiisque juris vel civitatis, id totum in jus et potestatem Episcopi cessisse.“

dabei alle Einkünfte nach alter römischer Sitte gewöhnlich in vier Theile zu zerlegen, wovon er einen für sich in Anspruch nahm, eine für den Clerus, eine für die Armen, und eine für die Unterhaltung der Kirchen bestimmte.[9]

Auch die Ländereien, mit denen die Pfarrkirchen dotirt waren, standen noch keineswegs im Eigenthum der Pfarrkirchen, sie bildeten vielmehr mit einen Theil des damals noch ungetheilten Bisthumsvermögens.[10]

Die einzelne Kirche war in rechtlicher Beziehung nichts als eine Kasse des Bischofes aus der derselbe oder dessen Archidiakon soviel herausnahm, als ihm beliebte.[11] Dass sich einer solchen dispositiven Gewalt des Bischofs gegenüber, die nur zu oft, wie die Concilien selbst gestehen müssen, in Habsucht der Kirchenobern ausartete,[12] (da dieselben ihr angebliches Recht bis zum völligen Ruin

[9] Cf. Thomass. P. III L. II C. XIV n. 9: „Mos Apostolicae sedis est, ordinatis Episcopis praeceptum tradere, ut de omni stipendio, quod accedit, quatuor fieri debeant portiones. Una videlicet Episcopo et familiae ejus propter hospitalia et susceptionem. Alia clero. Tertia vero Pauperibus. Quarta ecclesiis reparandis.“ Das I. Concil v. Orleans bestimmt, dass bloss die Einkünfte der Ländereien in 4 Theile getheilt werden sollen. Cf. Thomass. P. III L. II C. XV. n. 3 s. im Allgem. auch noch Schefold Parochialrechte II § 93, S. 222.

[10] Plank l. c. Bd. II, S. 435, wesshalb denn auch der Ertrag des Landeigenthums dem Bischof verrechnet werden musste. Syn. I. von Orleans can. 14. 15. „Praedia, terrae, vineae, mancipia, peculia, quae parochiis donantur, maneant in Episcopi potestate.“ Vgl. auch Plank l. c. Bd. II, S. 598 Note 2.

[11] „Hujusmodi ad nos querela pervenit, sagt die Synode von Carpentras um das Jahr 527, quod ea, quae a fidelibus Parochis conferuntur, ita ab Episcopis praesumantur, ut aut parum, aut nihil illis relinquatur.“ Labbé Conc. T, IV. p. 1663.

[12] Concil. Tolet. IV. a. 643 c. 32. „Avaritia radix est cunctorum malorum; cujus sitis etiam sacerdotum mentes attinet“ (Sacerdos der terminus technikus damaliger Zeit für den Bischof.) Syn. Tolet. III. a. 589 „Cognovimus Episcopos per parochias suas non sacerdotaliter, sed crudeliter desaevire.“ (Can. 20.) Concil. Toled. IV. anno 633 can. 30.: „Inde quod Episcopi omnia auferunt, et in usus suos convertunt — inde est, quod cultores sacrorum deficiunt, dum stipendia sua perdunt, inde

mancher Kirchen ausbeuteten,) keine juristische Persönlichkeit, kein Eigenthum der einzelnen Kirchen ausbilden konnte, wird dem, der die Existenz eines wenn auch nur relativ selbständigen Vermögens als die conditio sine qua non einer solchen kennt, nimmer zweifelhaft sein können. Als Eigenthümer alles Kirchenvermögens der Diözese galt daher die bischöfliche Kirche[13] oder im Munde des Volkes der Diöcesanheilige;[14] an die allgemeine Kirche dachte man zu jener Zeit nicht einmal;[15] viel näher lag die Annahme, das Kirchengut sei damals im Eigenthum des Bischofs und des gesammten Diöcesanclerus gewesen, ähnlich wie etwa das Klostervermögen im Eigenthum der Corporation der Mönche steht.[16]

---

basilicarum labentium ruinae non reparantur, quia sacerdotalis avaritia omnia abstutit." Conc. Toled. VII. can. 4. „contra Pontificum suorum rapacitatem."

[13] cf. Klee, allgem. Kirchenrecht II, S. 267. F. A. Loberschiener das kirchliche Güterrecht und die Verwaltung des kirchlichen Vermögens im Archiv f. kath. K. R. Bd. II, S. 169. Thomassin l. c. P. III L. II C. V n. 1. Walter, Lehrb. d. K. R. XI. Aufl. § 251, S. 446. „Die Art, wie das Kirchengut entstand und sich vermehrte, brachte es von selbst mit sich, dass dasselbe in einzelne Massen getheilt blieb, woran die locale kirchliche Anstalt, für welche es erworben oder gestiftet war, das Eigenthum hatte. Diese Anstalt war in der ältesten Zeit die bischöfliche Kirche." S. auch Blumer Staats- und Rechtsgeschichte der schweizerischen Demokratie Bd. X S. 147.

[14] cf. Roth l. c. S. 266 f.

[15] Wenn Sarpi Traité de bénéfices art. 21 bemerkt: „Et veritablement, tout ce qui fut acquis, lorsque les biens écclesiastiques étaient en commun dans chaque diöcèse, appartenait à l'églisе universelle, puisque toutes les donations et tout les legs se faisaient à elle", so liegt hier ein einfaches Missverständniss vor; denn dass die Schenkungen an die allgemeine Kirche erfolgten, ist unwahr, da dieselben vielmehr jederzeit an die einzelnen kirchlichen Institute gemacht wurden. (cf. unten § 19.)

[16] Vasquez de redit eccles. c. 2 § 1 S. 704 bemerkt: „Mihi breviter dicendum videtur, quod si esset sermo ante divisionem istorum bonorum, quando erant communia, dominium erat apud clerum et episcopum, sicut bona religionum modo sunt apud communitatem." Dass indess auch diese Auffassung irrig sei, bedarf keines Beweises.

Den oben geschilderten Vexationen der Bischöfe[17] entsprachen die immer häufiger werdenden Insubordinationen der Presbyter,[18] welche diesen gewiss abnormen Zustand auf alle mögliche Weise zu beenden suchten. Ich nannte jenen Zustand einen „abnormen" denn das Princip, dass der jeweilig seelsorgenden Kirche die Einziehung der auf ihren Altar gelegten kirchlichen Einkünfte gebühre,[19] welches Princip die Cathedrale ursprünglich zur Einziehung alles innerhalb des Bisthums anfallenden Kirchenvermögens berechtigt hatte, musste, als die Seelsorge förmlich den Landkirchen übertragen worden war, fortan auch sie zur Einziehung aller jener Gaben berechtigen, die dort gewidmet wurden. Die Neuerung gelangte in der That auch bald allgemein zur Durchführung. Blicken wir zuerst auf Gallien.

Hier annektirten die Bischöfe ursprünglich unbarmherzig Alles, was auf den Altar einer Pfarrkirche

---

[17] Von Espen Jus. Eccles. Univ. P. II T. XVIII c. 1 n. 8 bemerkt: „At labentibus saeculis disciplina ecclesiae labescente, nec non episcoporum, oeconomorum vel archidiaconorum in rebus ecclesiae dispensandis fidelitate et integritate a pristino suo gradu declinante, frequentissimae fuere dissensiones et querelae inter clericos, quibus proventus ecclesiae distribui debebant, et eos, quibus dispensationis cura incumbebat. Hinc clerici, ut se a praetensis vexationibus et injusta dispensatione eximerent, primo coeperunt singuli presbyteri sibi arrogare oblationes in ecclesia propria factas, quae antea ad episcopum dividendae ferri consueverant. Cum jam jus recipiendi oblationes easque suis usibus applicandi ad singulos presbyteros esset devolutum, tandem etiam coeperunt res ecclesiasticae passim dividi, atque singulis sua portio fundorum, unde proventus ipsmet reciperent, assignari; quod quidem non eodem tempore, nec ubique alio decreto conciliari introductum, sed paulatim de una ecclesia ad aliam transiit." —

[18] Roth l. c. S. 261.

[19] Der Arbeiter ist seines Lohnes werth Luc. 10, 7. Math. 10, 10. „Wisset ihr nicht, dass die, welche beim Opfer zu thun haben, vom Opfer auch essen und Diener am Altare auch vom Altare ihren Antheil bekommen?" — Concil. Coloniens. Tit. 9 c. 3 (v. J. 549) „Divini juris est, ut qui servit altari, de altare vivat, nec bono jure is, qui non servit altari, de altare vivit, sicut stipendium non debetur, nisi militanti."

gelegt wurde.[20] Der erste Schritt zur Emancipirung der Pfarrkirchen lag darin, dass gesetzlich bestimmt wurde, dass der Bischof bloss mehr ein Drittel der Oblationen wegnehmen dürfe, während die übrigen zwei Drittel den Pfarrern verblieben.[21] Weiter ging schon das Carpentoraktensische Concil v. J. 527, welches beschloss, dass, falls die bischöfliche Kirche ihr Auskommen habe, die in den ländlichen Pfarrkirchen gespendeten Oblationen ihre Verwendung für den Unterhalt der Kirche und des daselbst angestellten Clerikers finden sollten. Nur dann, wenn sich der Bischof in Gedränge befinde, sollten die sich in besseren Verhältnissen befindlichen Pfarreien das zur Befriedigung der oben genannten Zwecke Erforderliche für sich zurückbehalten dürfen, den Rest aber dem Bischofe abliefern.[22] Das III. Concil v. Orleans v. J. 538 bestimmte, can. 15, dass die in den städtischen Pfarrkirchen gespendeten Oblationen dem Bischofe gehören sollte, der sie ganz nach Belieben für die Kirchenbaulust, oder für den Unterhalt des Clerus verwenden könne.[23] Bezüglich der sich auf dem Lande vorfindenden Pfarrkirchen solle aber das jeweilige Herkommen massgebend sein. „De facultatibus vero Parochiarum vel Basilicorum in pagis civitatum constitutis singulorum locorum sonsuetudo servetur.“[24]

---

[20] Thomass. P. III L. II C. VII n. 1. „Ex conciliis primo Galliarum hic demonstrabitur Ecclesiarum et Parochiarum, tum civitatis tum ruris omnium fundos reditusque et oblationes in potestate unius fuisse Episcopi.“ S. auch die Belege aus Thomassin oben S. 100 und die folgende Note.

[21] Concil. v. Orleans I c. 15: „De his quae Parochiis in terris vineis, mancipiis atque peculiis quicunque fideles obtulerint, antiquorum canonum statuta serventur, ut omnia in Episcopi potestate consistant; de his tamen, quae in altariis consistant, tertia fideliter Episcopis deferatur.“

[22] Cf. Thomassin P. III L. II C. VII n. 3 und den Wortlaut des Concil. l. c. Cap. XV n. 6.

[23] Cf. Plank l. c. Bd. II, S. 606, Note 11.

[24] Cf. Thomassin l. c. n. 4. Der Erfolg derselben scheint freilich mitunter zweifelhafter Natur gewesen sein, indem die Bischöfe die Zeiten,

Dieses Herkommen mochte sich aber in vielen Fällen gerade dahin ausgebildet haben, dass die Oblationen ganz im Besitze der einzelnen Kirche zu verbleiben haben.

Diess die wichtigsten Gesetze, welche ersehen lassen, wie in Gallien wenigstens ein Theil der kirchlichen Einkünfte die Oblationen allmählig der bischöflichen Machtbefugniss und Habsucht entdrückt wurde.

Ganz ähnlich gestalteten sich die Verhältnisse in Spanien. Auch hier hausten anfänglich die Bischöfe in der rücksichtslosesten Weise in den Pfarrkirchen, deren Säckel sie bis auf den Grund leerten.[25]

Einen leidlicheren Zustand bahnte hier das Tarraconensische Concil v. J. 517 an, welches in can. 8 bestimmte, dass die Bischöfe bloss mehr den dritten Theil der Einkünfte (Tertia ex omnibus) der Pfarrkirchen erhalten sollten, jedoch mit der bedeutsamen Auflage denselben zum Unterhalte derselben zu verwenden.[26] Das Emeritensische Concil übertrug den Pfarrern schon selbst die Sorge, dass das bewusste Drittel für den Unterhalt der Kirchengebäude

---

wo sie sich noch ungestraft der Plünderung ihrer Parochien hingeben durften, nicht so leicht vergessen mochten. Ein schlimmes Licht wirft auf deren Gebahren das II. Cabilonensische Concil v. J. 813 (also fast 2 Jahrhunderte später, welches unter andern (can. 16) bemerkte: „Ne cum Episcopi Parochias suas peragrant, quandam non solum erga subditos, sed erga socios tyrannidem exerceant hoc summopere observare debent, ne quem scandalizent. Dictum est, quod in plerisque locis Archidiaconi super Presbyteros Parochianos quandam exerceant dominationem et ab eis census exigant, quod magis ad tyrannidem, quam ad rectitudinis ordinem pertinet. Contenti sint regularibus disciplinis, et teneant propriam mensuram; et quod eis ab Episcopis injungitur, hoc per Parochias suas exercere studeant, nihil per cupiditatem et avaritiam praesumentes!" Cf. Thomass. P. III L. II C. XXXII. n. 1 u. f.

[25] S. die für die Bischöfe eben nicht sehr schmeichelhaften Belegstellen oben Note 11 und bes. Plank l. c. Bd. II S. 607.

[26] Cf. Thomassin l. c. P. III L. II C. VII No. 8.

verwendet werde, indem es den Bischöfen lediglich die Sorge dafür übertrug, dass auch jene Kirchen, welche keine Einkünfte besässen in baufähigen Stand erhalten würden.[27] Die III. Synode von Braga v. J. 572 bestimmte endlich ganz kategorisch, der Bischof dürfe den dritten Theil der Oblationen in den Pfarrkirchen schon nicht mehr erheben, und überhaupt ausser dem Cathedraticum nichts von denselben hinwegnehmen. „Placuit ut nullus Episcoporum cum per Diöseses suas ambulant, praeter honorem Cathedrae suae, id est duos solidos alquid aliud per ecclesias tollat, neque tertiam partem ex quacunque oblatione populi in Ecclesiis Parochialicus requirat. Sed illa tertia pars pro luminariis Ecclesiae vel reparatione servetur, et singulis annis Episcopo ratio inde fiat."[28] Dieselbe Bestimmung schärfte das VII. Concil von Toledo vom Jahre 646 den Bischöfen, gegen welche wiederum die allergravirendsten Anschuldigungen vorlagen[29] neuerdings ein.[30]

Merkwürdiger Weise geht aber durch die Spanischen Quellen nebenher eine ganz diametrale Strömung, indem aus einer Reihe von Concilien erhellt, dass den Bischöfen nach wie vor ein Dritttheil von allen Einkünften ihrer Parochialkirchen gebühre.[31] Diesen auffallenden Wider-

---

[27] Cf. Thomass. P. III L. II C. XV n. 11. Das XVI. Concil von Toledo beliess es für den Fall, dass die Kirchen alle in wohlerhaltenen Zustande sich befänden bei dem älteren Rechte, setzte jedoch bedeutungsvoll hinzu, es solle kein Bischof „citra ipsas tertias sibi debitas quidpiam pro regiis inquisitionibus [a Parochianis ecclesiis exigat, nihilque de praediis ipsarum ecclesiarum cuiquam adiquid causa stipendii dare praesumat." Thomass. P. III L. II C. XV n. 11.

[28] Cf. Thomass. P. III L. II C. XV n. 8.

[29] „Pene usque ad exinanitionem aliquas ecclesias ab Episcopis perductas esse probatum est" sagt das Concil cf. Labbé Con. Tom V p. 1816.

[30] Cf Plank l, c. Bd. II S. 612.

[31] So insbes. das IV. Toledanische Concil v. J. 633. Conc. T. V. p. 1702. (Plank l. c. S. 610.) das IX. Concil von Toledo v. J. 655. (Plank II l. c. S. 612.)

spruch kann man sich nicht anders erklären,[32] als wenn man annimmt, dass es den Bischöfen niemals recht Ernst war, den Pfarrkirchen ihre Einkünfte ganz zu belassen, dass jene obige Statute blosse Compromisse waren, die sie, sobald sie genug Macht dazu besassen, wieder wie ein unliebsames Joch abschüttelten, um zur alten lieben Gewohnheit zurückzukehren. Erst späteren Zeiten war es hier vorbehalten, zwischen Bischof und Pfarrer den modus vivendi herzustellen, der später in der ganzen katholischen Welt zur gleichmässigen Durchführung gelangte.[33]

Mit der allmählig sich vollziehenden Ausscheidung der Oblationen aus der bischöflichen Machtbefugniss war der Grundstein zur Bildung eines eigenen Vermögens der Pfarrkirchen gelegt. Das Eine ist gewiss: wir finden in den oben angeführten Concilien zum Erstenmale den Grundsatz ausgesprochen, dass auch die einzelne Pfarrkirche und deren Parochus mehr sein solle, als das Erwerbsorgan des Bischofs, dass sie auch in vermögensrechtlicher Beziehung selbständige Ansprüche haben, und dass die zur Befriedigung ihrer Bedürfnisse dienenden Mittel der willkürlichen Dispositon des Bischofs entzogen sein sollen.

Das Streben, die einzelne Kirche und den daselbst befindlichen Parochus auch vermögensrechtlich selbständiger und unabhängiger zu stellen, beherrschte die ganze kommende kirchliche Gesetzgebung. Ja es existiren eine Reihe von Concilien, deren Aussprüche auf ein wirkliches Eigenthum von Pfarrkirchen schon in einer ausnahmsweise frühen Periode hindeuten. Wurde doch z. B. in dem Concil von Hippo can. 38 ausdrücklich bestimmt: „Ut episcopus Matricis non usurpet, quidquid fuerit donatum Ecclesiis, quae in

---

[32] Vgl. zu Folgenden Plank l. c. II S. 613 insbes. Note 25.

[33] S. insbes. das Schreiben des Papstes Pelagius II. an die Bischöfe von Sicilien bei Thomassin P. III L. II C. VII n. 9. „ne de Parochiis ad se pertinentibus nomine Cathedratici amplius quam duos solidos praesumant accipere."

Dioecesi constituae sunt.“ [34] Wenn nun die Geschenke (sei es auch nur vereinzelnt) schon an die Pfarrkirchen, nicht mehr an die bischöfliche Kirche gemacht wurden, der Bischof aber kein Recht mehr hatte, jene Zuwendungen an sich zu reissen, so wird man nicht umhin können, anzunehmen, dass nicht mehr die bischöfliche, sondern die Einzelkirche Eigenthümer des durch Geschenke gebildeten Vermögens war. Hiemit stimmt auch der Canon einer andern afrikanischen Synode überein, die dem Bischof verbietet, ein seiner Pfarrkirche gehöriges Vermögensstück „rem tituli sui“ an sich zu reissen. [35] Aber auch in Spanien und im Frankenreiche müssen die Pfarrkirchen vereinzelt schon frühzeitig eigenes Vermögen besessen haben. So verbot das Cabilionensische Concil vom Jahre 650 den Bischöfen und Archdiakonen auf das Nachdrücklichste sich von dem Eigenthum einer Pfarrkirche, Wohlthätigkeitsanstalt oder eines Klosters auch nur das Mindeste anzueignen: „Ut defuncto Presbytero vel abbate nihil ab Episcopo auferatur, vel Archidiacono vel a quocunque de rebus Parochiae, vel xenodochii vel Monasterii aliquit debeat minuere.“ [36] Diese Stelle steht aber keineswegs vereinzelt da; wiederholt ist in den Concilen

---

[34] cf. Thomassin P. III L. II C. XIII n. 14 u. Plank l. c. Bd. II S. 603 Nte 7.

[35] C. 56 C. 12 Qu. 2. Conc. Carth. „Non habenti necessitatem nec episcopo licet matricis ecclesiae rem tituli sui usurpare.“

[36] cf. Thomass. P. III L. II C. VII n. 6. „Ex postremis hujus Canonis verbis illustrari fas est totam hanc quam impraesentiarum versamus disciplinam. Cum coenobiorum et xenedochiorum Ecclesiae non aliter quam Parochiarum et Basilicarum ab Ecclesia Cathedrali quasi excisae fuissent et detruncatae, nec vel fundari potuissent vel dedicari, nisi permittente Episcopo, penes Episcopos primarium erat jus in omnia, quae ibi vel fundis darentur, vel oblationibus. Concessis privilegiis eo quidem se jure ipsi exuerunt, at spolia decedentium Abbatum vel Administatorum servata sibi voluere. Et hac tamen spe Concilium Episcopos dejecit, quod ea derogeretur privilegiis, quae ipsi concedissent.“

von den „facultates parochiarum,“[87] „de rebus ecclesiasticarum parochialium“[88] die Rede, worunter doch wohl nur das diesen Instituten eigenthümlich zustehende Vermögen begriffen sein konnte.

Das IX. Toledanische Concil verbot geradezu, mit dem Vermögen einer Kirche eine andere zu bereichern.[89] Ein solches eigenes und abgesondertes Parochialvermögen mochte aus den von der bischöflichen Gewalt eximirten Scheukungen in das unmittelbare Recht der einzelnen Kirchen entstanden sein, war jedoch zweifelsohne in der hier behandelten Periode ein Ausnahmszustand, da die Zuwendungen in der älteren Zeit meist ausdrücklich an den Bischof und die bischöfliche Kirche gemacht wurden.

§ 13.

Die Klöster werden Eigenthümer ihres Vermögens.

Blicken wir nunmehr auf die vermögensrechtlichen Verhältnisse der Klöster; auch sie befanden sich ursprünglich gleich den Pfarrkirchen in der allerdrückendsten Abhängigkeit von den Bischöfen.

Nicht genug, dass diese einen bestimmten Theil von allen Geschenken und Oblationen verlangten, welche den

---

[87] cf. Concil. Tolet IV a 655 can. 6: „Cum notissimum habeatur, quaenam de rebus ecclesiarum parochialium pars episcopo conferenda sit.“

[88] Conc. Aurel. III a 538 can. 5. „De facultatibus vero parochiarum vel basilicarum.“ Die Synode von Carpentras v. J. 527 verbietet den Bischöfen, den Grundstock des Vermögens einer Pfarrkirche anzugreifen. „Nihil de facultate ipsa minuant.“ cf. Plank l. c. Bd. II S. 604.

[89] cf. Can. 74 C. 12 Qu. 2. Gregor der Grosse befahl einem Bischof, „ut novo Parocho restitueret Parochiae omnia bona et reditus ejus temporis quo vacaverat ea Ecclesia. Unde patet Episcopos custodes fuisse vacantium parochialum ecclesiarum, earumque reditus futuris Parochis reservasse.“ Thomassin l. c. P. III L. II C. VII n. 7. derselbe fährt fort: „Ulterius progressus est sanctissimus Pontifex. Quamquam enim Romae inter Ecclesias suncti Petri et sancti Pauli communia essent omnia, speciales tamen Ecclesiae B. Pauli reditus addixit, ad lampades ejus alendas.“

Mönchen gemacht wurden,[1] und dass sie bei Gelegenheit der Verabreichung des hl. Chrisma an dieselben kolossale Summen zu erpressen wussten, richteten sie durch ihre grenzenlose Raub- und Habsucht geradezu ganze Klöster zu Grunde.[2]

Den Grundstein zur freieren Entfaltung der Klöster legte das Concil von Lerida vom Jahre 524, welches dieselben der Pflicht, den dritten Theil der in ihren Kirchen angefallenen Oblationen an die Bischöfe abzugeben, enthob.[3]

Indessen scheint diese Bestimmung wenig gefruchtet zu haben, denn sonst liesse es sich wohl nicht erklären, warum die Klöster auf andere Mittel und Wege sannen, um sich ihre Existenz doch einigermassen zu sichern.

Als höchst wirksam erwiesen sich in dieser Beziehung einmal die Privilegien, welche die Klöster bei den Bischöfen selbst durchzusetzen wussten, und für's zweite die Exemptionen. Erstere hatten ihre Spitze vornehmlich gegen jedwelche Eingriffe in das Güterrecht des Klosters gerichtet, indem sie die fast stereotip gewordenen Formel enthielten kein Bischof dürfe sich von dem, was dem Kloster geschenkt worden, auch das mindeste aneignen, müsse die Consecrationen und Ordinationen vielmehr unentgeltlich vornehmen, auch das Chrisma entweder umsonst oder gegen eine sofort fixirte Taxe verabreichen, sich mit einer mässigen Bewirth-

---

[1] cf. Plank l. c. Bd. II S. 502.

[2] Plank l. c. Bd. II S. 501 f. das. auch die Belege. Vgl. auch die Strafpredigt, welche Papst Innocens noch im Jahre 1245 den Kirchenobern wegen ihrer vielfachen Chikanen, die sie gegen die Klöster in jeder Beziehung ausübten, halten musste und worin derselbe auf deren Abstellung dringt. (bei Wadding Annales Minor. Tom. I Regest. Pontificium S. 69): „Non desunt plerique tam Ecclesiarum praelati, quam alii, qui caeca cupiditate traducti propriae aviditati subtrahi reputantes, quidquid praedictis fratribus fidilium pietas elargitur, quietem ipsorum multipliciter inquietant“ etc.

[3] cf. Thomassin l. c. P. III L. II C. VII n. 8.

ung begnügen, und überhaupt beim Verlassen des Klosters dessen Gut unangetastet lassen.[4]

Letztere, die Exemptionen nämlich, begnügten sich schon nicht mehr damit, das Vermögen der Klöster gegen alle Angriffe der Bischöfe sicher zu stellen,[5] sondern benahmen denselben auch jedwelche Aufsicht über das Temporale derselben, und jedwelche Jurisdiction und incorporirten dieselben gleichsam der Römischen Diöcese.[6]

Jeder Stifter eines Kloster sorgte schon bald dafür, dass dasselbe mit einem derartigen Freiheitsbriefe versehen wurde, und liess denselben, um noch mehr Garantien dafür zu besitzen, durch eine Synode,[7] den König[8] und den Papst selbst bestätigen.[9]

Man darf indess nicht glauben, dass besagte Freiheiten den Bischöfen stets förmlich so zu sagen abgetrotzt werden

---

[4] Beispiele der Art werden wir unten in genügender Anzahl kennen lernen.

[5] „Nullus, so heisst es in der Regel, audeat de bonis vel chartis monasterii aliquid minuere."

[6] In der (freilich nicht als ächt anerkannten) Stiftungsurkunde des Klosters Fulda heisst es: „Ut monasterium sub jurisdictione sanctae nostrae ecclesiae constitutum, nullius alterius ecclesiae ditioni submittatur" cf. Schannat Dioeces. et Hierarch. Fuldens p. 233. Andere Klöster stellten sich sogar mit Hab und Gut ins Eigenthum der römischen Kirche. cf. unten § 24. Eine grosse Anzahl von Exemptionsprivilegien von Klöstern s. bei Wadding Annales Minorum cf. z. B. Tom. I Regest. Pontificium S. 61: „ab omni vos Episcopali jurisdictione, tam in spiritualibus, quam temporalibus eximendo nihilque sibi et suis successoribus eodem monasterio praeter dedicationem Ecclesiae consecrationem altarium benedictiones monialium, ac unam libram cerae nomine census exolvendam eis annis singulis in festo Assumptionis B. Mariae Virginis reservando." etc. cf. l. c. S. 62, 63 S. 74 f. 77 S. 57: „ut de quibuscumque bonis vobis vel Monasterio vertro a Chrisri fidelibus in vita vel in ultima voluntate legatis, vel legendis in posterum, nulli usque ad nostrum beneplacitum teneamini solvere aliquid praetextu cujuslibet juris dioecesani seu consuctudinis, seu alicujus canonicae portionis."

[7] Beispiele bei Plank l. c. Bd. II S. 513 f.

[8] cf. die II. Marculf'sche Formel.

[9] Beispiele unten § 21.

mussten. Im Gegentheile: viele frommen Bischöfe, welche der Strömung der Zeit folgten, wetteiferten in der Gewährung von Privilegien an die Klöster, und banden sich so zu sagen rücksichtlich des Vermögens derselben selbst die Hände.[10]

Auch die Concilien der späteren Zeit vermögen den auf diese Weise immer allgemeiner verbreiteten Zustande ihre Anerkennung nicht mehr versagen. So wird z. B. schon im Jahre 525 auf der Synode von Carthago den Mönchen völlige Freiheit in temporalibus gewährt; der Bischof dürfe zwar geistliche Verrichtungen vornehmen, solle sich aber weiter nichts vindiciren dürfen. Conc. v. Carthago: „Monasteria plennissima libertate perfruerentur, servatis limitibus conciliorum in hac dumtaxat, ut quandocumque voluerint sibi clericos ordinare, vel oratoria in monasteriis dedicare; episcopus, in cujus plebe ulla vivitate locus monasterii consistit, ipse hujus muneris gratiam compleat, salva libertate monachorum, nil sibi in eis praeter hanc ordinationem vindicans.“[11] Ja da der Bischof,

---

[10] cf. Wadding Annales Minorum Tom. II Regest. Pontificium (Urk. v. J. 1255) S. 36: „Eapropter, quidquid ex fidelium testamento vel codicillo vel qualicumque ultima voluntate vobis vel loco vestro derelictum fuerit, sive datum, in eo quartam vel tertiam, quae nobis et nostris successoribus secundum religionis consuetudinem vel canonis justitiam pertinere, vobis et vestris successoribus condonamus, ut nulli defalcationi vel injunctioni subjaceant, quod pia vobis pietas derelinquet.“ Vgl. auch unten § 21 Nte 12 f. Plank II S. 510 u. die Forts. im Texte.

[11] Spilic. Tom. VI p. 16. Conc. v Orleans V c. 15. „Ut quidquid praefato xenodochio per Regum oblationem aut per quorumcunque fidelium eleemosynam collatum aut conferendum est, nihil deinde episcopus ecclesiae Lugdunensis ad se revocet aut ad jus ecclesiae transferat.“ Thomass. P. III L. II c. VIII n. 4 bemerkt hiezu: „In concilio et expressissime demonstratur, qua libertate tam xenodechia quam monasteria donarentur ab episcopis, nihil ut posthac ex eorum sive agris sibi oblationibus vindicarent.“ — Das bereits oben S. 108 allegirte Cabilon. Concil v. J. 650 bestand darauf, „ut defuncto Abbate nihil ab Episcopo auferatur vel Archidiacono, vel a quocunque de rebus . . monasterii debeat minuere.“

in dessen Diöcese das betreffende Kloster lag, ganz in der Nähe desselben seine Kirche hatte und in Folge davon dasselbe öfters besuchte, so stellte er den Mönchen, um ihnen jeden Verdacht zu benehmen, als wolle er sich Rechte am Vermögen des Klosters anmassen, sogar den Revers aus, er wolle an demselben durchaus nichts Eigenthümliches besitzen, „nil se in illo monaterio proprium vindicare," und dass er nicht daselbst verweile, um seine Herrschaft auszuüben, sondern nur aus reiner Vorliebe für die Mönche; [12] gewiss ein recht charakteristischer Fall. Ja die Bischöfe gehen sogar soweit, sich selbst zu verwünschen, wenn sie das Vermögensstück eines Klosters an sich reissen wollten. „Si quis autem nostrum, so sagen die versammelten Väter, auf dem II. Conc. Hispalense (a. 619 cap. 10), vel nobis succedentium sacerdotum quodlibet monasterium aut vi cupiditatis spoliandum, aut simulatione aliqua fraudis convellendum vel dissolvendum voluerit, anathema effectus maneat a regno dei extraneus nec proficiat illi bonum fidei vel operis ad salutem qui tantae tam salutaris vitae destruxit tramitem. Super hoc etiam universi Braeticae provinciae episcopi congregati eundem sacri coetus eversorem a communione suspendant, convulsumque monasterium cum rebus suis restaurent." In ähnlichen Verwünschungsformeln gegen die Bischöfe, die sich etwa erkühnen sollten, das Eigenthum eines Klosters anzutasten, ergeht sich das Conc.

[12] Vita S. Fulgentii num. 64 u. 65 cf. einen ähnlichen Fall bei Plank l. c. Bd. II S. 531 f. — Ueberall findet sich das Streben, die in dem früheren Eigenthume der bischöflichen Kirche wurzelnde Dispositionsbefugniss des Bischofes über das Klostergut auf's möglichste einzuschränken. So heisst es bei Mabillon de re diplomatica S. 15. „Sane imperalia apud Graecos monasteria, nulli archiepiscoporum vel episcoporum **dominio** subjecta erant, ut docet Innocentius III. apud Bosquetum. Innoc. lib. I epist. 39 Regest. 13. Praeterea privilegium Bobicari monasterio ab Honorio concessum eo spectat, ut nullus episcoporum in praefato coenobio quolibet jure dominare conaretur."

Tolet. IV vom Jahre 633, wo es c. 51 heisst: „Quod si aliquid in monachiis canonibus interdictum praesumpserint episcopi aut usurpare quidquam de monasterii rebus tentaverint, non deerit ab illis sententia excommunicationis."

So kömmt es, dass schon gegen das Ende des siebenten Jahrhunderts die Klöster rücksichtlich ihres Vermögens eine freiere und unabhängigere Stellung einnehmen, als diess von den Pfarrkirchen behauptet werden konnte, denn sie erscheinen schon jetzt, und diess ganz allgemein als die unbestrittenen Eigenthümer ihres Vermögens. Ja dieses Eigenthum rührte zum grossen Theile von den Bischöfen selbst her; [13] wo sie es aber bei etwa erfolgten Schenkungen ihrer bischöflichen Kirche reservirten, da tritt diess Verhältniss auch in den Schenkungsurkunden deutlich hervor. [14]

---

[13] Thomassin P. III L. II C. XXI n. 4. „Monasterio a se constructo B. Meinvercus Paderbornensis episcopus suis aedificatam fundis parochiam proprietario jure possidendam deligavit" (Surius die 7. Junii c. 48, 113) (der Ausdruck proprietario jure possid. der gewöhnliche Ausdruck für das volle Eigenthum.) So beschenkt ein Bischof (Bonifacius) im J. 1235 ein Kloster, indem er sagt: „Concedimus insuper et domanus perpetuo pleno jure (sicut ad nos pertinet) Ecclesiam S. Joannis de monte cum omnibus pertinentibus et bonis suis monasterio et domibus praedictis, quibus propter vicinitatem erat eadem Ecclesia opportuna" etc. cf. Wadding Annales Minorum. Tom. I. Regest. Pontific. S. 21 f.

[14] So z. B. in dem nachfolgenden Falle (cf. Wadding Annales Minorum Tom. I Regest. Pontific. S. 14 f.) „Nos Joannes . . . Aversan. Episcopus . . . concedimus in perpetuam domo et religioni praedictae fratrum Minorum scilicet Ecclesiam nostram S. Laurentii . . . . nec non hortum curtem, et domos eidem Ecclesiae s. Laurentii pertinentes etc. . . . . reservata tamen proprietate dictae Ecclesiae S. Laurentii et omnium praedictorum jam dictae Ecclesiae nostrae Anersan. Si vero contigerit quoque tempore venienti, praedictos Fratres de praefata ecclesia et loco praedicto recedere, vel aliquatenus amoveri, jam dicta Ecclesia S. Laurenti cum pertinentibus suis et omni melioratione ibi facta ad jus et proprietatem nostrae Aversan. Eclesiae libere debeat remanere." Aber selbst

§ 14.
Vertheilung des bisher gemeinschaftlichen Immobiliarvermögens (Beneficialentwicklung).

Es wurde bis jetzt des Immobiliar-Vermögens der Kirchen noch kaum gedacht; wir erfuhren blos, dass dasselbe von der mit den Oblationen vorgegangenen Veränderung nicht berührt werden sollte, dass vielmehr dasselbe nach wie vor in der ganzen Diöcese in einer Masse vereinigt blieb:[1] indess haben wir verschiedene Anhaltspunkte dafür, — dass freilich bloss vereinzelt — einzelne Pfarrkirchen sei es in Folge von Exemptionen oder in Folge anderer Constellationen schon in dieser Periode nicht bloss zu Vermögen überhaupt,[2] sondern auch zu eigenthümlichen Grund und Boden gelangt waren.[3]

Die speciellen Gesetze nun, welche diesen letzteren Rechtszustand generalisirten, und zu einer gänzlichen Auflösung der bisher einheitlichen Gütermasse führten, werden

---

auf Verleihungen dieser Art kann sich die Theorie vom Eigenthume der Gesammtkirche nicht berufen, da sie vielmehr für das der bischöflichen Kirchen sprechen.

[1] Ich verweise noch einmal auf das I. Concil v. Orleans, welches can. 15 bestimmte: „De his, quae Parochiis in terris, vineis, mancipiis atque peculiis, quicunque fideles obtulerint, antiquorum Canonum statuta serventur, ut omnia in Episcopi potestate consistant."

[2] Dafür, dass sie überhaupt vereinzelnt Eigenthum besassen cf. oben S. 107 f.

[3] cf. Thomassin P. III L. II C. XIII n. 14: „Verba enim facit sanctus ille Pater (Augustinus) de duobus clericis suis, qui Ecclesias suae originis pauperiores agrorum suorum parte donaverant. Ubi vero Africana concilia prohibent, ne Presbyteri Parochiarum ruris quidquam alienent, innuunt utique non obscure, aliquos Ecclesiae fundos in eorum esse potestate" u. n. 15 l. c. „Docuit nos modo Augustinus, Parochias ruris aliquid agrorum sibi proprium habuisse." Vgl. auch Ant. Knittel Prisca Ruris ecclesia. Dieser Autor bemerkt § 68: „Certum mea quidem sententia est, hos reditus nunquam relatos esse in commune ecclesiae aerarium, nec ullam eorum partem sibi vindicasse urbis episcopum sed quamvis ruris ecclesiam reditus habuisse suos solius et proprios."

wir sogleich zur Kenntniss bringen;[4] vorher sei es jedoch gestattet, einige Bemerkungen über eine Einrichtung zu machen, welche in der occidentalischen Kirche bald zur allgemeinen Einführung gelangte, und welche die Bildung eines eigenen in Grund und Boden bestehenden Vermögens der einzelnen Kirchen schon von vorneherein in hohem Grade begünstigen musste. Während nämlich das römische Recht überhaupt erst in seiner späteren Entwicklung an eine Dotationspflicht jeder einzelnen Kirche dachte,[5] bestimmten schon die ältesten Kirchengesetze der neuen christlichen Länder, jede Pfarrkirche solle sogleich bei ihrer Gründung Grund und Boden angewiesen erhalten, um mit dessen Ertrage ihre vermögensrechtlichen Bedürfnisse bestreiten zu können.[6] Der fundus dotalis stand zwar ursprünglich noch im Eigenthum der bischöflichen Kirche, allein in der Dotirung mit Grund und Boden lag doch schon eine stärkere Garantie für die Erhaltung des Zweckvermögens gegenüber den Angriffen verschwenderischer

[4] Ueber die Ursprünge der Vertheilung des bisthümlichen Immobiliarvermögens vgl. bes. Thomassin P. III L. II C. XVI n. 2, 3. Es scheint sehr wahrscheinlich, dass zuerst der Bischof bloss jene Ländereien, deren Bebauung wegen ihrer von der bischöflichen Kirche entfernten Lage unmöglich oder doch wenigstens undankbar war, an die zunächst gelegenen Pfarrgeistlichen vertheilte. Selbständige Rechte erhielten sie hiedurch natürlich nicht, und noch weniger die einzelnen kirchlichen Institute, welche überhaupt Anfangs ganz aus dem Spiele blieben. cf. das Agathensische Concil v. J. 506 can. 7. „Casellas vel mancipiola ecclesiae, et ea quasi commendata haberent nec alienare praesumpserint . . . Minusculas vero res aut ecclesiae minus utiles peregrinis vel clericis, salvo jure ecclesiae in usum praestari permittimus." cf. Thomass. P. III L. II C. XVI n. 5. „Illud in his valde dilucidum est, has concessiones in potestate arbitrioque fuisse unius Episcopi. Necdum ergo fixa et stabilis erat ea institutio, non perpetuo ulla, et irrevocabilis institutio." cf. auch l. c. nr. 17: „Sic tamen ut hac ipsa non perpetuo, sed temporaliter, donet vixerint, perfruantur." Vgl. auch Loberschiener l. c. S. 175.

[5] cf. Nov. 123 c. 18. Nov. 67 c. 2.

[6] cf. Concil. Aurel. IV c. 43 (v. J. 545) Syn. v. Braga III. a. 572 can. 5.

Bischöfe, als diess bei einer z. B. in baaren Vermögen bestellten Dos der Fall war,[7] und da zudem zahlreiche kirchliche Gesetze den Bischöfen die Veräusserung des mansus dotalis untersagten,[8] so war schon durch den Dotationsmodus allein der eigenthümliche Besitz der Pfarrkirche an jenem mansus dotalis in gewisser Beziehung vermissbar gemacht worden.

In das sechste Jahrhundert fällt nun aber der Zeitpunkt in dem man, wenn auch anfänglich nur schüchtern, daran ging, das grosse Immobiliarvermögen, das bisher noch stets im ungetheiltem Eigenthum der bischöflichen Kirche gestanden war, zu zertrümmern und dessen einzelne Bestandtheile an die verschiedenen kirchlichen Institute zu bringen. Dieses Resultat wurde herbeigeführt einerseits durch das Rechtsinstitut der sogenannten precaria data,[9] das ist ein auf Seite des Beliehenen ein dingliches Recht begründendes Rechtsgeschäft,[10] und dann durch das Institut der Beneficien.[11]

Im Einzelnen ist darüber Folgendes zu bemerken: Schon im sechsten Jahrhundert[12] wurden den Diöcesan-

---

[7] cf. Plank l. c. Bd. II S. 385 f.

[8] So ermahnte Kaiser Ludwig der Fromme nachdrücklichst die Bischöfe, sich doch ja nicht an den Mansus der Pfarrkirche zu vergreifen: „Sicut alios prohibetis, ne de Mansis ad Ecclesiae luminaria datis aliquid accipiant, sic et vos et vestri Archidiaconi de eisdem mansis nihil accipiendo aliis exemplum praebeatis“ Vgl. auch d. Conc. Tolet. III (589) c. 13 id. IX (655) c. I. — Planck II S. 435, 598. — Thomass. P. III L. II cap. VII nr. 9.

[9] Pertsch Elementa juris canonici P. I L. II T. XXXVI § CMLXI. Jos. Braun l. c. S. 34. „Du Cange Glossar. s. v. „Precaria.“

[10] cf. Roth Feudalität. S. 168.

[11] Roth Feudalität S. 202 u. Beneficialwesen S. 209. Jos. Braun l. c. S. 34. Plank II S. 450. Ueber den Ursprung der Beneficien cf. Berardus comm. in jus eccles. univ. tom. II diss. I cp 1 van Espen ius eccles. univ. P. III tit. XVIII cp. 1. Böhmer jus eccles. prot. lib. III tit. V § 1. Phillips Kirchenrecht tom. VII § 378. Archiv f. kath. K. R. (N. F.) XV p 353.

[12] Concil. Agath. (506) can. 7. — Synode Aurelian I. c. 23. „Vineolae vel terrulae, quas episcopus clericis vel monachis praestiterit exco-

geistlichen anstatt der stipendia, die sie noch stets aus der bischöflichen Kirche zu beziehen hatten, Grundstücke zum Nutzgenuss bald auf gewisse Zeit (gewöhnlich fünf Jahre)[13] bald auf Lebenszeit[14] verliehen. Doch wurde hiedurch anfänglich nur ein streng persönliches Recht des Beliehenen begründet, so dass dem Bischofe hinsichtlich der Einziehung ganz freie Hand vorbehalten war; allein dieser letztere Umstand änderte sich doch schon frühzeitig, indem die spätere Gesetzgebung dahin drängte, nicht nur die nachfolgenden Bischöfe von der Einziehung des verliehenen Grundstückes auszuschliessen,[15] sondern hauptsächlich dadurch der Verleihung einen stabileren Character zu geben, dass bei übler Aufführung des Beliehenen nicht mehr in facultate,[16] sondern nur mehr in persona die Strafe und Ahndung vorgenommen werden dürfe[17] mit andern Worten: der fundus sollte ganz unabhängig von dem Cleriker den vermögensrechtlichen Bedürfnissen des Amtes zu dienen berufen sein und auf diese Weise nie mehr der Kirche entzogen werden können.[18]

---

lendas vel pro tempore tenendas." Noch i. J. 494 (Gelas. in c. 23 C. 12 qu. 2) war verboten, cuiquam clerico pro portione sua aliquod solum ecclesiae zu geben.

[13] Conc. Aurel. I (a. 511) c. 23.

[14] Conc. Tolet II (531) c. 4.

[15] Conc. Lugd. II (567) c. 5. „Ut quascunque munificentias clericis sive de rebus ecclesiae in usum aut de propriis in proprietatem praecedentes dederint, subsequentes pontifices nullatenus auferre praesumant." (Cf. Syn. Aurel. III c. 17 und Thomassin. l. c. P. III L. II C. XVI. n. 8.)

[16] So noch das Concil Emerit (666) c. 13.

[17] Conc. Lugd. II (567) c. 5. „Si quid tamen culpae extiterit pro qualibet personarum vel regula praecedentium in persona habeatur, non in facultate districtio."

[18] Concil. Toledan. III c. 3. u. 6. „Si quid vero, quod utilitatem non gravet ecclesiae, pro suffragio Monachorum, vel Ecclesiis ad suam parochiam pertinentibus dederint, firmum maneat peregrinorum vero vel clericorum vel egenorum necessitati, salvo jure ecclesiae praestare

Seit dem achten Jahrhundert bildeten sich nun für diese Verleihungen von Grundstücken der bischöflichen Kirche neue Grundsätze aus, indem dieselben allmählig immer mehr nach der Analogie der weltlichen Beneficien und den Regeln des Lehenrechts behandelt wurden; [19] das Charakteristische daran war auch jetzt noch diess, dass den bischöflichen Kirchen das Eigenthum an dem Grundstücke verblieb; [20] allein im Resultate gelangte gleichwohl das einmal beneficirte Grundstück auf ewige Zeiten an die einzelne Pfarrkirche. Wie nämlich bei den Precarien, so bildete es auch hier die Regel, dass das auf dem Wege der Beneficien in's Recht einer einzelnen Kirche gelangte Grundstück derselben wider ihren Willen nie mehr solle entrissen werden können. [21]

Das beneficium wurde allmählig mit immer festeren Banden an das einzelne Amt, das officium geknüpft, und sollte mit demselben stehen und fallen. Zwar nicht durch ein categorisches Gesetz: alle beneficirten Grundstücke sollen von nun an Eigenthum der einzelnen Kirchen sein, änderte sich obiges jus in re aliena derselben in ein dominium; der Uebergang war vielmehr ein allmähliger, nur durch das

---

permittantur pro tempore, quo potuerint." Thomass. P. III L. II C. XVII n. 3 bemerkt dazu: „De aliis dicitur firmum maneat, de aliis vero salvo jure ecclesiae. Ad ecclesiam matricem illa non revocabuntur unquam, haec semper revocabuntur."

[19] c. f. Roth Benef. Wes. S. 433. — Plank l. c. Bd. II S. 450 Bd. III S. 650 u. Daniels, Geschichte des Civilprozess. S. 98.

[20] Roth, Feudal. S. 197. Ueber die unterscheidenden Merkmale der Beneficien und Precarien l. c. S. 184.

[21] Conc. Rom. (a. 826) can. 16: „Nullus episcopus audeat res immobiles de subjectis plebibus in proprio usu habere." — Conc. Ravenn. (a. 904) can. 10. „Ut plebes ecclesiae nullatenus aut episcoporum vasallis aut ullis Laicis in beneficia tribuantur." C. 1 X III, 13. „Non licet episcopo vel abbati terram unius ecclesiae vertere ad aliam, quamvis ambae in ejus sint potestate: tamen si commutare voluerit, terras earum, cum consensu ambarum partium faciat." In dem Ausdrucke consensu ambarum ecclesiarum liegt wohl der sprechendste Beweis, dass man es hier nicht mehr mit willenlosen stationes, sondern mit

Gewohnheitsrecht vermittelter, ein desshalb aber im Resultate doch nicht weniger gewisser.[22]

Der ganze Entwicklungsprozess, durch den die einzelnen Kirchen zu Grundvermögen gekommen waren, drängte offenbar dahin, dasselbe mit den festesten Banden an das einzelne Institut zu knüpfen, und dass man hiezu nach dem Eigenthumstitel selbst griff, das ist sogar von denen anerkannt, die ein Eigenthum der allgemeinen Kirche um jeden Preis aufrecht halten zu müssen glauben.[23] Allein

---

Rechtssubjecten zu thun habe, da nur diese einen natürlich oder künstlich erzeugten Willen besitzen. Vgl. auch „Thomassin. P. III L. II C. V n. 11: „In legibus Visigothorum prohibet Vamba Reg. (l. 4 T. 5 c. 6) ne posthac Episcopi vendicant sibi fundos Parochiaram juris, quasi triginta annorum possessione eo sibi parto jure: Nulli Pontificum ultra licebit, quidquam ab Ecclesiis Dioecesis suae auferre, aut ablatum quodcunque per oppositionem tricenni vindicare.“ Thom. bemerkt hiezu: „Erant certissime pernecessarii Episcopis Oeconomi, cum VII adhuc saeculo necdum prorsus deruevissent Episcopi, a vindicandis sibi fundis Parochiarum ruris.“

[22] Helfert, Von dem Kirchenvermögen 2 Aufl. Prag 1825 Bd. I S. 44. „Nach aufgehobener Gütergemeinschaft und eingeführten Beneficien wurden die Güter den einzelnen Kirchen zugetheilt und die Legate und Verschenkungen an diese gemacht. Die einzelnen Kirchen kamen zu einem Patrimonium, von welchem vorzüglich in den Diöcesen des heil. Gregor sehr oft Erwähnung geschieht, und welches gewöhnlich mit der Kirche von dem Heiligen, den sie verehrte, den Namen erhielt. So heissen noch die Besitzungen der Kirche zu Rom das Patrimonium des heiligen Petrus, zu Ravenna das Patrimonium des heiligen Apollinar“ cf. Walter K. R. XI Aufl. § 251 S. 446.

[23] Maas l. c. bemerkt S. 589: „Seit dem 6. Jahrh. erhielt jede einzelne Kirche, zuerst nur durch das Institut der Precarien, alsdann jure proprietatis das Ihrige zugeschieden.“ Man vgl. über die Beneficialentwicklung nach Loberschiener l. c. S. 176. Schulte deutsche Rechtsgeschichte S. 86 u. 98. Seitz Parochialrecht I S. 313. — Schulte Lehrb. des Kirchenrechts § 175 S. 433 Anm. 13 bemerkt gegen Maas: „Vom historischen Standpunkt aus lässt sich für manches Gut wohl das annehmen: es gehört eigenthümlich der Diöcese, nach Lehenrecht der einzelnen Kirche, das ist durch die Entstehung der Beneficien bewiesen, für das geltende Recht aber nicht mehr zu treffend;

selbst wenn man sich von dieser fortschreitenden Rechtsentwicklung nicht überzeugen zu können glaubte, so käme man doch nicht zu dem Resultate, dass die allgemeine Kirche Eigenthümerin alles Kirchengutes sei, denn nicht von **dieser**, sondern von den einzelnen Kathedralkirchen gingen die in Frage stehenden Verleihungen aus. [24]

In ganz analoger Weise gelangte auch die Kirche im Gegensatze zum Amte, zu einem eigenen Vermögen, dem feudum ecclesiasticum [25] (im Gegensatze zum feudum parochiale), das nunmehr eine von dem eigentlichen Pfarrgute getrennte Persönlichkeit erhielt, [26] während bisher für die vermögensrechtlichen Bedürfnisse der fabrica ecclesiae von der bischöflichen Kirche allein, [27] oder durch Bezüge aus den Oblationen [28] und Zehnten, [29] die gesetzmässig zu dem besagten Zwecke verwendet werden mussten, gesorgt wurde. Uebrigens kamen auch schon bald Schenkungen unter Leben-

denn sobald die Bildung der einzelnen Beneficien vollzogen war, ist die Individualisirung geblieben und die Anschauung, dass die einzelnen Kirchen nur durch ihre Beneficiaten Vasallen seien, verschwunden."

[24] Diess scheint Maas bei seiner Argumentation ganz übersehen zu haben; noch schlagender aber widerlegt ihn der Umstand, dass ja nur der kleinste Theil des Kirchenvermögens der Pfarrkirchen von der Kathedralkirche stammt; wie viele Kirchen erhielten ihre sämmtlichen Reichthümer von Privaten aus der ersten Hand? Und wie viele Tausende wurden erst gegründet, nachdem das ursprünglich gemeinsame Grundvermögen des Bisthums schon längst vertheilt war. Wie soll man hier zu einem lehensrechtlichen Zusammenhang der einzelnen Kirche mit der bischöflichen, oder gar mit der allgemeinen gelangen?

[25] cf. Müller Lexikon s. v. Fabrik u. Kirchenvermögen. Otto Saedt die kathol. Kirchenfabriken des linken Rheinufers, deren Stellung zur Kirche, zum Staat und zur Gemeinde. Köln 1865 (2 Aufl.) S. 152. Loberschiener l. c S. 175.

[26] Schöpf, Kirchenrecht. Bd. III § 78 Nte. 88: „die Beneficialgüter bilden die eine Hälfte des K.-Vermögens, die sogen. kirchlichen Fabrikgüter, die andere Hälfte: jedes Beneficium ist eine juristische Person" cf. Brinz l. c. S. 1060.

[27] Diess war der ursprüngliche Zutsand.

[28] cf. oben § 12 Nte. 26 f.

[29] cf. Thomassin. l. c. P. III L. II C. XX.

nen und von Todeswegen vor, welche ausschliesslich der Kirchenfabrik zugewendet wurden; für die Integrität derselben wurde schon frühzeitig durch gesetzliche Bestimmungen Vorsorge getroffen. [30]

Ja so sehr war jener Geist der Theilungen schon eingerissen, dass selbst an der Cathedrale, dem früheren Einheitspunkte des Vermögens der ganzen Diözese bald noch weitere Theilungen vorgenommen wurden; es entstehen daselbst neue Rechtssubjekte in der Gestalt der Domkapitel.

§ 15.

Die Domkapitel *) und kirchlichen Wohlthätigkeitsanstalten.

Schon die Regel Chrodegangs, Bischof von Metz, des Gründers derselben um das Jahr 760 wies den Canonikern Einkünfte, Grundstücke und Oblationen an; dadurch war jedoch das Vermögen noch keineswegs aus dem Eigenthum der bischöflichen Kirche ausgeschieden worden. [1] Später indess, mit der freieren Entfaltung der Capitel, gelangten dieselben allmählig zu einem von der bischöflichen mensa unabhängigen Vermögen, [2] wurden aus einer multitudo

---

[30] Das 5. Concil von Paris verbot: „ne Episcopi, ne beneficarii ulli in suos ipsorum vel ad alios usus converterent, quae ad fabricam ecclesiae legarentur.“ Brinz lc. S. 1060 bemerkt: „Aber auch ein feudum ecclesiasticum hat sich neben dem feudum parochiale keineswegs überall herausgestellt, vielmehr sind die Pfarreinkünfte, die Zehenten voran, häufig sämmtlich zum Pfarrbeneficium geschlagen, dieses dann freilich mit der Fürsorge für die Kirchenfabrik belastet worden.“

* Vgl. im Allgem. Huller die juristische Persönlichkeit der Domkapitel in Deutschland und ihre rechtl. Stellung, Bamberg 1854. Jakobsen in Weiske Rechtslexikon s. v. „Canonicus“ Plank l. c. Bd. II S. 552. Rosshirt im Archiv f. Kath. R. R. (N. F) Bd. III S. 135.

[1] cf. Huller l. c. S. 21 f.

[2] Die Bischöfe selbst waren es zumeist, welche ihre Capitel auf's reichlichste mit Eigenthum beschenkten. cf. Thomassin P. III L. II c. XX n 3: „Coeperunt jam tamen Episcopi non pauci agros, praedia et ecclesias parochiales complures adicere suis his canonicorum collegiis.“ Schenkung des Bischof's Cäsenas in Italien an sein Kapitel im J. 1042: „Trado, ordino, et in perpetuum dispono vobis plebem unam

hominum zu einer universitas personarum, gelangten mit einem Worte zu Corporationsrechten,[3] während anfangs diese juristischen Personen mehr den Charakter einer Stiftung hatten.[4] Es ist diess einer der wichtigsten Punkte in der Geschichte des Kirchenvermögens, dass selbst an der bischöflichen Kirche, dem Centrum der früheren Einheit, sich dieselbe nicht mehr erhalten liess, sondern dass man sich auch hier vermögensrechtlich scharf von einander abgrenzte und zur Theilung des Vermögens schritt. Was die späteren Theilungen innerhalb der Capitel betrifft, so haben diese höchstens einen administrativen Charakter, so dass von einer weiteren Theilung des Eigenthums nicht mehr gesprochen werden kann.[5] Die ganz natürliche Folge der Ausscheidung des Vermögens des Capitels war die Concentrirung des für die Zwecke des Bischofes reservirten Vermögens in der bischöflichen mensa, welche seitdem gleichfalls eine ganz selbständige Rechtsfähigkeit geniesst.[6]

Noch verdient hervorgehoben zu werden, dass sich im Laufe der Zeiten auch an den Cathedralkirchen die Bildung eines von der bischöflichen mensa ganz selbständigen Fabrikvermögens vollzogen hat.[7]

Schliesslich noch ein paar Worte über die frühere quarta pauperum; denn auch von ihr dürfen wir bei der allge-

---

integram cum omnibus sibi pertinentibus" etc. Schenkung eines Bischofs v. J. 1274 bei Thomassin l. c. P. III L. II C. XXIII n. 7: „Do trado plebem sancti Mauri cum titulis et capellis suis etc. . . Et insuper omne dominium, omnem jurisdictionem usum seu consuetudinem, ut libere et pleno jure possitis vos et vestri successores nomine Canonicae Caesenatis dictam plebem ejusque Capellas, earumque rectores et clericos instituere" etc.

[3] Vgl. Brinz l. c S. 1058 Rosshirt a. a. O. Huller l. c. S. 56.

[4] Vgl. Huller a. a. O. S. 40 f.

[5] Huller a. a. O. S. 55 „denn diese Theilung fand nur quoad fructus, nicht quoad dominium statt."

[6] cf. Schulte, Erwerbsfähigkeit des Bisthums Limburg, Prag 1860 und die daselbst § 27 gesammelten Belege.

[7] Schulte a. a. O. S. 30.

meinen Ausscheidung und Theilung des Kirchenvermögens innerhalb des Bisthums erwarten, dass sie nicht ganz übersehen wurde, bemerkt doch Thomassin P. III lib. II c. XXII nr. 7 ausdrücklich: „Hinc intelligitur, tum religiosissime observari et constantissime coli coeptam distributionem illam in quatuor partes canonicam, cum abolescere in speciem visa est. Nec enim fructus reditusque ante distribui desiere quam ubi fundi ipsi et agri dispertiti sunt in illos, ipsos, in quos proventus canonica lege partiendi fuissent." Wirklich finden wir auch in den neuen christlichen Reichen, ähnlich wie im römischen, bald allerorts zahlreiche selbstständige Wohlthätigkeitsanstalten entstehen, die fortan mit eigenem Vermögen den Zweck verfolgen, der ursprünglich mit den Mitteln der bischöflichen Kirche bestritten zu werden pflegte. [8] Wo übrigens eine derartige Specialisirung

---

[8] Auch hier gaben vielfach die Bischöfe den ersten Anstoss zum Entstehen solcher Anstalten, und dotirten sie mit reichlichen Mitteln. So referirt z. B. Thomassin P. III L. II C. XXII n. 6 aus Hodoardus L. III c. 10 die Gründung einer solchen kirchlichen Wohlthätigkeitsanstalt durch den Erzbischof Hincmar mit den Worten: „Canonicis hujus Remensis ecclesiae hospitale constituit ad susceptionem peregrinorum vel pauperum congruis ad id rebus deputatis cum consensu Coepiscoporum Remensis Dioeceseos atque subscriptionibus eorumdem: ea conditione, ut nullo unquam tempore quilibet episcopus vel quaelibet persona easdem res cuiquam in beneficium dare vel in alios usus quocunque modo abstrahere praesumat. Neque aliquem censum vel redhibitionem exinde accipiat, sed totum, quidquid ex ipsis rebus juste acquiri potuerit, in usum pauperum ... expendatur." Cf. Mabillon De re diplomatica lib. II c. 9 n. 5 S. 105. — Auch für die Heilighaltung dieser Art Kirchenvermögens sorgten übrigens zahlreiche kirchliche Vorschriften; so decretirte Beispiels halber das Concil Cabilonens. a. 650 (cf. Thomassin l. c. P. III L. II C. VII n. 5. „Ut defuncto Presbytero vel Abbate, nihil ab Episcopo auferatur vel Archidiacono, vel a quocunque de rebus Xenodochii . . aliquid debeat minuere." Das V. Concil von Orleans decretirte can. 15: „Ut quidquid praefato Xenodochio per Regum oblationem, aut per quorumcunque fidelium eleemosynam collatum aut conferendum est, nihil exinde Episcopus Ecclesiae Lugdunensis ad se revocet, aut ad jus Ecclesiae transferat."

nicht vorkam, da fiel die Last, für die Armen zu sorgen, als Auflage auf das beneficium.[9]

So war also das patrimonium Christi förmlich getheilt worden, patrimonium Christi divisum est,[10] wie sich Thomassin drastisch und des Zustandes der früheren Einheit wehmüthig gedenkend, vernehmen lässt; und doch vermag derselbe Autor andererseits dem neuen Zustand und dessen wohlthätigen Folgen seine Anerkennung nicht zu versagen;[11] die wesentlichsten Vortheile aber welche durch die neue Entwicklung erreicht worden waren, bestanden in Folgendem: die Verwaltung des Kirchenvermögens war unendlich vereinfacht worden; nicht mehr brauchte von einem, dem bischöflichen Mittelpunkte aus, für die in einem meilenweiten kaum übersehbaren Umkreise auftauchenden kirchlichen Bedürfnisse Fürsorge getroffen zu werden, — vielmehr sorgte nunmehr jede kirchliche Stiftung für sich; sie, die sicherlich am besten ihren jeweiligen Bedarf

---

[9] Thomassin P. III L. II C. XXII n. 8: „Sed ita distributis ecclesiae praediis et fundis omnibus, et sua pauperibus seposito portione in Xenodochiorum constructionem et dotationem, ne se tamen Episcopi Abbates et Beneficiarii prorsus omnes absolutos putent a pauperum cura gerenda, quasi jam superfluentes opes fas sibi sit in luxum et fanas saeculi delicias abligurire. Non eo facta est illa fundorum Ecclesiae distributio, ut ne jam ditiores Beneficiarii cogerentur, superfluos proventus suos in pauperes dilargiri: sed ne pauperes ea saltem portione orbarentur, quam eis canones dicaverunt. Ea est quasi natura, id jus ea conditio totius Ecclesiarum substantiae, ut Christi, ut pauperum sit patrimonium· Quanulascunque inportiones hoc dissecueris, particula haec erat semper patrimonium pauperum, nec eam usquam poteris abstergere conditionem."

[10] Thomass. P. III lib. II c. 23 n. 1. „Est tamen plus satis, quod doleamus et nostram et superiorum temporum vicem et disciplinae sacrae labem eam, qua patrimonium Christi divisum est, quod laetius olim et relig'osius possidebatur, cum unitas illud et charitas possideret. Quamquam enim temporales hae sint res, cum sint tamen fructus charitatis et beneficentiae fidelium in pauperes, hostiaeque pietatis et religionis in Deum, dignius utique et naturae suae conventius in commune possidebantur."

[11] Cf. Thomassin lc. P. III L. II C. XXII No. 7.

zu ermitteln wusste, konnte auch über deren wirthschaftlichste Deckungsart beschliessen; jede kirchliche Stiftung hatte nunmehr das lebhafteste Interesse, ihre Ausgaben so billig als möglich zu bestreiten: der Sinn für Sparen und Uebersparen war geweckt worden, während früher für diesen Sinn keine Anspornung vorhanden war, da Alles aus gemeinschaftlicher Kasse, auf des Bischofs Kosten lebte; die bischöfliche Thätigkeit aber war aus dem Stadium unmittelbarer Verwaltung in das der Oberaufsicht hinübergeleitet worden.

Das Streben aber, welches diese ganze Periode wie ein rother Faden durchzieht, ist das einer beständigen Concretisirung und Specialisirung der einzelnen kirchlichen Zwecke einerseits und der Localisirung der denselben entsprechenden Vermögensmassen andererseits. Nicht die Einheit der Kirche wurde indess durch die divisio patrimonii Christi aufgelöst, denn die erstere besteht unabhängig von der des Vermögens; nur der ökonomische Vortheil der Kirchen und damit auch der Kirche sollte dadurch gehoben werden. Einen ähnlichen Gesichtspunkt habe ich in einer englischen Chronik: Scriptur. antiqu. Angl. tom. II p. 1301 wieder gefunden, wo es bei Gelegenheit einer Theilung des Vermögens innerhalb des Klosters heisst: „Haec ideo facta sunt, non ut unitas scinderetur ecclesiae sed ut perpetuo utrubique servaretur utilitas, dum rerum suarum plenam utrique haberent libertatem.“

Vierter Abschnitt.

Die Capitulargesetzgebung und der Geist der kirchlichen Schenkungen im Mittelalter.

§ 16.

Wiederlegung der Maas'schen Auffassung.

Es wurde in den vorhergehenden Paragraphen gezeigt, dass die Kirche auf der Grundlage des römischen Rechts ihre Verhältnisse in einer Weise ordnete, dass die fortschreitende Individualisirung der einzelnen kirchlichen Zwecke von einer fortschreitenden Specialisirung der einzelnen Vermögensmassen begleitet war. Das Streben nach gegenseitiger Abgrenzung und Abmarkung ist überhaupt das dem Mittelalter Eigenthümliche, denn der Geist des Mittelalters ist nicht ein centralisirender, sondern ein zersplitternder; man betrachte nur z. B. Rechtsbildung. Weit entfernt, ein Recht, ein Gesetz über Alle anzuerkennen, bildete sich jeder Volksstamm sein eigenes Volksrecht, ja selbst im engeren Stamme herrscht auf's Neue Gliederung und Abschichtung, — die Autonomie gelangt zur erhöhten Bedeutung. Wie sich die Stände streng von einander schieden, so werden auch die Städte zu Mittelpunkten selbständigen Lebens. Diese mittelalterliche Tendenz konnte nun auch auf die kirchlichen Verhältnisse nicht ohne Einfluss bleiben; auch hier finden wir das Streben, jedes einzelne Institut vermögensrechtlich immermehr zum

Mittelpunkte selbständigen Lebens zu machen, und die einzelnen Pfarrkirchen, gerade als sollten sie den Städten und Burgen analog mit Wall und Mauer umschlossen werden, vermögensrechtlich immer schärfer von einander abzutrennen. Wie wenig unter diesen particularistischen Bestrebungen die Einheit und Macht der Kirche litt, dafür haben wir den sprechendsten Beweis in dem gerade jetzt zu immer höherer Macht sich entfaltenden Primate.

Ganz ähnlich wie im römischen Recht, drängt sich auch hier die Frage auf, in welchem Verhältnisse denn die Capitulargesetzgebung zum canonischen Recht selbst sich befinde? Der Umstand, dass sich überhaupt speciell auf kirchliche Angelegenheiten bezügliche Gesetze in den Capitularien finden, rührt von dem bedeutenden Einfluss her, den die Könige auf das Synodalwesen jener Zeit auszuüben wussten. Wollten sich die Bischöfe zu einem Concil versammeln, so wurde dasselbe vielfach durch den König ausgeschrieben; die Beschlüsse desselben wurden dann vom Könige auch publicirt oder doch bestätigt,[1] und so kommt es, dass wir dieselben in den Capitularien wieder finden; es tritt uns demnach in denselben kein dem canonischen Rechte fremdes Element entgegen, da dieselben gerade den vom Staate sanctionirten Willen der Kirche verkündigen.

Erwägt man nun die Einleitungsweise skizzirten Verhältnisse, so muss es schon a priori, und von der obigen Rechtsentwicklung ganz abgesehen, befremden, wenn man die Behauptung aufstellen hört, das mittelalterliche Recht habe die allgemeine Kirche als das Rechtssubjekt alles Kirchenvermögens angesehen. Fassen wir nun vorerst die Quellen, worauf sich diese Ansicht stützt, im Einzelnen in's Auge. Maas[2] beruft sich unter andern vorzugsweise auf das nachstehende Capitulare Carol. M. L. II c. 305.

---

[1] Vgl. Planck l. c. II S. 125—148 bes. S. 128 f.

[2] Maas l. c. S. 692 Nte 1. Evelt l. c. S. 24 bemerkt: „Der Ausspruch in den Capitularien Karls des Grossen: Quia juxta sanctorum patrum traditionem novimus res ecclesiae esse patrimonia pauperum, und ferner:

„Omnia quae domino offeruntur, domino consecrantur quia Christum et ecclesiam unam personam esse agnoscimus; quaecunque ecclesiae sunt, Christi sunt.“ Ein juristischer Werth für die Entscheidung der Eigenthumsfrage am K. Vermögen lässt sich aber offenbar diesem Capitulare nicht beilegen; denn mögen Christus und seine Kirche in dogmatischer Beziehung noch so sehr eine Person ausmachen, in streng rechtlicher Bedeutung des Wortes trifft diess nicht zu; ja hier kann dem ersteren nicht einmal das Prädikat „Person“ beigelegt werden; denn Person nennen wir, wenn wir juristisch sprechen, ein Subject von Rechten und Verbindlichkeiten. Nach dem strengen Rechtsbegriffe kann nun aber Christus offenbar keine Person sein, da er als Inhaber von weltlichen Rechten auch Pflichten zu erfüllen hätte, wodurch ipso jure seine Vollkommenheit negirt wäre. Man sieht, dass, da keine juristische Einheit der Persönlichkeit Christi und seiner Kirche vorhanden ist, auch von einem vermeintlichen Eigenthum Christi nicht auf das der allgemeinen Kirche und umgekehrt geschlossen werden kann. Allein der Wortlaut trifft zu, und auf Weiteres scheint man sich eben nicht einlassen zu wollen. [3] Ferner stützt sich Maas auf eine andere Bestimmung Karl des Grossen, [4] in der sich die Rechtsanschauung des Mittelalters spiegele; in dem capitulare Caroli M. I 6 c. finden wir nämlich folgende Ausdrucksweise: „Scimus res ecclesiae Deo esse sacratas, scimus eas esse oblationes fidelium et pretia peccatorum, quapropter si quis eas ab ecclesiis, quibus a fidelibus collatae Deoque sacratae sunt, aufert, procul

---

scimus res ecclesiae Deo esse sacratas; und endlich: Quisquae suas res ecclesiae tradit, Domino Deo illas offert et non alteri enthält das Glaubensbekenntniss(?) der ganzen Vorzeit.“ — Vgl. auch Seitz, Parochialrecht I S. 320 Nte 4.

[3] Auf die cit. u. andere Stellen, welche die Einheit der Person Christi und der allgemeinen Kirche betonen, hat Phillips Lehrb. des K. R. 1860 II. Thl. § 224 S. 682 sein ganzes System aufgebaut.

[4] Maas l. c. S. 654.

dubio sacrilegium committit. Quisquis ergo notsrum suas res ecclesiae tradit, Domino Deo illas offert et dedicat et non alteri, dicendo talia et agendo facit: offero Deo atque dedico omnes res, quae in hac chartula tenentur insertae, pro remissione peccatorum meorum ac parentum ac filiorum, aut pro quibuscunque illas libare voluerit, ad serviendum his Deo in sacrificiis, missarumque solemniis, orationibus, luminariis, pauperum ac clericorum alimoniis." Ein Beweis für das Eigenthum der allgemeinen Kirche ist aber auch in dieser Stelle nicht zu finden, denn unter dem Ausdrucke „res ecclesiae tradidit" braucht man keineswegs an die allgemeine Kirche zu denken, ja dass nur eine Kirche, ein kirchliches Institut darunter verstanden werden müsse, geht schon daraus, dass es ein paar Zeilen oberhalb heisst: „si quis eas (sc. res) ab ecclesiis, quibus a fidelibus collatae deoque sacratae sunt aufert" auf das unzweideutigste hervor. Obige Stelle beweist nichts als dass, was kein rechtgläubiger Christ bestreiten wird, im letzten Urgrunde Alles, was kirchlichen Zwecken in einzelnen Kirchen geweiht wird, im Hinblick auf Gott oder Christus gewidmet ist und gewidmet werden muss, mit andern Worten: Ein Opfer ist, das Gott zu Liebe dargebracht wird.[5]

Derselbe Verfasser beruft sich[6] noch auf ein Paar andere Capitularien, die allerdings von weit grösserer Wichtigkeit sind, da daraus hervorzugehen scheint, dass

---

[5] Jos. Braun l. c. S. 42 not. 45. Es bedarf kaum der Erwähnung, dass diess Akte der Frömmigkeit, der besonderen Zuneigung, Liebe und Dankbarkeit, nicht aber des Rechtes sind. Wozu auch noch einer besonderen Hingabe, wenn Gott schon Eigenthümer ist? Nichts mehr besagen die Worte: „Offero deo atque dedico omnes res, quae in hac chartula tenentur insertae etc " bei Schenkungen, wo der Schenker die Schenkungsurkunde über dem Altare erhob. Ist Gott Eigenthümer, so braucht er sich sein Eigenthnm nicht noch einmal besonders schenken zu lassen, abgesehen davon, dass nach Rechtsbegriffen eine Schenkung gar nicht vorliegen würde." (Vgl. auch Seitz l. c. II S. 132.)

[6] Maas l. c. S. 588 f.

der Bischof eine fast uneingeschränkte und jedwelche Selbständigkeit absorbirende Macht über alles Kirchenvermögen (auch das der Einzelkirchen) besitze. Hieher gehört z. B. das Capit. reg. Franc. l. 7 c. 188: „Placuit, ut episcopi rerum ecclesiasticarum in omnibus juxta sacrorum canonum sententias plenam habeant potestatem, nullus eas dare vel accipere absque proprii episcopi jussione". Capit. l. 16 VII c. 213, 768: „Omnes ecclesiae cum omnibus rebus suis secundum constitutionem antiquam in episcopi potestate consistant, atque ad ordinationem vel dispositionem suam semper pertineant." Ganz ähnlich ist der Wortlaut im Capit. lib. VII c. 468 und in mehreren anderen. [7] Allein die Beweiskraft dieser Stellen reducirt sich bei näherer Betrachtung auf ein Minimum; wir haben nämlich hier nichts anderes vor uns, als die Ausläufer der früheren despotischen Machtstellung der Bischöfe, die im Grunde genommen in dieser Periode schon gänzlich erschüttert war; es sind so zu sagen die letzten Lebenszeichen derselben, und um ihren reactionären Bestrebungen ein höheres Ansehen zu verleihen, wussten die herrschsüchtigen Bischöfe jener Zeit kein besseres Mittel, als sich die antiquirten Rechte ausdrücklich wieder von den frommen und den Bischöfen gerne gefälligen Kaisern (z. B. Ludwig der Fromme) bestätigen zu lassen. [8]

Das Eine ist gewiss, dass jene Capitularien der in den Quellen des späteren canonischen Rechtes herrschenden Tendenz ja schon dem im 8. und 9. Jahrhundert bestehenden Rechtszustande direkt widersprechen, [10] welche Behaup-

---

[7] cf. Thomassin l. c. P. III L. II C. VIII n. 1—7.

[8] cf. Plank l. c. Bd. II S. 428.

[9] Allerdings war ursprünglich das ganze Kirchengut in der Hand der Bischöfe, allein auf die Stellen, welche jenen schon lange antiquirten Zustand der christlichen Gesellschaftsverfassung im Auge haben, kann man sich doch nimmermehr berufen um geltendes Recht zu beweisen. Hätte sich Maas nur ein bischen in der Geschichte des Kirchengutes umgesehen, so hätte ihm die riesige Kluft auffallen müssen, die schon zwischen dem Decretum Gratiani und den Decretalen hinsichtlich der

tung, soferne sie nicht schon im vorigen Abschnitte erwiesen wurde, mit unwiderlegbaren Belegen erhärtet werden soll.

§ 17.
Die Zehntgesetzgebung.

Man betrachte nur z. B. die über die Zehenten,[1] deren gesetzliche Einführung gerade in den Capitularien verfolgt werden kann, erlassenen Bestimmungen. Der Zehentbezug, anfänglich, wie sich unschwer beweisen lässt, ein bischöf-

---

bischöflichen Machtsphäre über das Kirchengut liegt. Dieses Verhältniss berührt auch Thomassin, indem er P. III L. II C. X n. 3 bemerkt: „Sed cum vix dum elapso Gratiani aevo bene multa in Ecclesiae disciplina novari coeperint, ex partitione maxime tum facta fundorum et proventuum Ecclesiae; hinc discrepantia ingens Decreti Gratiani et Decretalium Pontificiarum, quarum mox dominari coepit authoritas.“ Vgl. auch noch Thomass. P. III L. II C. VIII nr. 2. „Erant tamen sub Imperio Carolinae gentis penes episcopos residuae pristinae(!) potestatis suae insignia complura tamquam vestigia summae et universalis olim potestatis in omnia ecclesiae temporalia . .“, worauf derselbe einzelne dieser Ueberbleibsel vorführt. nr. 7 fährt Thomassin fort: „Novam porro et parochis compendiosiorem disciplinam prodere incipit Concilium Troslejanum anni 909. Ibi enim jam dilucet, parochos fundis et terris omnibus ecclesiae suae potiri solitos quamquam de eorum usu et dispensatione episcopi judicio et examini subessent;“ das Concil bestimmte nämlich c. 6: „sicut habet episcopus in sua ordinatione omnem generaliter parochiam cum omnibus rusticanis parochiis, quas per triennium inconcusse possedit: ita et unusquisque presbyter in sua ordinatione et dispensationis cura habeat parochiam suam cum dote et decimis ecclesiae“ etc., hierauf bemerkt das Concil, dass die in Grundstücken und Ländereien bestehende Dos „sub potestate . . et dispositione ac regimine ac dispensatione presbyterorum manere debent inconcussa.“ Mira horum et superiorum discrepantia, fährt Thomassin fort; hieraus möge man ersehen, dass der Pfarrer gegen das Ende des 9. Jahrh. coepisse . . gaudere non solum decimis, oblationibus et manso, sed omnibus prorsus terris ibi Deo oblatis inspecturo utique episcopo, ut ea probe et convenienter sacris regulis dispensarentur.“ — Ueber den Unterschied der bischöflichen Theorie und der Praxis in der summa administratio bonorum vgl. bes. Plank l. c. Bd. III S. 639.

[1] Vgl. im Allgem. Göschl über den Ursprung des kirchlichen Zehents Aschaffenburg 1857. — Thomass. P. III L. 1 C. I—IX.

liches Recht,[2] wird seit seiner Generalisirung[3] und weiteren Ausbildung durchweg als dem einzelnen parochus resp. der einzelnen Pfarrkirche zustehend betrachtet.[4] Es wurde auch hier eine Art beneficium an ein officium geknüpft und zwar ein unentziehbares; denn das Recht, den Zehenten zu beziehen, wurde den einzelnen Kirchen so ureigen, dass es denselben nicht nur nicht genommen, sondern nicht einmal geschmälert werden durfte, wie diess eine Reihe Capitularien auf das Nachdrücklichste bestimmen.

Vor Allem finden wir in der Zehententwicklung sprechende Beweise dafür, wie sehr sich die Gesetzgebung bemühte, die vermögensrechtlichen Gebiete der einzelnen Pfarrkirchen strenge von einander zu sondern und abzumarken — „ut terminum habeat unaquaeque ecclesia, de quibus villis decimas recipiat.[5]" Während es einerseits dem einzelnen Gläubigen zur strengen Pflicht gemacht wird, nur an seine eigene Kirche seiner Zehentpflicht nachzukommen,[6] wird es andrerseits auch dem Pfarrer strengstens verboten, in das Zehentrecht einer andern Kirche einzugreifen.[7] Es sollten, (diese Bestimmung findet sich häufig wiederholt),

---

[2] Diploma Ludovici Germ. 848 collat. episcopo Osnabrugensi in Harzheim Conc. Germ. T. II p. 164. — Capit. ex lege Longobard. excerpt. Baluz. I, 356. — Thomass. P. III L. I C. V, VI u. VIII. — Maas l. c. S. 592 Nte 8. Den bischöflichen Zehent betont besonders: Dürr, Comment. de Decimis in Schmidt thesaur. T. VII pag. 28. Vgl. dagegen aber Plank l. c. Bd. II S. 437.

[3] Roth, Benef. Wesen S. 363.

[4] S. die Belegstellen bei Thomass. P. III L. II C. X n. 3: „Cum perceptio decimarum ad parochiales ecclesias de jure communi pertineat." u. bes. Plank l c. Bd. II S. 122.

[5] Capit. ab Ansegiso collecta lib. V 51 lib. I 150.

[6] Capit. Wormat a. 829. „Quicunque decimam abstrahit de ecclesia, ad quam per justitiam dari debet, et eam praesumptione vel propter munera aut amicitiam aut aliam quamlibet occasionem ad alteram ecclesiam dederit, a comite vel a misso nostro distringatur, ut ejusdem decimae quantitatem cum sua lege restituat."

[7] Capit. ab Anseg. coll. lib. V 50. Baluz. I, 835. „Nec decimam ad alterum pertinentem audeat recipere."

ältere Kirchen in Folge der Gründung von neuen Oratorien weder an ihrem Grundvermögen noch Zehentrechte eine Einbusse erleiden. „Ecclesiae antiquitus constituae nec decimis, nec aliis possessionibus priventur, ita ut novis oratoriis tribuantur."[8] Stets sollten die Zehenten an die älteren Kirchen gezahlt werden, „semper ad antiquiores",[9] wie sich denn überhaupt, wohl anknüpfend an diese Bestimmungen, das deutsche Rechtssprüchwort bildete, man dürfe keinen Altar auskleiden, um damit einen andern anzukleiden.[10]

Aber selbst hiemit, dass der Zehentbezug an die einzelne Pfarrkirche geknüpft war, ist die Entwicklung noch

---

[8] Capit. ab Anseg. coll. lib. II, 36. Conc. Arelat. VI c. 20 Capit. I anni 813 c. 19, wiederholt in 47.

[9] Capit. ad Salz. a. 801. Karl M. Baluz I, 415 II de decimis et donationibus ecclesiarum. De decimis, ubi antiquitus fuerint ecclesiae baptismales et devotio facta fuit, juxta quod episcopus ipsius parochiae ordinaverit, omni modo fiant donatae. Et si per donationes Regum aut ceterorum Deum timentium bonorum hominum ad episcopia seu monasteria aliquae res delegatae sunt, et ex ipsis rebus antiquitus ad ipsas ecclesias priores decimae datae fuerint, ipsa antiqua donatio vel devotio firma et stabilis omnino permaneat."

[10] Vgl. Büff Kirchenrecht S. 715. E. A. Gründel Beantwortung der Frage, ob eine reich dotirte Kirche verbunden sei, einer andern aus ihren Ueberschüssen einen Beitrag zu den Baukosten zu liefern? (Allgemeine Kirchenzeitung 1842 N. 40 S. 323.) Im Conc. Tolet. 655 (c. 74 Caus. 12 qu. 2) wird dem Bischof verboten mit dem Vermögen einer Kirche eine andere zu dotiren; cf. Schulte Dissert. cit. p. 49: „Ecclesia, quae rebus abundat, non est obligata ad ecclesiam adjuvandam egentem, quum huic nullus tale desiderandi tributus sit titulus. Ne superiores quidem, nisi casus adsint, qui necessitatem eam imponant, ex alterius ecclesiae fortuna alteram possunt dotare. Itaque bonis alicujus ecclesiae non sufficientibus ad construenda vel reparanda aedificia ecclesiae non alia ecclesia locuples tenetur, sed personae illae, nisi adsit alius obligatus ex causa speciali, in quarum commodum condita est ecclesia, i. e. parochiani. Alioquin, si ecclesia generalis domina est. Hoc enim casu recte diceretur, injustum esse atque mirabile, onus tale impositum esse personae tertiae, quamvis propria sufficeret fortuna; nam nihil refert, bona alicujus sint in eodem loco necne."

nicht beendet; der Bischof hatte nämlich anfänglich noch ein Recht auf ein Vier- oder Dritttheil des Ertrages desselben,[11] da ja, wie früher der Gesammtertrag der bischöflichen Kirche, so nun der der Pfarrkirchen immer häufiger in 4 Theile getheilt zu werden pflegte;[12] aber auch dieses Recht wurde den Bischöfen allmählig entzogen, so dass das volle Erträgniss nur der einzelnen Pfarrkirche zu Gute kommen sollte.[13]

§ 18.
Fortsetzung der Capitulargesetzgebung.

War auch bisher schon vieles geschehen, um die einzelnen kirchlichen Institute, insbesondere die Pfarrkirchen und die daselbst aufgestellten Pfarrer gegen die Uebergriffe der übermächtigen Bischöfe der damaligen Zeit doch einigermassen sicher zu stellen, so blieb den fränkischen Königen auf diesem Gebiete doch noch immerhin ein weites Feld der

[11] cf. Thomassin P. III L. II C. XVIII n. 3: „Et prisci quidem canones quartam partem Episcopo addixerant decimarum et oblationum cujusque Parochiae.“ Vgl. auch l. c. n. 13.

[12] cf. Thomass. P. III L. II C. XIX n. 1.

[13] Thomassin fährt an der Nte 11 citirten Stelle folgendermassen fort: „Sed indubium fit, Galliconos Episcopos eo se jure ultro excisse; et decimas omnes oblationesque dimisisse Parochis, quo labentius et liberalius pauperibus providerent.“ Bezeichnend ist für diess Verhältniss der can. 31 des VI. Conc. v. Paris, welcher den Bischöfe nur dann gestattet, auf jene Quart Anspruch zu machen, wenn sie selbst in höchster Noth seien: „Et quamquam authoritas canonica doceat ut quarta pars decimarum et redituum ex oblationibus fidelium in usus Episcoporum cedat, ubicunque tamen Episcopus sua habet, suis contentus sit: Ubi autem nihil rerum Ecclesiae suae habet, accipiat de memorata quarta parte sibi suisque, non quod avaritia, quod absit, suaserit, sed potius quod necessitas compulerit. Caeterum si accipiendi nulla necessitas urserit, nihil de memorato quarta parte accipiat, sed usibus Ecclesiarum et pauperibus Christi impertiendam, sucundum suam dispositionem relinquat.“ Vgl. aber wegen der deutschen Bischöfe, die auf ihr Recht auf $^1/_4$ des Zehntbezuges der Pfarrkirchen nicht so leicht verzichten wollten. Thomass. P. III L. II C. XVIII n. 13.

dankbarsten Thätigkeit übrig. Vor allem waren es die Visitationen der Bischöfe und Archidiakonen, die das Vermögen der Pfarrkirchen empfindlich berührten, da ja die Bischöfe und deren nicht unbedeutendes Gefolge von den Pfarrern gesetzmässig freigehalten werden mussten;[1] allmählig wurde nun zur Erleichterung der Pfarrkirchen ein Maximum festgesetzt,[1] das die Kirchenfürsten verzehren durften,[2] ja Karl der Kahle gestattete schon, dass fünf parochi gemeinschaftlich die Visitationskosten tragen durften.[3] Dabei sollten sich die Bischöfe jeder Chikane oder Plünderung der Parochieen enthalten, auch nicht aus Habsucht eine Theilung der einzelnen Pfarreien vorzunehmen wagen.[4] Ja so sehr war den Pfarrern in Folge der ihnen günstigen Gesetze bald der Kamm geschwollen, dass schon im Jahre 868 das Concil von Worms dieselben an den Unterschied der bischöflichen Gewalt erinnern musste.[5] Der oben S. 130

---

[1] cf. Plank, l. c. Bd. II S. 615.

[2] Was die Bischöfe früher verzehrt haben mochten, davon kann man sich einen Begriff machen, wenn man erwägt, dass das moderirte Quantum noch immer unter andern hundert Brode, vier grosse Schweine und ein kleineres, fünfzig Humpen Wein, und Honig, Oel und Wachs zur Genüge verlangte. (cf. Plank l. c. S. 616 Nte)

[3] Capit. Carol. Calvi a. 844 c. 4.

[4] Capit. Carol. Calvi a. 844 Tit. V Cap. I. „Ut episcopi nullam inquietudinem sive exprobrationem Presbyteris ... inferant." Cap. IV. „Ut in circuitione parochiae Episcopi de caetero singulos Presbyteros per singulas jacendo euntes Ecclesiolas non praedentur." Cap. VII; „Ut episcopi parochias Presbyterorum propter inhonestum et periculosum lucrum non dividant." Capitular. Ludov. Pii (a 816) Cap. lib. I c. 100: „Ne vero episcopi occasione praedicandi aut confirmandi oneri essent populis, a nobis admoniti, polliciti sunt hoc deinceps, se cavere velle, et de eo tempore suum ministerium, in quantum facultas dabitur, exequi, quo eorum profectio, quantum in illis erit, his quibus prodesse possunt, et debent, non sit importuna, vel onerosa" cf. lib. II c. 5: „Sicut alios prohibetis, ne de Mansis ad ecclesiae luminaria datis aliquid accipiant, sic et vos et vestri Archidiaconi de eisdem mansis nihil accipiendo aliis exemplum praebeatis."

[5] cf. Plank l. c. Bd. III S. 563.

besprochenen Formel (Offero deo etc.), welche wir übrigens als nicht concludent nachgewiesen haben, steht zu allem Ueberflusse noch folgende aus der ältesten Zeit stammende und gerade das Gegentheil besagende entgegen. In der lex Allamannorum heisst es nämlich,[6] dass wer eine Schenkung an eine Kirche machen wolle, der solle sechs oder sieben Zeugen zuziehen, deren Namen die Urkunde enthalten müsse, und es sollten diese die Urkunde in Gegenwart des Priesters, der an dieser Kirche dient, auf den Altar derselben legen. In Folge davon solle **das Eigenthum der Sache bei eben dieser Kirche auf ewige Zeiten verbleiben.** „Per chartam de rebus suis ad ecclesiam, ubi dare voluerit, firmitatem faciat et testes sex vel septem adhibeat, et nomina eorum ipsa charta contineat et coram sacerdote qui ad eandem ecclesiam deservit, super altare ponat: **et proprietas de ipsis rebus ad ipsam ecclesiam in perpetuum permaneat.**" (cf. c. II l. c.) Kann die specielle Eigenthumsübertragung deutlicher geschehen, kann sie klarer ausgedrückt sein? Gerade jene umständliche Form beweist es, wie sehr dem Gesetzgeber daran gelegen war, das Eigenthum ja recht fest an die einzelne Kirche zu knüpfen und andrerseits auch dem Schenker mit der jener Zeit eigenthümlichen Symbolik den Uebergang in's Eigenthum derselben recht concret und deutlich vor Augen zu führen.[7]

---

[6] cf. Baluz. I 58 c. 1. Noch eine ältere Stelle (v. J. 587 datirend) ist nachfolgende (Baluz. I, 14). „Similiter quidquid antefusi Reges Ecclesiis aut fidelibus suis contulerint, aut adhuc conferre cum justitia Deo propitiante voluerint, stabiliter conservetur." — Vgl. auch die lex Bajuvar. (Baluz. I, 98) lib. I c. IV § 4 u. c. XI § 1. Wenn einer einen Bischof erschlagen „componat ad ipsam ecclesiam." „Et illa pecunia in usu ipsius ecclesiae, ubi Pontifex fuit, ibi sit firmata usque in perpetuum."

[7] Ueber die Symbolik bei Uebertragungen, vgl. Reyscher, Symbolik des german. Rechts S. 56, 62 Anm. — Michelsen über die festuca notata und die germanische Traditionssymbolik. Jena 1856. — Hieronymus Bignon ad Marculphi formulas fol. 248. 249.

Ganz ähnlich wie im römischen Rechte finden wir ferner auch in den Capitularien die Bestimmung, dass das Vermögen des Räubers einer gottgeweihten Frau in's Eigenthum jenes kirchlichen Instituts, an der sie lebte, übergehen solle,[8] wie denn überhaupt die Vorstellung einer geistigen Ehe des an einem Altar Dienenden mit der betreffenden Specialanstalt durch die gleichfalls dem römischen Rechte entnommene Bestimmung zum Ausdruck gelangte, dass ein Presbyter, was er nach seiner Consecration erworben, seiner Kirche „propriae ecclesiae" hinterlassen solle.[9] Unter anderm wurde auch bestimmt, dass, wenn Jemand eine von ihm gegründete Kirche nicht dotiren wolle, dieselbe von der Cathedrale vindicirt werden solle.[10]

All' die vorallegirten Gesetze, und Ausdrücke wie: „in perpetuum oportet res monasteriis servari, de non dividendis rebus ullius Ecclesiae,[11] stabilis omnino permaneat donatio, jura, privilegia ecclesiarum incorrupta, inviolata permaneant,[12] liefern den schlagend-

[8] Capit. Collect. Ansegis. lib. V 383, Baluz I S. 906. „Si quis rapuerit vel sollicitaverit vel corruperit religiosam feminam, bona amborum ecclesia vindicet, in qua talis mulier habitavit."

[9] Capit. ab. Ansegiso collecta lib. V 52 Baluze I, 835 und Ansegisi Capit. lib. I 150. Capitulare incerti anni (infra 744) Childerii III Baluze I, 154 XI „Presbyteri post ordinationem suae paupertatis praedia comparantes testamenta ecclesiis confirment. Sin aliter, ut fraudatores teneantur."

[10] Capit. Coll. Anseg. lib. VI 79 Baluze I S. 934. „De his, qui ecclesias suas nec dotare nec dotem restitui volunt, episcopus proprius ad dominium suae sedis ecclesias revocet, futuris temporibus possidendas."

[11] Capit. Aquisgran. (803) [Karol. Magn.] Baluz I S. 379.

[12] Capit. II. incerti anni (814) Karol. Magni Baluz I S. 521. Man vgl. überhaupt im Gegensatz zu den von Maas citirten Capitularien noch die folgenden: Capit. Aquisgr. Karoli Magni 803, 3. Baluz I, 379. „Praecipimus omnibus ditioni nostrae subjectis, ut nullus privilegia ecclesiarum vel monasteriorum infringere resque ecclesiarum invadere, vel vastare aut alienare, vel facultates earum diripere praesumat nec sine precario possidere pertendet" (wiederholt in Capit. sax. a. 814 Nro. XIII). — Capit. Synodi Belvacensis (844) III

sten Beweis, dass man endlich einmal gesonnen war, Stabilität und Rechtssicherheit in die einzelnen kirchlichen Vermögensmassen zu bringen, und dass man im Mittelalter an nichts weniger dachte als an ein Universaleigenthum der Kirche am gesammten Kirchengute.

Ebenso fremd war übrigens demselben der Gedanke an das Eigenthum der Kirchengemeinde; woher sollten ihre Ansprüche datiren zu einer Zeit, wo blos von einer Masse Höriger, Leibeigner und Hintersassen die Rede ist, zu einer Zeit, wo es nur eine herrschende Aristokratie (Ritterschaft und Geistlichkeit oder die Vollbürtigen in den Städten) und eine dienende Volksklasse gab? Auch lehrt überdiess ein Blick in die Geschichte, dass die Kirchen meist älter sind, als der Bestand der einzelnen Kirchengemeinden, da sich die letzteren meist erst um bereits bestehende Kirchen anzusiedeln pflegten.[13] So kann man denn kühn behaupten,

(Baluz II 22). „Quod res ad ecclesiam mihi commissam pertinentes... restituatis." VI. „Ut contra depraedatores et oppressores ecclesiarum nostrarum et rerum ad easdem pertinentium defensionem exhibeatis." Capit. Domni Karoli et Domini Hlodovici Imperat. 857 (Baluz II 95). „Qui vero de rebus ecclesiarum aliquid abstulerit, gravius inde judicetur." — Capit Ludovici II Synod. Tricassinae 878 (Baluz II 274) „Ecclesiarum sanctarum possessiones, id est, monasteria, mansa, cortes, villas, patrimonia omniaque, quae jurisdictionibus earundem conveniunt, nullus suppetere a Romano seu reliquis Pontificibus praesumat."

[13] cf. Schulte Dissert. cit. S. 13. Schulte System d. K. R. S. 480. Evelt l. c. S. 18. Braun l. c. S. 29. Richter Lehrb. d. K. R. S. 930. Attenkofer, das Ortskirchenvermögen in der schweizerischen Diöcese Basel, im Arch. f. kath. K. R. Bd. XV S. 389 bemerkt, die Richtigkeit obigen Satzes habe sich besonders in der Schweiz erprobt. „Denn die Grundlage der meisten, ja bereits aller Pfarreien in unserm Lande, deren Entstehung bekannt, bilden Kapellen, die nach gehörigem Ausweis der Extructio und Dotatio durch hinzukommende kirchliche Erection zu Pfarrkirchen erhoben wurden. In den älteren Zeiten sind dieselben aus Oratorien von Meierhöfen oder Burgcapellen entstanden. So sind die meisten älteren schweiz. Pfarreien erst mit dem 11. und folgenden Jahrhundert errichtet worden, während dem die Namen der heutigen Pfarrkirchen schon vor dieser Zeit zur Bezeichnung von Oratorien vorhanden."

dass die Theorie vom Eigenthum der Kirchengemeinden in der Kirchengeschichte der ersten tausend Jahre des Bestandes der Kirche auch nicht den mindesten Anhaltspunkt besessen. Erst im 16. Jahrhundert hat man überhaupt angefangen, die Rechtsansprüche der Kirchengemeinde auf das Kirchengut hervorzuheben. [14]

Die Unmöglichkeit eines Eigenthums der Kirchengemeinde am K. Vermögen geht übrigens — von dem oben Gesagten abgesehen, auch daraus hervor, dass die Geschenke vielfach gerade an den Heiligen gemacht wurden; [15] wie liesse sich der Heilige nur mit der Kirchengemeinde in Verbindung bringen? Dagegen steht er mit der einzelnen Anstalt im innigsten Zusammenhang, da dieselbe ihm gewidmet und geweiht ist, da er nach der mittelalterlichen Anschauung die einzelne Anstalt vermögensrechtlich schlechthin vertritt. Die Behauptung, das Vermögen rühre zumeist von der Kirchengemeinde her, dieselben hätten vielfach die

---

[14] Zuerst wurde die Gemeindetheorie angeregt im Jahre 1538 oder 1539, vgl. unten § 43. Diess hindert jedoch nicht, dass Neuere behaupten, schon nach den ältesten bürgerlichen und kirchlichen Gesetzen bestehe das Rechtssubjekt in den einzelnen kirchlichen Gemeinden, so Eichhorn und Rotteck-Welker im Staatslexikon: s. v. Kirchenvermögen: „die ältesten hieher gehörigen Gesetze betrachten als das Subjekt welchem diese (Persönlichkeit) beigelegt wird, die einzelnen kirchlichen Gemeinden und auch die älteren Concilien fassen das Verhältniss in dieser (?) Weise (z. B. das erste Concil von Orleans v. J. 511). In Folge der ältesten Gestaltung auf dem Boden der kirchlichen Verfassung wurde aber unter der Gemeinde die bischöfliche Kirche verstanden, als der Mittelpunkt des kirchlichen Lebens nach Aussen wie nach Innen.“

[15] Uhrig, l. c. S. 57 Anm. 21. „Diess Bewusstsein ist so durchdringend, dass statt der Kirchen in allen Verträgen geradezu die Namen ihrer Heiligen selbst genannt werden. Es wird nicht nur in ihrem Namen die Kirche Gott gelobt, sondern es treten diese Heiligen sofort als die berechtigten Personen selbst in ihren Stellvertretern auf, werden beschenkt, als Erben eingesetzt, schliessen Verträge, verkaufen, verpfänden; geben zu Lehen, und erscheinen als Kläger und Beklagte.“ Cf. z. B. „Struvius rerum germanicarum veteres scriptores.“ Ratisbonae 1726 tom. III p. 25, 26, 32, 41, 488, 489, 490—499, 507, 509.

Kirchen dotirt, ist vollkommen unstichhaltig; es lässt sich nicht eine Urkunde produciren, in der die Kirchengemeinde als solche einer kirchlichen Anstalt eine Schenkung macht, sie mit Vermögen ausstattet; denn der Umstand, dass die lucrativen Erwerbungen vielfach von den Kirchengemeinde-Gliedern ausgehen, gibt doch der Kirchengemeinde kein Recht auf das Eigenthum, da ja die letztere eine von den ersteren ganz verschiedene Person ist.

Es ist hier der Ort, eine Eigenthümlichkeit zu erwähnen, welche in dem von uns behandelten Zeitabschnitte auftauchte: dass sich nämlich Kirchen und deren Vermögen nicht selten im förmlichen Privateigenthume vorfinden. [16]

In diesem allerdings anomalen Zustande lag mit ein Grund, warum überhaupt die einzelnen Kirchen verhältnissmässig schneller, als diess bei der anfänglich so übergewaltigen Stellung der Bischöfe zu erwarten war, zu vermögensrechtlicher Selbstständigkeit gelangten, da ja auch durch das Bestehen solcher Privatkirchen die Zusammengehörigkeit des Gesammtguts der Diöcese förmlich durchbrochen wurde. Die Kirche legte in jener Zeit, als sie noch nicht die Macht besass, zu der sie in den späteren Jahrhunderten gelangte, das Hauptgewicht nicht darauf, wer Eigenthümer der kirchlichen Zweckvermögen sei, — sondern auf die Erreichung des kirchlichen Zweckes selbst, „ut cotidie serviantur honores;" der kirchliche Zweck aber lässt sich ebensogut verfolgen, wenn ein Privatier, als wenn die einzelne Kirche selbst Eigenthümerin war. Dass ein Recht, welches sich einmal, und sei es auch bloss vorübergehend, entschloss, Kirchen und deren Vermögen im Privateigen-

---

[16] Cf. Capit. T. I p. 570, 841, 1165 T. II p. 627. — Can. 35. C. 16 qu. 7. Ex libro V capitul. reg. Franc. cp. 386. „Considerandum est de ecclesiis, quae inter coheredes divisae sunt." — Capit. Francofurdiense anni 794 cp. 52. „De ecclesiis, quae ab ingenuis hominibus construuntur, liceat eas tradere aut vendere tantummodo ut ecclesia non destruatur, sed serviantur quotidie honores." Vgl. über diese Zustände bes. Plank l. c. Bd. III S. 781.

thum anzuerkennen, auch kein Bedenken tragen konnte, die Pfarrkirchen als Rechtssubjekte des Vermögens anzusehen, dürfte wohl keinem Zweifel unterliegen.[17]

Eine zweite Eigenthümlichkeit, für die Beantwortung unserer Hauptfrage von weit grösserer Wichtigkeit ist **die**, dass sich, um die Sache kurz zu bezeichnen, in der mittelalterlichen Gesetzgebung keine Veranlassung bot, eine l. 26 C. de ss. eccles. I 2 zu erlassen, da der damalige Schenker den Gesetzgeber der Mühe, das beschenkte Institut durch Interpretation aufzufinden, ein für alle Mal enthob. Die nähere Erörterung dieser letzten Eigenthümlichkeit führt uns zu einer zweiten Abtheilung dieses Abschnittes, in welchem der herrschende Rechtszustand jener Zeit aus den überlieferten Urkunden erforscht und die sich daraus erhebenden Consequenzen gesammelt werden sollen.

§ 19.

Die Zuwendungen erfolgen an die einzelnen Kirchen.

Alle Theorieen vom Eigenthum des Kirchenvermögens legen aus leicht erklärlichen Gründen ein ganz besonderes Gewicht auf die Intention, welche die Geber bei der Hingabe ihrer Güter an die Kirche zu Tage treten liessen; wenn nun je eine, so braucht die vom Eigenthum der einzelnen kirchlichen Institute dieses Kapitel nicht zu scheuen.[1]

---

[17] Ueber die Advokaten und Vögte, durch welche die Bischöfe in der freien Verfügung über das K. Vermögen der Diöcese nicht unbedeutend gelähmt wurden, vgl. Plank l. c. Bd. II, S. 452—468. Schenkungsbuch des Klosters St. Emmeran von Dr. Wittmann in den Quellen und Erörterungen zur bayer. und deutschen Geschichte Bd. I S. 18 Nte 3.

[1] Dass im römischen Rechte Schenkungen ohne Angabe einer bestimmten Anstalt keineswegs die Regel bildeten, geht schon aus der Erzählung Justinians über die occasio der l. 26 selbst hervor. Die Sitte, Jesum Christum als Erben einzusetzen, musste jedenfalls erst aus neuerer Zeit herrühren (in plerisque nuper testamentis invenimus); Auch der Gebrauch der Einsetzung eines Heiligen (nulla facta aedis mentione) musste erst unter Justinian entstanden sein, da derselbe, gewiss nur

Statt aller weiteren Bemerkungen wird es sich empfehlen, durch Allegirung einer grösseren Anzahl von mittelalterlichen Schenkungsurkunden[2] ein möglichst vollkommenes und unverfälschtes Bild des seinerzeitigen Rechtsbewusstseins zu entwerfen. So beschenkt z. B. — um sogleich in den Kern der Sache einzudringen — Ludwig der Fromme im Jahre 816 die erzbischöfliche Kirche zu Reims (Bouquet VI 497). In der betreffenden Urkunde aber heisst es: „Quam Abbatiam . . . perpetualiter eidem Remensi ecclesiae concedimus et . . . in proprium tradimus et de nostro jure in jus ac dominationem illius . . . tranferimus;" im Jahre 820 beschenkt derselbe das Kloster Ancane (Bouquet VI 520.) „Quatenus eadem Cella cum praedicta villa perpetim in jus et dominationem praefati monasterii Ancanensis eorumque rectoris persistat." (Vgl. auch Bouquet VII, 462 und VI, 501.)

Karl II., der Kahle, beschenkt im Jahre 866 das Kloster St. Germain (Bouquet VIII, 598). „Eidem sancto loco quandam . . . villam . . . damus . . . et de nostro

---

desshalb, um die Nothwendigkeit auch des zweiten Theiles des Gesetzes zu rechtfertigen, sogar einen speciellen Fall erwähnt. Darüber, dass Zuwendungen und Erbeseinsetzungen an einzelnen Kirchen die Regel bildeten, vgl. Thomass. l. c. P. II L. I in den über testamenta in favorem ecclesiae facta handelnden Capiteln XVI, XVII, XVIII, XIX, woselbst sich überhaupt die über das Kirchenvermögen zur Zeit der Römer geltenden Gesetze gut zusammengestellt finden. So beschenkt z. B. Kaiser Marcus Aurelius die ecclesia Hieropolitana, weil deren Bischof seine Tochter geheilt hatte. Baronius ad ann. 163 bei Thomassin l. c. cap. III, Nro. 11. „His obiter addenda merifica largitas M. Aurelii Imperatoris, qui annuis ter mille frumenti modiis donavit ecclesiam Hieropolitanam, cujus episcopus filiam ejus a daemone exagitatam sanaverat" etc.

[2] Was die Zahl der überhaupt aufzunehmenden Urkunden betrifft, so folge ich in diesem Punkte dem Herausgeber des Schenkungsbuchs des Klosters St. Emmeran zu Regensburg (Dr. Wittmann), welcher in seiner Einleitung dazu bemerkt, dass es entschuldbar sei, ein Dutzend Schenkungen zum Drucke zu bringen, welche dem Forscher entbehrlich sein möchten, als nur eine ausfallen zu lassen, welche ihm dienen könnte.

jure in jus ac dominationem ejus conferimus;" im Jahre 864 das Kloster Beaulieu (Bouquet VIII, 595) „de nostro jure in dominationem ipsius ecclesiae solenniter transfundimus"; im Jahre 864 St. Denis (Bouquet VIII, 589) „ditioni praescriptae ecclesiae perhenniter mancipandas decernimus et de nostro jure in jus ac dominationem illius tranfundimus"; im Jahre 869 das Kloster Montier-Ramni (Bouquet VIII, 616) „praefatis Monachis in proprium concedimus et de nostro jure in jus illorum transferimus, eo modo, ut . . . libero in omnibus potiantur arbitrio faciantque sicut ex reliquis rebus illorum proprietatis."

Wir finden in den angeführten Urkunden unsere obige Behauptung rücksichtlich der Zuwendung des vollen und ungetheilten Eigenthums an das einzelne kirchliche Institut, sei es Kirche, Stift oder Kloster, vollkommen bestätigt. Der Schenker will stets nur einer bestimmten kirchlichen Anstalt sein Vermögen zuwenden und abstrahirt ganz davon, dass diese einzelne Anstalt Theil eines grossen Organismus sei; er erwähnt die allgemeine Kirche oder die bischöfliche, in deren Diöcese sich das betreffende Institut befindet, mit keinem Worte. Das Bemühen des Schenkers bei der Bestimmung des zu beschenkenden Instituts möglichst concret zu sein, also den Fall der l. 26 zu vermeiden, hat Uhrig[3] in seinen oben citirten

[3] Uhrig, das Kirchengut, ein Versuch zur Lösung der Frage u. s. w. S. 88 ff. — Diese Eigenthümlichkeit der altdeutschen Schenkungen lässt sich auch in anderen als den von Uhrig benützten Schenkungsbüchern verfolgen, so z. B., um die bayerischen Klöster zu berücksichtigen, in dem Schenkungsbuch der ehemaligen gefürsteten Probstei Berchtesgaden, (herausgegeben von Karl August Muffat) in den Quellen und Erörterungen zur bayerischen und deutschen Geschichte, auf Befehl und Kosten Sr. Majestät des Königs Maximilian II. I. Band, München 1856): dort heisst es z. B. in Nro. II „ecclesiae beatorum Johan. Baptist. et Petri apostoli," — Nro VII „ad reliquias sanctorum Johannis Baptist. et Petri apostoli." — Nro. X „super altare sancti Johannis Baptiste et sancti Petri apostoli in Berchtesgad." XI, XVI, XVII." — Nro. XIV „super

Werke unter Anführung zahlreicher Urkunden recht deutlich zum Ausdrucke gebracht, indem er bemerkt: „denn wo immer eine fromme Widmung gemacht wird, da tritt überall das Streben hervor, die Person genau zu bezeichnen, an welche sie geht, welche Genauigkeit entweder durch a) örtliche Bezeichnung der Kirche beziehungsweise der Stiftung oder b) durch Hervorhebung des Namens ihres Schutzheiligen, oder c) durch Hinweisung auf des Heiligen Reliquien, d) Benennung seines Stellvertreters, e) Hinweisung auf den Heiligen und dessen sichtbaren Stellvertreter oder f) durch Hinweisung auf Gott, den Heiligen, seine Reliquien und den Stellvertreter erzielt wird." Ganz ähnliche Modificationen finden sich nun auch betreffs der Eigenthumszuwendungen selbst; denn auch diese geschehen unter den mannigfaltigsten Spielarten. Es wird gerade die Beleuchtung **dieses** für unsere Eigenthumsfrage weit wichtigeren Punktes zur Ergänzung der eben angeführten Arten von Wichtigkeit sein.[4]

Von der gewöhnlichen Zuwendung in das Eigenthum

---

altare sancti Petri in loco, qui Berchtesgadem dicitur." — Nro. LXXXIV „Praefatis sanctis in Pertersgadme." — Nro. XXI „sancto Johanni et sancto Petro apostolo in Berchtesgadem." — Nro. XXXV „sancto Petro in Berchtesgadem." — Nro. LXXXVI „fratribus de Perthersgadme." Nro. LXXXVII „super reliquias sancti Petri Berchtesgadme" (ch. CLVI). — Nro. CLII „ecclesiae sancti Petri Berchtesgadme." — Nro. CCXII „sancto Johanni Baptiste et sancto Petro Apostolo ad locum, qui dicitur Berthersgadem, qui situs est in archiepiscopatu de Salzburch."

[4] Ich habe zu diesem Behufe nach dem Vorgange Uhrig's die berühmten Traditiones Fuldenses benützt, da sich in keinem der sonstigen Schenkungsbücher (z. B. Emmerann, Berchtesgaden. u. s. w.) der specielle Willen des Schenkers, **Eigenthum** zuwenden zu wollen, so scharf und in so verschiedenartigen Formen ausgeprägt findet als hier. Es lassen sich dabei an dem 872 Dedicationen enthaltenden Codex Diplomaticus Fuldensis (herausgegeben von Ernst Friedrich Dronke, Cassel 1850) gelegentlich auch die oben erwähnten Uhrig'schen Distinctionen genau verfolgen.

des Klosters[5] und der Klosterkirche[6] ganz abzusehen, schenkt der Stifter in das Eigenthum des daselbst verehrten Heiligen[7] oder Martyrers,[8] oder dem letztern mit Hinzufügung der ihm dienenden fratres.[9] Besonders häufig finden sich die Zuwendungen in das Eigenthum der Abtei,[10] des Klosters oder des Heiligen in Verbindung mit dem Abte und dessen Nachfolgern,[11] oder in's Eigenthum des

[5] Dronke l. c. Nro. 554: . . . „totum et integrum ad sanctum Bonifacium, martyrem perpetualiter tenendum firma proprietate concessimus et de nostro jure in jus ac dominationem ejusdem fuldensis monasterii tradidimus.“ cf. Nro. 634, 678 u. 609.

[6] Dronke l. c. Nro. 174: „Dono trado atque transfundo de meo juro in jus et dominationem supradictae ecclesiae ita ut ab hodierno die supradicta ecclesia vel custores illius habendi donandi dominandi possidendi vel quidquid exinde facere voluerint liberam ac firmissimam in omnibus habeant potestatem.“ cf. Nro. 703.

[7] Dronke l. c. Nro. 482; „Trado ad reliquias sancti Bonifatii . . . ut ab hodierno die . . . ad sanctum Bonifatium redeat et absque ulla contradictione in suo permaneat dominio.“ cf. Nro. 454, 455.

[8] Dronke l. c. Nro. 479: „Trado ad sanctum Bonifatium ita ut ab hac die . . . juri ac dominationi memorati martyris firmiter ac perpetualiter subjaceat.“ Nro. 631: „in jus et dominium transfundit Christi martyris.“ cf. Nro. 467.

[9] Dronke l. c. Nro. 648: „Tradidit itaque jam dictus Adalhun ad S. Bonifacium in Gerratuhuson . . . et quidquid dici vel nominari potest, totum et integrum in jus ac dominium almi Bonifacii famulantiumque sibi transfusum est et vestitione firmatum . . . econtra accepit a praefato abbate . . . quidquid sanctus Bonifatius proprietatis habuit in Vischbach.“ Dronke l. c. Nro. 529: „Dono et trado meam proprietatem in jus et dominium S. Bonifatii et fratrum, qui in fuldensi monasterio deo deserviunt.“

[10] Dronke l. c. Nro. 529: „E contra abbati praedicto suaeque abbatiae in honorem s. Bonifacii constructae duas curtes . . . in proprium concedimus et largimur et de nostro jure ac dominio in ejus dominium omnino transfundimus.“

[11] Dronke l. c. Nro. 464: „Donamus atque tradimus ad monasterium s. Bonifatii et ad reliquias S. B. quod constructum est in pago Grapfeld, ... ea ratione ut a praesente die in dominium redeant s. Bonifatii et supradicti abbatis vel successorum ejus.“ cf. Nro. 567. „Tradimus deo et s. Bonifatio martyri ejus qui in monasterio Fulda etc. . . ut in dominationem s. martyris et praedicti abbatis et

Abtes und seiner Nachfolger schlechthin, [12] auch mit Hinzufügung der Familie des Heiligen [13]; ferner in das dominium der rectores monasterii [14] oder der Mönche schlechthin; [15] vereinzelnt selbst in das Eigenthum Gottes des hl. Märtyrers und der fratres des beschenkten Klosters. [16]

Bei der Aufzählung aller dieser Schenkungen war uns nur darum zu thun, negativ zu verfahren, d. h. recht scharf den Gegensatz hervorzuheben, in welchen diese Willensäusserungen mit der Annahme einer Zuwendung an die allgemeine Kirche stehen. Mit der Frage aber, ob den Mönchen, den Aebten, der Corporation oder dem Kloster das Eigenthum zustehe, wollen wir uns hier nicht befassen; es genüge, unsere Ansicht dahin auszusprechen, dass der Stifter, der im Mittelalter herrschenden Tendenz zur Personificirung folgend, bei der Wahl seiner Ausdrücke die Vorsteher u. s. w. nur als sichtbare Vertreter der unsichtbaren Corporation sich vor Augen zu halten pflegte. Nicht den Aebten, nicht den Mönchen etc., die ja vergänglicher Natur sind, sondern der stets fortdauernden gleichsam ewigen Corporation wollte das Eigenthum zugewendet werden. Konnte man doch von dem nicht juristisch gebildeten Schenker unmöglich verlangen, dass

---

successorum ejus redeat." cf. Nro. 438, 439, 440, 441, 465, 497, 532, 553, 571, 572, 581, 582.

[12] Dronke l. c. Nro. 442 . . . „ut a die praesente ex nostra potestate in supradicti abbatis et successorum ejus redeat dominium."

[13] Dronke l. c. Nro. 459: „Ut illa quae trado in dominium et in usum supradicti abbatis necnon et familiae s. Bonif. . . . redeant . . ."

[14] Dronke l. c. Nro. 512: . . . „In dominium redeat rectorum monasterii s. Bonifatii."

[15] Id. Nro. 391: . . . „Totum et integrum in vestrum redeat dominium."

[16] Id. Nro. 689: „Centradimus deo et s. Bonifacio martyri fratribusque ejusdem monasterii in perpetuam proprietatem." Nro. 718: „Fratribus deo sanctoque Bonif. in fuldensi monasterio . . . in perpetuam proprietatem donavimus."

er die einzelnen Mönche von der Corporation derselben und den sich als Eigenthümer gerirenden Vertreter der Corporation von dem wirklichen Eigenthümer (der juristischen Person selbst) zu unterscheiden vermöge, wiewohl gerade das richtige Verhältniss von dem Schenker zuweilen angedeutet wurde, indem derselbe durch den Abt, sich seiner also als Mittelsperson bedienend, dem Kloster das Eigenthum zuwenden will. [17]

Werfen wir nun nach dem Gesagten einen Blick auf den Urkundenbeweis, den die Vertheidiger des Eigenthums der allgemeinen Kirche angetreten haben. Maas bemerkt l. c. S. 697: „Die Schenkungsurkunden an die einzelnen Kirchen sind ebenso von der Idee durchdrungen, dass die Kirche der Eigenthümer derselben sei." In den alten finden wir, dass der Donator dem kirchlichen Institut in der Weise sein Vermögen widmet, dass er, wie Seitz bemerkt, die Schenkungsurkunde über dem Altare erhebend: „Deo, Christo, venerabili concilio etc." also der Kirche sein Gut dedicirt. Im Mittelalter, wo das Feudalwesen durchgebildet ist, wird der proprietarius (vasallus), dem die jura in re zustehen sollen, als Schenknehmer bezeichnet, jedoch als Eigenthümer (d. h. bei universitates als Zweck) die Kirche genannt. So heisst es in einer Schenkungsurkunde de 1432: „Waltherus Spies protonotarius pure propter Deum ac in remedium animarum (zu kirchlichen Zwecken) ecclesiam parochialem in Achdorf monasterio ad St. Blasium in silva nigra legavit." Auch in neuerer Zeit würden alle Stiftungen für einzelne kirchliche Institute dem Ordinarius als Vertreter der Kirche (nicht dem einzelnen Institute) offerirt und von

---

[17] Id. Nro. 863: „Venerabili Henrico abbatti fuldensi principi nostro dilecto ac per ipsum ecclesiae suae fuldensi montem dictum Roteberg... damus, donamus et tradimus, dedimus, donavimus et tradidimus ipsumque montem cum universis ut praedictum est pertinentiis proprietatis titulo tenendum et possidendum pacifice et quiete auctoritate regia transferimus et transfundimus in ecclesiam memoratam."

ihm acceptirt; so dass die Schulte'sche Behauptung, es sei in keiner Schenkungsurkunde die Kirche als Eigenthümer der zum Nutzen der einzelnen Institute gemachten Stiftungen bezeichnet, wohl nicht richtig sei. Man dürfe nur an die Reihe von Stiftungen denken, welche dem Ordinarius direkt zum Nutzen der einzelnen kirchlichen Institute legirt werden, so sei diese Behauptung schon widerlegt. [18] Alles dieses sind einfach Redensarten; denn es ist durch die obigen Urkunden zur Genüge bewiesen, dass der Schenknehmer, das ist das einzelne Institut, nicht nur die nuda proprietas, sondern das volle Eigenthum mit den allerkräftigsten Ausdrücken übertragen erhält, während Maas den Beweis seiner Behauptung, dass der allgemeinen Kirche je einmal in wirklich juristischem Ausdrucke Eigenthum übertragen worden sei, schuldig geblieben ist, da nicht einmal die oben citirte Urkunde seine Behauptung unterstützt.

Aber auch aus dem Rechte des Ordinarius, zu acceptiren, lässt sich sicher nicht der mindeste Beweis gegen das Eigenthum der einzelnen Institute führen, da der Bischof nicht für die allgemeine, sondern für die Partikularkirche acceptirt. Erklärt sich doch diese Befugniss des Bischofs vollkommen aus der Verfassung der Kirche, aus seiner Stellung als Aufseher (episcopus) über alles Kirchenvermögen der Diöcese; als solchem steht es ihm zu, von allen Vermögensveränderungen der einzelnen Kirchen Cognition zu nehmen, dieselben zu überwachen. Er muss acceptiren, [19]

---

[18] Vgl. auch: W. Maurer, über Eigenthum an Kirchen mit Dependenzen in den deutschen vormals mit Frankreich vereinigten Gebieten auf der linken Seite des Rheines. Rechtsgeschichtliche Erörterung mit Rücksicht auf Erkenntnisse verschiedener Gerichtshöfe. Darmstadt 1858, S. 17.

[19] In der systematischen Bearbeitung der in Meichelbeck's Historia Frisingensis enthaltenen Urkundensammlung von Haeberlin, I. Thl., Berlin 1842 — findet sich eine grosse Anzahl Schenkungen in's Eigenthum der einzelnen Kirchen, meist der ecclesia Frisingensis, jedoch in die Hände, in manus episcopi, cf. I 2 Nro. 429, Urk. v. J. 822: „Utrasque illas ecclesias domui Sanctae Mariae in manus Attonis episcopi firmiter condonaverunt et tradiderunt.“ Meichelbeck I, 2 Nro. 103: „Tradimus

da nur er im gegebenen Falle zu entscheiden hat, ob die Schenkung der einzelnen Anstalt fromme oder nicht. Acceptirt doch übrigens auch der Tutor die seinem Mündel gemachte Schenkung, und doch wird desshalb Niemand behaupten wollen, ersterer werde Eigenthümer des geschenkten Gutes. Auch kann man daraus, dass der Bürgermeister einer Stadt,

---

ad domum Sanctae Mariae ad Frisinga in manus Attonis episcopi." Nro. 104: „tradidit in manus episcopi;" vgl. Nro. 159, S. 110 u. Nro. 163 S. 111 I, 2. Es frägt sich nun aber, ob nicht nach der Intention des mittelalterlichen Schenkers der Bischof hiemit als reine Mittels- oder Durchgangsperson, als eine Art Treuhänder oder Salman bezeichnet werden wollte. Diese Auffassung wird durch den Umstand unterstützt, dass allerdings der Treuhänder in den Schenkungen an bayerische Kirchen und Klöster und zumal in Freising wiederholt genannt wird. — So heisst es z. B. im Schenkungsbuch des Klosters St. Emmerann Nro. 25: „Christi ecclesia cognoscat, quod presbyter quidam . . . commendavit proprietatem suam in manum cognati sui nobilis viri Adalberti eo jure, quatenus eam s. Emmerammo traderet." In diesem Ausdrucke hat Wittmann (vgl. oben S. 142 Nte 17) S. 19, Anm. 2. richtig den Treuhänder erkannt — Ich werde auf das Institut der Salmanen, soweit es auf K. Vermögen Bezug hat, weiter unten § 48 zu sprechen kommen; hier mag nur bemerkt werden, dass der Endzweck der Aufstellung eines Salman (manus fidelis delegatur, delegetarius), der stets darin bestand, dass durch ihn die eigentliche Uebergabe (manutraditio cf. Emm. Nro. 213 p. 106, 107) vorgenommen werde, und der häufig mit diesem Institute verbundene Umstand, dass eine hochgestellte Person als Treuhänder gewählt zu werden pflegte, um den Besitz gegen Uebergriffe übermächtiger Personen sicher zu stellen, (cf. Berchtesgad. Nro. 150, 326. Nro. 152, 328) die obige Annahme, den Bischof in vielen Fällen als eine Art Treuhänder (in manus) aufzufassen, gewiss begünstigen wird. Ein Eigenthum der allgemeinen Kirche aber lässt sich aus diesen Schenkungen in manus episcopi schon desshalb nicht folgern, da es notorisch ist, dass in den späteren Jahrhunderten alle Schenkungen an die Kirche zu Freising durch die Hände des Vogtes gehen, z. B. l. c. I. 2. Nro. 1016, 1018, 1025, 1026, 1086, 1090, 1133 u. a. Schenkt doch sogar ein Edler durch die Hände seiner Frau und Kinder an die Kirche von Freising, Meichelbeck Nro. 24 II, 2 „quod per manum et consensum uxoris meae Gu(o)tae omniumque librorum meorum donavi sub jure proprietatis plenitudine ecclesiae memoratae." Vgl. noch besonders Häberlin ad Meichelbeck S. 37.

ein der Stadt gemachtes Legat accepirt, noch lange nicht die Frage entscheiden, ob die vermachte Vermögensmasse fortan mit dem städtischen Vermögen **eine** Masse ausmachen wird, oder ob sie mit juristischer Persönlichkeit bekleidet fortan eine vermögensrechtlich selbständige Stellung einnehmen wird; man denke an ein Krankenhaus, eine Pfründneranstalt, ein Kunstinstitut; übrigens bedarf die Maas'sche Argumentation in ihrem Ausgangspunkte erst noch der Richtigstellung; denn es besteht im canonischen Rechte kein Satz, welcher für den Erwerb eines einzelnen kirchlichen Institutes, wodurch dasselbe lediglich gewinnt, ohne irgend eine Verpflichtung zu übernehmen, die Acceptation durch den Bischof vorschreibt, so dass hier der Vertreter des einzelnen Institutes den fraglichen Erwerb auch ohne bischöfliche Einwilligung zu machen befugt ist.

§ 20.

Die mittelalterlichen Formelsammlungen.

Um nun aber die gänzliche Unstichhaltigkeit der Maas'schen Behauptungen zu zeigen [1] und um jeden Schein einer Parteilichkeit in der Auswahl der zu benützenden Urkunden von vornherein von uns abzuwenden, wollen wir

---

[20] cf. Schulte die juristische Persönlichkeit der katholischen Kirche ihrer Institute und Stiftungen etc. Giessen 1869 S. 156. Das gegen Maas Bemerkte gilt auch gegen Phillips, insoferne er aus der Acceptation der einzelnen kirchlichen Schenkungen durch den Bischof wichtige Folgerungen ziehen zu können glaubt. cf. dess. Lehrb. d. K. R. S. 686.

[1] Aehnlich wie Maas sucht auch Phillips die Sache darzustellen, welcher (Lehrb. d. K. R. S. 691 Nte 23) bemerkt: „Solche Formeln wie die „de nostro dominio in jus et proprietatem transferre“ ... wurden ebenso auch auf die Kirchen angewendet; übrigens mag für viele hieher gehörige Verhältnisse auch darauf hingewiesen werden, dass der Ausdruck proprium während des Mittelalters häufig durchaus nicht in dem römischen Sinn gebraucht wird; so kommen z. B. häufig Verleihungen in proprium ad dies vitae vor.“

den Beweis, dass der mittelalterliche Schenker stets nur der einzelnen Kirche Eigenthum und zwar volles Eigenthum zuwenden wollte, aus jenen schablonartig gefertigten und uns in grosser Anzahl überlieferten Formularien führen, welche im concreten Falle nur ausgefüllt zu werden brauchten um ein nach allen Regeln des geltenden Rechts geordnetes Rechtsgeschäft zu Stande gebracht zu haben. Ja es ist für uns der auf diesem Wege geführte Beweis von weit grösserer Bedeutung, da wir in den einzelnen Schenkungs-Urkunden doch stets nur den Ausdruck der subjectiven Ansicht eines einzelnen Schenkers ausgeprägt finden, so dass erst durch Zusammenstellung einer grösseren Anzahl denselben ein Bild der Rechtsanschauung jener Periode entworfen werden kann, während hier eine einzige Formel gewiss von Tausenden gebraucht, allein schon genügen könnte, dieses letztere Resultat zu liefern. Es beruft sich übrigens Maas selbst auf die nachfolgende der bekannten Markulfischen Formelsammlung [2] entnommene Stelle: „Nullus judex publicus ad caussas audiendas aut freda exigendum, aut mansiones tollere praesumat, sed quidquid .... ecclesiae .... commanentes .... ecclesiae proficiat." Die arg verstümmelte und kaum mehr erkennbare Formel spricht aber gerade für das Recht der einzelnen Kirche, ja erwähnt die allgemeine mit keinem Worte; es wird nämlich daselbst bestimmt: „Igitur noverit solertia vestra, quod nos .... beneficium visi fuimus indulsisse, ut in villabus ecclesiae .... quas deinceps in jure ipsius sancti loci voluerit divina pietas ampliare, nullus judex publicus ... praesumat ingredi." Dass unter dem Ausdruck „ecclesiae" nicht die allgemeine Kirche verstanden werden könne, geht auf das Deutlichste schon aus dem Ausdrucke „in jure ipsius sancti loci" hervor, noch klarer aber aus den nachfolgenden Bemerkungen.

---

[2] Markulfi Monachi aliorumque auctorum Formulae veteres editae ab H. Bignonio lib. I Nro. III S. 11 u. 12.

„Sed quidquid exinde, aut de ingenuis aut de servientibus, caeterisque nationibus, quae sunt infra agros, vel fines seu supra terras praedictae(!) ecclesiae commanentes, fiscus potuerat sperare .... in luminaribus ipsius(!) ecclesiae, per manum agentium eorum proficiat in perpetuum.“ [3] Hätte sich der genannte Verfasser bemüht, tiefer in den Geist der mittelalterlichen Formeln einzudringen, so hätte derselbe zur Einsicht gelangen müssen, dass hier am Allerwenigsten ein Feld sei, auf dem die allgemeine Kirche Eroberungen machen könne, da gerade sie das Eigenthum der einzelnen kirchlichen Institute auf das Evidenteste bezeugen. So heisst es z. B. bei Mark. Monach. Formul. Lib. I Nro. XV S. 25 f. wo von einer Cession an eine Kirche die Rede ist; „Cognoscat magnitudo vestra, nos ad basilicam illam vel ecclesiam illam, ubi Apostolicus pater noster ille Abas praeesse videtur villam nuncupatam ... concessisse .... ut ipsam villam, memorata ecclesia illa, vel antedictus Pontifex aut ille Abas .... et ipsi successores sui habeant, teneant et possideant [4] vel quidquid exinde ad profectum ecclesiae illius aut basilicae facere voluerint ... habeant potestatem.“ Im lib. II Form. Mark. Nro. IV S. 62 (cessio a die praesente) [5] spricht der Schenker: „Cedimus a die praesente, cessumque in perpetuum esse volumus atque de jure nostro in jure et dominatione sanctae ecclesiae illius in honore illius constructae ... l. c. Nro. VI S. 65: „Dono donatumque esse in perpetuum

[3] Ebensowenig sprechen aber die weiter von Maas citirten Formulae (lib. I Form. I noch die Form. IV) für die allgemeine Kirche. So ist in der letzteren die Rede „de villis ecclesiae suae illius“ ... „de villis ecclesiae praefatae, in villas antedictae(!) ecclesiae;“ in fine heisst es weiter: „et quidquid exinde fiscus noster poterat sperare in luminaribus ecclesiae ipsius in perpetuum proficiat.“ Auch hier kann offenbar blos von einer einzelnen Kirche die Rede sein.

[4] Diess die damals übliche Bezeichnung für das Eigenthum, Roth, Benef. Wesen S. 214 Nto 54 u. S. 203. „Die Formel habeat, teneat, possideat der Ausdruck des vollsten Eigenthums.“

[5] Vgl. über diesen Ausdruck, Roth, Gesch. d. Benef. Wesens S. 434.

volo ad basilicam illam in honore Sancti illius constructam portionem meam . . . quidquid ibi ad praesens tam de alode parentum vel de quolibet adtractu possidere videor totum et ad integrum ad praefatam basilicam volo esse donatum." Unter den Formulae veteres incerti auctoris S. 149 findet sich für eine donatio ad casam Dei der nachfolgende Dedicationsmodus: „Dono ad praefatum monasterium a die praesente donatumque in perpetuum esse volo et de jure meo in jus et dominationem ipsius monasterii vel suis rectoribus trado atque transfundo ad possidendum," und weiter unten bemerkt der Schenker: „Quantumcunque in his locis a die praesente meae possessionis et dominationis est, totum et ad integrum ad ipsum monasterium et a die praesente de jure meo in jus ipsius monasterii et suis rectoribus trado atque transfundo." Von den Formulae veteres secundum legem Romanum verweisen wir auf die Formula I (donatio ecclesiae) S. 171: . . . „dono donatumque esse in perpetuum volo ad Basilicam s. Martini, ubi ipse pretioso corpore requiescit vel omni congregationi ibidem consistenti, cui venerabilis vir ille Abbas praeesse videtur — villam . . . . totum et ad integrum de jure meo in vestrum vel S. Martini, jure proprietario trado atque transfundo." — Für eine Schenkung auf Todesfall bediente man sich Beispielsweise der Ausdrucksweise: „Ad sacrosanctam basilicam sancti domini illius ejusque congregationem, ubi ille Abbas vel rector praesse videtur, dono donatumque in perpetuum esse volo." Nach dem Tode des Schenkers sollten die Rectores der Kirche die Schenkung „in eorum vel ipsius basilicae faciant revocare potestatem vel dominationem et ad ipsam sanctam basilicam proficiat in augmentum quia malo hoc post meum dicessum ipsam Basilicam habere quam caeteros heredes meos." cf. Nro. 35 S. 204.) In Nro. 36 S. 205 u. 206 heisst es: „Cedo ad sacrosanctam ecclesiam Sancti illius, quae est constructa infra urbem illam in Honore Sancti illius, ubi ille

Abba et rector praeesse videtur . . . cessumque in perpetuum esse volo jure legitimo, et de jure meo in jus et dominationem ipsius ecclesiae trado atque transfundo."

Nicht eine Schenkungsformel findet sich in den von Rozière,[6] Sirmondus,[7] Bignonius,[8] Lindenbrog,[9] Baluz[10] zu-

---

[6] Recueil géneral des Formules usiteés dans l'empire des Francs. cf. I S. 160: „donavimus donatumque in perpetuum esse volumus ad monasterium illum, ubi venerabilis abbas ille praeesse videtur, villas illas." (S. 161.) „Per praesens testamentum basilicam sancti illius heredem meam instituo." Eine Unmasse der schlagendsten Beweisstellen finden sich unter dem Titel „donationes ad loca sanctorum"; so heisst es z. B in Nro. 195 S. 232 (Boz. I) „Cedo ad sanctam ecclesiam sancti illius, quae est constructa infra urbem illam in honore sancti illius, ubi ille abba et rector praeesse videtur . . . cessumque in perpetuo jure legitimo esse volo, et de jure meo in jure et dominatione ipsius ecclesiae trado atque transfundo." Boz. I Nro. 200 S. 241. „Donamus, tradimus aliquas res nostras ad monasterium, quod dicitur illud . . . . totum et ad integrum tam de alode quam de comparato . . . de nostro jure in jure et dominatione jam dicti monasterii donamus, tradimus atque perpetualiter in omnibus transfirmamus in ea vero ratione, ut pars praedicti monasterii ab hac die hoc habeat, teneat atque possideat." Nro. 201 S. 242 Nro. 202 S. 244 „tradimus de nostro jure in jure et dominatione jam dicti monasterii." Unter dem Titel der donationes post ibitum heisst es Nro. 214 S. 225 . . . „in eorum vel ipsius basilicae faciant revocare potestate vel dominatione."

[7] Formulae Sirmondicae sive Form. veteres secundum leg. Rom. (bei Baluz II S. 467—494). Nro. 35 S. 488 Nro. 36 S. 489. „Cedo ad sacrosanctam ecclesiam sancti illius, ibi . . . . cessumque in perpetuo jure legitimo esso volo et de jure meo in jus et dominationem ipsuis ecclesiae trado atque transfundo."

[8] Formulae Bignonianae sive Form. quaedam variae incerti auctoris (bei Baluz II S. 495—509). Donatio ad casam dei XVII p. 514. „Donamus . . . ad basilicam illam, quae est in honore sancti illius constructa in loco hoc . . . ipsam rem superius dominatam habeant, teneant atque possideant."

[9] Formulae Lindenbrogii (bei Baluz II S. 509—567). Nro. 18 S. 515. „totum et ad integrum de nostro jure in jus et dominationem jam dicti monasterii per hanc chartulam donationis . . . donamus et tradimus atque perpetualiter in omnibus transfirmanus."

[10] Nova Collectio Formularum Stephanus Baluzius

sammengestellten, an denen irgend eine der gegnerischen Theorien auch nur den mindesten Stützpunkt gewinnen könnte, so dass es uns fast zu unerklärlich scheinen muss, wie denn überhaupt die Frage nach dem Eigenthum am Kirchenvermögen sich zu einer Streitfrage gestalten konnte.

Es wurde schon gelegentlich (cf. S. 121 Nte 24) bemerkt, dass schon aus dem Grunde die Annahme eines lehensrechtlichen Zusammenhangs der einzelnen Pfarrkirchen mit der bischöflichen Kirche nicht Stich halten könne, da sich ja das Vermögen der einzelnen Kirchen nicht nur aus beneficirten und precarisirten Grundstücken der bischöflichen Kirche, sondern auch durch Rechtsgeschäften aller Art gebildet hat. Es lässt sich nun in den Formeln verfolgen, wie überall die einzelne Kirche, wo sie auch immer sonstwie Rechtsgeschäfte eingeht, den zu erreichenden Rechtsvortheil beziehungsweise das Eigenthum stets nur sich allein zuzuwenden beabsichtigt. So spricht der Verkäufer in einer nach dem römischen Rechte abgefassten Verkaufsformel (Form. veter. secundum leg. Rom. Nro. 37 Mark. S. 207): „Unde accepi a vobis pretium pro jam dicto loco de thesauro ipsius Sancti, in quod mihi complacuit . . . et ipsum locum cum omni integritate . . . per hanc venditionem vobis vel ad ipsam sanctam casam tradidi perpetualiter ad possidendum, ita ut ab hodierno quidquid deinde vos aut successores vestri vel pars ipsius Basilicae facere volueritis, liberam et firmissimam habeatis potestatem faciendi" (cf. Nro. 38) oder er bedient sich nach einer andern Formel der folgenden Ausdrucksweise: „Constat me . . . . vobis vel ad monasterium vestrum vendere . . . vel quicquid ibidem praesens est mea dominatio, totum et ad

---

Tutelensis ex veterrimis codicibus manuscriptis eruit, in unum collegit nunc primum edidit. Nr. VII. (gelegentlich einer Schenkung an eine Kirche, donatio ad casam dei pro missas canendo.) „Cedo vobis . . . cessumque in perpetuo esse volo et de jure meo in jure et dominatione vestra transcribo." Cf. Nr. XXVIII und XXVII S. 570 . . „de meo jure in vestra trado dominatione ad possidendum."

integrum de jure meo in dominatione vestra per hanc venditionem tradidi vobis ad possidendum." (Formulae quaedam variae et incerti auctoris ex vetere Cod. Nro. 19 Mark. S. 232.)

Weit wichtiger als das Rechtsgeschäft des Kaufes ist für unsere Frage das des Tausches, da ja derselbe bei beiden contrahirenden Parteien stets Eigenthum begründet.[11] — Derartige Tauschformular[12] für kirchliche Institute finden sich bei de Bozière unter dem Titel „communitationes"[13] z. B. Nro. 306 S. 365: „Dedit itaque venerabilis vir ille episcopus illi abbati de rebus sanctis illius, quas ipse regere videtur in cambio .... Similiter visus est reddere ille abbas de rebus ecclesiae suae" u. Nro. 316 S. 376. „Dedit igitur praedictus vir ille memorato illo in loco ad partem venerabilis monasterii illius de rebus suae proprietatis tantum et tantum econtra recepit ab eo duce praedicti monasterii ... eo videlicet modo, ut quidquid pars parti contulerit, in perpetuum teneat atque possideat."[14]

Es ist eine bekannte Thatsache, dass die Kirche von jeher begierig darnach trachtete, ihr Vermögen zu vermehren und das Erworbene mit eiserner Festigkeit zu bewahren (manus mortua). Unter den Erwerbskünsten, deren sie sich im Mittelalter zu bedienen pflegte, nehmen nun die wichtigste Stelle, die sogen. contractus precarii ein (eine Art Leibrentencontract), deren Wesen darin bestand, dass der Schenker ein Grundstück unter der Bedingung in's Eigenthum einer Kirche verlieh, dass der Niessbrauch desselben ihm noch Zeit seines Lebens verblieb und erst nach seinem Tode an die betreffende Kirche übergehen sollte,

---

[11] cf. Windscheid P. II 2 § 398 zu Nte 4.

[12] cf. Roz. I No. 221 u. 273.

[13] Roz. I S. 353—387.

[14] Vgl. auch noch No. 299 S. 253 No. 303 S. 361 No. 304 S. 363 No. 309 S. 369 No. 312 S. 371 No. 313 S. 272 No. 315 S. 375.

wogegen sich die letztere, um die Schenker mehr anzuködern, häufig verpflichtete, denselben sogar noch den Gebrauch eines weiteren Grundstücks zu überlassen. Wir können somit auch bei diesen Contracten die Eigenthumszuwendungen an die einzelnen Kirchen in den uns überkommenen Formularen verfolgen.[15] Bei Mark. Form. lib. I Nro. 5 S. 64 heisst es hiebei: „Ad ecclesiam illam in honore Sancti illius villam nostram .... visi fuimus concessisse ea scilicet ratione, ... ut nisi usum tantum ... dum advivimus habere debeamus et post nostrum ambobus discessum ... in vestram eam faciatis dominationem revocare perpetualiter possidendum vel quicquid exinde facere legeritis, sicut nostra continet epistola ad profectum praefatae ecclesiae domini illius liberum habeatis arbitrium."[16] Diesen bedingten Schenkungen der Stifter entsprechen nun auf der andern Seite die Verleihungsbriefe (Prestariae) der Kirchenobern.[17] In den Form. vet sec. leg. Rom. Nro. 38 (Mark. Form. S. 208, 209) heisst es bei Gelegenheit einer Prestaria: „Ad tuam petitionem nostra decrevit voluntas, ut ibi res nostras vel Sancti illius in pago illo beneficiare usufructuario ordine deberemus .... Et post tuum discessum absque diminatione rerum vel mancipiorum .... in nostram vel ipsius sancti absque ullius ex pectata traditione vel judicum consignatione faciamus revocare potestatem vel dominationem." Wer in ein Kloster ging, pflegte demselben urkundlich sein Vermögen zu vermachen; derartige Fälle berücksichtigen Mark. Form. lib. II

---

[15] Ueber das Institut der Precarien cf. Roth, Feudalität S. 149. Planck l. c. Bd. II S. 309. Waiz, deutsche Verfassungsgeschichte II S. 196—200. — Roth, Gesch. des Benef. Wesens S. 360—363 u. 433—435. Walter, Lehrb. des K. R. § 249 Nte 9.

[16] Vgl. nach Mark. Form. l. I No. 39 S. 99.

[17] Bignon. Notae ad Markulf. S. 331: „Precaria propria dicebatur libellus, quo quis res ecclesiae utendas sibi dari rogabat, Prestaria autem vocabatur epistola, qua episcopus vel abbas rem ecclesiae concedebat." — cf. Salzburgisches Formelbuch S. 54 Nte 1 f.

Nro. II S. 57, 58, 59 u. Nro. III S. 60. „Idcirco per hanc epistolam donationis donamus donatumque esse in potestatem et dominationem monasterii illius in honore illius, abbatis illius, in pago illo constructi, ubi praeest venerabilis ille Aba, vel turba plurima monachorum adunita transmittimus atque transfundimus villas nuncupantes illas.“ [18]

Ich denke, der Rest eines Zweifels, wenn je die bisherige Beweisführung einem solchen Raum geben konnte, muss diesen sprechenden Zeugnissen gegenüber schwinden; um so mehr aber wird man Grund haben, sich zu verwundern, wenn man erfährt, dass sich auch die entgegengesetzten Theorien über das Rechtssubject des Kirchenvermögens auf die Intention der Geber, zu berufen wagen. Auch die Ansicht vom vermeintlichen Eigenthum Gottes oder Christi stützt sich darauf, [19] ferner die clericale Collegial-

---

[18] Der gleiche Geist durchweht auch die übrigen Formelsammlungen; ich verweise auf das Salzburgische Formelbuch im VII. Bande der Quellen und Erörterungen zur bayrischen und deutschen Geschichte cf. Form. No. 1 No. 2 No. 16 No. 17 No. 58, auf die Formulare Salamonis Form. XX l. c. S. 217 No. XXI S. 218; ferner wären zu nennen die sogen. „Alamanischen Formeln“ im VII. Bd. der Mittheilungen der Antiquarischen Gesellschaft in Zürich (1853). Form. 14 u. 15 die Reichenauer Formeln, herausgegeben von F. J. Mone in der Zeitschrift für die Geschichte des Oberrheins. Kalsruhe 1852 III. Bd. S. 385 ff. cf. No. 12, 13, 14, 15 u. 17; endlich die Formulae Antiquae Alsaticae bei Gg. Eccard Leges Francorum Salicae et Ripuariorum S. 233 z. B. Form. I.

[19] cf. Redoanus de rebus ecclesiae non alienandis Tractatus tractatuum cit. XV P. II 393: „Bona ecclesiae tradita, concessa donata aut oblata sunt Deo data et oblata; ecclesia enim cujus caput est Christus, habet dominium bonorum ecclesiae, quae quoad substantiam sunt pauperum, quoad administrationem sunt clericorum, quoad dominium sunt Christi, ipsae enim res fidelium oblationes appellantur, quia a fidelibus domino offeruntur . . quia homines talia offererentes ecclesiae habent respectum ad Deum, unde cum sint ista Dei, non possunt sine Dei consensu alienari, quia, quod nostrum est sine facto nostro a nobis evelli non potest, et Deus in rebus ecclesiae habet dominium et possessionem.“ Vgl. auch die weiter bei Hübler l. c. S. 8 Nte 5 in diesem Sinne sich äussernden Schriftsteller.

theorie,[20] ja selbst — incredibile dictu jene, welche annimmt, der Staat sei Eigenthümer des Kirchenvermögens;[21] dass endlich auch die Verfechter des Eigenthums der allgemeinen Kirche sich auf die Intentien der Stifter, die das Kirchengut stets der Gesammtheit offerirten, beriefen, hatten wir bereits oben zu bemerken Gelegenheit.[22] Andere scheuten

---

[20] Johan. de. Parrhisiis Tractatus de Potestate regia et Papali c. 6 bei Goldast Monarchia S. Romanii Imperii Francf. 1668 I 115. „Cum fundatores ecclesiarum intenderunt, dominium et proprietatem bonorum, quae dabant, transferre primo et directe in communitatem collegii, sc. talis ecclesiae, ad usum Deo servientium, et non in dominum Papam: manifestum est, quod communitas ipsa habet immediatum et verum dominium in bonis ipsis, et non Papa vel praelatus alius inferior. Aliter enim quoad talia bona non differret modus vivendi clericorum et monachorum a modo vivendi fratrum Minorum, qui ex voto suo sunt incapaces dominii talium bonorum in proprio et in communi."

[21] Garat der Jüngere bemerkt in der Sitzung der Nationalversammlung vom 24. October (Moniteur 316): „Premier fait. Les titres de fondation ne donnent pas au clergé de France. Second fait. Les titres de fondation ne donnent jamais à tel ou tel individu du clergé. Troisième fait. Les titres de fondation sont généralement énoncés dans les termes suivants: „Je fonde telle chapelle pour le service public du canton" etc. „Je donne telle somme pour qu'elle soit employée en messes, en prières pour le repos de mon âme" etc. Quatrième fait. La Nation est toujours intervenue dans les fondations. Cela est si vrai, que lorsque les fonds n'étaient plus suffisans pour acquitter le service, la Nation obligeait les héritiers à ajouter à ces fonds. Je conclus du premier et du second fait, que puisque les fondations n'ont été données ni aux corps ni aux individus, elles n'appartiennent pas au clergé. Du troisième et du quatrième, que puisque c'est à condition d'actes publics et nationaux que les fondations ont été faites, la Nation est propriétaire des fondations; que puisqu'elle a permis, elle est propriétaire de ce qu'elle a pu accepter et refuser." Vgl. auch die Bemerkungen von Treilhard Moniteur S. 315: „Les fondateurs ont donné à l'égsise, c'est à dire à la Nation."

[22] Vgl. S. 148 und die Würzburger Katholische Wochenschrift VII. 136: „Wie die specielle Intention den Genuss des Gutes dem particulären Kircheninstitut zusichert, so unterstellt die allgemeine Intention dasselbe dem Eigenthum der Gesammtkirche." Den Beweis

sich, bei der sie nur zu deutlich widerlegenden Tendenz der Schenkungsurkunden derartige Ungereimtheiten aufzutischen, und gingen vielmehr in negativer Weise zu Werke, indem sie auszuführen versuchten, dass, wie auch immer die Intention der Geber gewesen, hierdurch doch die rechtlichen Wirkungen ihrer Stiftungen nicht haben aufgehalten werden können. Diese Manipulation wurde insbesondere dazu benützt, um ein Eigenthum Christi, [23] oder seines Stellvertreters auf Erden, des Papstes, am Kirchenvermögen mit Gewalt durchzusetzen. [24] Ich brauche weder in der

---

dieser Behauptung durch eine Anzahl Schenkungsurkunden ist allerdings die Würzburger Kath. Wochenschrift schuldig geblieben. Vgl. auch noch J. A. a. Riegger Institutiones jurisprudentiae ecclesiasticae Wien 1768 III 25 § 372. „Ea (sc. bona ecclesiastica) ecclesiae, h. e. universo fidelium coetui tamquam personae morali oblata atque accepta sunt, ut ne deficiant necessaria ad fines religionis nostrae obtinendos remedia, ut exinde altarium ministri alantur, caetera pauperibus piisque usibus distribuantur."

[23] Vgl. J. B. van Espen: Jus Eccles. Univers. P. II s. 4 tit. I c. 3 n. 20 sq. c. 6 n. 29 (in Opp Col. Agripp. 1777) II 9. „Etiamsi laici, dum bona sua offerunt, ea de re non cogitarent, aut aliam forsan intentionem parum Christianam haberent, Ecclesia tamen non aliter ea acceptaret, nisi ut bona illa tamquam patrimonium Christi et ut res Dei, cui offeruntur, non in usus superfluos nec in divites, sed in necessitate ministrorum Christi et pauperum ejus membrorum aliosve pios usus ad honorem Dei impendenda."

[24] Vincentius Filliucius De statu Clericorum (Matr. 1626). Tract XLIV de alien. rer. Eccles. c. 3 § 1 n. 10 sq. n. 15 p. 71. „Objicies . . . qui donant Ecclesiae, nihil de Pontifice ipso cogitant, immo potius contrarium. Ergo per eorum donationem Pontifici non acquiritur. Respondeo nullus potest facere, ut leges sive naturales sive gentium, in dispositionibus suis locum non habeant. L. Nemo ff. de legat. 1. Quemadmodum ergo qui donat servo, non potest facere, ut donatum (si de civili possessione loquamur) non sit domini, et qui donat monacho, ut donatum non sit monasterii: ita qui donat gregi, eo ipso donat pastori, et propterea quicunque donant Ecclesiae et Christo, eo ipso donant Ecclesiae Pastori et Vicario Christi, quia dominium civile nullum de novo Christus acquirit nisi per eum, qui vices ipsius gerit in terris." Vgl. hiegegen bes. Thomas a Vio Cajetanus Comment. in Summam totius theologiae Thomas Aquinatis

einen noch in der andern Beziehung ein Wort zu verlieren; vielmehr will ich sogleich bemerken, dass in den Schenkungsurkunden an die einzelnen kirchlichen Institute ausser dem dedicirt ausgesprochenen Willen, volles Eigenthum an dieselben zu übertragen, noch weitere Momente zu Tage treten, die für die Eigenthumsfrage und hauptsächlich für das Verwaltungs- und Dispositionsrecht der Kirchenobern von der allergrössten Tragweite sind.

§ 21.

Nebenberedungen bei Uebergabe von Gütern an die Kirchen.

Wir haben oben cf. § 12 f. nachgewiesen, dass die Bischöfe in Folge ihres habsüchtigen Gebahrens selbst viel dazu beitrugen, dass das einheitliche Bisthumsvermögen nach und nach in eine grosse Anzahl von Specialzweckvermögen zerschlagen wurde; noch mehr aber trugen dazu die Nebenberedungen bei, welche die Schenkungen der Privaten an Kirchen und Klöster begleiteten. Denn nachdem die Kirchenwohlthäter bemerkten, eine welch' unumschränkte Gewalt der Bischof über alles Kirchengut nach den älteren Canones besass, da fing es an, ihnen Sorge zu machen, ob auch in der That das von ihnen dargebrachte kirchliche Vermögen dem, von ihnen bestimmten Zwecke dauernd erhalten, ob nicht der zum Unterhalte einer Kirche gespendete Acker in den bischöflichen Säckel wandern, ob nicht ein zur Gründung eines Kloster's gegebenes Legat statt dessen für ein Armen- oder Krankenhaus verwendet, oder gar einem Priester oder Laien als Prekarie, oder Beneficium gegeben würde. Wer mochte es unter diesen Umständen den Kirchenwohlthätern verargen, wenn sie jene bischöfliche Allgewalt schon bald mit scheelen Augen

---

Lugdun. 1587 II 2 q. 43 art. 8 II 152. „Quia nec Papa nec aliquis Praelatus est dominus rerum Ecclesiae, sed Ecclesia ipsa est domina: quia donatores non donant et transferunt jura sua in Papam aut Praelatum, sed in Ecclesiam Romanam vel talem."

ansahen,[1] und immer mehr auf Mittel sannen, wie derselben wirksam zu begegnen sei?

Der erste schüchtern gemachte Versuch bestand darin, dass die Schenkungen schon nicht mehr in das Recht der bischöflichen Kirche, als der ursprünglich einzigen eigenthumsfähigen Anstalt innerhalb der Diöcese,[2] sondern in das der einzelnen Pfarrkirchen und sonstigen Wohlthätigkeitsanstalten gemacht wurden.[3] Dass sich die kirchliche Gesetzgebung diesem Fortschritte gegenüber nicht absprechend, vielmehr im Gegentheile höchst zuvorkommend verhielt, wurde im vorigen Abschnitte durch eine Reihe von Belegstellen bewiesen.[4]

---

[1] Thomassin P. III L. II C. V n. 7 bemerkt: „Aegre nonnunquam ei Episcoporum in temporalia potestati assentiebantur, qui ecclesias fundaverant."

[2] Vgl. oben S. 22 zu Nte 11 S. 42 zu Nte 40 S. 102 zu Nte 13.

[3] Als Beleg hiefür dient bes. der bereits oben § 12 zu Nte 34 citirte Canon der Synode v. Hippo: „Ut episcopus Matricis n n usurpet, quidquid fuerit donatum Ecclesiis, quae in Dioecesi constitutae sunt"; ferner alle jene Stellen in den Concilien, welche schon von einem selbständigen Pfarrvermögen sprechen. Vgl. z. B. Concil Cabilionens. a. 650 „de rebus Parochiae" (oben § 12 zu Nte 36). Concil Tolet. IV. „de rebus ecclesiarum parochialum" (cf. S. 109 Nte 37). „Parochiae bona omnia" (vgl. oben § 12 Nte 39). „rem tituli sui" (vgl. oben § 12 zu Nte 35 auch l. c. Nte 21). Ein eigenes Vermögen einer Pfarrkirche, wie es unter diesen und ähnlichen Ausdrücken begriffen ist, konnte nämlich, wie bereits bemerkt, offenbar nur aus Schenkungen herrühren, welche unmittelbar an dieselbe unter Exemption von der bischöflichen Centralgewalt gemacht worden waren.

[4] Vgl. bes. die in der vorigen Note cit. Concilien und Huller die juristische Persönlichkeit der Domkapitel in Deutschland. Bamberg 1854 S. 34. „In dieser Periode wurde auch die Anordnung getroffen, dass diejenigen Gaben, welche der Kirche zugewendet, aber zu einem speciellen Zwecke bestimmt wurden, nicht mehr in das der Theilung unterliegende Gesammtkirchenvermögen geworfen, sondern als ein hievon getrenntes Ganze behandelt und ausschliesslich für diesen Zweck verbraucht werden sollten. So bestimmte Ludwig der Fromme in einem Capitular v. J. 816 art. 4, dass zwar Alles, was von den Gläubigen der Kirche freiwillig gereicht würde, nach der alten Weise vertheilt werden solle, fügt aber

Der Stifter eines kirchlichen Zwecken dienenden Vermögens begnügte sich jedoch schon bald nicht mehr damit, das zu beschenkende Institut unter den sich innerhalb der Diöcese befindlichen frei zu wählen, demselben volles Eigenthum zu übertragen und dabei noch etwa ganz genau den Zweck zu bestimmen, welcher mit dem Vermögen zunächst verfolgt werden solle, [5] derselbe geht bald noch einen Schritt weiter. Den früher geschilderten unsicheren Zustand vor Augen habend, suchte er in seinem Streben, für die Sicherheit und Unantastbarkeit des Stiftungsvermögens zu sorgen, hiefür noch bessere Garantien zu schaffen: Der Schenker nimmt desshalb vor Allem das Moment des dauernden, ja ewigen Bestandes seiner Zuwendung in die Schenkungsurkunde auf; [6] er will Unvergänglichkeit und damit Unantastbarkeit des gestifteten Vermögens. Diesen Zweck zu erreichen, wendet er nun wiederum die verschiedensten Mittel an: Hauptsächlich ist es die Macht des Bischofes, des Vertreters der allgemeinen Kirche, die er von jedweder Disposition über das gestiftete Vermögen auszuschliessen strebt. [7] Keine Gewalt,

---

die Clausel hinzu: „nisi forte a datoribus, ubi specialiter dandae sint constitutum fuerit."

[5] Vgl. z. B. das Schenkungsbuch des Klosters St. Emmeran (cf. S. 142 Nte 17) No. CXCIII. „Tradidit S. Emmeramo specialiter ad sancta tecta templi ac restauranda quaelibet scissa et neglecta vel inveterata."

[6] Mark. Form. lib. II tit. I. Mit einer wahren Aengstlichkeit sucht der Schenker das Vermögen gegen Angriffe von allen Seiten zu schützen; das Capital solle nicht vermindert werden, nicht einmal durch Tausch solle etwas dem Zwecke entfremdet werden können, perpetualiter solle es in potestate praefati oratorii illius ipsorum pauperum Christo favente verbleiben, sogar der Stiftungsbrief solle incorrupta, intemerata inviolataque bleiben. — Form. vet. incerti Auct. Nro. 26. „Cedo ad lumen vel sacrificium ad ipsam casam dei vel ipsam domum dei cessumque in perpetuum esse volo et de jure meo in jus et dominationem iusius ecclesiae transcribo et transfundo."

[7] Vgl. die Formulae veteres inc. auct. Nro. 26 S. 137 Mark. Form. Lib. II Nro. 1 S. 53. Bozière l. c. II Nro. 575 S. 733 S. 735: „Nullus episcoporum ut diximus nec praesens neque fuerint successores seu

weder eine weltliche[8] noch eine geistliche, der oberste

archidiaconi vel eorum ordinatores vel qualibet persona possit . . . de loco ipso auffere aut aliquam potestatem sibi in ipso monasterio . . . adeptare vel aliquid quasi per commutationis titulum minuere aut de monasterii ornamento vel de offertione in altaria relata abstollere." — Boz. II No. 576 S. 738: „et nullus episcopus et nullus comes nec eorum missus in ejusdem monasterii possessionibus . . . vel mansiones pararare . . . praesumat." Boz. II Nro. 573 S. 727. Mabillon de re diplom. lib. VI Nro. 36 (anno 723). „Nullus episcoporum nec praesentis nec futuri fuerint successores aut eorum ordinatores vel quislibet persona non possit quoque ordine de ipso loco aliquid auferre aut per aliquam potestatem sibi in ipso monasterio usurpare." Schenkungsbuch des Klosters St. Emmeran: Nro. 115 S. 50; Nro. 138 S. 62. „Neque episcopus neque abbas quemquam illorum in beneficium ulli dare potestatem babeat." Vgl. auch aus der oben Nte 18 citirten Sammlung von „Alamanischen Formeln" die Form. XXI: „et nullus episcopus nullus comes, nec eorum missus in ejusdem monasterii possessionibus absque petitione vel consensu abbatis ipsius concilium congrerare, vel mausionis sibi parare, vel ad ipsum monasterium, si quando eum rationalis causa sive necessitas itineris pertraxerit, cum multitudine hominium vel exercitu venire praesumat, sed modeste et decenter, sicut sancta loca decet adire: nec ullus superioris aut inferioris ordinis judex aliquid de ejusdem coenobii possessionibus, quas modo legaliter obtinet, vel postea conquisierit vel acceperit, suo juri sive publico vindicare audeat." Es ist nun aber gerade diese Ausschliessung der bischöflichen Macht für die Eigenthumsfrage der einzelnen Institute von grösster Wichtigkeit. Die einzelne Kirche wurde ja dadurch vermögensrechtlich gleichsam aus der bisthümlichen Gütergemeinschaft herausgehoben, ganz isolirt, da man zwar in allen geistlichen, nicht aber in weltlichen Verhältnissen dem Bischofe, dem Vertreter der Kirche ein Recht über das Vermögen jeder einzelnen Kirche mehr zugestehen wollte. Welcher Werth nach der Kenntnissnahme dieser Verhältnisse jenen oben von Maas citirten canones mit dem Refrain episcopus plenam habeat potestatem largiendi etc. zuzumessen sei, tritt jetzt wohl klar zu Tage. — Man wird nun vielleicht einwenden, die Kirche habe jene Expectorationen der einzelnen Schenker keineswegs berücksichtigt, allein auch diese Behauptung ist unbegründet. Wir sahen dieselbe Ausdrucksweise in die Concilien aufgenommen. Vgl. S. 113 d. Abh. und zudem hat, wie sogleich gezeigt wird, der Stifter schon dafür gesorgt, seinem Stiftungswillen den gehörigen Nachdruck zu verleihen.

[8] Form. vet. incerti auctoris Nro. 44 l. c. S. 152 „Ut nullus judex publicus, vel quislibet judiciaria potestate accinctus

Dispensator, der römische Bischof selbst [9] nicht ausgenommen, sollte berechtigt sein, seinem Willen zu derogiren, das Vermögen seinem Zwecke zu entfremden, auch nicht unter dem etwaigen Vorwande, mit dem Vermögen einen andern kirchlichen Zweck zu dotiren; [10] und um ja sicher

in curtibus vel villis ipsius monasterii nullum debuisset habere introitum nec ad caussas audiendas, nec freda exigenda nec ad fidejussores tollendos nec mansiones aut paratas requirendas, nec nullas retributiones exactandas, et quod fiscus noster exinde exhibere poterat, nullatenus ex hac re requiratur."

[9] Graf Willelmus sucht das Vermögen des Klosters Klugny, das er gegründet, durch folgende Ausdrucksweise zu sichern: „Ut ne aliquis principum saecularium nec comes quisquam nec episcopus quilibet nec Pontifex sedis Romanae invadat res ipsorum dei servorum, non distrahat, non minuat" (cf. Du Chesne Guisnes pag. 44.)

[10] Cf. Mabillonius de re diplomatica lib. II cap. IX S. 104. „In privilegio Augustodunensis xenodochii, . . . duae inveniuntur formulae imprecationum; Prima: Statuentes nullum Regem nullum Antistitem nullum quacunque praeditum dignitate vel quemquam alium de his, quae xenodochio a suprascriptis praecellentissimis filiis nostris Regibus jam donata sunt, vel in futuro a quibuslibet aliis de proprio fuerint jure collata, sub cujuslibet causae occasionisve specie minuere vel auferre, sive suis usibus applicare, vel aliis quasi piis causis pro suae avaritiae occasione posse concedere: sed cuncta, quae ibi collata sunt, vel offerri contigerit, tam a te, quam ab eis, qui in tuo officio locoque successerint, perenni tempore illibata, et sine inquietudine aliqua volumus possideri." — Mabillon. de re diplomat. lib. VI I. „Retineo usumfructum in vita mea, eidem ecclesiae catholicae proprietatem hujus epistolae largitione transcribens; . . . . ne unquam cuilibet antistitum, presbyterorum sibimet succedentium vel clericorum quidquam ex his praediis vel hortis vel speciebus argenteis seu vestibus a me supra designatis alienare in aliam quolibet titulo unquam liceat, aut certe sub occasione cultus divini ad alterius ecclesiae ornatum qualicunque ex hac occasione transferre . . . . quoniam largitatis nostrae praesentis perpetuam praefatae ecclesiae cupio pertinere substantiam . . . . Quod si quidquam de alienatione a me prohibita fuerit forte tentatum, tunc ego, vel haeres, haeredesque sui, vel successor, successoresve mei vel qui illis deinde successerint, universa, quae hujus donationis sunt, tenore comprehenso, ad suum jus proprietatemque reducant; quoniam quod a nobis cogitatione venerandae religionis oblatum, secundum legem et conditionem positam licere non debet cuicumque personae vel alterius ecclesiae vel praediis cujuslibet deputare."

zu gehen, schlägt der Stifter nun selbst wieder die verschiedensten Wege ein, ringt den weltlichen Grossen und Bischöfen, ja dem Papste selbst das feierliche Versprechen ab,[11] für die Integrität des Vermögens zu wachen und ihrerseits dasselbe nie antasten zu wollen,[12] oder er erbittet

[11] In dem oben citirten Testamente des Stifters des Klosters Clugny heisst es im Anschlusse an die obige Stelle: „ut pontifex apostolicae sedis alienet a consortio sanctae dei ecclesiae et sempiternae vitae praedones et invasores ac distractores harum rerum."

[12] Formulae Mark. lib. I form I S. 6. (so spricht der Bischof): „Nullam penitus aliam potestatem in monasterio, neque in rebus neque in ordinandis personis, neque in villabus, ibidem jam conlatis, aut deinceps ... conlaturis, vel in reliqua substantia monasterii, nos successoresque nostri episcopi aut archidiaconi seu caeteri ordinatores, aut quaelibet alia persona praedicatae civitatis habere non praesumat, aut quodcunque de eodem monasterio sicut de parochiis aut caeteris monasteriis, muneris causa audeat sperare, aut ferre. Nec de hoc, quod a dominum timentibus hominibus transmissum, aut in altario offertum fuerit, aut in sacris voluminibus vel quibuscumque speciebus ad ornatum divini cultus pertinet, aut praesens conlata vel deinceps conlatura fuerint auferre praesumat." — Mabillon. de re diplom. lib. VI c. 35. (anno 720): „Et quidem quae possident vel adhuc largiente Domino a christianis hominibus collatum fuerit, sibi semper vindicent, habeant atque perpetuo jure tempore nostro vel successorum nostrorum defendant, eisque proficiat perenni firmitate, nec nobis nec nostro cuidam successori quiddam aliud dent, nisi juxta postulationem fratrum vel statuta sanctorum Patrum, quam honores impositae manus, graduum benedictiones subsequentium, altaris chrismatis et olei sancti: et hoc ipsum absque ullo praemio secundum sanctas scripturas accipiant." ... Mit dem einfachen Ausspruche, das Vermögen unangetastet zu lassen, begnügen sich indess die Bischöfe noch keineswegs, sie brechen gegen sich selbst in Verwünschungen aus, wenn sie ihre Zusage nicht erfüllen sollten. So findet sich z. B. folgende Verwünschungsformel des Bischofes Bonifacius von Mainz: „Quod si (quod absit) contra bujus promissionis meae seriem aliquid facere quolibet modo seu ingenio vel occasione tentavero, reus invenior in caetero judicio ultionem Ananiae et Sophirae incurram, qui vobis etiam de rebus propriis fraudem facere praesumserim." Ja der römische Bischof selbst wirft sich in den Bann (anathemati se ipse subjicit): „Si quis unquam aut seu nos sive alius aliquid praesumat contra evangelicam traditionem" etc. Diurn. Rom. p. 69 ibid. p. 43 u. p. 31. — In ähnlicher Weise war es

von dem letztern Exemption von der bischöflichen Gewalt,[13] oder stellt, auch hiemit nicht zufrieden, das Stiftungsgut ohne weiters in's Eigenthum der höchst privilegirten kirchlichen juristischen Person, der römischen Kirche;[14] oder der Stifter wendet sich an die weltliche Macht, den König, dass er ihm seine Schenkung bestätige,[15] und spart dabei keine Verwünschungen gegen jene, die es wagen sollten, sich seinen Stiftungsgesetzen zu widersetzen;[16] ja er vereinigt wohl

auch bei den Schenkungen von Privaten üblich, sich selbst und seine Erben von jeder weitern Verfügung betreffs des Stiftungsgutes auszuschliessen. — Boz. II Nro. 209 S. 249. „Quod si ego aut aliquis heredum vel proheredum meorum vel qualiscumque persona istam traditionem praesumptiose infrangere voluerit aut distruere temptaverit, nullo modo valeat conatum affectus sui obtinere" ... cf. Nro. 210 u. 211. — Formul. Sirmond. I. Baluz. 470. vgl. indess oben S. 166 Nte 10 u. S. 169 f.

[13] Eine grosse Anzahl von Urkunden, in welchen die Bischöfe Klöster von der bischöflichen Gewalt in temporalibus eximiren, finden sich bei Wadding Annales Minorum Tom. I Regest. Pontificium, z. B. S. 17: „Eapropter praefatum monasterium et personas illic nunc et in futurum commorantes cum omnibus bonis suis ab omni jure Episcopali ... eximimus, nihil aliud nobis et Ecclesiae Mediolanensis in eisdem reservantes, nisi consecrationem Ecclesiae et altarium cum fuerimus requisiti, si tum nos et successores nostri gratis et sine pravitate aliqua voluerimus consecrare" etc. cf. l. c. S. 21. S. 23. S. 25, 26. S. 31. S. 60, 62, 63. „monasterium ... cum omnibus bonis rebus et possessionibus suis praesentibus et futuris ab omni jure et jurisdictione Episcopi et cujuslibet alterius conditionis obligatione ac gravamine tam in spiritualibus quam in temporalibus liberamus et exemimus, pleno jure" etc. cf. S. 64, 67, 70, 77, 78, 87, 92.

[14] Eine grosse Anzahl von Belegen hiefür s. unten § 24. S. 185 f.

[15] Mark lib. I form. 2: „Sancitum esse cognovimus, nullus episcoporum, ut diximus, nec praesens, neque si fuerint, successores, seu archidiaconi, vel eorum ordinatores vel quaelibet persona possit quocunque ordine de loco ipso aufferre."

[16] Mark. form. lib. II form. I S. 55. „Si quis hanc voluntatem meam convulsor etiam aut tergiversator extiterit, anathema sit et tam qui fecerit quam qui faciendo consenserit, anathema sit: et sicut Dathon et Abiron hiatu terrae absorpti sunt, vivens in infernum descendat ... et in praesenti et in futuro saeculo partem damnationis excipiat." Cf. Böhmer. Jus eccles. prot. lib. III tit. 13 § 51 u. Bignon l. c. S. 250. „Frequens tum erat et etiam postea anathematis poenam instrumento-

häufig mit seiner Stiftung eine Poenalclausel auf Strafzahlung einer gewissen Summe gegen den, der es wagen sollte, von dem Vermögen etwas hinwegzunehmen;[17] oder er reservirt endlich sich und seinen Erben ohne weiteres das Recht, die Sache bei stiftswidriger Verwendung des Bischofs wieder in sein Eigenthum zu revociren.[18] So

---

rum sanctionibus inferre." — Vgl. bes. Mabillon. de re diplom. lib. VI n. 6. — Häberlin ad Meichelbeck l. c. S. 8 (die stipulatio poenae.).

[17] Lex Alamannorum l. c. „Et si aliqua persona aut ipse qui dedit vel aliquis de heredibus ejus ipsas res de illa ecclesia abstrahere voluerit vel aliquis homo seu qualiscumque persona hoc praesumpserit facere, et effectum, quem inchoavit, non obtineat et Dei judicium incurrat et excommunicationem sanctae ecclesiae et multam quam charta continet, persolvat et res illas ex integro reddat et fredum in publico solvat, sicut lex habet. Et si fuerit aut ego ipse aut ullus de heredibus meis vel quaelibet persona, quae contra hanc donationem aliquid refragare vel calumniam generare praesumat illud quod repetit, non vindicet, et insuper contra cui litem intulerit sol. quingentos componat." cf. Form. Veter. sec. leg. Rom. Formul. I u. d. Reichenauer Formeln Nro. 18.

[18] Mark. Form. veteris; incert. auct. Nro. XXI. Vgl. die aus Mabillon. in Nte. 10 citirte Stelle; auch Mabillon. lib. VI Nro. 87: „Propterea cedimus casae jam dictae aliquid de rebus proprietatis nostrae ea sc. ratione u. s. w. Post obitum vero canonici ipsius casae dei ecipiant in potestate et dominatione et in nostris luminariis et in stipendia canonicorum sive pauperum et Abbas casae jam dictae nullo tempore in ista villa potestatem habeat. Et si hoc fecerit, tunc propinqui nostri, qui nobis heredes esse videntur, in sua veniant potestate." Bignon notae ad Mark. S. 313. „Aliquamdiu autem in donationibus ecclesiae factis nominatim cavebatur, ne in beneficium praestarentur, cujusmodi sunt in traditionibus Fuldensibus lib. II. Ut nullus, clerici aut laici, aut alterius personae beneficium nunquam fiat. Et si unquam factum fiat, nos jure hereditario praedictum locum accipiamus" Cf. Schenkungsbuch des Stifters Obermünster zu Regensburg, herausgegeben von Dr. Wittmann in den Quellen zur bayerischen und deutschen Geschichte. Erster Band, München 1856. p. 165 „ad aram sanctae Mariae unam regalem tradidit hobam ... eo tenore, ut si aliquando alicui extra istam familiam in beneficium concederetur, procul dubio proximo affiini hereditario jure attineret" — Beispiele, dass der erbliche Fortbesitz (Eigenthum) des übergebenen Gutes gegen einen jährlichen Census für die ganze Nachkommenschaft ausbedungen wurde: s. Schenkungsb. d. Kl. St. Emmer. Nro. 175 S. 87 u. Nro. 265 S. 139 „usu praedicti praedii omni, quoad vivant,

kommen Schenkungen vor, in welchen das Geschenkte zwar in das Eigenthum des beschenkten Instituts übergehen solle, jedoch in der Art, dass der Schenker und seine Erben das Recht besitzen, bei etwaigem durch Bischof oder Abt erfolgenden Verkauf gegen ein auf den Altar gelegtes Geldstück die Hingabe selbst zurücknehmen und in Folge davon als Eigenthümer gegen den nunmehrigen Besitzer die Vindication anzustellen, damit sie das dem unrechtmässigen Besitzer abgejagte Vermögen wieder der betreffenden Kirche anweisen könnten.[19]

Mit all' diesen Nebenberedungen und Clauseln war

---

tempore posteri eorum utantur, deficiente vero genere in proprietatem cedat ecclesiae (scil. donatae)."

[19] Schenkungsb. des Kl. St. Emmer. XC S. 39: „Quidam nobilis homo ... dedit sancto Emmerano hobam unam, ea sc. ratione, ut si quis episcopus aut abbas ipsam hobam in servitutem cuique dederit ipse Marcuardus aut proximus ejus heres unum denarium super aram s. Emmerani ponat et in proprietatem sui recipiat donec denuo ad sanctum Emmeramm perpetua stabilitate confirmet." cf. l. c. XCI. „Pertholdus et Odadricus dederunt tres manos ad dei nutricis Emmer. altare . . . si aliqua praevalens eosdem mansos inde conetur auferre manus, eorumdem fratrum unus vel eorum hereditatis proximus nummum aureum ponat super praedicti s. Emmerammi martyris altare, potensque sit recipiendae vestiturae revestiturus eam communioni fraternae." Cf. Nro. 130. S. 58 „et ne cuiquam hominum ab abbate loci concedatur, aureo denario proximi sui heredis redimi sub his testibus constabilivit . . ." u. Nro. 136 S. 61, 62. „Si quis autem abbas hanc traditionem irritam fecerit et praedictum allodium alicui in beneficium concesserit, quisquis voluerit de heredibus suis super altare denarium ponat et supradictum praedium in proprietatem recipiat." Aehnliche Fälle finden sich bei Meichelbeck Nro. 1133 I, 2 (für eine unbedeutende Summe Geldes die Schenkung vom Abte zurückkaufen können) cf. 1176, 1240, 1262 etc. I, 2 — oder es wird bestimmt, dass, wenn die Kirche resp. der Bischof den mit der Schenkung übernommenen Verpflichtungen nicht nachkommt, dieselbe ohne weiters ungiltig und der Schenker das Seinige zurückerhalten solle. Nro. 1133, I, 2. Aehnliche interessante Fälle finden sich in l. c. Nro. 1270, 1278 I, 2. u. a.

offenbar ein ganz neuer Geist in das kirchliche Vermögensrecht getreten, die bischöfliche Machtbefugniss (plena potestas!) über das Vermögen jeder einzelnen Kirche dadurch auf ein Minimum (Oberaufsichtsrecht) reducirt, ja die eigentliche dispositive Gewalt des Kirchenobern, in so lange der Stiftungszweck überhaupt bestand, durch den Willen des Stifters geradezu ausgeschlossen. Erst dann, wenn der ursprüngliche Zweck nicht mehr erreicht werden konnte, durfte der Ordinarius seine erst jetzt wieder Platz greifende dispositive Gewalt zu einer etwaigen Innovation entfalten, wenn nicht der Stifter auch für diesen Fall in dem Stiftungsbriefe vorgesehen hatte. Die Selbständigkeit des in dieser Weise an einer einzelnen Kirche entstandenen Zweckvermögens war nun in der That eine vollkommene; nicht nur, dass das Vermögen einem eigenen Zwecke diente, es diente demselben auch selbständig, d. h. von den Einflüssen einer höhern Macht frei und unabhängig. Ein Eigenthum der allgemeinen Kirche an dem derartig entstandenen Vermögen eines kirchlichen Instituts zu statuiren, klingt wie Ironie.

Es tritt nun aber, nachdem wir den Geist kennen gelernt haben, der die Zuwendungen an die Kirche beseelt, doch noch die Frage heran, in welches Verhältniss sich denn die Kirche zu diesem Willen des Stifters überhaupt gesetzt hat; denn was nützen uns Tausende von Schenkungen in das Eigenthum des einzelnen Instituts, wenn es etwa Prinzip der Kirche ist, den Willen des Stifters keineswegs als für sich bindend zu erachten, so dass es ihr also gestattet wäre, ganz nach ihrem Belieben damit zu verfahren. In dieser Beziehung haben wir Nachfolgendes zu bemerken: Es ist ein Grundsatz der Kirche, dass vor Allem die lex fundationis nach Kräften erfüllt werden müsse.[20] Dazu drängt sie schon

[20] De Nicollis, Praxis canonica, cui accedit praxis curiae romanae, Salisburgi 1792 Tom. I, p. 156 n. 106. Constitutio Papae

ihre Pietät und die dankbare Erkenntlichkeit gegen jene, deren Frömmigkeit sie die zeitlichen Wohlthaten verdankt, dazu drängt sie aber noch mehr ihr eigenes Interesse, das die Kirche stets zu wahren gewusst hat, denn wer möchte sich auch noch angezogen fühlen, eine Schenkung zu einem bestimmten kirchlichen Zwecke zu machen, wenn man sieht, wie kurz darauf Kirchenobern das Vermögen, welches man für eine Todtenmesse bestimmt hat, zur Ausbesserung des Pfarrhauses oder zur Anschaffung reicher und üppiger Messgewänder verwenden? Will die Kirche den Schenker auf ihre Seite gewinnen, so darf sie mit dessen Willen nicht spielen, sie muss ihn ehren und zu erfüllen suchen, so lange es überhaupt möglich und statthaft ist.

Gewiss werden nunmehr, nachdem gezeigt worden ist, welche Absicht in den Zuwendungen an die einzelnen Kirchen sich geltend macht, die Gesetze der Kirche, die es sich zum Hauptziele setzten, das Specialvermögen der einzelnen kirchlichen Institute gegen jedwelchen Eingriff zu schützen, ihrer tiefen, i n n e r e n Begründung nicht mehr entbehren; denn was manifestirt sich darin anders als der Geist der

---

Clementis VIII, 24. Dec. 1604: **„omnia integre adimpleantur ad mentem fundatorum vel dantium eleemosynam,“** und S. 165. „Incumbit etiam visitatori exquirere, an beneficiati onera Missarum aliaque beneficio annexa adimpleant, prout tenetur ex d i s p o s i t i o n e f u n d a t i o n i s.“ — Vgl. die Decrete des Concils von Paris (in Ginzel's Archiv für Geschichte Hft. III.) tit. III, cap. VIII. De fundationum executione S. 80. „Ut plane et assidue executionum fundationum invigilet episcopus exiguunt s i m u l R e l i g i o e t c a r i t a s e t j u s t i t i a haec decernunt Patres in praedictis locis quam primum conficiendum esse indicem omnium tum bonorum et redituum, tum onerum, tum denique instrumentorum, quibus innotescit fundatorum voluntas.“ — L'ami de la réligion tom. 6 Nro. 152 S. 321. (Rapport de M. Chifflet sur les dotations du clergé.) „Un autre principe, base essentielle de notre projet de loi est le respect pour les intentions du donateur. Quoi de plus sacré aux yeux de tous les peuples, que la condition apposée à un don à la volonté d'un testateur. Partout cette volonté doit être notre guide et quand elle porte sur un but particulier d'utilité, sur le choix d'un bénéfice et même quand elle règle le genre d'administation.“

damaligen Zeit. Wird aber wohl zu erwarten sein, dass, wenn in einem ganzen Volke die lebhafteste Ueberzeugung zum Durchbruch gelangt ist, das Eigenthum werde der einzelnen Kirche zugewendet werden, das Gesetz, in dem sich stets mehr oder minder die Rechtsüberzeugung des Volkes abspiegelt, dieser letztern Hohn sprechen werde? Man kann desshalb im Hinblick auf die fundationis kühn behaupten, dass die Personification der einzelnen Kirchen nicht so fast von der Kirche als von den Stiftern und Schenkern ausgegangen sei. Das ist auch der Grund, wesshalb sich im ganzen canonischen Recht kein Satz findet, der etwa bestimmte: alle Einzelninstitute, früher stationes der bischöflichen Kirche, sind von nun an Eigenthümer ihres Vermögens. Ein solches Gesetz war nie zu erwarten, die Kirche liess vielmehr der allmäligen Entwicklung freien Lauf, sie verhielt sich ganz objectiv, die positiven Thatsachen mussten ja von selbst dieses Resultat herbeiführen. Man vergegenwärtige sich nur den Gang der Entstehung einer juristischen Person. Der Stifter oder Schenker gibt sein Vermögen hin, verfügt, dass sein mit der Hingabe verknüpfter vermögensrechtlicher Wille, so lange das Vermögen überhaupt bestehe, über dasselbe als Stiftungswille, als Stiftungsgesetz herrschen, das Vermögen dominiren solle; da nun aber die Willenseinheit das eigentlich Regierende, die Seele, das individuelle selbständige Lebensprinzip einer juristischen Person bildet, so hat man das Resultat schon vor sich, die statio fisci ist willensfähig, eine juristische Person, ist Eigenthümer geworden; die Kirche hat nur das fait accompli stillschweigend sanctionirt.

Wenn endlich einige Schriftsteller, um hauptsächlich auch für unsere Zeit ein Staatseigenthum am Kirchenvermögen abzuleiten, annehmen zu müssen glaubten, es könne für die hier behandelte Periode von einem Privateigenthum der Kirchen überhaupt nicht die Rede sein, die Säcularisation unter Karl Martell's Söhnen[21] beweise ja offenbar, dass sich der Staat damals ein Obereigenthum am K.-Vermögen angemasst habe, so ist diese Behauptung, als aller Gründe entbehrend, zurückzuweisen. Die Urkunden damaliger Zeit beweisen, dass den fürstlichen Schenkern nichts entfernter lag, als einen Vorbehalt des Obereigenthums sich oder dem Fiskus zu machen.[22] Ueberhaupt kann man sich auf diesen Act der fränkischen Hausmaier weder von der einen noch von der andern Seite berufen; es war derselbe ein Act des Nothstaatsrechtes, veranlasst durch die exorbitanten kriegerischen Ausgaben einer- und den immensen Reichthum der Kirche andererseits; für das rechtliche Verhältniss können daraus so wenig Consequenzen gezogen werden, wie aus der am Anfange dieses Jahrhunderts verhängten Saecularisation.

Ein Rückblick über die Ergebnisse dieser Periode führt zu dem Resultate, dass, wenn nun bald eine Verwirrung der Frage nach dem Eigenthümer des Kirchengutes entstand, daran am allerwenigsten der mittelalterliche Schenker die Schuld trug; dieselbe muss auch hier auf die centralisationslustigen Canonisten gewälzt werden, die sich mit dem Beginn der nächsten Periode schon bis zu dem Gedanken verstiegen, dass der Papst nicht nur der Eigenthümer des Kirchenvermögens sei, sondern auch das Verfügungsrecht über Königreiche und Fürstenthümer besitze.

---

[21] Nicht unter Karl Martell selbst cf. Roth Beneficialw. S. 358.

[22] Vgl. Montag Geschichte der deutschen Freiheit I, Abhl. 3. § 28: „Ob die fränkischen Könige die Güter der reichsunmittelbaren Kirchen als Staatseigenthum angesehen haben?“

Fünfter Abschnitt.

Das canonische Recht.

§ 22.

Standpunkt von Maas und Phillips.

Wir treten hiemit in einen neuen, und wohl den wichtigsten Abschnitt dieser Abhandlung ein, in der wir uns vorgesetzt haben das Eigenthum der einzelnen kirchlichen Institute an ihrem Vermögen aus den Grundsätzen des canonischen Rechts selbst, wie es uns im corpus juris canonici clausum entgegentritt, zu beweisen. Es wäre nun sehr überflüssig, das Wortgefecht mit den neuesten Vertheidigern des Eigenthums der Gesammtkirche in der Weise zu führen, dass man zeigte, wie das canonische Recht den einzelnen Instituten Rechte zugestanden habe, aus denen sich indirekt ein Eigenthum der einzelnen Kirchen juristisch deduciren liesse. [1] Die neuesten Repräsentanten der Theorie vom Eigenthume der allgemeinen Kirche stimmen ja, was

---

[1] Schulte Diss. l. c. S. 41 bemerkt: „Contra claram juris est notitionem aliquem secum ipso posse contrahere juris negotia. Ecclesias vero diversas inter se posse negotia contrahere, lites gerere, constat. Quae res unius ejusdem personae dominium non ad mittit.“ Mit einer derartigen Beweisart konnte Schulte seiner Zeit noch vollständig durchdringen vgl. dessen System S. 485 f.; den Sophismen der neueren Zeit gegenüber kann man aber damit nicht mehr an.

die Quellen des canonischen Rechts betrifft, vollkommen mit uns überein; so erkennen dieselben z. B. Maas[2] an mehreren Stellen an, dass die einzelnen Institute mit einander processiren, gegen einander usupiren dürfen, dass sie zu Erben eingesetzt werden können, ja dass, was das gewiss Auffallende und unsere Beweisführung auf diesem Gebiete wesentlich Erschwerende ist, das canonische Recht selbst wiederholt von einem Eigenthum derselben spreche; [3] und Phillips bemerkt[3] in seinem Lehrbuche des Kirchenrechts II § 225 Anm. 22: „Sobald für die einzelnen Kirchen die Verjährung und passive Testamentsfähigkeit anerkannt wird, so ist diess allerdings auf ein, wenn auch ihrerseits beschränktes Eigenthumsrecht dieser einzelnen Kirchen zu beziehen. Das canonische Recht setzt diess überall voraus, daher die Ausdrücke „ad ipsius ecclesiae — jus proprietatemque redire.“[4] Und doch wird dieser weitgehenden Zugeständnisse, ungeachtet die Rechtsfähigkeit der allgemeinen Kirche mit ausserordentlicher Zähigkeit festgehalten.

---

[2] Maas l. c. S. 697.

[3] Cf. Maas l. c. S. 590: „So finden wir in den Quellen des canonischen Rechts die eine allgemeine **und jede einzelne Kirche** als Rechtssubject.“

[4] Nte 5 bemerkt derselbe weiter: „Wenn auch das weltliche Recht die einzelnen kirchlichen Institute vollständig als Eigenthümer anerkannt, so thut die Kirche, **wenn sie diess auch in der äusseren Rechtssphäre gelten lässt, und selbst für jene Institute den Namen Eigenthümer gebraucht,** (!) dennoch nicht durchaus dasselbe. Kennt ja doch auch das weltliche Recht so manche Verhältnisse, in welchen die volle freie Verfügung über die Sache, wie sie zum strengen Begriffe des Eigenthums gehört, (?) nicht vorhanden ist und wendet dafür dennoch den Ausdruck Eigenthum an. So ist bei allen jenen, theils dem germanischen, theils dem römischen Rechte angehörigen Instituten, auf welche man die Theorie von dem dominium directum u. utile angewendet hat, der wirkliche Inhaber doch immer nur „tamqam dominus“ zur Ausübung des Eigenthums befugt. Damit wenn auch nicht übereinstimmend, so doch vergleichbar, ist das Verhältniss, in welchem sich die einzelnen Institute gegenüber der Gesammtkirche befinden.“ Welch eine Verschwommenheit der rechtlichen Begriffe! Welch Conglomerat von Abgeschmacktheiten!

Maas deducirt überhaupt das Eigenthum der allgemeinen Kirche nicht so fast aus positiven Beweisstellen; denn solche — wenigstens juristisch relevante, hat er nicht aufzufinden vermocht und **doch** hat derselbe Anhänger gewonnen, weil er aus der Verfassung der Kirche dieses Rechtsverhältniss als ein absolut nothwendiges hinzustellen verstanden hat. Ihr Hauptargument schöpfen ja die Gegner[5] überhaupt aus dem Principe, auf dem das Gebäude der Kirche ruht. Wir müssen daher, und diess wird unser Hauptthema probandi sein, die Gegner mit den eigenen Waffen und auf eigenem

[5] Wenn jedoch Maas behauptet, selbst protestantische Schriftsteller stimmten ihm bei, wobei er sich auf Schlettwein Entwicklung der wichtigen Materie vom Kircheneigenthum Giessen 1786 S. 23 u. 28 beruft, so ist zu bemerken, dass dieser Schriftsteller ganz auf dem **richtigen** Standpunkte steht. cf. S. 27: „Nach den Grundsätzen des canonischen Rechts soll keinem Bischofe, keinem Abte erlaubt sein, das Land, das der einen Kirche zugehört, einer anderen Kirche zuzuwenden, obschon beide Kirchen seiner geistlichen Gewalt unterworfen sind; und wenn eine Verwechselung vorgenommen werden sollte, so sollen beide Kirchen ihre Einwilligung geben. Diess beweist mit einer Klarheit, die grösser noch als Sonnenklarheit ist, dass selbst nach den Grundsätzen des canonischen Rechtes die Güter einer geistlichen Kommunität ihr Privateigenthum sind, und also nicht unter leeren Vorwänden einer noch mangelhaften Administration einer anderen Kommunität oder Kirche von dem Bischof übertragen werden können. Es würde mir leicht sein, durch unzählige Fundationsbriefe darzuthun, dass in der römisch-katholischen Kirche zu allen Zeiten das Principium gegolten hat, es müsse jede besondere Kirche, und jedes besondere Kloster bei seinen Besitzungen gelassen, und von dem römischen Papste dabei geschützt werden, so lange es seinen Regenten gehörige Folge leistet und sich keiner Ungerechtigkeiten schuldig macht. Dass dem Papste, oder der ganzen Kirche, als einer ganzen Kirche, ein wirkliches Grundeigenthum über die sämmtlichen Güter der besonderen Kirchen oder der geistlichen Kommunitäten zugehöre, und dass vermöge desselbigen der Papst eine geistliche Stiftung aufheben, und ihre Güter einer andern bloss aus dem Grunde übertragen könnte, weil sie von dieser besser benützet, oder zu einem grösseren Besten der Kirche oder des Staats verwaltet werden könnten, das ist Schimäre, die kaum ihres Gleichen hat."

Boden zu schlagen versuchen; es muss gezeigt werden, dass gerade aus **den** Gründen, die scheinbar so evident für das Eigenthum der allgemeinen Kirche sprechen, nicht nur nicht dieses, sondern gerade das Eigenthum der einzelnen Kirchen auf das Unläugbarste hervorgehe. Erst damit ist ein Resultat geliefert, das man nicht durch die einfache Behauptung, trotz aller positiven Stellen vertrage sich ein solches Verhältniss nicht mit dem Geiste des canonischen Rechtes, wieder illusorisch zu machen und in Zweifel zu ziehen im Stande ist.

§ 23.

Die Einheit der Kirche bedingt keine Einheit ihres Vermögens.

Da die Kirche, so behauptet Maas [1] die ganze Welt umfasst, ihrer Stiftung und Verfassung gemäss nur Eine ist, so kann ihr Zweck überall auch nur einer sein, d. h. sie ist in vermögensrechtlicher Beziehung eine universitas. Was würde man Beispiels halber zu folgender Argumentation sagen? „Da der Orden der Jesuiten oder der Freimaurer die ganze Welt umfasst, seiner Stiftung und Verfassung gemäss nur Einer ist, so kann sein Zweck auch nur Einer sein, d. h. dieser Orden ist in vermögensrechtlicher Beziehung eine universitas? Ergibt sich denn aus der Einheit der Stiftung oder der Verfassung überhaupt nur der geringste Anhaltspunkt für die Vermögensfähigkeit? Was soll endlich die Einheit des Zweckes? Der Wohlthätigkeitszweck ist gewiss ein einheitlicher, über die ganze Welt verbreiteter, und doch sind nur die einzelnen Anstalten und selbst hier nur jene, die der Staat speciell als eigenthumsfähig bezeichnet, juristischer Personen, Eigenthümer. Man wird vielleicht einwenden, es habe sich ja auch für den allgemeinen Staatszweck ein einheitliches grosses Vermögen gebildet als dessen Eigenthümer nicht die einzelnen, den Staatszweck verfolgenden Anstalten, sondern der Fiscus, der Staat selbst erscheine;

[1] Maas l. c. S. 652 Vgl. auch Evelt a. a. O. S. 34.

und in der That haben einige Canonisten ein ganz ähnliches Verhältniss den kirchlichen Vermögensverhältnissen zu Grunde legen zu müssen geglaubt. Allein der Fiscus hat doch einen ganz speciellen, territorial begrenzten, lokalen Zweck, der eben desshalb fähig geworden ist, dem Staate zum Rechte der juristischen Persönlichkeit zu verhelfen. Ganz anders verhält es sich indessen bei der allgemeinen Kirche. Man betrachte übrigens nur alle jene Stellen, welche die Einheit der Kirche so sehr betonen;[2] nicht **eine** berechtigt zu der Annahme, die Einheit der Kirche auch auf das materielle Gebiet des Vermögensrechtes auszudehnen. Die Bedeutung des Wortes Einheit der Kirche ist also nicht misszuverstehen; sie bezieht sich nur auf das innere,[3] alle Menschen soll sie vereinen zu einem Leibe, zu einem Geiste, gleichwie auch nur Ein Herr, Eine Taufe, Ein Glaube, Ein Gott und Vater Aller ist. An dieser Einheit festzuhalten hatte Christus seinen Jüngern aufgetragen, nicht aber etwa an der Einheit des Säckels, worin das für die Cultuszwecke gewidmete Vermögen sollte bereit gehalten werden.[4]

---

[2] Cf. S. Ignat. Epist. ad Philadelph. c. 4. Idem ad Magnes. c. 7. S. Cyprian LXX c. 3. S. Cypr. epist. LV c. 20, c. 18 caus. 24 qu. 1. Cyprian a. 251 de unitate ecclesiae c. 4. 5.

[3] Jakobsen, kirchenrechtl. Versuche S. 124. Schulte Dissert. cit. S. 38. — Hence, hist. ant. dogm. de unitate eccl. p. 6. „Omnis haec unitas fuit interna" . . . — Jakobson das evangelische K. R. I S. 108.

[4] Hübler l. c. S. 97 cf. Pachmann, K. R. § 328 S. 2: „Nächstdem wollen wir nicht fragen, woher sich denn die Persönlichkeit der Gesammtkirche erweisen lasse, doch nicht aus dem Sprachgebrauch, der von res ecclesiae spricht und darunter res ecclesiarum versteht. — Wir wollen auch nicht fragen, wozu die Gesammtkirche ein solches Eigenthum haben solle. Aber das muss bemerkt werden, dass, wenn der hier besprochene Gedanke vom Eigenthumsrechte der Gesammtkirche eine logische Nothwendigkeit aus dem Kirchenbegriffe ist, auffallend genug das kirchliche Bewusstsein sich darüber noch nicht formell ausgesprochen, ja vielmehr sich so erklärt hat, dass man hinsichtlich dieses Universaleigenthums nur mystificirt wäre" . . . . — Walter, K. R. 10. Aufl. S. 251. „Die Kirche bildet ihren Wesen nach eine Einheit u. ist durch die Verbindung ihrer Glieder unter

Was folgt ferner daraus für die Einheit des Gesammtkirchengutes, dass die Kirche einen einheitlichen Organismus bildet?[5] Sie bildet ihn doch wohl nicht desshalb, und nur etwa dann, wenn alles kirchlichen Zwecken dienende Vermögen Eigenthum einer Person ist. Das Kirchenvermögen hat nur **den** Zweck, der Kirche die Mittel zur Förderung und besseren Realisirung ihrer verschiedenen Aufgaben an die Hand zu geben; natürlich wird die Kirche dieses Vermögen in der Art gebrauchen und anlegen, wie es ihren Zielpunkten selbst am besten dient. Die Kirche tritt nun aber bekanntlich local unendlich manigfaltig auf, sie hat sich Anstalten schaffen müssen, die sie allerorts repräsentiren; diese einzelnen Anstalten bedürfen zur Erreichung ihres Zweckes Vermögen — das Alles sind unbestrittene Thatsachen. Ob nun aber die Kirche diesen Subjekten an dem ihnen erforderlichen Vermögen Niessbrauch oder Eigenthum zugesteht, das ist doch wohl gewiss ein ganz nebensächlicher Punkt, der den Organismus der Kirche nicht im geringsten berührt. Man käme sonst zu dem gewiss sonderbaren Resultate, dass die Einheit eines Organismus zwar nicht durch ein den einzelnen Gliedern zustehendes dominium utile, wohl aber durch Einräumung des dominium directum zerstört werde (denn das erstere räumen ja selbst Maas und Phillips den einzelnen Kirchen ein). Wer nun aber die Natur des Eigenthumsrechtes kennt, der weiss, dass sich dieses schmiegsamste und Eindrücken aller Art empfänglichste Rechtsverhältniss in alle Lagen zu fügen weiss, dass weder die Einheit der Familie noch

---

einem sichtbaren Oberhaupte auch äusserlich als solche organisirt; dieser Organismus ist jedoch nicht soweit durchgeführt, dass auch das Kirchenvermögen eine einzige Masse ausmachte, wovon das Eigenthum der ganzen Kirche als einer moralischen Person zustände. „In der 9. Aufl. betrachtet derselbe die Kirchengemeinde als Rechtssubjekt. — In seinem Lehrb. des K.-R. 5. Aufl. § 260 spricht der Verfasser noch von einer persona moralis, allgem. Kirche.

[5] Cf. Maas l. c. S. 653.

der Ehe **dadurch** gespalten oder gelockert wird, dass sich das einzelne Glied derselben, der Gatte oder die Gattin specielles Eigenthum an einer Sache reservirt, dass mit einem Worte eine auf einem höheren Gesetze, auf einem geistigen Einheitsbande beruhende Einheit durch den Besitz eines Vermögens, sei es dominium directum oder dominium utile nie berührt wird. — Ein Organismus verlangt Leben und eine gewisse Selbständigkeit in den Gliedern. Gerade durch die Maas'sche Construction wird aber die Kirche vermögensrechtlich betrachtet aus einem Organismus zu einer Maschine, die von dem Gesammtepiscopate und dem Papste voran in Bewegung gesetzt wird. [6]

---

[6] Uhrig, l. c. S. 105 § 14 Note 3: „Das Zurückgehen auf die Persönlichkeit der Einen allgemeinen Kirche mit ihren durch „canones, Statuten, Gewohnheit, Verträge u. s. f. begründeten besonderen Obligationen für die Einzelkirchen würde wohl nicht viel bedeuten, sämmtliche Kirchen, Beneficien und Stiftungen würden aufhören zu sein, was sie jetzt sind; ja die Bischöfe selbst würden von ihrer Würde verlieren und bezüglich der Rechtsfähigkeit der Kirchen zu blossen Agenten der allgemeinen Kirche herabsinken." — Hier ist der Ort, die sogen. bischöflichen Denkschriften zu erwähnen, welche fast sammt u. sonders auf der Evelt'schen Basis stehen. So die Denkschrift des Episcopats der oberrheinischen Kirchenprovinz vom März 1851 n. 14 (in Schöpf, kath. K. R. Bd. I S. 242 Anm.*.) Desselben Episcopats Denkschrift vom 18. Juni 1853 § 18 l. c. Bd. I S. 275. Die I. Denkschrift der bischöflichen Versammlung an die Regierungen der deutschen Staaten aus Würzburg 1848 in Schöpf, kath. K. R. Bd. I S. 185 ff. — Adresse des Episcopats der Salzburger Kirchenprovinz an den Reichstag zu Wien 1848 in Schöpf l. c. S. 142. Specielleres Eingehen verdient die Denkschrift des bayer. Episcopats vom Okt. 1850 (in Ginzel's Archiv 1850—1852). „Ihren Grundcharakter der Einheit hat die Kirche auch in Hinsicht auf ihr zeitliches Gut immer fest gehalten und sich in ihrer Gesammtheit als ein Ganzes, als eine moralische Person das Subject des Eigenthums des gesammten Kirchengutes betrachtet, und auf diesen Grundsatz ihre hierher bezügliche Gesetzgebung gebaut. Insoferne nun dieses ihr Eigenthum die Bestimmung hat, ihr als Gesammtheit zur Erfüllung ihrer Bedürfnisse zu dienen, ist sie auch als solche sowohl Eigenthümerin, als auch alleinige Nutzniesserin desselben." Eine besondere Bedeutung dürfte indess diesen bischöflichen

Da nun aber auch der Zweck nicht der Eigenthümer des Vermögens einer juristischen Person ist[7] und da nicht einmal die Einheit des Zweckes eine Einheit des Eigenthums der diesen Zweck verfolgenden Anstalten nothwendig bedingt,[8] so wären hiemit die Grundpfeiler, worauf Maas sein künstliches Gebäude aufgeführt hat, gelockert und damit dessen ganzes System auf das tiefste erschüttert. — Es ist nunmehr an den einzelnen kirchlichen Instituten der positive Beweis zu führen, dass sie auch das canonische Recht als Eigenthümer im vollen und ächten Sinne des Wortes, (denn auch diess ist wie unten gezeigt wird, bestritten,) anerkannt habe.

§ 24.
Eigenthum der römischen Kirche*) nach canonischem Rechte.

Maas wirft uns Vertheidigern des Eigenthums der einzelnen kirchlichen Institute vor, wir räumten denselben

---

Expectorationen nicht beizulegen sein, da sich solche öffentliche Versammlungen, wie bereits Uhrig, l. c. S. 104 richtig bemerkte, schon der abgekürzten Zeit wegen besser zur Offenbarung von Wünschen und Anträgen als zur wissenschaftlichen Bearbeitung irgend eines Stoffes eignen.

Die königliche bayerische Entschliessung als Antwort auf die Denkschrift des bayerischen Episcopats München v. J. 1852 besagt in nr. 24: „Das Eigenthumsrecht der katholischen Kirche an dem Gesammtkultus-Vermögen ist und war niemals in Zweifel gezogen" .... — Es möchte demnach scheinen, als ob auch die bayerische Regierung die allgemeine Kirche als Rechtssubject des Kirchenvermögens betrachte. Allein diess ist doch nicht richtig, denn abgesehen davon, dass ganz specielle Bestimmungen (cf. unten § 43) dieser Auffassung entgegentreten, will diese königliche Erklärung die Controverse über das Eigenthum am Kirchengut innerhalb der Kirche weder berühren, noch viel weniger lösen. — Diese Erklärung besagt in ihrer Allgemeinheit nur, dass der katholischen Kirche die ihr an ihrem Cultusvermögen zustehenden Rechte gewahrt und insbesondere vom Staate nicht geschmälert werden sollen.

[7] Vgl. oben S. 9 f.

[8] Vgl. oben S. 11 f.

*) Die ecclesia Romana ist nicht zu verwechseln mit der römisch-katholischen oder allgemeinen Kirche; man ver-

gewissermassen eine Stellung im kirchlichen Organismus ein, die akatholisch, der Kirche und deren Dogma ganz

steht nämlich unter der ersteren die unmittelbare Diöcese des Papstes, das römische Bisthum, welches gleich den andern Bisthümern das Recht der juristischen Persönlichkeit geniesst. So spricht man von der ecclesia Romana ebenso wie von der ecclesia Moguntina, Wormatiensis, Capuana u. s. w. und versteht darunter zunächst die Cathedralkirche des Bisthums, in welcher sich nämlich die Rechtsfähigkeit desselben personificirt hat. Auf der andern Seite hat man aber die Rechtsfähigkeit des Bisthums statt in der Cathedralkirche auch in dem bischöflichen Stuhle personificirt, so dass also die Ausdrücke: die Cathedrale oder der bischöfliche Stuhl, in unserem speciellen Falle die ecclesia Romana oder die sedes apostolica hätte Eigenthum oder Besitz, — juristisch ganz dasselbe bedeuten. (Vgl. Schulte die juristische Persönlichkeit der kath. Kirche ihrer Institute u. Stiftungen. Giessen 1869 S. 46.) An Stellen, wo die römische und die Universalkirche geradezu einander gegenübergestellt sind, fehlt es nicht, ich verweise z. B. auf cp. III X de postul. praelat. I 5. „Consideravimus vero, quod ejusdem cardinalis praesentia utilior sit non solum Romanae, sed etiam ecclesiae generali tam apud apostolicam sedem quam apud ecclesiam Ravennatem." cf. Conc. Trident. Sess. XXV Decret. de Ref. cap. I. Unstreitig am schärfsten tritt diese Unterscheidung zu Tage, in einem Briefe des Papstes Innocenz III Lib. II epist. 209, woselbst es heisst: „Dicitur universalis ecclesia, quae de universis constat ecclesiis, quae graeco nomine catholica nominatur. Ed secundum hanc acceptationem vocabuli Ecclesia Romana non est universalis ecclesia, sed pars universalis ecclesiae, prima videlicet et praecipia veluti caput in corpore" . . . Ebenso existiren viele Beweisstellen, welche die rechtliche Identität der Ausdrücke ecclesia Romana und sedes apostolica beurkunden, ich verweise z. B. nur auf das cit. cap. III de postul., wo die Ausdrücke offenbar variiren, auf cap. IV X de elect. et electi potestate lib. I tit. VI (Paschalis I a. 1102). „Ajunt in conciliis statutum non inveniri, quasi Romanae ecclesiae legem concilia ulla praefixerint, cum omnia concilia per Romanae ecclesiae auctoritatem et facta sint et robur acceperint et in eorum statutis Romani pontificis patenter excipiatur auctoritas . . . cum igitur a sede apostolica vestrae insignia dignitatis exigitis, quae a Petri tantum corpore assumuntur: justum est, ut vos quoque sedi apost. subjectionis debitae signa solvatis, quae vos cum beato Petro tanquam membra de membro habere et catholici capitis unitatem servare declararent."

heterogen erscheine.[4] Von diesem Vorwurfe müssen wir uns vor Allem reinigen, denn was nützte uns eine juristisch makellose Construction des Rechtssubjects am Kirchenvermögen, wäre die Behauptung gerechtfertigt, sie vertrage sich mit allen andern Principien, nur nicht mit dem des Catholicismus! Dass der Einwurf die Frucht eines groben Missverständnisses ist, da die Kirche in dogmatischer Beziehung und insofern sie in das private Rechtsgebiet eintritt, auf principiell verschiedenem Boden steht, mag von vornherein erwähnt werden; um aber ja unsere einzelnen Institute von dem Vorwurfe einer am Ende gar schismatischen Stellung zur allgemeinen Kirche zu befreien, müssen wir doch die Untersuchung aufnehmen, wer denn eigentlich, das Dogma auf das Gebiet des kirchlichen Vermögensrechts verpflanzt, Eigenthümer des Kirchenvermögens sei und ob nicht gerade die allgemeine Kirche dadurch, dass man sie für die Eigenthümerin des Gesammtkirchengutes ausgibt, in eine schismatische Stellung zur römischen Kirche gebracht werde. Diese letztere nimmt nämlich vermögensrechtlich betrachtet im kirchlichen Organismus eine von den andern Cathedralen ganz ausserordentlich privilegirte Stellung ein, so zwar, dass man, wie wir sogleich beweisen werden, fast wankend werden möchte, ob nicht gerade sie nach canonischem Rechte als Eigenthümer **alles** Kirchenvermögens anzusehen sei; ja es wird gezeigt werden, dass, wenn man gewissen Maas'schen Principien huldigen wollte, man unmittelbar zur ebenbezeichneten Annahme gedrängt werden würde. Doch ist hievon erst später die Rede; hier will ich sogleich damit beginnen, alle jene Rechte der römischen Kirche zu entwickeln, aus denen ihre Rechts- und Eigenthumsfähigkeit überhaupt entnommen werden kann.

Dieselbe äussert sich zunächst: 1) in einem ihr zustehen-

[1] Cf. Maas l. c. S. 694.

den ziemlich umfangreichen Besteuerungsrecht über alles Kirchenvermögen.[2]

2) Die römische Kirche gilt nach den Quellen des canonischen Rechts als Eigenthümerin des Kirchengutes der Capuziner und Franziskaner in dem unten bei specieller Behandlung des Klostervermögens näher zu bestimmenden Umfange.[3]

3) Das canonische Recht nennt eine grosse Anzahl von Klöstern und Kirchen im Eigenthume der sedes apostolica, der ecclesia Romana.[4] Noch deutlicher als in den Quellen des corp. jur. canon. lässt sich besagtes Eigenthum der Römischen Kirche an dem Vermögen von Klöstern und Kirchen in den Exemptions- und sonstigen Privilegien[5] verfolgen, worin die Päpste dieselben in das genannte Rechtsverhältniss zu dieser Kirche aufgenommen

---

[2] Cf. Muratorii de censibus ac reditibus olim ad Romanm ecclesiam spectantibus in den Antiqn. Ital. T. I p. 797. Liber censuum Romanae ecclesiae a Cencio Camerario compositus secundum antiquorum Patrum regesta et memorialia diversa ann. 1192 (bei Murator. l, c. p. 851 sequ.)

[3] Die bezüglichen Stellen des canon. Rechts finden sich unten § 34 zusammengestellt.

[4] Sexti Decret.: Lib. V Tit. VII cp. 10. „aliquam ecclesiam ad jus et proprietatem Romanae ecclesiae pertinere" „ecclesiam . . aut juris beati Petri existere: sive ad jus et proprietatem Romanae ecclesiae, vel ad Romanam ecclesiam specialiter aut sine medio, vel etiam simpliciter pertinere." cf. Lib. III Tit. XVI cp. unic. „in iis vero monasteriis, quae ad Romanam immediate spectant ecclesiam." Decret. Gregor. Lib. I Tit. XLI cp. 2. „Nos igitur inspectis privilegiis . . quae monasterium illud ad jus et proprietatem indicant sed. Apostolicae pertinere" cp. V. X. I 43. „renunciare privilegiis . ., quae monasterium illud indicant ad jus et proprietatem Romana ecclesiae pertinere." Lib II X Tit. XXX cp. IV. „Quia vero praefatum monasterium ad jus et proprietatem Apostolicae sedis . . pertinere monstratur."

[5] Die nachfolgenden Exemptionsprivilegien finden sich in dem ganz neu erschienenen Bullarium Diplomatum et Privilegiorum sanctorum

haben. So heisst es z. B. in einem Exemptionsprivilegium Benedicts VII PP. a. 979. „Idcirco quia monasterium Sancti Petri Rodensis quod jure hereditario possidendum accepistis, nunc autem sub jure et dominatione almi Principis apostolorum Petri et nostrae venerabilis romanae sedis perpetuo habiturum"[6] . . . Bei einer andern Gelegenheit äussert sich Gregor VII. P. P. a. 1078. „Quae nimirum insula, a jure et dominio sanctae Romanae Ecclesiae per quorumdam pravorum hominum invasionem subtracta, ut prudentiae tuae studio, exclusis invasoribus, secundum antiquum morem ad dominium ejusdem Romanae Ecclesiae revocetur."[7] Bezeichnend ist ferner eine Stelle von Paschalis II P. P. a. 1106, worin derselbe sagt: „Praefatas massas cum omnibus ad earum jura pertinentibus de dominio, jure atque potestate S. R. E. in sanctam Ferrariensem ecclesiam . . . . donamus et tradimus . . . Illud omnimodis sancientes, ut Ferrariensis ecclesia cum tota parochia sua in jure et dominio ac privilegio nostrae S. E. R. Beati Petri, cujus est patrimonium, conservetur perpetuo."[8] Uebereinstimmend kömmt in dem Diplom des Papstes Innocentius II. (a. 1139). „quo Ferrariensis ecclesia specialis ecclesiae Romanae filia ejusque comitatus sancti Petri patrimonium declaratur"[9] . . . vor:

Romanorum Pontificum Tauriensis editio Franciscus Gaude u. in einem ältern das einschlägige Material enthaltenden Werke: dem Bullarium Privilegiorum ac Diplomatum Romanorum Pontificum, amplissima collectio von Caroli Cocquelines Romae 1739.

[6] Franc. Gaude l. c. Tom. I S. 443 Nro. III.

[7] Franc. Gaude l. c. Tom. II S. 102 Nro. XLV.

[8] Caroli Cocqu. l. c. Tom. II S. 131 Nr. XXV. — Bei Franciscus Gaude l. c. Tom. II S. 241 Nro. XXV.

[9] Franc. Gaude l. c. Tom. II S. 438 Nro. LIX. — Schon in der ältesten Zeit finden sich übrigens Klöster im Eigenthum der römischen Kirche. So dankt Papst Joh. VIII dem Basilius Macedo brieflich: „Quod monasterium Sancti Sergii intra vestram regiam urbem constitutam, quod

„atque Ferrariensem ecclesiam sub jure et dominio Apostolicae Sedis decreto manere statuimus .... Has quidem praescriptas massas cum omnibus ad earum jura pertinentibus de dominio et jure atque potetate hujus sanctae Romanae Ecclesiae in sanctam Ferrariensem Ecclesiam per hanc donationis et traditionis paginam donamus et tradimus .... Illud omni modis sancientes, ut Ferrariensis Ecclesia cum tota Parochia sua in jure et dominio ac privilegio nostrae sanctae Romanae Ecclesiae beati Petri, cujus est patrimonium, perpetuo conservetur."

Ebenso sprechen vom Eigenthum der **römischen** Kirche die Päpste Eugen d. III.,[10] Innocens d. III.,[11] Joh. d. XXI.,[12] Clemens d. VI.,[13] Leo d. X.,[14] Clemens d. VII.,[15] Pius d. IV.,[16] d. V.[17] und andere.[18] Wiederholt ist endlich in

---

sancta Romana ecclesia jure proprio quandam retinuit .... nostro praesulatui reddidistis." Joh. VIII. ep. 251. Wäre ein Eigenthum der allgemeinen Kirche möglich, ja hätte diese Annahme nur je einmal festen Fuss gefasst, — sicherlich wäre wenigstens **ein** Kloster vorhanden, das sich in die Jurisdiction, in die Protection, in das jus ac dominium der Universalkirche geflüchtet hätte. -- Aber davon findet sich keine Spur.

[10] Cf. Franciscus Gaude Tom. II n. 514 (v. J. 1145). „Privilegium monasterio Sancti Petri Perusianae dieoecesis, salvo nimirum jure ac dominio Sanctae Romanae ecclesiae."

[11] Idem Tom. III p. 299 No. 16.

[12] Idem Tom. IV p. 287 No. 23 „in dominio Romanae ecclesiae."

[13] Idem Tom. IV p. 483 § 1.

[14] Idem Tom. V p. 625 No. 13.

[15] Idem Tom. VI p. 76 No. 12.

[16] Idem Tom. VII p. 418 No. 122.

[17] Idem Tom. VII p. 560 No. 53. „perpetuo in jure, dominio et proprietate, possessione dictae Sedis" „loca ad jus et proprietatem ejusdem Sedis pertinentia."

[18] Auch bei Wadding Annales Minorum finden sich eine grosse Anzahl von Urkunden aus den verschiedensten Jahrhunderten, welche von dem Eigenthume der römischen Kirche handeln; so erklärt z. B. Papst Gregor IX. im Jahre 1229: „Eapropter fundum pietatis obtentu nobis oblatum pro Ecclesia ac aedificiis construendis . . . in jus et proprietatem Sedis apostolicae recipimus." cf. Wadding Annal. Tom. I Regest. Pontific. S. 5. In einer Urkunde desselben Papstes vom J. 1238

den Quellen des canonischen Rechts die Rede von dem patrimonium Petri, den res, terrae, jura, feuda und possessiones der ecclesia Romana, der sedes Apostolica und des heiligen Petrus.[19]

(l. c. S. 36 f.) heisst es: „Nos ergo . . hospitale praedictum in jus et proprietatem B. Betri ac sub nostra et Apostolicae Sedis protectione suscipimus." Bei einer anderen Gelegenheit sagt der Papst: „Nos igitur hospitale ipsum, quod beati Petri juris et proprietatis existens vobis et successoribus vestris concedimus etc. . . . In recognitionem autem dominii et perceptae a Sede Apostolica libertatis, ecclesiae Romanae Censum annuum . . . persolvetis. l. c. S. 40. Urk. v. J. 1235 l. c. S. 20: „monasterium, quod in fundo Romanae Ecclesiae construxisse . . duximus concedendum" u. Tom. II l. c. Regest. Pontificium S. 77 (Urk. v. J. 1295): „Monasteria in jus et proprietatem B. Petri et Apostolicae sedis assumimus, ab omni jurisdictione, potestate et dominio tam Episcopi Tuscanen. qui pro tempore fuerit, quam cujuslibet alterius Praelati seu ecclesiastici personae illa totaliter et perpetuo eximentes", etc.

[19] Vgl. Decret. Grat. Dist. LXIII c. XXXIII „terram sancti Petri." — Sexti Decretales lib. II Tit. XIV c. II. „Regnum Sicilicae quod est speciale patrimonium beati Petri." — Clementinarum lib. II T. IX. cp. unic. „possesiones honora et jura ejus scil. sanctae Romanae ecclesiae" — und weiter unten heisst es: „Et terras ipsas atque provincias recognovit ad jus et proprietatem ipsius (scil. Romanae) ecclesiae plenissime pertinere eaque nihilominus ex abundanti de novo ecclesiae saepe fatae (Romanae) donavit." — Im Eigenthum der römischen Kirche befand sich auch der Kirchenstaat (vgl. jedoch § 42 Nte 4), der nach der Ansicht des bedeutendsten Canonisten (Schulte, Syst. § 24. Die heutige römische Curie von Dr. O. Meyer in Jacobsen und Richter's, Zeitschrift für das Recht und die Politik der Kirche, Leipz. 1847) als Kirchengut gilt. In der That haben wir ein Stück Vermögen vor uns, das kirchlichen Zwecken, der Bestreitung des Aufwands des kostspieligen apparatus der röm. Curie dienen sollte. — Die Kirchengemeinde hält für das Rechtssubjekt des Kirchenstaates. Dorner, Kurze Erörterung der Rechtsfrage, wenn das Eigenthum am Kirchengute zusteht Rosenh. 1868 S. 33. „Wollte man übrigens den Kirchenstaat als Kirchengut (Beneficium) durchaus betrachtet wissen, so stünde wieder das Eigenthum am Kirchenstaatsvermögen nicht dem Papste, sondern dem römischen Volke als Kirchengemeinde zu" Wie das ganze Büchlein, so bedarf auch diese Bemerkung keine Widerlegung. Vgl. über das ehemaligen Rechts-

Mag aus dem bisher Gesagten schon unser zunächst in's Auge genommenes Thema probandi „Eigenthum der Römischen Kirche" zur Genüge erhärtet sein, so dürfen wir unsere dessfallsige Untersuchung doch noch nicht beschliessen, haben vielmehr noch eine Reihe von Vorrechten eben dieser Kirche beziehungsweise ihres Bischofs zu verzeichnen.

§ 24.
Privilegirte Stellung der römischen Kirche.

Vor Allem ist 1) das Recht der römischen Kirche zu erwähnen, die Güter aufgehobener Klöster als ihr Eigenthum zu vindiciren; diess Recht der sedes apostolica bestätigte die Sacra Congregatio concilii in caussa Toletana den 7. Mai 1718.[1]

Ein zweiter Umstand, woraus die privilegirte Stellung der römischen Kirche besonders deutlich erhellt, ist der, dass exempte Bisthümer gleichfalls als im Rechte (Eigenthum) der sedes apostolica stehend, angesehen werden.[2]

---

subjekt am Kirchenstaat auch Schulte die juristische Persönlichkeit der kath. Kirche etc. S. 44.

[1] Thesaurus Resolutionum sacrae congregatienis concilii Tom. I p. 54. „Sed in ea caussa nedum aderat praejudicium Monasterii, heredis instituti in primo testamente, cujus bona et jura ad sedem Apostolicam erant devoluta." — Cf. Breve Pii VII de 22. Mai 1801. Bullar. Cont. Tom. XI p. 163, p 376. Schöpf, K. R. Bd. IV § 208 Anm 1. und Schulte die jur. Persönlichkeit der kathol. Kirche etc. S. 44: „das Vermögen aufgehobener Orden wird bezeichnet als jure devolutionis, hereditario gefallen an den römischen Stuhl."

[2] Schulte, Lehrb. d. K. R. § 40. „Die Ausbildung der exempten Diöcesen hängt nicht bloss damit zusammen, dass dieselben von eines Metropoliten Jurisdiction befreit, oder in neuen christlichen Ländern unter dieselbe nicht gestellt wurden, sondern ist im deutschen Reiche, wo sie vorzugsweise erfolgt ist, im Zusammenhange damit, dass das Bisthum von jeder weltlichen Macht unabhängig, unter dem Papste stand, als Eigenthum des römischen Stuhles galt." Vgl. auch Schulte die juristische Persönlichkeit der kath. Kirche, ihrer Stiftungen und Institute etc. S. 44: „die exempten Kirchen werden in den Rechtsquellen, den Errichtungsurkunden u. s. f. bezeichnet als sitae in patrimonia B. Petri, fundatae in solo eccl. Lateranensis."

Hieraus erhellt, dass die gewöhnlichen Bisthümer noch keineswegs die höchsten kirchlichen juristischen Personen sind, dass vielmehr über denselben noch eine höhere (da alle Exemptionen aus einer niederen in eine höhere Gewalt führen) steht, dass aber dieselbe nicht etwa in der Person der allgemeinen, sondern der römischen Kirche gegeben sei.

Diese Thatsache prägt sich 3) noch schärfer darin aus, dass das Vermögen eines aufgehobenen Bisthums in das Eigenthum und die Disposition eben dieser **römischen** Kirche fällt.[3] Diess beweist, dass sich ihre Rechtsfähigkeit über die ganze Kirche hin erstrecke, dass die ganze christliche Welt so zu sagen die Pfarre der römischen Kirche bilde. Gleichwie also über der Einzelkirche die bischöfliche Kirche steht und wie das vacant gewordene Vermögen einer Einzelkirche von der bischöflichen Kirche aufgenommen wird, so ist durch die obige Bestimmung für die Kirche im Ganzen und Grossen ein ganz ähnliches Verhältniss hergestellt.[4]

4) Alle Kirchen leiten ihre Persönlichkeit und damit Rechtsfähigkeit von der römischen,

---

[3] Schulte, Erwerbfähigkeit S. 34 Anm. 55. „Ein aufgehobenes Bisthum wird also freies Gebiet der römischen Kirche und steht desshalb unter der Disposition des Papstes. Ist ein Gebiet vom Ordinarius eximirt, so gehört es ipso jure zu ihr."

[4] Die rechtliche Stellung der römischen Kirche ist bis jetzt erst von Schulte recht gewürdigt worden, während die meisten übrigen Schriftsteller davon keine Notiz zu nehmen für gut fanden. Hieraus erklären sich denn eine Menge Irrthümer derselben; falsch ist es z. B., wenn die Würzburger Katholische Wochenschrift 1856 VII, 152 Anm. 1 u. S. 154 sagt: „Geht ein kirchliches Institut unter, so geht dessen Vermögen auf die Diözese über und von dieser auf die Gesammtkirche"; falsch, wenn Walter das Gut eines supprimirten Bisthums den einzelnen Kirchen zufallen lässt; falsch endlich, wenn Maas l. c. S. 699 von der Möglichkeit eines Anfalls an die Kirche schlechthin spricht.

nicht von der allgemeinen Kirche ab.[5] Trennen sie sich vom römischen Bisthum, so sind sie auch von der allgemeinen Kirche getrennt.

5) Nur mit der Zustimmung des Vertreters der römischen Kirche dürfen die Rentenüberschüsse einer Kirche auf eine andere übertragen werden. Maas bemerkt mit Hinweisung auf dieses Recht der sedes apostolica: „Die Kirche ist es also, welche über die einzelnen kirchlichen Fonds disponirt, was nicht möglich wäre, falls diesen das Eigenthum zustehen würde.“ Gewiss ist es die Kirche, nur nicht die allgemeine, die ecclesia universalis, sondern die römische, die sedes apostolica, beziehungsweise deren Vertreter. Wie wenig indess Andere geneigt sind, aus dem besagten Rechtsverhältnisse auf ein Eigenthum der allgemeinen Kirche zu schliessen, darüber vgl. z. B. Schöpf, kath. K.-R. Bd. IV § 205, S. 384, welcher bemerkt: „dass die allgemeine Kirche **nicht** Eigenthümerin des kirchlichen Vermögens sei, geht aus dem Verbot der Vermögenstranslation von einer Diözese auf die andere hervor. Der Bischof darf ohne päpstliches Indult eine Gutstranslation von einer reichen Kirche auf eine ärmere nicht vornehmen; denn auf die Anfrage des Cardinals Belluga ertheilte die Congreg. Conc. dat. 11. Jan. 1712 die Antwort: Ad I „Respondentes autem E. E. postulatis et primo an redditus exuberantes divitum ecclesiarum applicari possint ecclesiis pauperioribus, censuerunt id fieri non posse absque beneplacito apostolico.“[7]

6) Das oberste Verfügungsrecht über alles Kirchenvermögen der Welt steht überhaupt nicht der Gesammtheit

---

[5] Schulte, die juristische Persönlichkeit der katholischen Kirche etc. Giessen 1869, S. 43. Decret. P. I distinct. XXII cp. I.

[6] l. c. S. 695.

[7] Lib. XX Thesaur. resolut. et declar. S. Congr. Card. Conc. Trid. Interpret. Tom. VI p. 47.

der Bischöfe, sondern einzig und allein dem Vertreter der römischen Kirche zu;[8] ja diess Verfügungsrecht ist ein so weit gehendes, dass sich manche Canonisten es gar nicht anders zu erklären vermochten, als indem sie den römischen Bischof, den Papst, als den Eigenthümer von allem Kirchenvermögen ausgaben.[9] Gegen diese irrige Auffassung war allerdings eine Opposition nothwendig, die aber bekanntermassen ihre Spitze nicht gegen das oberste Verfügungsrecht des Papstes, was ausdrücklich stets anerkannt blieb,

---

[8] Vincentius Filliucius: De statu clericorum (Matr. 1626.) Tract. XLIV de alien. rer. Eccles. c. 3 § 1 n: 10 sq. bemerkt: „Absolute loquendo nulla persona in terris sive vera et particularis sive ficta, ut communitas quaedam et coetus universalis, plus potestatis habet in bona Ecclesiastica quam Pontifex ipse, sed ille semper longe plus potest" l. c. S. 69 cf. n. 10 u. 12 lc. „Sacri Canones Summo Pontifici concedunt liberam, plenam, absolutam facultatem disponendi de istis bonis" u. Baldus de Ubaldis († 1400): Consilia sive responsa. II cons. 175 (Francf. 1589 II 43), „Hic dominus Papa non vendidit rem alineam, sed suam. Nam omnes res ecclesiarum suae sunt quod ad plenam et liberam dispositionem." Diese oberste Dispensationsbefugniss über alles Kirchengut erkennen übrigens auch jene Schriftsteller an, welche ein Eigenthum des Papstes in Abrede stellen; so z. B. Lud. Molinaeus De Justit et Jure tr. 2 disp. 29 n. 22 II 145: „Licet summus Pontifex jurisdictionem universalem habet in temporalia bona Ecclesiae, non tamen est illorum dominus sed dispensator ac gubernator, qui proinde non ad libitum de illis potest disponere, sed solum ex rationabili causa, adeo, ut si illa donet absque aliqua causa, donatio sit nulla, et tam ipse quam donatarius teneatur ad eorum restitutionem Ecclesiae illi, ad quam pertinent." (Diess wird damit motivirt: „quoniam hujusmodi bona non sunt collata Summis Pontificibus aut aliis Praelatis Ecclesiae, sed quaedam Ecclesiae Romanae, quaedam vero particularibus ecclesiis, ut Toletanae, Eborensi et caeteris. Quo fit, ut eorum dominium non sit apud Summum Pontificem, aut alos praelatos, sed apud ecclesias ipsas, quibus talia bona donata sunt.")

[9] So insbes. Filliucius l. c. Ja sogar die päpstlichen Behörden stehen in vereinzelnten Erlassen dieser Theorie nicht so ganz ferne. cf. Decis. 374 v. 9. Dezember 1661 n. 3: „Papa tamquam bonorum Ecclesiae absolutus Dominus ad libitum facere potest" (sc. potest disponere de bonis Ecclesiae, quomodo vult.")

sondern vielmehr gegen das Eigenthum der physischen Person des Papstes richtete. Keine andere Anschauung hat Thomas von Aquin, der gleichfalls den Vertreter der römischen Kirche als den principalis dispensator, nur nicht als dominus des Kirchenvermögens anerkennen will (II quaest. 100 art. 1 resp. ad obj. 7: „Quamvis res ecclesiae sunt ejus ut principalis dispensatoris, non tamen sunt ejus ut domini et possessoris"). [10]

7) Der Vertreter der allgemeinen Kirche, der Ordinarius, leistet einen seine Abhängigkeit von der römischen Kirche in hohem Grade manifestirenden Eid der Treue, worin er sich unter anderm verbindlich macht, ohne Einwilligung des römischen Bischofs nichts von den zu seinem Bisthume gehörigen Besitzungen zu veräussern. [11] Ja das Abhängigkeitsverhältniss der Ordi-

[10] Man vergleiche über die an Macht die allgemeine Kirche weit überragende Stellung der römischen Kirche insbesondere das Conc. Lateran. IV 1215 c. 5 (c. 23 X de privileg. V 23). „Antiqua patriarchalium sedium privilegia renovantes sancta universali synodo approbante sancimus, ut post Romanam Ecclesiam, quae disponente domino super omnes alias ordinariae potestatis obtinet principatum, utpote mater universorum Christi fidelium et magistra." — Conc. Lugdun. II anno 1274. „Sancta Romana ecclesia summum et plenum primatum et principatum super **universam ecclesiam catholicam** obtinet." — C. 4 X de elect. I, 6. Epist. Gelasii P. ad Episcopos Dardaniae: „Totum in sedis apostolicae positum est potestate." Dist. XXII cap. II. „Sacrosacta Romana et Apostolica ecclesia non ab apostolis sed ab ipso Domino salvatore nostro primatum obtinuit et eminentiam potestatis super universas ecclesias ac totam Christiani populi gregem assecuta est." — Cap. VI X lib. I tit. VI. „In Romana vero ecclesia speciale aliquid constituitur, quia non poterit ad superiorem recursus haberi."

[11] „Ego N. electus ecclesiae N. ab hac hora in antea fidelis et obediens ero beato Petro apostolo sanctaeque Ecclesiae Romanae ... Jura, honores, privilegia et auctoritatem S. Romanae Ecclesiae, Domini nostri Papae et successorum praedictorum conservare, defendere, augere et promovere curabo. Neque vero in consilio vel facto seu tractatu, in quibus contra ipsum Dominum nostrum vel eandem Romanam ecclesiam aliqua sinistra vel praejudicialia personarum

narii erschien vielen im Hinblick auf jenen Eid als ein so auffallendes, dass man zu einer Zeit, als das Streben obwaltete, alle, wenn auch noch so selbständigen, individuellen Verhältnisse unter ein drittes allgemeines Rechtsverhältniss zu subsummiren, geradezu behauptete, die Bischöfe seien die Vasallen der Römischen Kirche. Wenn auch diess Verhältniss keineswegs ganz zutrifft, so liegt darin doch ein sprechender Beweis der die einzelnen Vertreter der allgemeinen Kirche weit überragenden Stellung des römischen Bischofs; denn diesem, und nicht dem Papste in seiner Eigenschaft als Stellvertreter der allgemeinen Kirche wird der Fidelitätseid geleistet.[12]

8) Nur der römische Bischof hat endlich das Recht, Bisthümer zu erigiren, zu uniren, zu supprimiren,[13] also kirchliche Rechtsfähigkeit zu verleihen und aufzuheben. Die Befugniss, Bisthümer zu errichten, stand anfänglich allerdings auch den Bischöfen zu, damit war jedoch die Entwicklung noch keineswegs abgeschlossen, da dieselbe sich allmälig zu einem der römischen Kirche, der sedes apostolica ausschliesslichen zustehenden Rechte ausgebildet hat.

---

juris honoris status et potestatis eorum machinentur ... Possessiones vero ad mensam meam pertinentes non vendam nec donabo neque impignorabo nec de novo infeudabo vel aliquo modo alienabo, etiam cum consensu capituli ecclesiae meae, inconsulto Romano Pontifice." Erst durch ihre Unterwerfung und durch ihr Unterworfensein unter die römische Kirche sind und bleiben die Bischöfe in der Kirche. — Cap. IV de electione et electi potestate. „Ajunt in conciliis statutum non inveniri ... quasi romanae ecclesiae legem concilia ulla praefixerint, cum omnia concilia per Romanae Ecclesiae auctoritatem et facta sint et robur acceperint ... Cum igitur a sede apostolica vestrae insignia dignitatis exigitis, quae a Beati Petri tantum corpore assumuntur: justum est, ut vos quoque sedi apostolicae subjectionis debitae signa solvatis, quae vos cum beato Petro tamquam membra de membro habere et catholici capitis unitatem servare declarent" ...

[12] Dass dem so sei, geht aus der allegirten Stelle klar hervor.

[13] Uhrig, l. c. S. 63. Schöpf, K.-R. Bd. Bd. III § 87 S. 344 Cap VIII, X de excessibus praelatorum lib. V tit 31.

§ 26.

Resultat mit Anwendung der Maas'schen Grundsätze.

Nachdem wir nunmehr die Stellung und Rechte der römischen Kirche und des Vertreters derselben, des römischen Bischofes, kennen gelernt haben, sind wir im Stande zu zeigen, dass man durch richtige Anwendung der Maas'schen Grundsätze nothwendig zu einem Eigenthum der römischen Kirche oder gar des Papstes am Gesammtkirchenvermögen gelangen müsse. Behauptet z. B. dieser Schriftsteller, „da die Kirche Eigenthümer ist, so kann ohne deren Consens nichts veräussert werden,"[1] schliesst er mit a. W. aus dem Umstande, dass die Pfarrer ohne den Consens des Bischofs, des Vertreters der allgemeinen Kirche nichts verkaufen dürfen, auf ein Eigenthum dieser letzteren, so lässt sich mit demselben Grunde auch gegen die allgemeine Kirche operiren, indem man behauptet, dass, da die Bischöfe ohne Consens der römischen Kirche, bezw. ihres Vertreters, nichts verkaufen dürfen, diese letztere Eigenthümer des Vermögens aller Bisthümer sein müsse.

Wenn die Hoheitsrechte, wie Maas meint, nur das Aufsichts- und Einsichtsrecht, nicht aber das directe Eingreifen der kirchlichen Obern und das förmliche Ausüben der im Eigenthum liegenden Rechte in sich begreifen,[2] so erinnern wir daran, dass der Vertreter der römischen Kirche nicht nur Aufsicht über das Vermögen sämmtlicher Diöcesen führe, dass er vielmehr wiederholt direct in das Leben, die Existenz derselben eingreift durch Union und Suppression. Schliesst man überhaupt aus Verwaltungsrechten, wie diess Maas stets thut, auf Eigenthum, so müsste dieses wieder der römischen, oder gar dem Papste, nicht der allgemeinen Kirche zustehen, da ja der römische Bischof das bei weitem höchste Dispositionsrecht über alles K.-Vermögen besitzt (principalis summus est dispensator).

[1] Maas l. c. S. 701.
[2] Maas l. c. S. 698.

Wenn Maas bemerkt: „Die eben entwickelten Befugnisse der kirchlichen Institute am Kirchenvermögen bilden nur Schranken des Eigenthums der Gesammtkirche. Nur diese, nicht aber jene haben bei der Beseitigung der Schranken z. B. bei der Suppression eines kirchlichen Instituts, die verwirklichte rechtliche Möglichkeit, **alle** im Kirchenvermögen liegenden Befugnisse auszuüben," [3] so muss besagter Schriftsteller gewärtigen, dass man mit derselben Argumentation auch der allgemeinen Kirche zu Leibe gehe; da nämlich dem oben Gesagten zu Folge, die römische Kirche Eigenthümerin des K.-Vermögens der aufgehobenen Klöster und Bisthümer wird, so bilden die Rechte dieser letztern gewissermassen nur Schranken des Eigenthums der römischen Kirche; durch Beseitigung dieser Schranken tritt nun aber offenbar für diese die verwirklichte rechtliche Möglichkeit ein, **alle** im Kirchenvermögen liegenden Befugnisse auszuüben. Die Möglichkeit der Suppression kann nun aber bei jedem Bisthum und Kloster eintreten, und so wäre denn der Maas'schen Deduction zufolge der Stuhl Petri zu Rom rechtmässiger Eigenthümer alles Kirchenvermögens. Weiter aber, etwa in der Art, dass man sagte, das Vermögen der römischen Kirche könne schliesslich von der allgemeinen Kirche aufgenommen werden, lässt sich diese Argumentation nicht mehr fortführen, da der römischen Kirche ewige Existenz verheissen ist. [4]

Geht man von der — wie ich übrigens glaube — ganz irrthümlichen Behauptung aus, die Kirche habe ihre Wurzel, das Dogma, auch auf dem Gebiete des Vermögensrechtes nicht verlassen, so gelangt man zu keinem andern Resultate als dem, die römische Kirche oder deren Bischof müsse Eigenthümerin alles Kirchengutes sein, denn wer die allge-

---

[3] Idem l. c. S. 699.

[4] cf. Franc. Gaude Bullarium Tom. III Nro. XX p. 102. Coelestinus III P. P. anno 1194 „sacrosancta Romana ecclesia super immobile fundamentum perpetua stabilitate fundata."

meine Kirche Eigenthümerin desselben nennt, der räumt ihr offenbar ein höchstes Recht ein, das er der römischen Kirche vorenthält. Nun steht aber nach dem Dogma und der Verfassung der Kirche nicht die allgemeine Kirche über der römischen, sondern gerade umgekehrt die römische über der Universalkirche.[5] Eben desshalb ist auch jene Theorie, die den römischen Bischof dem allgemeinen Concil unterwerfen will (Episcopalsystem) eine schismatische,[6] da sie das Grundprincip in der Kirche, die bis in das letzte Glied durchgeführte Hierarchie ignorirt. In der Kirche herrscht überhaupt nicht eine aristokratische, sondern eine monarchische Verfassung.[7] Wer aber die allgemeine Kirche zur Eigenthümerin des Kirchenvermögens macht, der gesteht das höchste Verfügungsrecht über dasselbe einer Mehrheit von Bischöfen zu, derogirt dem Papalsystem,[8] damit aber einer Wurzel der katholischen Kirche und ihres Dogmas.[9]

---

[5] Vgl. f. d. Belegstellen bei Schulte, Syst. d. K.-R. S. 193 und die oben S. 193 Nte 10 citirten Stellen.

[6] Schulte, System d. K.-R. S. 187, 189, 190, 183, 182.

[7] Gerson. 10, 1 pag. 145, 125, 126. „Plenitudo potestatis Ecclesiae sic proprie sumpta, non potest esse de lege ordinata, nisi in uno summo Pontifice. Alioquin ecclesiasticum regimen non esset Monarchicum." — Schulte, Syst. d. K.-R. S. 182.

[8] Schulte, System d. K.-R. S. 192: „Mag man diess Papalsystem nennen oder nicht, jedenfalls ist es dasjenige, welches einzig und allein stets gegolten hat, den Geist der Kirche und ihres Rechtes für sich hat." (Mit der Frage der Unfehlbarkeit des Papstes hat dieses System natürlich nichts zu schaffen.)

[9] Wie bereits oben erwähnt, halte ich es indess für grundfalsch, Verfassung und Dogma der Kirche in Fragen hereinzuziehen, die rein privatrechtlicher Natur sind. Meiner Ansicht nach kann es sich nur darum handeln, eine Construction zu finden, die der Verfassung der katholischen Kirche nicht schnurstracks zuwiderläuft. Ganz unvereinbar wäre es z. B. mit der Verfassung der Kirche, wollte man die Kirchengemeinde als Rechtssubject des K.-V. anerkennen, da dieselbe nach dem Verfassungsrechte der kath. Kirche eine Stellung einnimmt, die sie schlechterdings unfähig macht, als solches zu erscheinen. Dagegen ist es unangezeigt, den Schwerpunkt der Construction auf das dogmatische Gebiet hinüber

Es wird unten gezeigt werden, welch' wichtige weitere Consequenzen sich an die zum vollen Bewusstsein gebrachte vermögensrechtliche Stellung der römischen Kirche knüpfen; [10] für jetzt muss aber so viel als ausgemacht gelten: „die alte Streitfrage, ob die allgemeine oder die Particularkirche Eigenthümer des Kirchengutes sei, hat aufgehört, zu existiren;" [11] die weitere Frage ist nur mehr

---

zu spielen; es galt demnach im Texte blos, den Beweis zu liefern, dass von letztern Standpunkte aus betrachtet, die hier vertretene Ansicht nichts zu scheuen hat, und dass unsere Gegner, die sich mit so vieler Sicherheit auf diesem Gebiete zu bewegen glauben, gerade mit ihren eigenen Waffen geschlagen werden können.

[10] Häufig war es blos eine Verwechslung der allgemeinen und der römischen Kirche, welche die Veranlassung zur Theorie vom Universaleigenthum der erstern abgab (cf. Joh. Phil. Gregel Dissert. de onere reficiend. Cp. XI S. 11). Ein eclatantes Beispiel findet sich bei Kunstmann vergleichendes Kirchenrecht § 82 S. 199, wo es heisst: „Nach heutigem Recht gebührt das Eigenthum am kath. Kirchengut sowohl der ganzen Kirche als ihren einzelnen Theilen. Dieser Unterschied tritt insbesondere in dem Gebiete der Orden hervor, von denen ein Theil nicht eigenthumsfähig ist und juristische Persönlichkeit besitzt. Bezüglich der ersten sagt schon Gregor X. in s. Constitution vom 5. Novbr. 1274 in Wadding annales minorum ed. Fonseca Romae 1732 T. IV p. 414: „Cum itaque sicut ex tua petitione colligimus, fratres ejusdem ordinis ex professione ipsius regulae, nec in communi nec etiam in speciali proprietatem cujuscumque rei habere valeant, sed ubi donatores vel collatores quorumcunque bonorum sibi non reservaverunt dominium, donata vel collata eidem ordini ad romanam ecclesiam immediate pertineant." Dass unter dem letzteren Ausdrucke nur das römische Bisthum verstanden sein wollte, und nicht die römisch katholische Kirche in ihrer Gesammtheit, unterliegt keinem Zweifel. cf. § 34. — Auch Hübler war sich über die eminente Stellung der römischen Kirche nicht voll bewusst, sonst hätte er l. c. S. 77 Nte 3 nicht sagen können: „Viel eher scheint das dominium der universalis ecclesia auf diejenigen Güter beschränkt, welche nicht auctoritate s. Pontificum einzelnen Kirchen und Anstalten zugewiesen worden (Erwerb der Bettelorden?)." Vgl. wegen des letzteren unten § 34 f.

[11] Wenigstens für denjenigen, der sich an die Quellen hält; mit demjenigen aber, der dieselben beliebig verdreht, oder sich gar darüber ohne weiters hinaussetzt, ist jeder Streit nutzlos.

die: „Ist etwa die römische Kirche, die ecclesia Romana, Eigenthümer **alles** Kirchenvermögens, oder verträgt sich ihr Eigenthum mit dem der ihr unterstehenden kirchlichen Institute?“ [12] Den Beweis zu liefern, dass das letztere der Fall sei, bleibt den folgenden §§ vorbehalten.

§ 27.

Die Bisthümer (Cathedralkirchen) nach canon. Rechte Eigenthümer des Mensalvermögens.

Sowie an dem römischen Bisthum, lässt sich auch an den einzelnen Bisthümern deren Eigenthumsfähigkeit nach canon. Rechte leicht nachweisen. Den gewöhnlichen Einwurf, die Bisthümer könnten schon desshalb keine juristischen Personen sein, weil sie nur Verwaltungsbezirke der Kirche seien, hat Schulte in seiner Schrift: die Erwerbfähigkeit des Bisthums Limburg, energisch zurückgewiesen, indem er [1] ausführlich auf die Nothwendigkeit und den dauernden Zweck der Bisthümer hinweist. Die Widerlegung desselben hätte bedeutend erleichtert und gewiss auch schlagend geführt werden können, indem man ganz einfach darauf hinwies, dass ja auch im staatlichen Rechtsgebiete Verwaltungsgebiete existiren, denen das Recht die Eigenthumsfähigkeit ohne Bedenken zuerkannt hat, ich erwähne blos die Land-, Distrikts- und Kreisgemeinden. [2] Hat

---

[12] So spitzt auch Schulte (vgl. dessen Erwerbs- und Besitzfähigkeit der deutschen Bisthümer S. 34 u. dessen juristische Persönlichkeit der kathol. Kirche ihrer Institute und Stiftungen S. 43) die Frage zu, dem überhaupt das Verdienst zufällt, wie in der Lehre vom Kirchenvermögen überhaupt, so auch hinsichtlich der rechtlichen Stellung der römischen Kirche zuerst Licht verbreitet zu haben.

[1] Cf. l. c. S. 22.

[2] s. Pözl, Lehrb. des bayer. Verfassungsrechtes 4. Aufl. München 1870 § 106, § 131 u. § 138. Recht schlagend findet man auch diesen Vorwurf zurückgewiesen in der Schrift: das Ordinariat des Bisthums Limburg an das herzogliche Hof- und Appellationsgericht, Civilsenat zu Dillenburg (bei Schulte, Erwerbfähigkeit S. 78,) wo es heisst: „Die Bisthümer der katholischen Kirche sind die organischen mit corporativer

doch selbst das römische Recht, welches sich doch die Kirche in ihren vermögensrechtlichen Beziehungen stets zum Muster genommen hat, kein Bedenken getragen, staatlichen Provinzen, also doch wohl Verwaltungsbezirken vom reinsten Wasser das Recht der Persönlichkeit, der Eigenthumsfähigkeit zu verleihen.[3] Wie kämen überhaupt, so fragen wir die Vertheidiger der allgemeinen Kirche, die Quellen dazu an tausend und abermal tausend Stellen von dem Eigenthum der bischöflichen Kirchen und Cathedralen zu sprechen,[4] wenn die Bischöfe vermögensrechtlich blosse Agenten des allgemeinen Kirchenärars, und nicht so fast Vertreter der sich in ihrem bischöflichen Stuhle personificirenden juristischen Persönlichkeit der Bisthümer wären? Oder sollten unsere Gegner mit den Rechtsbegriffen so sehr im Unklaren sein, dass sie nicht wissen sollten, dass ein Eigenthum zweier Personen, soferne es nicht Miteigenthum ist — an einer Sache unmöglich ist? Indem ich schliesslich noch

---

Selbständigkeit ausgestatteten Glieder der einen h. katholischen Kirche und können ebensowenig als blosse Verwaltungsbezirke der einzelnen Bischöfe aufgefasst werden, wie die Kirche selbst nicht als ein blosser Verwaltungsbezirk des Papstes."

[3] v. Savigny, System § 88 Cod. Theod. lib. II tit. XII.

[4] In den ersten acht Jahrhunderten, zu einer Zeit als die übrigen kirchlichen Institute noch meist kein ausgeschiedenes Kirchenvermögen besassen, ist in den Quellen fast ausschliesslich von bischöflichen Kirchen die Rede, wenn vom Kirchenvermögen überhaupt die Rede ist. Vgl. oben S. 22 Nte 11 S. 42, Nte 40, S. 71 ff. S. 97, S. 98, S. 102 Nte 13 S. 114 Nte 14 S. 138 Nte 10. Desgleichen wurden aber auch bereits Beweisstellen aus der späteren Periode erbracht. cf. Meichelbeck hist. Frisingensis II, 2 Nro. 19. „Ad dominium ecclesiae Frisingensis" (a. 1252) Nro. 24 l. c. „Donavi Frisingensi Ecclesiae in perpetuo firmo jure proprietario possidendum;" „donavi sub juris proprietarii plenitudine ecclesiae memoratae" num 9. „Easdem possessiones . . . utpote proprias in proprietatem Frisingensis ecclesiae tradidit pleno jure" Schenkungsbuch der Probstei Berchtesgaden (vgl. oben § 19 Nte 3) n. 167: „ecclesiae Salzburgensi in proprietatem dederunt," vgl. überhaupt oben S. 143, S. 140 Nte 14 in f.

auf die Hauptstellen des corpus juris canonici verweise,[5] glaube ich das in diesem § behandelte Kapitel um so eher verlassen zu dürfen, als dasselbe schon vorher von Schulte in einer ausführlichen Monographie erschöpft wurde.[6]

---

[5] Distinct. XXVIII cp. 13 in fine „et universa sui Episcopatus quaesita tempore, Ecclesiae suae dominio sociaret" cf. Dist. LXXV c. 2 Dist. LXXXIX C. 4 Causs. XII Quaest. V. c. 4.: „Postquam autem episcopus factus est . . res . . . non in propinquorum suorum, sed in Ecclesiae, cui praeest, (also der bischöflichen) jura deveniant." cf. Quaest. III cp. 2 ferner Caus. XII Quaest. V c. 5: „Sed si episcopus . . intestatus defunctus fuerit, qui jure cognationis ei succedant, ecclesia sua ei succedat in integrum." — C. XII qu. III, c. 2 „ecclesia, cui praefuit, (scil. episcopus) . . . hoc sibi in perpetuum vindicabit." — Caus. VIII Quaest. 2 c. 1. „res illius (scil. Episcopi) minuantur Ecclesiae" Caus. XI Quaest. III c. 8 „vel si Episcopus decesserit, res ecclesiae suae" Caus. XII Quaest. II c. 74. „Quisquis itaque Episcopus . . . monasterium construere forte voluerit, et hoc ex rebus Ecclesiae, cui praesidet, ditare decreverit" etc. Caus. XVII Quaest. 4 c. 22, „bona eorum Ecclesiae ipsius (Episcopi) juri perpetuo tradantur cf. Caus. VII Quaest. 1 cp. XVIII in f. „quaecunque in praefatae ecclesiae (es ist von einer bischöflichen die Rede) patrimonio, vel de rebus ad eam pertinentibus repetendis sunt necessaria, compleantur." In Caus. XII Quaest. 2 c. 52 sagt Papst Leo: „Sine exceptione decernimus, ne quis Episcopus de rebus ecclesiae suae quicquam donare etc. audeat." Caus. III Quaest. II c. 2: „Cum ecclesiae alicujus episcopi aut possessiones vel res . . . detineantur" c. 8 l. c. „Si episcopus suis fuerit, aut ecclesiae sibi commissae rebus expoliatus" etc.

[6] S. dessen Schrift, betitelt: die Erwerbs- und Besitzfähigkeit der deutschen katholischen Bisthümer, Prag 1860, ferner: Die juristische Persönlichkeit der kath. Kirche etc., Giessen 1869, S. 29 ff. bes. S. 44 — S. 52. Daselbst auch die wichtigsten Belegstellen s. auch Schulte System S. 485. Schliesslich bemerke ich, dass selbst Phillips nicht umhin konnte zuzugestehen, dass gesetzlich anerkannt worden sei, „dass jede der einzelnen Diöcesankirchen im äussern Rechtsleben, wie für andere Verhältnisse, so auch in Beziehung auf das Vermögen eine juristische Persönlichkeit habe" s. dess. Lehrb. S. 686.

§ 28.

Die juristische Persönlichkeit der Domkapitel.

Dass sich an der bischöflichen Kirche im Laufe der Zeiten neue Rechtssubjecte in der Gestalt der Domkapitel bildeten, wurde bereits oben bemerkt; [1] hier mag bloss noch hinzugefügt werden, dass auch das canonische Recht der Rechtsentwicklung, die zur allmähligen Anerkennung derselben als juristische Personen und eigenthumsfähigen Rechtssubjecten drängte, ihre Anerkennung nicht versagt und demgemäss die Domkapitel als Rechtssubjecte ihrer Vermögens anerkannt hat. [2]

§ 29.

Die Eigenthumsfähigkeit der Pfarrkirchen. *)

Dass die Geschichte des Kirchengutes der erste 10 Jahrhunderte in ihrer Entwicklung damit endete, dass die Pfarrkirchen aus ehemaligen blossen stationes des Aerars der bischöflichen Kirche, die ursprünglich alles Eigenthum der Diöcese besass, zu wirklichen Eigenthum gelangten, [1] diesen Beweis haben wir bereits oben zur Genüge erbracht.

Unsere nunmehrige Aufgabe besteht vielmehr darin, einen wahren Berg von Bedenken und Einwürfen zu haben, die alle darauf hinausgehen, die Unmöglichkeit des eben

---

[1] Vgl. S. 122 f. dieser Abhl.

[2] Vgl. c. 5 X de probat. II 19. c. 8 X de cler. non resid. III 9. c. 9 u. c. 14 l. c. vgl. auch die S. 122 Nte * cit. Schriftsteller; ferner Schulte die juristische Persönlichkeit der katholischen Kirche etc. S. 77 Jos. Franz von Allioli die juristische Persönlichkeit der durch das Concordat vom 24. Okt. 1817 in Bayern neu errichteten erzbischöflichen u. bischöfl. Domkapitel u. s. w. Augsburg 1868, auch Roth u. Meibom Kurhessisches Privatrecht Bd. I Marburg 1858 S. 242.

*) Für das römische Recht vgl. oben S. 76—82.

[1] Und zwar rührt dieses Eigenthum theils von Schenkungen der bischöflichen Kirche, theils von originären Erwerbungen der einzelnen kirchlichen Institute her.

besagten Verhältnisses aus dem Geiste und den Quellen des canonischen Rechts zu deduciren.

Der Einwand, dass die Pfarreien nichts anderes seien als Verwaltungsbezirke, circumscriptiones, ist ganz ohne Bedeutung; allerdings sind sie in gewisser Beziehung Verwaltungsbezirke, aber derartige, die nicht nur einer momentanen Zweckmässigkeit, sondern einem unwiderstehlichen Bedürfnisse ihre gegenwärtige und fortdauernde Existenz verdanken.[2] Ebenso unhaltbar ist die Behauptung, das Fundament juristischer Persönlichkeit und damit auch der Eigenthumsfähigkeit, „ein dauernder Zweck" sei bei den einzelnen Pfarrkirchen nicht vorhanden.[3] Wer an dem letzteren Bedenken tragen wollte, der betrachte nur den modus, wie die Kirche für die Dotation der Pfarrkirchen gesorgt hat, jede Pfarrkirche sollte schon nach den ältesten kirchlichen Gesetzen mit Grund und Boden ausgestattet werden,[4] weil man ein Vermögen haben wollte, dessen Ertrag, nicht aber dessen Existenz geschmälert werden oder zu Grunde gehen könne; man besehe sich ferner nur die Schenkungsurkunden an die einzelnen Kirchen. Der Schenker geht stets von der Praesumtion aus, dass sein Stiftungsgut auf ewige Zeiten bei dieser oder jener Einzelkirche verbleiben solle.[5]

Jede einzelne Pfarrkirche hat also gewiss einen dauernden, ewigen Zweck, der Umstand, dass sie untergehen, supprimirt, unirt, incorporirt werden kann, vermag daran nichts zu rütteln.[6] Denn wer einer Eventualität zu Liebe

---

[2] Vgl. auch oben § 27 Nte 2 u. 3.

[3] Maas l. c. S. 699. „Der Zweck der einzelnen kirchlichen Institute ist ein lokal und zeitlich begränzter."

[4] Vgl. oben S. 116 Nte 6.

[5] Vgl. oben S. 164 Nte 6.

[6] Uebrigens geben wir Maas zu bedenken, dass, wenn dem nicht so wäre, auch die Cathedralkirchen keinen dauernden Zweck hätten, da jede derselben unirt oder supprimirt werden kann, nur nicht die römische; (vgl. oben S. 196 Nte 11) mit andern Worten: man gelangt auf diesem

die Wirklichkeit vergiesst, der kämpft gegen alle rechtliche Begriffe, der nenne sich aber auch selbst nicht mehr Eigenthümer seiner Sache, da ja auch er in den Fall kommen kann, seines Eigenthums einmal beraubt zu werden, nenne nur gleich seinen Erben Eigenthümer, sich selbst aber zeitlichen Depositar oder Usufructuar seines Vermögens. Ja hätte die Pfarrkirche aber keinen dauernden Zweck, so könnte sie doch Eigenthümer ihres Vermögens sein, da, wie oben gezeigt, ein solcher gar nicht Bedingung der Eigenthumsfähigkeit einer juristischen Person ist.[7] Wir hätten also, da auch der selbständige Zweck derselben nicht geleugnet werden kann,[8] alle jene Bedingungen, die das Recht für die Entstehung einer juristischen Person verlangt; und dass das canonische Recht die Pfarrkirchen aus stationes fisci zu juristischen Personen herausgebildet habe, gilt jetzt als eine selbst von den neuesten Vertheidigern der Rechtsfähigkeit der allge-

---

Wege nicht zum Eigenthum der allgemeinen, sondern der römischen Kirche.

[7] Vgl. oben S. 9 und Hübler l. c. S. 121 f.

[8] Maas läugnet zwar auch diesen (S. 692) geräth aber dabei mit sich selbst in die grössten Widersprüche; so bemerkt derselbe z. B. S. 591. „Auf der anderen Seite ist die Kirche eine organische Anstalt, deren Glieder (und diess sind doch offenbar die Pfarrkirchen), wie erwähnt, in und mit ihr zugleich einen eigenen, lokalisirten, besondern Zweck folgen." Derselbe nennt die einzelnen kirchlichen Institute juristische Personen (S 692), kann demnach noch ein Zweifel bestehen, ob dieselben auch nach seiner Theorie einen eigenen selbständigen Zweck haben müssen, da ohne dieses letztere Moment eine juristische Person gar nicht existiren kann. Maas versteht übrigens unter dem selbständigen Zwecke der einzelnen Institute, den er in Abrede stellt, nichts anderes als einen „Selbstzweck derselben", (wie diess aus einer andern Stelle offen hervorgeht; S. 698 heisst es nämlich: „Gemäss der oben erwähnten Schulte'schen Definition vom Zwecke als Eigenthum des Kirchengutes steht dieses ebenfalls der Gesammtkirche zu; das einzelne Institut hat ja hiernach keinen Selbstzweck, sondern den kirchlichen." Dass es aber eine juristische Person mit einem Selbstzweck nicht geben könne, ist oben S. 16 bereits gezeigt worden.

meinen Kirche unbestrittene Thatsache; denn die Evelt'sche Theorie, dass die einzelnen Kirchen nur stationes des Fiscus der Gesammtkirche seien,[9] muss als eine von Maas und Phillips überwundene bezeichnet werden.[10]

§ 30.

Fortgesetzte Widerlegung der Maas'schen Einwände.

Jeder Jurist wird nun dafür halten, wir hätten, da die einzelnen Pfarrkirche juristische Personen seien, unser thema probandi schon erschöpft und könnten sogleich zum Beweise übergehen, dass auch die Quellen des canonischen Rechtes stets von einem dominium und einer proprietas aller in der Diözese sich befindenden Institute ausgehen; allein dem ist doch nicht so, denn Maas hat in seiner Abhandlung nicht so fast die Eigenthums**fähigkeit** der Pfarrkirchen (mit der Anerkennung als juristische Person erkennt er doch offenbar auch deren Eigenthums**fähigkeit** an, da ja diese als das wichtigste Recht der juristischen Personen erscheint), sondern vielmehr das wirkliche Vorhandensein eines solchen bei diesen Instituten in Abrede gestellt.

Ein Hauptfactor, der ihn zu dieser Annahme bestimmte, war der, dass nach seiner Ansicht der Vertreter des ein-

---

[9] Evelt l. c. § 62. „Wir würden also zu folgendem Resultat gelangen. Das Kirchenvermögen ist ein grosses Familienfideicommiss, sowie die Kirche selbst eine grosse Familie darstellt. Jeder einzelnen Pfründe. jeder einzelnen Kirche ist ein Theil dieses Fideicommisses zur Benützung zugetheilt." Ihm folgte Prunner Constitutive Gerechtigkeit. 1817. (I 210.)

[10] Vgl. Maas l. c. S. 591, 685, 692: „Nach der Verfassung der Kirche sind freilich die einzelnen kirchlichen Institute nicht blosse stationes fisci, sondern besondere, wenn auch nicht selbständige Corporationen." Dass aber Maas mit dieser Construction in die allergrössten Widersprüche mit sich selbst gerathen ist, wird weiter unten nachgewiesen werden. Auch Phillips gesteht (cf. Lehrb. S. 686) zu, dass die einzelnen Pfarrkirchen in Folge der Beneficialentwicklung „eine juristische Persönlichkeit, wenn auch nur mit einer relativen Selbständigkeit erhielten."

zelnen Institutes kein im Eigenthume, vielmehr bloss ein im Nutzeigenthume liegendes Recht besitze, während umgekehrt dem Vertreter der allgemeinen Kirche ein nur aus dem Eigenthum fliessendes Dispositionsrecht zustehe;[1] allein gerade diese Behauptung zeigt, dass der Verfasser den Boden einer objectiven Beurtheilung des Sachverhalts schon längst verlassen hat. Der Vertreter der Pfarrkirche hat das ganze Vermögen unmittelbar in seiner Hand, und zwar so, dass es ihm von dem Bischof nicht genommen werden kann; er hat den ganzen Vortheil des Vermögens, der Bischof darf ja das Vermögen der Einzelkirche nie in usu proprio habere; er verwaltet zunächst das Vermögen seiner Kirche[2] und lässt dessen Vortheil sämmtlich nur sich und seiner Kirche zufliessen. Die Pfarrkirche gerirt sich ebenso wie eine sonstige das Eigenthum an ihrem Vermögen besitzende juristische Person und darf nur das Vermögen seinen Zwecken nicht entfremden, welche Beschränkung aber gewiss schon in der Bestimmung des Kirchenvermögens, auf ewige Zeiten den an einem bestimmten Orte auftretenden kirchlichen Bedürfnissen Rechnung zu tragen, eine genügende Erklärung findet, und bei den meisten juristischen Personen zutrifft. Zudem untersteht das Eigenthum der Pfarrkirche einer dem Gemeinzwecke entfliessenden administrativen Obergewalt, die sich in der Kirchenhoheit kundgibt. Ausserdem finden sich wie gezeigt, in den Vertretern der einzelnen Kirchen alle aus einem selbständigen Eigenthume und nicht bloss Nutzeigenthum derselben fliessenden Rechte. Aber all diess wird ignorirt, um in einem Stücke Verwaltung und Oberaufsicht eine im Eigenthume und nicht so fast im Hoheitsrechte wurzelnde Dispositionsbefugniss der Kirchenobern zu statuiren. Wenn man freilich annimmt, dass sich der Begriff vom Eigenthum in der vollen unbeschränkten

---

[1] Maas l. l. S. 696.

[2] Schöpf, kath. K. R. III. Bd. § 62 S. 15 Note 40.

Herrschaft über eine Sache erschöpfe,[3] und wenn man eine solche Herrschaft, gestützt auf antiquirte canones, dem Bischof vindicirt, dann steht es allerdings schlimm um das Eigenthum der einzelnen Kirchen; doch zum Glücke ist weder der angeführte Begriff vom Eigenthum der, wie wir ihn kennen, da das Eigenthum nicht als die Summe aller im Eigenthum liegenden Rechte, sondern als deren Gesammtheit erscheint, die als solche eine von den einzelnen unabhängige Existenz besitzt,[4] noch sind die von Maas citirten canones jene, auf welchen die kirchliche Entwicklung stehen geblieben ist, wie diess zur Genüge in dem dritten Abschnitte nachgewiesen wurde.

Maas hätte übrigens wohl bedenken sollen, dass ja auch die Kirche, resp. ihre Vertreter, die Bischöfe weit entfernt sind, die volle unbeschränkte Herrschaft über das Kirchengut einer Pfarrkirche zu besitzen:[5] Stiftungsbriefe[6]

---

[3] Maas l. c. S. 692. „Diess geht schon aus dem Begriffe des Eigenthums als der vollen, unbeschränkten Herrschaft über die Sache hervor."

[4] Windscheid, Lehrb. des Pandektenrechts § 167 S. 458. Welch eine Klarheit über den Begriff Eigenthum unter den Theologen herrscht, darüber mag folgende Stelle aus Filliucius De statu Clericorum (Matr. 1626) Tract. XLIV de alien. rer. Eccles. c. 3 § 1 n. 10 u. 12 p. 60, 70) Aufklärung geben. Dort steht geschrieben: „Observandum, dominium aliter aliquando accipi a Jurisconsultis et Canonistis, aliter a Theologis; illi enim dominum esse volunt, quicumque rem ita tenet, ut nullus illo plus circa eam jure disponere possit: at Theologis dominus tantum est, qui de re potest pro libito suo in omnes usus sine cujusquam injuria disponere; quare Theologis heres dominus non est fideicommissi, sed potius usufructuarius, qui tamen Jurisconsultis verus dominus est, licet post mortem fideicommissum restituere teneatur · qui ergo negant Pontificem esse dominum, non tribuunt illi minorem facultatem, quam heredi fideicommissario, sed longe majorem . quare ab iis qui dominum constituunt, non in re ipsa differunt, sed in modo loquendi."

[5] Ein solches besitzt überhaupt Niemand, weder die Bischöfe in ihrer Gesammtheit, noch der Papst, der doch noch die relativ grösste Macht darüber hat, cf. oben S. 192, wiewohl es doch auch von ihm heisst, dass er nicht „ad libitum de illis (scil. bonis eccles.) disponere potest, sed solum ex rationabili causa, adeo, ut si illa donet absque aliqua causa,

und kirchliche Gesetze[7] stimmen ja darüber überein, dass der Bischof keine dispositive Gewalt über das Vermögen der einzelnen kirchlichen Institute haben solle, dass er dasselbe vielmehr ungeschmälert und unangetastet lassen müsse. Wenn demnach die einzelnen Kirchen nicht Eigenthümer ihres Vermögens sind, weil es ihnen an der vollen Herrschaft über dasselbe, an der Dispositieu darüber gebricht, so kann diess die allgemeine Kirche noch viel weniger sein, vielmehr kömmt man dann zu dem verzweifelnden Schritte zu behaupten, dass es einen Eigenthümer für das Kirchenvermögen überhaupt nicht gibt.[8] Diess Resultat, wenn es auch die Frucht eines fast unbegreiflichen Missverständnisses ist, wäre doch wenigstens consequent; denn es folgt mit ab-

---

donatio sit nulla, et tam ipse, quam donatarius teneatur ad restitutionem Ecclesiae illi, ad quam pertinent." Lud Molinaeus De justitia et jure tr. 2 disp. 29 n. 22.

[6] Cf. oben S. 124 Nte 8 S. 164 zu Nte 7 S. 166 Nte 10 S. 167 Nte 12 cf. Nte 13, 15 u. 19.

[7] Vgl. oben S. 106 zu Nte 30 S. 108 zu Nte 34 u. Nte 35 u. 36 S. 109 Nte 39 S. 112 zu Nte 11 S. 113 S. 114 S. 117 Nte 8 S. 120 Nte 21 S. 122 Nte 30, ferner c. 43 Caus. XVI qu. 1 u. c. un. in f. X „ut ecclesiae beneficia sine diminutione conferantur" III. 12.

[8] Was freilich auch schon im vollen Ernste behauptet wurde. So insbes. von Walter Lehrb. der K. R. aller christlichen Confessionen. XIII. Aufl. Bonn 1861 § 251 S. 548 (bei Hübler S. 138). Aehnlich Bauerband. Ueber die Autorisation d. Kirchenfabriken. Archiv f. kath. K. R. Bd. XVII (N. F. Bd. XI) S. 105. „Die versuchte Beweisführung übersieht ferner, dass das Recht am Kirchenvermögen, dieses bloss innerhalb der Sphäre der Kirche betrachtet, wesentlich von dem, was man im bürgerlichen Rechte Eigenthum nennt, verschieden ist. Der Art. 544 des Rheinischen C.-G.-B. definirt das Eigenthum als das Recht, eine Sache auf die unumschränkteste Weise zu benutzen, und darüber nach Gutdünken zu spalten, vorausgesetzt, dass man davon keinen durch die Gesetze oder Verordnungen verbotenen Gebrauch mache. Diese Begriffsbestimmung ist aber offenbar auf das Kirchengut nicht anwendbar, weil dasselbe nur seiner Bestimmung gemäss benutzt und verwendet werden darf, sonach wesentlich dieser seiner Bestimmung angehört, wodurch jede willkürliche Verfügung ausgeschlossen wird."

soluter Nothwendigkeit aus dem Eigenthumsbegriffe, wie ihn sich einzelne Theologen zuschnitzeln.[9]

Um nicht durch eine noch länger fortgesponnene Polemik zu ermüden, will ich mich darauf beschränken, die gegen die Möglichlichkeit eines Eigenthumes der Pfarrkirchen vorgebrachten Bedenken, denen Maas in einer Reihe von Fragen Ausdruck verliehen hat, kurz zu beantworten.

Würde man, so behauptet dieser Verfasser,[10] das Eigenthum am Kirchenvermögen den einzelnen Instituten zuschreiben, wie wollte man nach dem Grundsatz des Eigenthums die Disposition, überhaupt alle Befugnisse der Kirche an ihrem Vermögen rechtlich deduciren? Die Antwort ist überaus einfach; alle jene Befugnisse rechtfertigen sich aus der Kirchengewalt, der potestas, der jurisdictio und hierarchia wie sie bald unter dem einen, bald unter dem andern Namen in den Quellen des canonischen Rechtes auftritt. Wenn Maas einwendet, die Kirche hätte hierüber alsdann keine weiteren Rechte als der Staat am Vermögen der Gemeinde, was doch nicht richtig sei,[11] so muss dem gegenüber darauf aufmerksam gemacht werden, dass wir uns auf dem Gebiete des Staates und der Kirche auf principiell verschiedenen Rechtssphären bewegen, und dass in Folge davon ein Schluss von den in der Oberhoheit des Staates gelegenen Befugnissen auf die der Kirchengewalt inhärirenden keineswegs gezogen werden könne; das Hoheitsrecht ist überhaupt kein so sehr ausgebildetes Recht, dass man sagen könnte, wenn dieses oder jenes Moment fehlt, dann ist kein solches mehr vorhanden. Dass aber schon beim Staate die Hoheitsrechte in vielen Fällen über ein Aufsichts- und Einsichtsrecht

---

[9] Diese merkwürdige Lösung der Frage über das Rechtssubject am K.-V. haben auf ihren wahren Werth, — der sich natürlich auf Null reducirt — zurückgeführt: Dove in dem Richter'schen Lehrb. d. K. R. VI. Aufl. Leipzig 1867 S. 932 Vering im Archiv f. k. K. R. (N. F.) I S. 336 u. Hübler l. c. S. 141 f.

[10] Maas l. c. S. 700.

[11] Maas l. c. S. 700.

weit hinausgehen, ist bekannt. So gehen dieselben z. B. bei der Expropriation unzweifelhaft in ein förmliches Eingreifen in das Eigenthum des Einzelnen über.

Die Qualität des Kirchenvermögens und des demselben inhärirenden Zweckes rechtfertigt nun aber offenbar ein viel weiter gehendes Dispositionsrecht als diess beim Staate gegenüber den Gemeinden der Fall ist. Sobald man sich stets vor Augen hält, dass die Kirche nicht Vermögen hat, um Vermögen zu besitzen, dass sie dasselbe vielmehr nur besitze, um ihren Zweck zu erfüllen, und dass die einzelnen Institute nur so lange existenz- und damit auch eigenthumsberechtigt seien, als sie diesen Zweck zu erfüllen vermögen, so folgt daraus von selbst die Nothwendigkeit einer möglichst ausgeprägten Centralgewalt über alles Kirchenvermögen, damit durch sie die verschiedenen Particularzwecke in der Kirche überwacht und gegen ein Vergessen des allgemeinen über den particularistischen Zweck sogleich eine genügende Repression vorhanden sei. Da nun aber jene Repression häufig gerade gegen die Existenzfrage der kirchlichen Institute ihre Spitze kehrt, und da mit dem Institute auch dessen Vermögen fällt, so folgt daraus von selbst ein wie gesagt bedeutend weiter gehendes Dispositionsrecht der Kirchenobern über das Vermögen der einzelnen Pfarrkirchen, da ja ähnliche Fälle (Aufhebung selbständiger Ezistenz) auf dem staatlichen Gebiete in Folge des grossentheils statio fisci-artigen Verhältnisses seltener einzutreten pflegen; doch kommen sie auch hier vor; so ist z. B. nach bayerischem Particularrechte die Bildung, Aufhebung und Vereinigung von Districtsgemeinden ein unbestrittenes Recht der Staatsregierung; Niemand wird es aber einfallen, desshalb denselben absprechen zu wollen, dass sie Eigenthümer des Districts-Vermögens seien.

„Der Staat hat überall da, wo kein jus quaesitum entgegensteht, ein Jurisdictionsrecht über alle Personen und Sachen, wie könnte man, so frägt Maas weiter, ausser dem

Aufsichtsrechte der Kirchenobern auch noch deren Jurisdictionsrecht hierüber gegenüber dem Staate rechtfertigen?"[12] Ganz einfach: der Staat hat eben mit Anerkennung der Kirche auch das in deren Verfassung begründete Jurisdictionsrecht derselben anerkannt und damit auf das ihm zustehende stillschweigend verzichtet.

„Wie wollte sich die Rechtsvertretung des Kirchenvermögens durch die verfassungsmässigen kirchlichen Obern der Gesammtkirche anders als aus dem Eigenthum der Kirche rechtfertigen lassen? Der Vormund ist nicht wie der Ordinarius Prodominus, sondern nur Verwalter, er supplirt den Willen des Minorennen, während der Ordinarius den Willen der universitas repräsentirt."[13] Hierauf antworten wir: aus dem Umstande, dass der Bischof das Kirchenvermögen der Diöcese repräsentirt, lässt sich doch noch lang nicht auf ein Eigenthum der allgemeinen Kirche schliessen; repräsentirt doch auch der römische Bischof das Kirchenvermögen der ganzen Kirche,[14] ohne dass man desshalb ein Universaleigenthum des römischen Bisthums anzunehmen gewillt ist. Es ist ganz selbstverständlich auch dieses Recht des Ordinarius ein demselben durch die Verfassung der Kirche zustehendes und wurzelt nur in dem Streben derselben, alles innerhalb eines Bisthums befindliche Vermögen auch mit einem Centralorgan zu versehen. Ein Zurückgreifen auf das Eigenthum an dem Vermögen der Pfarrkirchen liegt doch wahrlich zu ferne.

§ 31.

Fortsetzung.

Wenn Maas behauptet: „Würde das Eigenthum den einzelnen kirchlichen Instituten zustehen, d. h. würden sie einen selbständigen Zweck haben, so würde dieser und

[12] Maas l. c. S. 700.

[13] Idem l. c. S. 700 u. 701.

[14] Schulte, Erwerbfähigkeit S. 33.

damit das Eigenthum mit deren Erlöschen als bonum vacans an den Staat fallen,"[1] so ist auch diese Argumentation nichts weniger als stichhaltig; es lässt sich nämlich, wie ich glaube, ein Eigenthum der einzelnen kirchlichen Institute mit einem Ausschlusse jedwelchen staatlichen Vindicationsrechtes sehr wohl vereinen; (cf. § 40) sollte aber auch dieser Beweis nicht als erbracht angesehen werden wollen, so wäre diess noch immer nicht entscheidend; denn ein Postulat der Opportunität ist in einer rein rechtlichen Frage von keinem Belang, und würde übrigens auch gerade der Umstand, dass die Staaten in allen Zeiten nur zu häufig von ihrem sogen. Heimfallsrechte Gebrauch machten, den deutlichsten Beweis liefern, wie wenig sie von dem Eigenthum der gesammten Kirche an allem Kirchengute durchdrungen waren. — Wenn eingewendet wird, dass wenn die einzelnen Institute Eigenthümer ihres Vermögens wären, sie durch einen Gesammtbeschluss über ihr Vermögen disponiren könnten, was Angesichts des Veräusserungsverbotes des Kirchengutes nicht der Fall sei,[2] so ist diese Behauptung doch gar zu nichtssagend; denn eben das Veräusserungsverbot ist ja der Hemmschuh gegen die Möglichkeit einer solchen Manipulation. Mit demselben Rechte könnte man behaupten, dass die allgemeine Kirche schon desshalb nicht Eigenthümer sein könne, weil auf diese Weise durch einen Gesellschaftsbeschluss aller Gläubigen oder etwa des Gesammtepiscopates das Gesammtkirchengut aufgelöst werden könnte, was Angesichts des Veräusserungsverbotes des Kirchenvermögens nicht angehe.

Es wäre somit der Beweis geliefert, dass, ohne mit den Grundsätzen des canonischen Rechtes in Widerspruch zu gerathen, ganz wohl nicht nur eine Persönlichkeit, sondern auch ein Eigenthum der

---

[1] Maas l. c. S. 701.

[2] Maas a. a. O. S. 701.

Pfarrkirchen angenommen werden könne, und dass desshalb kein Grund vorliege, von den Quellen dieses Rechtes, die fast auf jeder Seite das Eigenthum der einzelnen Kirchen betonen[3] abzuweichen.

§ 32.

Widerlegung der gegen die Quellen des canon. Rechts gemachten Einwände.

Gegen die zu Gunsten der einzelnen kirchlichen Institute sprechenden Stellen des canon. Rechts hat nun freilich Maas

[3] Decret. Grat. P. I Dist. 61 can. 19 c. 2 l. XII quaest. 3 „ecclesia cui praefuit, vel minister extitit (also im gegebenen Falle auch eine Pfarrkirche) hoc sibi in perpetuum vindicabit." (2. pars „de rebus parochialium Ecclesiarium") c. 7 l. 12 qu. 5 „Quicunque ex gradu ecclesiastico sine testamento et sine cognitione decesserit, hereditas ejus ad ecclesiam, ubi deservivit, devolvatur." Caus. XXIII Quaest. VIII c. 23 „res ad venerabiles Ecclesias .... descendentes" c. 25 „sancitum est, ut unicuique Ecclesiae unus mansus integer . . attribuatur." Caus. XXIV Quaest. III c. 24. „Ecclesias cum bonis suis" Decret. Greg. Lib. I Tit. XXXV c. 7. „Ut quidquid fuerit occasione hujusmodi pacti perceptum ecclesiae parochiali reddatur" – Lib. II Tit. 2 cp. 16 „Ea quae collata sunt pro remedio peccatorum venerabilibus ecclesiis." Tit. XIII cp. 1 „dictum campum ejusdem ecclesiae juris esse" Tit. XVI c. 5. „Ecclesia sanctae Mariae in via lata contra Joannem de Ajeta, qui quasdam possessiones ipsius dicebatur contra justitiam detinere, movit sub L judice quaestionem ... ut si Ecclesia sanctae Mariae de vitio litigiosi contractus, vel de proprietate voluerit experiri" etc. Lib. III tit 1 cp. 9 „facultatibus ecclesiarum vestrarum" cf. Tit. VII cp. 4 Tit. XIII Cp. 1. „Non licet episcopo vel Abbati terram unius Ecclesiae vertere ad aliam, quamvis ambae in ejus sint potestate" etc. cf. cp. III l. c. Tit. XIV Cp. 2 „ad jus ejusdem ecclesiae res revocentur" Tit. XIX Cp. 6: „Ecclesiae jure proprietatis possunt ad invicem permutari, possessiones earum etiam permutari possunt." Tit. XXV Cp. 1 „Praedia .. Ecclesiae ad quam nihil habens presbyter promotus est, esse debent," cp. 3. „Unusquisque Presbyter res, quas post dies consecrationis acquisierit, propriae ecclesiae relinquat." Tit. XXVI cp. 7 „penes ecclesias eadem bona praecipimus manere" cf. c. 14 c. 20 „de his quae . . . legantur ecclesiis vel reliquis piis locis" cf. tit. XXVIII cp. 2, 4. 10. „Soluta tantummodo quarta paroeciali ecclesiae, de cujus parochia corpora assumuntur" cf. Tit. XXX cp. 29, Tit XXXVI cp. 7, Tit. XLVIII c. 4. „De bonis quae sunt ipsius ecclesiae scil. parochialis." Vgl. auch die Stellen bei Schulte System S. 487, Nte 4 u. in seiner Dissert. cit. p. 50 ff.

wieder eine Reihe Bedenken. Für's erste behauptet derselbe, „wenn auch in einzelnen (!!) Quellen von einem dominium ecclesiae N. also eines einzelnen kirchl. Institutes die Rede sei, so sei doch viel häufiger der Ausdruck dominium ecclesiae „universae, so setzt er einschaltend hinzu, zu finden." [1] Allein den Beweis dieser Behauptung ist der Verfasser schon wieder schuldig geblieben; nicht **eine** Stelle aus dem canon. Recht hat derselbe in seiner ganzen Abhandlung aufzuweisen vermocht, die von einem „dominium ecclesiae universae" spricht; dass sich der Ausdruck „res ecclesiae" mitunter vorfindet, ist richtig, aber keineswegs entscheidend; der letzte Ausdruck ist der terminus technicus für Kirchenvermögen überhaupt und ist als solcher selbstverständlich weit entfernt, das Rechtssubject des Kirchenvermögens bestimmen zu wollen. Zudem bedeutet ecclesia wie schon von anderer Seite richtig bemerkt wurde, sowohl „die als eine" Kirche. Wer gebraucht übrigens, wenn er auch von dem Eigenthume der einzelnen Kirchen noch so fest überzeugt sein sollte, nicht häufig die Ausdrücke: diess gehört der Kirche, das Eigenthum der Kirche soll unangetastet bleiben, und ähnliche sprachliche Wendungen?

Für's zweite wendet man uns ein, allerdings seien die einzelnen Kirchen Eigenthümer ihres Vermögens, diess sei nun einmal bei der Lage der Quellen gar nicht zu läugnen, allein sie seien Eigenthümer nur Dritten, nicht aber der Kirche gegenüber. [2] Was soll nun aber dieser ver-

---

[1] Maas a. a. O. S. 214.

[2] Phillips Lehrb. S. 691: „Wenn auch das weltliche Recht die einzelnen kirchlichen Institute vollständig als Eigenthümer anerkennt, so thut die Kirche, wenn sie diess auch in der äussern Rechtssphäre gelten lässt, und selbst für jene Institute den Namen Eigenthümer gebraucht, dennoch nicht durchaus dasselbe," u. Maas l. c. S. 692: „Wie bald gezeigt wird, erwerben und besitzen sie (die einzelnen kirchlichen Institute) durch die Kirche resp. als kirchliche Institute auch Vermögen und haben eine utilis rei vindicatio, so dass sie allen dritten Vermögenssubjecten gegenüber das Eigen-

zweiflungsvolle, übrigens nicht einmal mehr originelle[3] Schachzug? Ich frage, wozu haben wir alle obigen canones, die zu Gunsten des Eigenthums der einzelnen Kirchen sprechen, angeführt? wozu insbesondere alle jene Stellen auf das nachdrücklichste betont, welche ihre Spitze gegen eine dispositive Gewalt Seitens der Kirchenobern kehren, welche verbieten, dass etwas vom Bischof vindicirt, vertauscht, verkleinert werde, wenn man uns so ohne weiteres einwenden zu dürfen glaubt, das vorgebrachte Material sei alles ganz untadelhaft, aber es spreche gar nicht von einem Eigenthume der Kirchen gegenüber der Kirche, statuire vielmehr nur ein für das äussere Rechtsgebiet geltendes Verhältniss. Wer eine so kühne Behauptung macht, von dem hoffen wir doch, dass er den Beweis davon liefere, nur ein Paar Anhaltspunkte vorbringe; aber nichts von alledem (in der That aus triftigen Gründen!). Dagegen ist nun aber zu erwidern: die Kirche hat allerdings nicht ermangelt, ihr Eigenthum auch Dritten gegenüber sicher zu stellen; zahlreiche Bannstrahlen thun uns diess kund; die Kirche bricht wiederholt in Verwünschungen gegen die Kirchenräuber aus, schilt sie necatores pauperum, sacrilegi und sucht die Unverletzlichkeit ihres Eigenthums an unzähligen Stellen kundzugeben; allein diese Stellen haben ein ganz anderes Aussehen als jene, in denen es

---

thum der Kirche erwerben und schützen können. Daraus folgt aber nur, dass diess ihr Rechtsverhältniss geeignet ist, das Kirchenvermögen gegen jeden Dritten zu wahren, nicht aber, dass sie der Kirche gegenüber selbständig sind, einen für sich bestehenden Zweck haben müssen oder haben."

[3] Schon die Würzburger Kathol. Wochenschrift 1856 VII bemerkt S. 152 Anm. 1 u. S. 154: „Die einzelnen kirchlichen Institute, Corporationen u. s. w. werden nicht der allgemeinen Kirche gegenüber als selbständig in sich und von ihr losgerissen gedacht, wohl aber im äusseren Rechtsleben jedem Dritten wie jedem andern Einzelinstitute gegenüber als erwerbs- und besitzfähige Rechtspersonen."

vom Bischof, dem Vertreter der Kirche, heisst: nil sibi vindicet, nil audeat minuere etc.; die einen vertheidigen ein Eigenthum gegen jeden Dritten, die anderen gegen die Kirche selbst, d. h. sie fixiren das Eigenthum der einzelnen kirchlichen Institute **den Vertreter der Kirche** und damit **ihr selbst** gegenüber.[4]

Es ist diess ebenso wie im Staate; so bald sich derselbe zu dem gefährlichen Grundsatze bekennen wollte, er lasse **sich selbst gegenüber** kein Eigenthumsrecht gelten, nur Dritten gegenüber, im Rechtsverkehre seien die Einzelnen wirklich Eigenthümer, so hätte er damit alle rechtliche Grundlage im Staate aufgegeben, er hätte verkannt, dass er nicht existire, um Rechte, und gewiss das vollkommenste aller Vermögensrechte, das Eigenthum vorzuenthalten, zu absorbiren, sondern dass es seine Aufgabe ist, das Eigenthumsrecht, das schon ex jura naturali bestehende, nur zu schützen und zur rechtlichen Anerkennung zu bringen. Sind die Institute der Kirche gegenüber nicht Eigenthümer, so ist der Willkür und Laune der Obern das weite Thor geöffnet. Warum sollen diese der einen reichen Kirche, wenn sie im Grunde doch nicht Eigenthümer ist, nicht ein Grundstück nehmen, um es der benachbarten tiefverschuldeten Schwesterkirche zuzuwenden?

---

[4] Ich freue mich, in dieser Auffassung mit Häberlin (ad Meichelbeck) l. c. S. 34 zusammenzutreffen, welcher bemerkt: „Wie im achten und neunten Jahrhundert die Traditionen durch eine Strafandrohung gegen die Erben des Schenkers bestärkt wurden, so wird im zehnten, eilften und zwölften Jahrhundert gewissermassen durch eine Strafandrohung gegen die Kirche der Schenkung grössere Kraft verliehen. Man vergleiche z. B. die Confirmationsbullen, worin die Päpste den Klöstern Exemptionsprivilegien ertheilten, so ersieht man auf den ersten Blick, gegen wen eigentlich das Eigenthum derselben gesichert werden sollte. Während die Conservation des Vermögens gegen Dritte, besonders gegen die Annexionslust der weltlichen Grossen mit ein Paar Worten abgemacht wird, bemühen sich die Päpste in ganze Rubriken einnehmender, sorgsam abgefasster und möglichst verclausulirter Ausdrucks-

Wo ist die Schranke, die sie daran hindert, wenn es nicht das Eigenthumsrecht des einzelnen Institutes ist?

Auch schon in der Zeit, als die einzelnen Kirchen noch kein Vermögen besassen, als sie noch reine stationes fisci waren, war für die Möglichkeit des sicheren Auftretens derselben im Rechtsverkehre hinlänglich gesorgt: man sehe nur unsere stationes fisci an, wie sicher und kräftig sie im Rechtsleben dastehen, ein Grund, die einzelne Kirche, wenn sie wirklich nicht Eigenthümer ihres Vermögens ist, Eigenthümer zu nennen, damit das Eigenthum der allgemeinen Kirche im Rechtsverkehre gesichert sei, besteht demnach nicht.

Ebensowenig ist aber auch den einzelnen kirchlichen Subjecten gegenüber die Construction eines Eigenthums, das doch eigentlich kein Eigenthum ist, nöthig, um dieselben vermögensrechtlich abzugränzen, und vor gegenseitigen Uebergriffen zu bewahren. Man betrachte nur wiederum die einzelnen Stationen des Fiscus; hat sich etwa hier ein Bedürfniss geltend gemacht, dieselben zwar nicht dem Staate, wohl aber einander gegenüber für das äussere Rechtsleben Eigenthümer zu nennen? Wenn die Kirche sagt, jenes Institut sei ihr gegenüber nicht Eigenthümer, das Eigenthum gehöre ihr, jenes Institut habe ihr gegenüber blos ein jus in re aliena, so wird es demnach gewiss Niemandem einfallen, behaupten zu wollen, jenes Institut sei doch Eigenthümer — obgleich es eigentlich nicht Eigenthümer ist. Fasst man doch im gewöhnlichen und im Rechtsleben die Verhältnisse nicht anders auf, als wie sie wirklich sind; wozu auch, sich selbst und andere täuschen!? Somit dürfte auch dieses Experiment, die Quellen des canonischen Rechts durch Verdrehung zu Gunsten des Eigenthums der allge-

weise das Eigenthum des Klosters gegen die Kirche und deren Vertreter, den Ordinarius sicher zu stellen."

[5] Wie nicht anders zu erwarten, ist auch Schulte die Replik auf die Maas'sche Spitzfindigkeit nicht schuldig geblieben, sondern hat sie gebührend zurückgewiesen. Vgl. dessen Schrift, die Erwerbs- und Besitzfähigkeit der deutschen Bisthümer S. 38.

meinen Kirche umzustimmen, als ein gänzlich verfehltes betrachtet werden[6] und wir können nunmehr ungehindert zur Untersuchung der Frage über das Rechtssubject am Klostervermögen übergehen.

§ 33.

Das Rechtssubject des Klostervermögens.*)

Die Frage nach dem Rechtssubjecte des Klostergutes hat bis jetzt noch in keiner der unser Thema überhaupt behandelnden Schriften eine Erörterung gefunden, und doch

[6] Ich verweise noch auf die geistvollen Ausführungen Dove's, welcher in der Richter'schen Ausgabe des Kirchenrechts § 302 bemerkt: „Es ist unrichtig, dass die kirchl. Rechtsquellen die Eigenthumsbegriffe des bürgerlichen Rechts auf das K.-Gut nur sprachlich anwenden, wenn z. B eine Kirche die Sachen der andern usucapiren kann, so handelt es sich nicht um sprachliche Wendungen, sondern um juristische Realitäten. Wäre die Frage für das Eigenthum des K.-G. für das Innere der Kirche irrelevant und nur für das Heraustreten des K.-G. in die Sphäre des bürgerlichen Rechts bedeutend, dann könnte es kaum als eine Beeinträchtigung der kath. Kirche angesehen werden, wenn der Staat seiner Gesetzgebung die Entscheidung vorbehielte, wen in der Kirche er als Subject des kirchlichen Eigenthums anerkennen wolle, er könnte dann also z. B. statt der örtlichen Institute die kirchlichen Gemeinden, statt der Bisthümer die sogen Landeskirchen dafür anerkennen, ohne die Kirche principiell zu verletzen."

*) Vgl. im Allgem. D. Ascan. Tamburinus, De Murradio, de jure Abbatum et aliorum Praelatorum tam regularium quam saecularium. — Tractatus de jure Regularium, auctore D. Bouix theol. et utriusque juris Dr. Parsiis 1857. — Ferraris Bibliotheca s. voc. Regulares. — Schöpf, kath K. R Bd. IV § 276 S. 654. — Jos. Carrière Praelectionum Theologicarum Compendium De Iustitia. Editio Belgica Tornaci Cap. III Art 3 S. 65—73. — Kirchenrechtliche Quellen sind: Tit. X de statu monachorum et canonicorum regularium III 35 in Clement. III 10 tit. X de regular et transeuntibus ad religion. III 31 in VI to III 14 in Clem III 9 Extr. comm. III 5 tit. de religiosis domibus III 36 in VI to. III 17 Clem III 11. Extr. Joh. XXII tit. VII. Extr. comm. III 9 tit. de statu regularium in VI to. III 16. Conc. Trident. sess. XXV Decret. de regular. et monial.

ist gerade diese Art Kirchenvermögen quantitativ von grösster Bedeutung[1] und umschliesst eine Reihe streitiger Verhältnisse, worüber Klarheit zu verschaffen gar wohl am Platze sein wird.

Wenn wir dieser bisher vielleicht aus Mangel an Quellenstudium fast gänzlich vernachlässigten Partie mehrere Paragraphe widmen, so mag dieses darin seine Rechtfertigung finden, dass gerade aus diesem Abschnitte auf unser thema probandi ein helles Streiflicht geworfen wird, indem die gewiss merkwürdige Erscheinung zu Tage tritt, dass die Aussprüche der Quellen, sobald es sich um Klostergut handelt, bei weitem objectiver zu Werke gehen, und den wahren Sachverhalt unumwundener geben, als diess bei dem übrigen kirchlichen Zwecken dienenden Vermögen der Fall ist. Der Grund dieser Erscheinung ist wohl darin zu suchen, dass der grosse und tief eingewurzelte Irrthum der meisten Canonisten, aus Verwaltung auf Eigenthum zu schliessen, bei den Klöstern weniger leicht Platz greifen konnte, da dieselben von jeher rücksichtlich ihres Vermögens im Vergleich mit den übrigen Diöcesan-Anstalten eine freiere Behandlung durchzusetzen gewusst hatten. Welche Ursachen hiezu wesentlich beigetragen haben, wurde bereits oben[2] dargethan.

Es gibt Klöster, welche weder in communi, noch in particulari Eigenthum besitzen können;[3] von diesen wird weiter unten die Rede sein; hier wollen wir zunächst jene

---

[1] Pfefferi, die Einziehung der Kirchen-, Stifts- und Klostergüter historische Skizze Leipzig 1866 S. 114 gibt uns folgende interessante statistische Notiz über das Klostergut Oesterreichs: dasselbe betrage 62,822,301 fl. — Das Kirchengut 101,014,557 fl. (also nicht einmal das Doppelte); diess vertheilte sich im Jahre 1861 auf 9660 Mönche und 5198 Nonnen.

[2] Vgl. S. 110 f.

[3] Nachdem Kreitmayr in den Anmerk. z. Bayer. L. R. Thl. II Kap. II § 3 die Frage erörtert, welche Religiosen in particulari des Eigenthums fähig seien bemerkt derselbe: „Was man aber von andern Religiosen in

Klöster in's Auge fassen, welchen ihre Ordensregel den Besitz von zeitlichen Gütern wenigstens in ihrer Gesammtheit, im Namen des Klosters nicht verbietet.

I. Die eigenthumsfähigen Klöster.

Wie über das Kirchenvermögen überhaupt, so bestand auch in Betreff des Klostervermögens unter den älteren Canonisten die fixe Idee, Eigenthümer desselben müsse partout Christus selbst oder Gott sein.[4] Ich kann über

---

genere gesagt hat, versteht sich nur de singulis, nicht aber de omnibus simul sumptis oder von dem ganzen Kloster in corpore; es sei denn ein Bettelorden, und zwar ein solcher, welcher nicht capax bonorum ist, worunter vi Concilii Tridentini nur die Capuziner und Franziskaner, oder fratres minores de observantia, nebst allen jenen, welche ihre Ordensregel specialiter dahin anweise verstanden sind. Jesuiten, Augustiner, Carmeliter und Dominicaner participiren zwar von privilegiis ordinum mendicantium sind aber deswegen so wenig als andere ordines non mendicantes von Hab und Gut ausgeschlossen, sondern besitzen sowohl mo- als immobilia und machen (so viel die Jesuiten hier zu Land betrifft), sogar ansehnliche Landstände mit aus." Vgl. zu dem Gesagten Concil. Trident. Sess. XXV Cp. III P. Zech Hierarchia eccles. § 443, Engel Jus. Can. L. III T. 35 nr. 5 in f. auch Vering Ueber die Vermögensfähigkeit der Mitglieder der neueren religiösen Frauengenossenschaften im Archiv f. k. Kirchen-Recht. (N. F.) VII S. 225.

[4] Cf. Quaestiones regulares et canonicae auct. P. Emm. Roderico T. III qu. XXIX Art. V. Manuale Praelatorum Regularium auct. Ludov. Miranda quaest. XXVIII Art. V. De voto paupertatis authore Martino ab Azpilcueta doctore Navarro S. 14 nr. 28 qu. 1. Buix canon. Recht der Regularen, übersetzt und mit Zusätzen versehen von P. Rupert Mittermüller, Landshut 1861. VI. Hauptstück. Von dem Rechte der Regularen hinsichtlich ihrer zeitlichen Güter § 90: „Herr und Eigenthümer aller Kirchengüter ist im strengsten Sinne nur Gott, im minder strengen und gewöhnlichen Sinne ist es die ganze Kirche oder der Papst und in untergeordneter Weise jede Partikularkirche, kirchliche Gemeinde oder Anstalt; doch würde der Papst richtiger statt Herr oder Eigenthümer der oberste Verwalter genannt werden, gleichwie auch die einzelnen Kirchen-Gemeinden u. dgl. eigentlich nur ein von der allgemeinen Kirche, d. i. dem Papste abhängiges Verfügungs-, Verwaltungs- und Nutzniessungsrecht haben, und nicht unbedingte Eigenthümer sind. Indessen bringt es nun einmal der Sprachgebrauch mit sich, dieses Recht des Papstes

diese Ansicht kurz hinweggehen, da sich ja unten (cf. § 41) Gelegenheit bieten wird, noch einige Worte über dieses vermeintliche Eigenthum Gottes zu sprechen.

Abgesehen davon hatte sich jedoch schon frühzeitig die communis opinio[5] dahin gebildet, Eigenthümer des Vermögens der eigenthumsfähigen Klöster sei das Kloster selbst, das specielle kirchliche Institut, genauer gesprochen die Corporation der Mönche jedes einzelnen Klosters;[6] ja diese Ansicht drang

---

und der Gemeinden ein Eigenthumsrecht zu nennen und darum muss man sich an denselben halten, um Missverständnisse und Weitschweifigkeiten zu vermeiden." Sehr gut!

[5] Lessius de justit. et jur. lib. II cap. IV d. 7. „Sed contraria sententia (nämlich dass Gott **nicht** der Eigenthümer sei) est communis pro qua: I. „Religiosi professi possunt in communi habere dominium bonorum temporalium, ita ut ipsa congregatio vero dominio illa possideat." — Tamburinus de jure Abbatum et aliorum Praelatorum tam regularium tam saecularium lib. III Disp. XI qu. I p. 217 n. 2: „et licet Monasteria bonorum in communi capacia dicantur habere dominium bonorum in communi, ut infra videbimus hoc tamen non est ita accipiendum ut omnes Religiosi sint domini singuli alicujus quotae pro indiviso sicut contingit in fundo multis communi, sed habent dominium universi, ita ut conventus habeat dominium tale, quale in rebus ecclesiasticis haberi potest." — Azor Institutiones morales II lib. XII cap. XXIII p. 1085. „Decimo tertio quaeritur, penes quos sit dominium et proprietatas domorum, sacrarum aedium et hortorum, quos Mendicantium ordines habent in suos usus necessarios? Respondeo, si de iis Ordinibus loquamur qui Franciscani, Cappucini videlicet vel Observantes non sunt dominium attinere ad ipsius monasticum conventum sive Collegium, quod domum, templum vel hortum habet." cf. auch Nte 6.

[6] Zweifelsohne sprächen einige Gründe dafür, das Vermögen der Klöster lieber als Stiftungsgut denn als Corporationsgut aufzufassen; herrscht doch eigentlich in jedem Kloster der Wille des Stifters und die Ordensregel vor und nur ein kleines Gebiet erübrigt, innerhalb dessen sich der in der gesetzlichen Weise producirte Wille der Mönche oder des Abtes frei bewegt. Gleichwohl widerspräche dieser Annahme die herrschende Ansicht. Derselben gaben nicht blos die eben citirten Schriftsteller Ausdruck, indem sie von einem dominium sprechen, quod attinet ad ipsius ordinis monasticum conventum, sive collegium, ad congregationem etc., sondern auch andere Rechtslehrer vgl. Jos. Braun l. c.

so sehr durch, dass — und diess ist gewiss für das Eigenthum der einzelnen kirchlichen Institute von hoher Bedeutung, und überhaupt charakteristisch, — selbst solche, die an einem Eigenthume der allgemeinen Kirche mit der grössten Zähigkeit festhalten, hier plötzlich ganz aus ihrer Rolle fallen und ein Eigenthum des einzelnen Institutes annehmen zu müssen glauben,[7] hiemit aber ihre Thesis, Eigenthum der allgemeinen Kirche am Gesammkirchengute, selbst negiren. Wir schliessen mit der Bemerkung, dass auch die Quellen des canonischen Rechts überall von der Ansicht ausgehen, dass jedes (natürlich überhaupt eigenthums fähige) Kloster

---

S. 41. Hübler l. c. S. 45. Bluntschli deutsches Privatrecht München 1853 Bd. I S. 115 A. L. R. 15. Abschnitt § 1057: „Klostergesellschaften sind geistliche Korporatationen" etc. Lessius De justitia et jure (Lugdun. 1653) II c. 4 dub. 7 p. 32 „conventus Monachorum habet dominium bonorum monasterii." Molinaeus De justitia et jure Mogunt. 1659 tract. II. „Non minus ejusmodi bona pertinent ad dominium communitatum Ecclesiarum quam bona conventuum religiosorum ad dominium eorum in commune pertineat: quandoquidem haec etiam Ecclesiastica bona sunt intuitu Dei in ipsius cultum et obsequium religiosis concessa: sed dominium horum pertinet ad religiosos, ut Navarrus ipse saepe affirmat, et habetur expresss c. Quoniam 16. q. 1, ubi de bonis Ecclesiarum, nempe de decimis et oblationibus, dicitur, liberum esse Episcopis ea concedere Manachis Deum timentibus et colentibus et in dominium illorum et usum transferri; ergo dominiam bonorum Ecclesiarum ad eorum communitatem pertinet." Haunold Controversiae de Justitia et Jure privatorum Ingolst. 1671 I 311 „alioquin etiam inde inferendum esset bona Monasteriorum non esse sub dominio Communitatis." Fr. Schmier Jurisprudentia canon. civil. seu Jus. Canon. univers. Salzburg 1729 III P. II c. 4 s. 1 § 1 n. 4 (II 421). „Verius est, quod istiusmodi res, sicut in communi vocantur res Ecclesiae rel Ecclesiasticae, sic etiam in dominio Ecclesiae **vel communitatis Ecclesiasticae, Capituli scilicet Saecularis aut Regularis,** cujus est Ecclesia, existant." Auch ein Blick in die Schenkungsurkunden bestätigt unser thema probandi, obwohl hier die Ausdrucksweise ausserordentlich schwankend ist. Vgl. oben besonders S. 146 f. Vgl. auch die folgende Note.

[7] Evelt, l. c. S. 187. „a) Solche, denen die Ordensregel erlaubt, als Corporation Eigenthum zu besitzen, (fundirte Klöster) und b) solche, welche nach ihrer Regel stets von Almosen leben sollen (fatres Mendicantes, Bettelorden)."

der rechtmässige Herr und Eigenthümer seines Vermögens sei,[8] und dass dieselbe, wie nicht anders zu erwarten, auch der neueste Bearbeiter des Rechtes der Regularen, der französischen Canonist Bouix vertritt. Derselbe erwähnt bei dieser Gelegenheit auch jenes Mittel, wodurch die zwar von der Kirche, allein nicht vom Staate als eigenthumsfähig anerkannten Orden gleichwohl im Resultate zu einem Eigenthume gelangen, also ihre bürgerliche Eigenthumsfähigkeit gewissermassen surrogiren; es wird nämlich aus der Zahl derer, welche die Profess abgeleistet haben, einer als eine Art Treuhänder gewählt und dieser gilt dann vor dem bürgerlichen Gesetze als Eigenthümer (ist formeller Eigenthümer); da nun aber derselbe dem Orden gegenüber (also so zu sagen hinter den Coulissen) in Folge seines Gelübdes der Armuth kein Eigenthum besitzen kann, so erscheint derselbe im Grunde blos als das Werkzeug, durch welches der Orden selbst das Eigenthum, wenn auch nicht vor den Augen des bürgerlichen Gesetzes besitzt.[9]

---

[8] Decret. Gregor lib. I Tit. XXXII cp. 1. „Super quibusdam possessionibus monasterii S Petri.“ Lib. II tit. XIX cp. 8: „intelligendum non erat sine herede decedere, qui monasterium sibi heredem instituit.“ Tit. XX cp. 36. „Cum causa, quae vertitur inter Abbatem et Monachos sancti Dionysii ex una parte ac Abbatissam et Moniales de Forcellis ex altera tam super proprietate quam super possessione prioratus de Argentolio“ etc. Vgl. bes. Tit. XXII cp. 6. Lib. III Tit. XIII cp. 11. Tit. XXXVI cp. 2 „monasterio cum omnibus rebus suis.“ Lib. V tit. I cp. 26: „de bonis ejusdem monasterii.“ Sexti Decret. Lib. I Tit. VI cp. 43: „de rebus monasterii.“ Lib III Tit. XVI cp. unic.: „de ipsorum monasteriorum bonis sive proventitus.“ Cf. Clementin. Lib. III Tit. IV cp. 1.

[9] Cf. Bouix, tractatus de jure regular. Paris 1857 S. 395 c. 2. „At vero non obstante illa incapacitate in legibus a potestate saeculari expressa adhuc potest religiosa communitas, verum dominium in bona immobilia de facto acquirere. Nam verum dominium in rem immobilem de facto habebit, si possit eam ita acquirere ut valeat

§ 34.
Das Eigenthum am Vermögen der Bettelorden.

Viel schwieriger als bei den eigenthumsfähigen Klöstern und Orden gestaltet sich das Verhältniss bei jenen, denen die Fähigkeit, Eigenthum zu besitzen, weder in communi noch in particulari verliehen ist.[1] Bezüglich ihres Eigenthums war auch unter den Canonisten schon von Alters her ein lebhafter Streit, der sogar in einen bedenklichen Federkrieg auszuarten drohte, als auch die Päpste denselben in die Hand zu nehmen anfingen.

---

efficaciter et licite illa uti et pro arbitrio de illa disponere: Atque id valet communitas quamtumvis a lege incapax dominii decernatur; nam potest aliquem ex religiosis deputare ad emendum (verbi gratia) agrum, pecuniam ad id necessariam ei tradendam. Cum vero is religiosus, non secus acquilibet alius civis coram lege sit dominii acquirendi capax, poterit ex facultate sibi ad id a superiore data, contractum suo opere inire, ita ut ad terminos legis videatur esse dominus et ut talis attenta lege reputari debeat. Reapte tamen non ipse verus erit dominus, sed communitas; nam cum jam sit professus nequivit coram deo ullum dominium sibi quirere. Unde totum, quod praestitit tamquam minister communitatis egit ed ad meram administrationem reducitur et bene notum est administrationis actus, quoad bona temporalia praestari posse etiam a religioso professo quamvis dominii incapaci. Remanet ergo ut agri sic emti dominium re vera sit penes communitatem et ficto dumtaxat religioso tribuatur, et potest communitas de agro illo pro arbitrio disponere, (cum dependentia tamen a supremo bonorum omnium ecclesiasticorum administratore, i. e. Romano Pontifice, quod semper supponimus quando communitati dominium tribiumus) donare verbi gratia vel vendere jubendo eidem religioso, qui personam dominii coram lege agit ut actus ad id idoneos exerceat. Ergo revera, quamvis communitas a lege saeculari decernatur dominii incapax, potest efficaciter dominum acquirere. Id etiam potest licite;" denn es sei diese Manipulation allbekannt und Niemand werde dabei betrogen. — Einzig steht da Dorner, Kurze Erörterung der Rechtsfrage, wenn das Eigenthum am Kirchengute zusteht? Rosenheim 1868, welcher bemerkt: „der Klosterconvent ist gerade sowenig eine juristische, des Eigenthums nach Civilrecht fähige Person, als ein Domkapitel, dessen Eigenthum ebenfalls im Eigenthum des Staates sich befindet."

[1] Welches diese Klöster seien. Darüber vgl. oben S. 219 Nte 3.

Beschäftigt aber haben sich mehr oder minder eingehend mit der Frage über das Rechtssubject am Vermögen der eigentlichen Bettelorden die Päpste Nikolaus der III,[2]

---

[2] Sexti Decretal. Lib. V Tit. XII ep. III: „Ad haec cum fratres ipsi nihil sibi in speciali acquirere, vel eorum ordini possint etiam in communi, et cum aliquid propter Deum ipsis offertur, conceditur vel donatur, ea (si secus non exprimat) offerentis, concedentis vel donantis, verisimiliter credatur intentio, ut rem hujusmodi oblatam, concessam vel donatam perfecte concedat, donec auferat, a se abdicet ac in alios transferre cupiat propter Deum, nec sit persona, in quam loco Dei congruentius huiusmodi rei dominium transferat, quam sedes praefata vel persona Rom. pontificis Christi vicarii, qui pater est omnium, et fratrum Minorum nihilominus specialis. Ne talium rerum sub incerto videatur esse dominium, cum patri filius suo modo, servus domino, et monachus monasterio res sibi oblatas, concessas vel donatas acquirant: omnium utensilium et librorum, ac eorum mobilium praesentium et futurorum, quae et quorum usumfructum scilicet ordinibus vel fratribus ipsis licet habere, proprietatem et dominium (quod et fel. record. Innoc. papa IV praedec. noster fecisse dignoscitur) in nos et Romanam ecclesiam plene et libere pertinere hac praesenti constitutione in perpetuum valitura sancimus. Praeterea loca empta de eleemosynis diversis, et oblata seu concessa fratribus, sub quacunqua forma verborum . . . a diversis seu pro indiviso possidentibus, seu certas partes in ipsis locis habentibus, in quibus ipsi possidentes pro indiviso, seu certas partes habentes, nihil sibi in oblatione seu concessione hujusmodi reservarint: similiter et in jus et in dominium ac proprietatem nostram et ecclesiae praedictae eadem auctoritate suscipimus. Loca vero seu domos, pro habitatione fratrum a singulari persona, vel collegio vel ipsis fratribus ex integro concedenda seu etiam offerenda perseverante tantum voluntate concedentis inhabitent. Ac illa libere praeter ecclesiam et oratoria, ad ecclesiam destinata et coemeterium (quae tam ad praesentia quam ad futura in jus et proprietatem nostram et praedictae Romanae ecclesiae simili modo et auctoritate recipimus), mutata concedentis voluntate ac ipsis fratribus patefacta dimittant: In quorum locorum dominio seu proprietate nihil nobis vel praefatae Romanae ecclesiae retinemus omnino: nisi ea specialiter de nostro seu ipsius ecclesiae Romanae recipiantur adsensu. Et si in eisdem locis reservaverit dominium sibi in concedendo concedens, praeter inhabitationem fratrum speciale dominium in jus ecclesiae saepe dictae non transeat, sed potius plene liberum maneat concedenti." Und

Clemens der V.[3] und Johannes der XXII.[4] und zwar kamen

---

weiter unten heisst es noch: „Quia vero libros et alia mobilia, quibus tam ordo quam fratres utuntur, quorum dominium, cum non sint dominii aliorum, ad praefatam ecclesiam specialiter spectare dignoscitur, interdum contingit, seu expedit vendi" etc.

[3] Clementin Lib. V tit. XI cap. 1 de verbos signific: „Proinde, cum vir sanctus, paupertatis praemissae in regula modum exprimens, dixerit in eadem: Fratres nihil sibi approprient, nec domum nec locum, nec aliquam rem, sed tamquam peregrini et adveniae in hoc saeculo in paupertate et humilitate Domino famulantes, vadant pro eleemysina confidentor: Sicque declaratum extitit per nonnullos praedecessores nostros Pontifices, hanc expropriationem intelligi debere tam in speciali, quam in communi, propter quod et rerum omnium ceoncessarum, oblatatarum, vel donatarum fratribus (quas et quarum usum, facti scilicet, ordini vel ipsis fratribus licet habere) proprietatem et dominium in se et Romanam ecclesiam receperunt, dimisso ipsis fratribus in eis tantummodo usu facti simplicis."

[4] Extravag. Joan. XXII Tit. XIV de verbor. significatione cp. III. Hier ist an mehr denn zwanzig Orten von dem „dominium" der „Ecclesia Romana" die Rede, worüber das Nähere in dem ziemlich umfangreichen und subtilen Kapitel nachzulesen ist. Nur ein Paar der wichtigsten Stellen mögen hier allegirt werden. Nachdem in der Einleitung der ganze status controversiae vorgetragen wurde, und der Papst seine Ansicht, dass an den durch den Gebrauch verzehrbaren Sachen ein Eigenthum, getrennt von dem Gebrauche sich nicht denken lasse (in quibus (scil. rebus usu consumptilibus) nec jus utendi nec usus facti, separata a rei proprietate seu dominio possunt constitui) sagt er: „Nec obviat supradictis, quod idem. praedecessor noster . . . etiam illorum, quae ad vitae sustentationem pertinent, sibi et Romanae ecclesiae dominium reservarit: hoc enim de rebus illis dumtaxat debet intelligi, quae usu non sunt consumptibiles, sine quibus humana vita non est sustentabilis, quae utique non sunt pauca." Der Kernpunkt des Kapitels liegt aber im Schlusse, wo es heisst: „sancimus, quod in bonis, quae in posterum conferuntur vel offeruntur, aut alias quomodolibet obvenire contiget fratribus seu ordini praedictis (exceptis ecclesiis oratoriis, officinis et habitationibus ac vasis libris et vestimentis divinis officiis dedicatis vel dedicandis, quae ad ipsos obvenient in futurum, ad quae se non extendunt adeo inconvenientia supradicta, propter quod constitutionem istam ad illa extendi nolumus) nullum jus seu dominium aliquod occasione ordinationis praedictae seu cujusvis alterius a quocunque praedecessorum nostrorum super hoc specialiter editae Romanae ecclesiae acquiratur."

sie insgesammt zu dem Resultate, dass an gewissen Theilen des Vermögens derselben das Eigenthum der römischen Kirche, der ecclesia Romana, der sedes Apostolica zustehe; nur bezüglich der durch den Gebrauch verzehrbaren Sachen bestand zwischen denselben eine Meinungsverschiedenheit. Immerhin finden wir aber in ihren Aussprüchen unser Thema probandi (Eigenthum eines einzelnen kirchlichen Institutes, da Eigenthum der römischen Kirche) aus dem Munde der Päpste [5] selbst bestätigt. Ja diese bisher gänzlich übersehenen Decretalien sind von um so grösserer Wichtigkeit, als es in der That die einzigen Stellen des corp. jur. canon. sind, worin die Frage über das Eigenthum — sei es auch nur eines Stückes Kirchenvermögen — ex professo entschieden wird, so dass also die Behauptung Schulte's, aus positiven Sätzen lasse sich die Frage, wer juristisch als Eigenthümer der einzelnen Objecte des Kirchenvermögens anzusehen sei, nicht entscheiden, [6] in dieser Allgemeinheit ausgesprochen, nicht einmal richtig ist. [7]

---

[5] Innocent. IV P. P. a. 1245 (cf. bullarium v. Franc. Gaude Tom. III n. 9. „Explicatio nonnullorum capitum regularum fratrum ordinis Minorum S. Francisci) bemerkt: „Immobilium quam mobilium hujusmodi jus, proprietas et dominium (illis solis exceptis, in quibus expresse donatores seu translatores sibi proprietatem et dominium reservasse constiterit) nullo modo ad ecclesiam ipsam spectent, cui domus et loca praedicta cum ecclesiis et caeteris suis pertinentiis (quae omnia in jus et proprietatem beati Petri suscipimus) omnino tam in spiritualibus quam temporalibus immediate subesse noscuntur.“ Vgl. auch die oben S. 185 cit. Stellen aus Wadding Annales Minorum, wo gleichfalls häufig vom Eigenthum der römischen Kirche die Rede ist.

[6] System S. 477 § 94.

[7] Der Umstand, dass die genannten Päpste in einigen Punkten divergiren, ist für unsere Frage ganz gleichgiltig, da sie ja, was den wesentlichen Bestandtheil des K.-Vermögens der besagten Orden betrifft, vollkommen übereinstimmen. Uebrigens dürfte wohl kein Jurist Bedenken tragen, Eigenthum ganz wohl von dem Genussrechte der durch Verzehrung verbrauchbaren Sachen getrennt zu behandeln. Es ist derselbe Fall, als wenn der Papst einen Capuziner alle Tage zu Tisch bittet und

§ 35.

Fortgesetzte Untersuchung über das Vermögen der Bettelorden.

Auch die Frage nach dem Rechtssubjecte des Vermögens der Jesuiten ist controvers; in dem Werke „Abhandlung von dem Rechte der Jesuiten in Deutschland" 1773 [1] wird die Ansicht vertreten, Rechtssubject des Vermögens seien nicht die einzelnen Collegien, sondern vielmehr die ganze Societät gewesen; dieselbe stützt sich sogar auf eine Entscheidung der Römischen Rota, die bei Tamburin in jure Abbat. T. 3 p. 389 zu finden sein soll. Maas berührt die Frage flüchtig, da wo er auch die Reichsgerichte zu Zeugen anruft, dass sie stets (?) die allgemeine Kirche als Rechtssubject des Kirchenvermögens angesehen hätten. [2] Allein weder die allgemeine Kirche noch der Orden als solcher erscheint als Eigenthümer, der letzte schon desshalb nicht, da er als solcher mit dem Gelübde der Armuth bestrickt ist. [3] Als Eigenthümer erscheinen vielmehr die einzelnen kirchlichen Institute, mit denen der Orden in unmittelbarer Verbindung stand, die Seelsorge-, Studien- und Lehranstalten, in der Ordenssprache domus

ihm Speisen vorstellt, die jener verbraucht, resp. verzehrt. Der Capuziner wird desshalb nicht Eigenthümer der auf den Tisch gestellten Speisen. Folglich können sich auch die verzehrbaren Sachen ganz wohl im Eigenthume der römischen Kirche befinden.

[1] § 10. „Widerlegung der Behauptung, dass sie kein Eigenthum gehabt hätten."

[2] Maas l. c. S. 655. „Als der Jesuitenorden zu Ende des vorigen Jahrhunderts durch Papst Clemens XIV. aufgelöst worden, habe der Reichshofrath entschieden, dass die Verwendung der Jesuitengüter nach der Bestimmung des hl. Stuhles geschehen müsse, dass also das Rechtssubject des zu dem seitherigen kirchlichen Zwecke nicht mehr verwendbaren Jesuitengutes die Kirche sei."

[3] cf. Krabbe. Wem steht das Eigenthum der vormaligen Jesuitengüter beziehungsweise das Recht zu, sie zu verwalten und zu den stiftungsmässigen Zwecken zu verwenden? Münster 1855. S. 9, u. 35.

benannt, wesshalb denn auch nach Aufhebung des Ordens das Vermögen der Jesuiten nicht res vacua wurde, sondern Eigenthum der einzelnen kirchlichen Institute verblieb.[4] Diese Behauptungen finden sich auch bestätigt in einem Reichshofraths-Gutachten vom 16. November 1773, welches lautet: „Die Jesuiten waren nach ihrem Instituto mit dem Gelübde der evangelischen Armuth ebenso wie andere Religiosen bestricket, und aller Proprietät an sich unfähig, exceptis tantummodo, wie sich die Päpstliche Bulle pag. 6 in fine ausdrückt, Studiorum seu literarum Collegiis, quibus possidendi reditus ita facta est vis et potestas, ut nihil tamen ex ipsis reditibus in ipsius societatis commodum, utilitatem et usum impendi unquam possit et converti. Diese Collegia konnten also auch ebensowenig etwas für ihren Orden acquiriren, sondern alle ihre Acquisita, waren insgesammt, wenn schon nicht überall ex fundatione, doch wenigstens ex instituto ordinis, lediglich zu obbesagten Endzweck gewidmet; die Jesuiten waren lediglich die Operarii und das Werkzeug, zu dessen Ausführung, und wenn sie gleich dermalen nicht mehr sind, mithin die Verwaltung deren Güter und Einkünfte erledigt ist, so bleibet jedoch die Proprietät derselben bei den von ihnen versehenen, noch immer bestehenden Schulen, Lehr- und Predigt-Aemtern."[5]

---

[4] Krabbe l. c. S. 9. „Sie, (scil. die Güter der Jesuiten,) waren niemals Eigenthum des Ordens oder der Jesuiten als solcher gewesen, sie waren vielmehr das Eigenthum der kirchlichen Seelsorge- und Unterrichtsanstalten, denen bis dahin die Jesuiten vorgestanden hatten Als der Orden aufgehoben wurde, blieben die Güter Eigenthum der kirchlichen Seelsorge- und Unterrichts-Anstalten. Sie waren und blieben Kirchengüter; denn auch die Schulen gehörten nach den Grundgesetzen der deutschen Reiches, wie sie im Westfälischen Frieden formulirt waren, als Anexum Exercitii Religionis, der Kirche an."

[5] Eben so wenig rechtfertigt die Maas'sche Behauptung ein anderes in Wolf's allgem. Geschichte der Jesuiten Bd. IV S. 42 enthaltenes Reichshofrathsgutachten Bemerkenswerth an dem letzteren ist der

Ich glaube, meine obige Behauptung betreffs der für unsere Beweisführung wichtigen Stellung des Klostervermögens zur Genüge gerechtfertigt zu haben.[6] Stets fanden wir ja das einzelne Institut als Eigenthümer, die Universalkirche aber mit keiner Sylbe erwähnt.[7]

Daneben musste in den über das Rechtssubject am Vermögen der Bettelklöster handelnden Stellen auch noch die Wahrnehmung gemacht werden, dass die Päpste es nicht für unvereinbar halten, wenn das den kirchlichen Bedürfnissen derselben dienende Vermögen sich im Privateigenthum befindet.[8] Hier liegt allerdings ein scheinbarer Widerspruch mit jenen canones vor, welche jedwelches Recht der Laien über das Kirchenvermögen kurzweg in

---

Umstand, dass es schon den Zweck (?) als den Eigenthümer des Vermögens derselben nennt. Vgl. auch die Schrift: Author Anonymus quaestionis, an Religiosi societatis Jesu per vota Scholasticorum post biennium novitatus emissa reddantur, incapaces retinendi Jus et Dominium bonorum suorum in bullis Pontificiis, Constitutionibus societatis rationibus, tribunalium decisionbus, et authoritate doctorum," s. ferner auch das oben S. 219 Nte 3 allegirte Citat von Kreittmayr u. J. Silbernagl (Verfassung und Verwaltung sämmtlicher Religionsgenossenschaften in Bayern. Landshut 1870) S. 96: „Die Mendikantenklöster sind weder eigenthum- noch besitzfähig, und können daher zum Genusse von Schenkungen und Stiftungen nur gelangen, wenn diese mit den Lokalstiftungen des Cultus oder der Wohlthätigkeit unter der Bestimmung in Verbindung gesetzt werden, dass die Stiftungsrenten dem zu bezeichnenden Convente zufliessen, und sonach an den für das Kloster aufgestellten Syndikus abgegeben werden sollen."

[6] Ueber die juristische Persönlichkeit der Klöster nach bayer. Particularrecht cf. Schulte die juristische Persönlichkeit der katholischen Kirche etc. S. 78 f.

[7] Nur Schmalzgruber statuirt über dem Eigenthum der einzelnen Klöster ein Eigenthum der allgem. Kirche u. Haunold vgl. oben S. 222 Nte 6 („atqui Monasteria habent dominium particulare talium bonorum").

[8] So heisst es z. B. in Sext. Decret. Lib. V Tit. XII cp. 3 „si in eisdem locis reservaverit dominium sibi in concedendo concedens, praeter inhabitationem fratrum speciale dominium in jus ecclesiae saepe dictae

Abrede stellen. [9] Es zwingt uns diess Verhältniss, einen engeren und weiteren Begriff für Kirchenvermögen zu statuiren und zwar:

1) im Eigenthume der Kirche befindliches Kirchengut (res ecclesiasticae im engeren Sinne);

2) kirchlichen Zwecken dienendes Vermögen (res ecclesiasticae im weiteren Sinne des Wortes), [10]

(scil. Romanae) non transeat, sed potius plene liberum maneat concedenti" cf. weiter unten: „Ita tamen quod penes ipsum dantem dominio, proprietate ac possessione ipsius pecuniae cum libera potestate revocandi sibi pecuniam semper usque ad conversionem ipsius in rem deputatam, plene libere ac integre remanentibus" etc. Bemerkenswerth ist auch eine Notiz bei Silbernagl Verfassung und Verwaltung sämmtlicher Religionsgenossenschaften in Bayern, Landshut 1870 S. 96 in der Nte: „Da ein Mendikantenkloster auch nicht mittelbar durch einen bestellten Geschäftsträger Eigenthum erwerben oder ein liegendes Gut besiten kann, so wird, wenn ein solches Kloster aus eigenem Vermögen (?) eine Liegenschaft erwirbt, stets der apostolische Syndikus oder irgend ein Dritter in das Hypothekenbuch als Eigenthümer und Besitzer einzutragen sein."

[9] Cp. 12, X de rebus non alien. III 13. „Cum laicis quamvis religisis disponendi de rebus ecclesiae nulla sit attributa potestas."

[10] Damit stimmen auch eine Anzahl älterer Definitionen des Kirchenvermögens überein, vgl. z. B. Joh. Nicl. Friedr. Brauer's Abh. zur Erläuterung des westphäl. Friedens III. Bd. (a. 1785) § 23 S. 70 Begriff von Kirchensachen. „Was der Kirche zugehört, wovon sie das Eigenthumsrecht oder den Gebrauch u. das Dispositionsrecht hat, kurz das Aggregat alles dessen, was in das Mein und Dein tò suum der Kirche gehört." Cf. Lancelotti, Instit. jur. can. Lib. I tit. III § 9 u. Lib. II tit. I § 1. „Res ecclesiasticae dicuntur, quae ad ecclesiam quatenus universitatem constituit, pertinent." Anm. 2 S. 73 „Verbum illud pertinere latissime patet, nam et eis rebus petendis aptum est, quae dominii nostri sint et eis, quas jure aliquo possideamus quamvis non sint nostri dominii." Vgl. bes. die Jahrbücher der deutsch. Rechtswissenschaft Bd. III S. 24. „Den Character von Kirchenvermögen erhalten die Zuwendungen durch die Zweckbestimmung, also den der Hingabe auferlegten Modus; auf dessen Erfüllung hat die Gemeinde oder das kirchl. Institut eine Klage. Eigenthümer des Grundstücks können Private sein," u. Warnkönig's Recension von Maas a. a. O. S. 364: „Es

wobei der Eigenthümer des Vermögens noch ganz dahin gestellt bleibt, und worauf dann natürlich alle jene, die Laien in jeder Beziehung ausschliessenden canones keine absolute Geltung beanspruchen können. Wir werden unter § 48 eine ganze Klasse res ecclesiasticae der letzteren Gattung kennen lernen und zugleich den Beweis führen können, dass auch die Kirche kein Bedenken trägt, ein derartiges Zweckvermögen „Kirchengut" zu nennen.

§ 36.
Die rechtliche Stellung der kirchlichen Wohlthätigkeitsanstalten, Bruderschaften, Altäre etc.

Dass sich ähnlich wie im römischen Rechte auch im fränkischen Reiche eine grosse Anzahl von vermögensrechtlich selbständigen Wohlthätigkeitsanstalten gebildet hatten, wurde bereits oben [1] erwähnt; hier haben wir blos nachzutragen, dass das canonische Recht den früheren Zustand unbedingt bis in's 16. Jahrhundert aufrecht erhalten, und die selbständige Persönlichkeit der piae causa, seien sie nun für Armen- oder Krankenzwecke, oder zum Loskaufe der Gefangenen bestimmt, wiederholt ausgesprochen hat. [2]

Schliesslich drängt sich noch die Frage auf, welche rechtliche Stellung denn die Altäre einnehmen; sind etwa auch sie im Stande, selbständiges Vermögen zu

---

ist demnach nicht juristisch widersprechend, dass der Staat eine Gemeinde, ein Privater **formeller** also wirklicher Eigenthümer von Kirchen, d. h. von zu kirchl. Zwecken zu verwendendem Gute sei."

[1] cf. S. 123 f.

[2] cf. Schulte, die juristische Persönlichkeit der kath. Kirche etc. S. 54—59. Clement. lib. III C. 2 tit. 11: „Quod xenodochiorum, leprosiarum, eleemosynarum seu hospitalium rectores locorum ipsorum cura postposita, bona res et jura ipsorum negligunt." „Et valeant loca ipsa, bona eorum ac jura utiliter regere."

besitzen, und wenn nicht, in welchem Verhältniss stehen sie rechtlich betrachtet zu dem einzelnen kirchlichen Institute?

Dass die Möglichkeit gegeben ist, sich Altäre als juristische Personen zu denken, so dass sie also selbständiges Vermögen acquiriren, und zu eigenen Zwecken verwenden können, ist an und für sich klar uud keinem Zweifel unterworfen. Es stiftet z. B. der N. N. zu dem Behufe, dass ihm alljährlich an einem bestimmten Altare eine Todtenmesse gelesen werde ein Capital, und ordnet an, dass das gestiftete Vermögen ganz selbständig da stehen solle, dass von demselben weder der fabrica ecclesiae noch der Beneficialmasse je etwas zu Gute kommen, dass sobald sich das kirchliche Institut eine stiftungswidrige Annexion zu Schulden kommen liesse, damit auch das Vermögen ipso jure an seine Erben fallen solle, bestimmt vielleicht noch zu aller Vorsicht, dass irgend ein Curator für das ausgeschiedene Vermögen aufgestellt werde, — so dürfte wohl kein Richter Bedenken tragen, diesen Altar als juristische Person, mit andern Worten, dieses Vermögen als ganz selbständig im Eigenthume des Altares stehend, zu betrachten. Derartige Stiftungen finden sich auch in der That;[3] Brinz, Pandecten, bemerkt in dieser

[3] Cf. Häberlin ad Meichebeck l. c. S. 29: „Seit 825 wurde es auch üblich, dass Schenkungen zu Gunsten der Mönche oder **bestimmter Altäre** und der daran dienenden Geistlichen gemacht wurden mit der ausdrücklichen Bestimmung, dass Niemand, selbst nicht der Bischof, eine Veränderung in dieser Anordnung treffen solle.“ Vgl. z. B. Meichelb. DCCCVI I. 2 S. 405. „Ad altare ubi praedictus Martyr requiescit, terram pascualem tradidimus . . . Volumus autem, ut nullus episcopus sive patronus sive magnus sive parvus ullam habeat potestatem inde aliquid faciendi.“ — Eine grosse Anzahl von Schenkungen an Altäre findet sich im „Notizenblatt. Beilage zum Archiv für Kunde österreichischer Geschichtsquellen. Herausgegeben von der historischen Commission der kaiserlichen Akademie der Wissenschaften in Wien. VI. Jahrgang Wien 1856. Vgl. z. B. S. 257. „Quidam de ministerialibus . . . tradidit ad altare beati Petri salzburch predium tale“ S. 258. . . . „tradidit ad altare Sancti Petri Salzburch predium . . . hoc tenore, ut post finem vitae suae idem predium praefato altari deserviat“ . . . . „quoddam

Beziehung: „In einer so eben publicirten Pergamenturkunde der Tübinger Bibliothek (Beitr. zur Gesch. der Univ. Tüb. I aus dem Jahre 1519 von Dr. Rud. Roth, beigefügt dem philos. Doctorenverzeichniss pro 1866—7) wird das Eigenthum an Grundstücken und Renten „dem Altar der heil. Jungfrau in der Pfarrkirche zu Tübingen, der Ususfructus daran aber dem Geistlichen als Officianten dieses Altars, ihm und seinen Nachfolgern gegeben." All das geschieht „propter divini cultus augmentum in remedium animae suae et progenitorum", in der That aber die ganze Dotation „des Altars", insonderheit die Eigenthumszuwendung, für den an diesem Altare zu celebrirenden Zweck." — Ein derartiger Altar, dem förmlich Eigenthum zugewendet wurde, erscheint dann rechtlich als selbständiges kirchliches Institut, trägt das Subject seines Vermögens in sich und kann dann auch wohl Processe führen gegen die einzelne Kirche oder die bischöfliche, wenn das Vermögen durch den Verwalter der einen oder anderen dem eigentlichen Zweck entfremdet werden sollte. Mit dieser Auffassung stimmt auch das canonische Recht überein, wie diess aus einem Passus aus Nicollis oben citirtem Werke[4] hervorgeht; woselbst es heisst: „Solet dubitari in his terminis, cuinam cedant oblationes legata et eleemosynae factae altari in aliqua ecclesia existente. Et quidem distinquendum est, quod si altare praedictum habet dotem et rectorem, et si aliquid ei legatur, vel offeratur, acquiritur eidem

---

pretium situm in monte qui dicitur wisperge super altare Sancti Petri salzburch jure proprietatis tradidit" S. 259. „Otto de dietfurten . . . quicquid habuit proprietatis . . . . tradidit jure possessionis super altare sancti Petri salzburc" . . . — „Luitoldus de siestorf et filius ejus Heinricus . . . . jure proprietatis tradiderunt super altare beati Petri salzburch predium quodam." S. 260. „Quaedam vidua N. pro remedio animae viri sui . . . . jure proprietatis tradidit super altare Sancti Petri salzburch vineam unam cum dimidio manso ad eandem vineam pertinente."

[4] De Nicollis, Praxis Canonica cui accedit praxis curiae Romanae Salisburgi 1729 tom. I p. 345—352 de altaribus S. 399.

altari per occasionem (ita Abb. in cap. V sub num. 3 de succes. ab intestat). Si vero non habet dotem neque rectorem, acquiritur ecclesiae, in qua est altare praecipue, si esset ecclesia regularis."

Für die Regel ist jedoch ein solches Verhältniss (juristische Persönlichkeit der einzelnen Altäre) kaum anzunehmen, vielmehr ist zu behaupten, dass ein Altar, wenn er auch durch abgesondertes Vermögen und Verwaltung einen gewissen Grad von Selbständigkeit erlangt hat, gleichwohl keine eigene Persönlichkeit geniesst, dass vielmehr zwischen der Kirche und den einzelnen dotirten Altären in der Regel ein ähnliches Verhältniss obwalte, als zwischen dem Fiscus und den einzelnen Kassen desselben (stationes) so dass also die Trennung des Vermögens blos eine rein administrative ist.[5]

Uebrigens lässt sich die Specialisirung der kirchlichen Zwecken dienenden Vermögensmassen noch selbst über die Altäre hinaus verfolgen, so z. B. können sehr wohl sogenannte „ewigen Lichter", eigenthümliches Vermögen besitzen. Authentisch lässt sich verbürgen, dass noch heutigen Tages in katholischen Ländern an öffentlichen Wegen aufgestellte Crucifixe als juristische Personen gelten, die oft ein nicht unbedeutendes Vermögen eigenthümlich besitzen. Derartige, mit ansehnlichen Besitzungen dotirte Crucifixe, sollen, wie Elevers bezeugt,[6] z. B. im Schwarzwalde vorkommen.

---

[5] Cf. Uhrig l. c. S. 102 Nte 2: „Nicht einmal die besonderen Altarstiftungen in derselben Kirche, ja selbst nicht die einzelnen Stiftungen an einem und demselben Altare dürfen confundirt, sondern Alles muss den Anordnungen der verschiedenen Stifter gemäss genau gesondert und geschieden erhalten werden, weil diess ein Grundrecht ist in Staat u. Kirche u. in allen Verfassungen."

[6] Elvers, Erörterungen aus der Lehre von der testamentar. Erbeseinsetzung juristischer Personen p. 178. „Bei Schenkungen u. Vermächtnissen solcher Art erscheint Christus selbst als der Bedachte(?), nur dass in Folge der Disposition des Schenkers oder Testirers nicht irgend eine Kirche oder Kapelle, sondern das Crucifix als körperlicher Vertreter be-

Weiters können nach canonischen noch als Rechtssubjecte des Kirchenvermögens in Betracht kommen:

1) die zwischen der bischöflichen Kirche und dem römischen Stuhle allenfalls stehenden Metropolitankirchen,[6]
2) verschiedene geistliche Corporationen, Bruderschaften etc.,[7]
3) partikularrechtlich auch die Decanate und Ruralkapitel,[8] nicht aber die Consistorien.[9]

---

zeichnet ist." Juristisch untadelhafter wäre es, da gewiss nicht alle Rechtsgelehrten mit dem Verfasser und neuer Zeit mit Uhrig, Abhandl. über die juristischen Personen, Dillingen 1854 S. 188 darin übereinstimmen werden, dass das Subject der milden Stiftungen Gott selbst, Christus sei, im vorliegenden Falle anzunehmen, die Gütermasse sei in dem Crucifixe, (dem Symbole eines kirchlichen Zweckes) personificirt und trage im übrigen ihr Subject in sich selbst.

[6] Cf. Cp. 1 X I 5. „Possessiones . . ad mensam archiepiscopi . . pertinentes."

[7] Cf. Schulte die juristische Persönlichkeit der kathol. Kirche etc. S 57 w. Oesterreich S. l. c. 82 w. Baden l c. S 109 u. V. O. v. 20. Nov. 1861 § 5 sub. c.

[8] Art. 15 des bad. Concordats lautet: „Das Vermögen der sogen. Landcapitel, (bona autem, quae capitula rularia sic. dicta possident) wird von denselben unter alleiniger Aufsicht des Erzbischofs verwaltet." Art. 17. „Das Vermögen der kirchlichen Districtsstiftungen wird von Commissionen verwaltet."

[9] Cf. Silbernagl, Verfassung und Verwaltung sämmtlicher Religionsgesellschaften in Bayern, Landhut 1870 S. 45 Blätter f. Rechtsanwendung in Bayern Bd. XXXV S. 280. Schulte, die juristische Persönlichkeit der kath. Kirche etc. S. 175—208 (Schulte ist für die Aufrechthaltung der Einsetzung des Ordinariats cf. S. 208) und den Aufsatz betitelt: „Hat ein bischöfliches Ordinariat die Vermögensfähigkeit und insbesondere die Erbfähigkeit"? im Archiv f. kath. K. R. N. F. XIV 1868 S. 119.

Sechster Abschnitt.

Das Concilium Tridentinum.

§ 37.

Reformatorischer Charakter desselben; einschlägige Gesetzgebung.

Es erübrigt uns noch, die Untersuchung aufzunehmen, welchen Standpunkt das Tridentinische Concil bezüglich der Frage am Rechtssubjecte des Kirchengutes eingenommen hat. Ehe wir jedoch auf die Sache selbst eingehen, haben wir einige Betrachtungen allgemeinen Inhaltes vorauszuschicken.[1]

Der katholischen Kirche ist das moderne Accommodationsprincip an und für sich durchweg fremd; ihr Recht hat den Charakter der Stabilität, wie ja die Kirche selbst conservativ ist; allein diese Stabilität geht nicht soweit, dass sie ihr Recht auch neuen berechtigten Forderungen gegenüber verknöchern und zur todten Formel herabsinken liesse. Solche neue Forderungen hatten sich in der Kirche zur Zeit des Tridentiner Concils

[1] Wir haben dieselben zumeist der Abhandl. von W. Molitor über Dismembration des Beneficiums entnommen, welche die Frage, ob es nach canonischen Rechte zulässig sei, von einem reich dotirten Pfarrbeneficium einen Theil der Dotation abzulösen und denselben den unbemittelten Pfarrfabrik zu überweisen? ausführlich behandelt; s. das Archiv für kath. Kirchen-Recht Bd. VII. Neue Folge I S. 400—408.

geltend gemacht: die Stabilität des Pfründnerwesens, die in den früheren Jahrhunderten so mühsam erkämpft werden müsste, jetzt war sie bis zu einem Grade herangediehen, der der Kirche Unheil bringen musste. Drohte nämlich im 6. und 7. Jahrhunderte den Pfarrkirchen Verderben, da der Bischof die Macht hatte, den einzelnen Kirchen Alles zu nehmen, so dass sie nicht einmal mehr die Mittel hatten, Lichter auf den Altar zu stecken, (nam cum tertia illa parte Episcopi lumen et sacra ecclesiae sustulerunt),[2] so war zur Zeit des Tridentinums dem Bischofe die Verfügung über das K.-Vermögen so eingeschränkt, so viele canones, von den Stiftern herrührende Clauseln und Privilegien hatten, dasselbe seiner Disposition entzogen, dass er auch in den Fällen, wo ein positives Einschreiten unumgänglich nöthig war, nicht mehr die Macht besass, zu helfen und reorganisirend aufzutreten. Dass unter solchen Umständen das Tridentinum nicht hauptsächlich die Aufgabe hatte, die conservative Seite des Pfründenwesens zu betonen, mag aus dem Gesagten deutlich erhellen; das vorletzte ökumenische Concil hatte vielmehr dafür zu sorgen, den Bischof wieder zu dem zu machen, dessen Schatten er geworden, es hatte endlich einmal wieder erklären müssen, dass nicht die Kirche selbst der Pfründen und Pfründner halber existire, sondern dass das Vermögen nur insofern überhaupt eine Berechtigung in der Kirche habe, als es der Kirche dient, den Zweck der Kirche erfüllt. Und so kommt es denn, dass Maas, der, wie wir schon längst zu bemerken Gelegenheit fanden, aus der Verwaltung stets auf Eigenthum schliesst, im Tridentinum seine Theorie recht deutlich begründet zu finden glaubt; denn der Bischof (diess sind seine Worte)[3] errichtet und unirt Beneficien aus dem Kirchenvermögen, respective der einzelnen kirchlichen Institute, er theilt dieselben, verleiht sie, supprimirt die kirch-

---

[2] Synode von Braga II a. 572. vgl. oben S. 101 ff.

[3] Maas l. c. S. 695.

lichen Institute, alles ohne Mitwirkung und Betheiligung derselben oder ihrer Interessenten.

Nach dem, was wir bereits bemerkt haben, wird Niemand darin einen bemerkenswerthen Einwurf mehr finden können, und wir können desshalb im Allgemeinen auf das S. 209 f. Gesagte verweisen; nur einige Bemerkungen können wir auch hier nicht unterdrücken. Die von Maas citirten Stellen sprechen nämlich keineswegs von einer ganz unumschränkten Dispositionsbefugniss des Bischofs, so heisst es in der von Maas citirten Sessio XXIV c. 15 de reform. „cum consensu capituli et cum patronorum consensu" Sess. XXV, c. 9 heisst es gleichfalls ausdrücklich „cum jure patronatus". Daraus erhellt, dass die Intressenten doch nicht so ganz umgangen werden dürfen. Wenn jedoch der Verfasser darauf Nachdruck legt, dass alle jene Manipulationen ohne Mitwirkung und directe Betheiligung der kirchlichen Institute selbst erfolgen, so muss darauf aufmerksam gemacht werden, dass eine gegentheilige Bestimmung dem Zwecke des Gesetzes geradezu widerspräche. Wir erinnern übrigens an die im staatlichen Leben — abgesehen von der Expropriation, die selbstverständlich gegen den Willen des Betroffenen vor sich geht — eingeführten Wasser- und Verkopplungsgesetze,[4] in denen auch dem Gemeinzwecke zu Liebe der Wille des von der Massregel betroffenen Einzelnen nicht berücksichtigt wird; und doch wird desshalb Niemand bestreiten wollen, dass der Einzelne Eigenthümer seines Vermögens gewesen sei. Schliesslich wollen wir nur auf einen Punkt aufmerksam machen. Maas scheint darauf ein Gewicht zu legen, dass „der Vertreter der Kirche" alle jene Massregeln vornehme, S. 703 bemerkt derselbe: „in den Pfarrurkunden spricht der Repräsentant der Kirche: auctoritate ordinaria et a sacro concilio

---

[4] Vgl. über die Verkoppelungsgesetze: Roscher, Volkswirthschaft II § 77 (§ 78) S. 207. „Man sollte aber auch keine gar zu ängstliche Rücksicht auf die Freiheit des Privateigenthums nehmen."

Tridentino delegata dismembramus, erigimus, assignamus." — Es tritt nun aber die gewiss bemerkenswerthe Erscheinung zu Tage, dass gerade im Tridentinum der Bischof bei mehreren wichtigen Anlässen nicht sowohl proprio jure oder auctoritate ordinaria, denn vielmehr als delegatus der sedes apostolica auftritt. So finden wir diese Ausdrucksweise in den von Maas als Beleg für die obigen Rechte des Bischofs angeführten Stellen wiederholt aufgenommen, vgl. z. B. Sess. XXI cap. 4. Die Bischöfe theilten die einzelnen Institute: „tamquam Apostolicae Sedis Delegati." Maas beruft sich ferner auf die Sess. XV c. IX, daselbst heisst es: „haec nihilominus ab Ordinariis tamquam a Sede Apostolica Delegatis revideantur," ein paar Zeilen tiefer: „authoritate Sedis Apostolicae ab iisdem Ordinariis uti Delegatis ut supra"; ja dieselbe Erscheinung, dass die Ordinarii als Delegati der Sedes Apostol. handeln, findet sich fast bei jeder denselben eingeräumten weiteren Dispositionsbefugniss, man vgl. z. B. Sess. XXI c. III, VI, VII, VIII. Sess. XXII c. VIII, X. Sess. XXIV c. X, XI, XIII, XIV. Wir glauben damit einen neuen Fingerzeig für die Machtstellung der Sedes Apost. gegeben zu haben, den weiter zu verfolgen allerdings hier nicht am Platze sein kann.[5]

§ 38.
Fortsetzung.

Gibt nun das Tridentinische Concil, wie oben ange-

---

[5] Der Unterschied der bischöflichen Jurisdiction proprio jure, zu eigenem Rechte und zufolge angeordneter päpstlicher Delegation (als delegati Apostolici) lässt sich z. B. rücksichtlich der früher exemten Klöster im Conc. Trident. recht deutlich verfolgen. Proprio jure handeln dieselben: c. 15 de ref. Sess. XXIII c. 4 de ref. Sess. XXIV c. 3, 4, 11—14 de ref. Sess. XXV; als delegati sedis apostolicae: c. 2 de ref. Sess. V c. 3 de ref. Sess. VI c. 14 de ref. Sess. VII, c. 4 de ref. Sess. XIV, decret. de obs. et evit. Sess. XXII, c. 11 de ref. Sess. XXIV.

deutet, dem gewiss nur zweckmässigen und gerechten Drange einer wieder selbständigeren Entfaltung der bischöflichen Macht über alles Kirchengut der Diöcese nach, — so fehlt es doch auf der anderen Seite nicht an Aussprüchen, in denen es sich, sobald es die Zweckbestimmung des Kirchenvermögens erlaubt, ganz frei für die Beibehaltung des status quo ante ausspricht; ich will nur einige der alleraugenscheinlichsten Fälle berühren. Das Tridentinum hat den schon von der früheren kirchlichen Gesetzgebung aufgestellten Grundsatz der Integrität der Beneficien bis in's kleinste Detail durchgeführt. Als man nämlich daran ging, jene wohlthätige Einrichtung durch die Einführung der sogen. Pensiones [6] zu umgehen, wodurch zwar nicht das schon speziell ausgeschiedene Kirchengut factisch auf's neue getheilt, aber doch im Resultate dasselbe erreicht wurde, indem man dasselbe durch Belastung mit Pensionen alter Pfründner u. s. w. zerstückelte, da drohte auf's neue Unsicherheit und Verschwommenheit in das kirchliche Güterrecht herein zu brechen. Abhilfe war hier dringend nöthig; — das Conc. Trident. hat sie gebracht, und wenn es das Uebel auch nicht mehr mit der Wurzel auszurotten vermochte, so setzte es doch den weiteren Theilungen ein „Bis hieher und nicht weiter" entgegen, indem es bestimmte, die kleinsten Sonderzweckvermögen, über die hinaus nicht mehr getheilt (d. i. Pensionen auferlegt) werden dürften, seien 100 oder 1000 Ducaten, je nachdem die Kirche eine Pfarr- oder Cathedralkirche sei. [7] Damit hat

[6] cf. Thomassin l. c. P. III Lib. II c. XXIX § 1.

[7] Cap. IX Sess. XXIV de ref. Bemerkenswerth ist folgende Stelle: „Et quia jure optimo distinctae fuerunt Dioeceses et Parochiae ac unicuique gregi proprii attributi pastores et inferiorum ecclesiarum rectores, qui suarum quisque ovium curam habeant, ut ordo ecclesiasticus non confundatur aut una et eadem ecclesia duarum quodammodo Dioecesum fiat, non sine gravi eorum incommodo, quo illi subditi fuerint, Beneficia unius Dioecesis etiamsi parochiales ecclesiae, Vicariae perpetuae aut simplicia Beneficia, seu praestimonia aut praestimoniales portiones fuerint, etiam ratione augendi cultum divinum aut numerum Beneficia-

aber das Tridentinum einen Grundsatz aufgestellt, der erkennen lässt, wie sehr es dem alten Prinzipe treu bleiben will; es bestimmte ja, dass die kirchlichen Zweckvermögen bis zu einem gewissen Grade in ihrer Einheit, in ihrer Integrität erhalten werden müssten, stellt sich also offenbar wiederum auf den Standpunkt des alten Rechts.

Scheidung und strenge Absonderung der kirchlichen Vermögensmassen wird aber nicht nur im Kleinen verlangt, auch im grossen Organismus führt das Trident. das Prinzip durch, Confusion müsse auf alle Weise ferne gehalten werden; alles Kirchengut, das sich innerhalb eines Bisthums befinde, bilde ein abgeschlossenes, abgegrenztes Ganzes, ein gewissermassen einheitliches Vermögen, von dem nicht einmal „ratione augendi cultum divinum" etwas solle hinweggenommen werden dürfen.[8] Diese zwei Bestimmungen, deren Geist auch noch viele andere athmen,[9] müssten allein

torum aut alia quacumque de caussa alterius Dioecesis Beneficio aut Monasterio seu Collegio vel loco etiam pio perpetuo non uniantur."

[8] Vgl. die in der vorigen Note citirte Stelle.

[9] cf. Conc. Trident. sessio 24 de reformat. cap. 13: „In iis quoque civitatibus ac locis, ubi parochiales ecclesiae non habent fines, nec earum rectores proprium populum, quem regant, sed promiscue petentibus sacramenta administrant, mandat sancta synodus episcopis, pro tutiori animarum eis commissarum salute, ut distincto populo in certas propriasque parochias unicuique suum perpetuum peculiaremque parochum assignent, qui eas cognoscere valeat, et a quo solo licite sacramenta suscipiant" etc. — Sess. XXV c. 13 Decr. de ref. „Decernit sancta synodus, ut quibuscunque in locis jam ante annos quadraginta, quarta, quae funeralium dicitur, Cathedrali aut Parochiali ecclesiae solita essent persolvi ac postea fuerit ex quocumque privilegio aliis Monasteriis, Hospitalibus aut quibuscunque locis piis concessa eadem posthac integro jure et eadem portione, quae antea solebat, Cathedrali seu Parochiali ecclesiae persolvatur, non obstantibus concessionibus, gratiis, privilegiis etiam Mari magno nuncupatis aut aliis quibuscunque." — c. 12 l. c. „Non sunt ferendi, qui variis artibus decimas ecclesiis obvenientes subtrahere moliuntur aut qui ab aliis solvendas temere occupant et in rem suam vertunt. Praecipit igitur sancta Synodus, omnibus cujusque gradus et conditionis sint, ad quos decimarum solutio spectat, ut eas, ad quas de jure tenentur, in posterum Cathedrali aut quibus-

schon genügen, uns zu zeigen, dass das Concil da, wo es der Zweck gestattet, nicht nur am status quo festhalte, sondern dass es sogar noch viel umsichtiger gegen eine Confusion der einzelnen kirchlichen Vermögensmassen auftritt.

Verlangt man positive und directe Beweisstellen dafür, dass das Concilium die einzelne Kirche als Eigenthümer angesehen wissen wolle, so fehlt es auch nicht an diesen. Sess. XXII D. de ref. c. 3 wird der Fabrica ecclesiae, die ausserdem wiederholt als erwerbfähig auftritt, geradezu Eigenthum applicirt; das Concil spricht ausserdem wiederholt von „reditus proprii monasteriorum," erwähnt die „bona monasterii," „Ordinum privilegia et facultates," die „firma" und „illaesa" sein sollen, und wiederholt sich in Ausdrücken wie „bona ecclesiarum," fructus ad ecclesiam matricem pertinentes," fructus mensae episcopalis et capituli" u. s. w.[10]

cunque aliis ecclesiis vel personis quibus legitime debentur, integre persolvant." — Sess. XXII D. de ref. c. 9. „Si quem clericorum aut laicorum, quacumque is dignitate etiam Imperiali aut Regali praefulgeat, in tantum malorum omnium radix cupiditas occupaverit, vel alicuius ecclesiae seu cujusvis saecularis aut regularis beneficii Montium pietatis aliorumque piorum locorum jurisdictiones bona census ac jura etiam feudalia et emphyteutica et fructus emolumenta seu quascunque obventiones, qui in ministrorum ac pauperum necessitates converti debent, per se vel per alios vi vel timore incusso, seu etiam per suppositas personas clericorum aut laicorum seu quacunque arte aut quocunque quaesito colore in proprios usus convertere illosque usurpare praesumpserit seu impedire, ne ab iis, ad quos jure pertinente percipiantur, is anathemati tamdiu subjaceat quamdiu jurisdictiones, bona res jura fructus et reditus..., ecclesiae ejusque administratori sive beneficiato integre restituerit." Dass die einzelne Kirche unter dem Ausdrucke ecclesia verstanden sei, geht aus dem unmittelbar Folgenden ganz unzweideutig hervor, wo es heisst: „quodsi ejusdem ecclesiae patronus fuerit."

[10] Sess. V Decr. de ref. c. 1 „Ecclesiae vero quarum annui proventus tenues fuerint, — vel ex capitulari vel episcopali mensa condigna aliqua merces persolvatur." Sess. XXI decr. de ref. c. 4, „ex fructibus ad ecclesiam matricem quomodocumque pertinentibus." c. 7 l. c. „Ad easdem ecclesias quomodocunque pertinentibus (fructibus)" Sess. XXII D. de ref. c. 9 „Alicujus ecclesiae . . . bona."

Der Maas'sche Versuch aber, aus dem Decret de Ref. Sess. XXV cap. 1 dem Concil die Ansicht vom Eigenthume der allgemeinen Kirche unterzuschieben,[11] erregt nur ein mitleidiges Lächeln; man sehe nur auf den Zusammenhang dieser Stelle; die Synode wendet sich zu den Geistlichen und Verwaltern des Kirchenvermögens, dieselben sollten kein K.-Verm. ihren Verwandten zukommen lassen, kein K.-Verm. seinem Zwecke entfremden. Da galt es, um der Sache mehr Ansehen zu geben, einen jener alten Kernsprüche wieder hervorzuholen, durch die man so oft das K.-Verm.

Sess. XXIII D. de ref. c. 17. „Singulae Cathedrales Metropolitanae atque his majores ecclesiae pro modo facultatum." „Ex fructibus integris mensae episcopalis et capituli." Sess. XXIV D. de ref. c. 3. „Fabricarum reditus" c. 16. „De scripturis ad ecclesiam pertinentibus, si quae ad capitulum pervenerint rationem reddere." Sess. 5 c. 3 de reg. et monial. „Concedit sancta synodus omnibus monasteriis et domibus tam virorum quam mulierum et Mendicantium exceptis domibus fratrum s. Francisci, Capuzinorum et eorum, qui Minorum de observantia vocantur... ut deinceps bona immobilia eis possidere liceat." In ein Kloster solle nur aufgenommen werden.... qui vel ex reditibus propriis monasteriorum commode possit sustentari." Cap. 16 l. c. „Ex bonis ejus (scilicet) monasterii" c. 22 l. c. „excepta facultate bona habendi in communi" c. XX l. c. „In cetaeris omnibus praefatorum ordinum privilegia et facultates, quae ipsorum personas et loca et jura concernunt, firma sint et illacsa" sess. 25 de ref. c. 11. „Magnam ecclesiis perniciem afferre solent cum earum bona repraesentata pecunia in successorum praejudicium aliis locantur." Es verdient noch hervorgehoben zu werden, dass das Concil den Willen des Stifters dem älteren Rechte ganz analog auf alle mögliche Weise zu erfüllen strebt. Vgl. hierüber: Sess. XXV Decr. de ref. c. 4. „Unde depereunt piae testantium (potestates) voluntates." Der Bischof erhält zwar freiere Hand, jedoch nur, um dem Willen des Testators besser willfahren zu können. „Sancta Synodus cupiens haec ad pios usus relicta quo plenius et utilius potest impleri, facultatem dat episcopis" etc. c. 9. l. c. „Sicut legitima personatuum jura tollere piasque fidelium voluntates in eorum institutione violare aequum non est."

[11] Maas l. c. S. 653. „Das canon. Recht geht denn auch... überall und stets von derselben Idee der Rechtspersönlichkeit der Einen Kirche aus, so spricht das Conc. Trident. noch von „res ecclesiasticae quae Dei sunt."

gegen Laienübergriffe sicher zu stellen versucht hatte. Wer sich an demselben vergriff, musste als Kirchenräuber, als Plünderer des Eigenthums Gottes dargestellt werden, und um diesen Zweck zu erreichen, bot sich wohl kein passenderer Ausdruck als der zuletzt gewählte dar; ein juristischer Werth kann aber demselben nicht beigelegt werden.

So können wir denn ohne Uebertreibung behaupten, dass wir die Spuren des Eigenthums der einzelnen kirchlichen Institute vom ersten Anerkennungsdecrete der Erwerbsfähigkeit der Kirche an bis zu den letzten Ausläufern des canon. Rechtes unausgesetzt verfolgen konnten.

Siebenter Abschnitt.

Rechtliches Verhältniss der einzelnen Kirchen untereinander.

§ 39.

Schicksal des Vermögens einer aufgehobenen Stiftung.

Bisher haben wir die einzelnen kirchl. Institute in ihrer Isolirung betrachtet, was zu unserem Beweisthema in nächster Beziehung stand; es erübrigt nun noch die Frage nach dem Zusammenhange der einzelnen Institute mit der römischen, oder wie man sich bisher auszudrücken pflegte, mit der allgemeinen Kirche zu erörtern, um zu zeigen, dass, was wir den einzelnen Instituten vindicirt haben, die Einheit des kirchlichen Organismus nicht im geringsten beeinträchtige. Der Grund, wesshalb man die Frage in fast allen einschlägigen Abhandlungen aufgeworfen findet, ist der, weil man dadurch den Beweis zu liefern versuchte, das Vermögen des aufgehobenen kirchlichen Institutes müsse innerhalb der Kirche bleiben, dürfe vor Allem nicht Sache des Fiscus oder der erbfähigen Nachkommen des Stifters werden.

Wir haben hier, ehe wir in das Detail der Frage eingehen, einige Worte über das Schicksal des Vermögens der aufgehobenen juristischen Personen nachzutragen. Dass das Vermögen einer juristischen Person nach deren Untergang an den Fiscus falle, bildet die Regel.[1] Doch ist dieselbe von so vielen Ausnahmen durchbrochen, dass wir dieselbe in den meisten Fällen kaum mehr zu erkennen vermögen. Vor Allem ist zu bemerken, dass die Rechte Dritter auf das Corporationsvermögen hiedurch nicht verkürzt werden dürfen; unter den Dritten können sich aber auch die früheren Mitglieder der Corporation befinden, da ja dieselben nur das Substrat, nicht das Rechtssubject der Corporation bilden; der Staat tritt also vindicationsberechtigt auf nur salvo jure tertii. Obiges Princip erleidet aber noch viel wichtigere Modificationen; es kann nämlich, und diess wird sogar die Regel bilden, in der Verfassung (Statut) der juristischen Person für den Fall des Untergangs derselben ausgemacht worden sein, wem das Vermögen fortan zufallen (devolviren) solle, so dass in diesem Falle den Mitgliedern der Corporation, bei Stiftungen und Anstalten in der Regel den Vorständen derselben das weitere Dispositionsrecht zusteht. Dieser Fall ist um so wichtiger, da regelmässig der Staat mit der Anerkennung einer juristischen Person auch deren Verfassung (Statuten) anerkennt.

Diess vorausgeschickt, muss man zugestehen, dass die bisherigen Versuche, ein Eigenthum der einzelnen Kirchen mit einer Ausschliessung des Fiscus auf das Vermögen der aufgehobenen kirchlichen Institute zu verbinden, allerdings nicht ganz befriedigend genannt zu werden vermögen; denn entweder näherte man sich dabei so sehr der allgemeinen Kirche, lehnte die einzelnen Institute so innig an dieselbe an, dass man in der That schon eine Art Eigen- oder doch wenigstens Miteigenthum der allgemeinen Kirche damit statuirte,[2]

---

[1] Puchta, Rechtslexikon III S. 73, 74. Vorles. II S. 412. — Thöhl Volksrecht § 12. — Seuffert, Pand. I § 53. — Sintenis I § 15 Note 31. — Pfeifer, Lehre von den juristischen Personen § 39.

[2] So Windischmann in der Würzburger Wochenschrift S. 152 .... „die nicht (die Gesammtkirche nämlich) sowohl analog dem Fiscus im Staatsleben succedirt, als vielmehr wegen des Verhältnisses zum Ganzen

oder man glaubte durch das **Moment des kirchlichen Zweckes allein** die Vindication des Staates auszuschliessen.[3] Brinz, (Pand.) sucht durch analoge Ausdehnung des im römischen Rechte begründeten Convertirungssystems der Kirche zu einem ihr günstigen Resultate zu verhelfen.[4] Auch die ursprünglich Schulte'sche Lösung [5] entbehrt der Deutlichkeit, ja sie gibt sich bisweilen geradezu Blössen, die dessen Gegner wohl zu entdecken vermochten.[6] — Oder man betrachtete neuestens die Kirche als eine grosse Familie,[7] das Kirchengut als deren Fideicommiss, aber natürlich nicht in der Art, dass die Kirche selbst Eigenthümerin wäre (Evelt[8]), sondern vielmehr die einzelnen Institute als die Eigenthümer angesehen werden. Aber auch diese Lösung scheint uns ungenügend, da bekanntlich gerade die Frage, wer als der Eigenthümer des Familienfideicommiss-Vermögens erscheine, noch stets eine controverse ist.[9] Oder man verzweifelte kurzweg an der Möglichkeit, ein Eigenthum der einzelnen Kirchen mit der Succession der Kirche verbinden zu können, und griff ohne weiters zu einer Succession des Fiscus oder gar der erbfähigen Nachkommen.[10]

---

schon in ihr und mit ihr den Besitz hat." — Einen ähnlichen Gesichtspunkt verfolgt die Recension Vering's über Jos. Braun, Eigenthum am Kirchenvermögen in den Heidelberger Jahrbüchern 1860 S. 903 u. 904.

[3] Keller, Pand. S. 47.

[4] Brinz, Pand. § 243 S. 1145 vgl. dagegen nunmehr Hübler der Eigenthümer des Kirchengutes Leipzig 1868 S. 133 ff.

[5] Schulte, Syst. § 95, S. 491 f. Lehrb. S. 432. Erwerbs- u. Besitzfähigkeit der deutschen Bisthümer S. 31.

[6] Vgl. darüber Maas und die Warnkönig'sche Recension seiner Schrift im III Bde von Pözl's kritischer Vierteljahrsschrift.

[7] Schulte, Lehrb. d. K.-R. § 175, S. 433.

[8] Vgl. oben S. 205 Nte 9.

[9] Bluntschli, deutsch. Pr.-R. Bd. I S. 334: „Die Jurisprudenz ist unsicher, wie sie das Recht an dem Stiftsgute sich denken und bezeichnen soll; die Einen schreiben der stiftungsmässigen Familie das Obereigenthum, und dem jeweiligen Inhaber das Nutzeigenthum zu, die Andern reden von Gesammteigenthum der Familie, welches zunächst durch den Güterbesitzer ausgeübt wird."

[10] Vgl. Schmalz, das natürliche Staatsrecht § 120: „Ich wundere

Die definitive Lösung der Frage war auch in der That, so lange man sich der Stellung der römischen Kirche nicht voll bewusst geworden war, unmöglich. Es wird unten bei Erörterung der Frage des rechtlichen Zusammenhangs der einzelnen kirchlichen Institute mit der allgemeinen Kirche gezeigt werden, dass ein solcher wenigstens wie man ihn bisher verstand, mit der letzteren gar nicht bestehe, dass vielmehr jede einzelne Kirche vermögensrechtlich mit der bischöflichen, jede bischöfliche mit der römischen zusammenhänge, dass also von einem Anfall an die „Kirche" in keinem Falle gesprochen werden könne. Das bewegende Element aber, welches den Uebergang des Vermögens der einzelnen Kirche an die bischöfliche, das der letzteren an die römische vermittelt, ist nicht das Verhältniss des Theiles zum Ganzen, auch nicht der Zweck allein, liegt überhaupt nicht im Eigenthum,[11] wohl aber, um es kurz zu sagen, in der lex fundationis. Denn im Grunde wird jede Schenkung mit der bald ausdrücklich erklärten, bald stillschweigenden und selbstverständlichen Clausel gemacht,[12] dass das gestiftete

---

mich, dass diejenigen, welchen die Aufhebung der Klöster so ohne Bedenken rechtmässig erscheint, nicht einsehen, dass die Güter aufgehobener Klöster nicht blos dem Staate angehören, sondern auch denen und ihren Nachkommen zufallen müssen, die sie zum Kloster gestiftet haben."

[11] Cf. Hübler l. c. S. 128 Nte 41. „Wenn das Kirchengut absolut für den Staat aufgehört hat zu existiren, wenn es daher nie herrenlos werden kann, so lange die Kirche selbst existirt, so muss sich das Rechtsverhältniss, in welches die Temporalien nach dem Wegfall des Einzelinstitutes treten, nothwendig wieder als ein dominiales darstellen." „Als res nullius sollen sie doch gewiss nicht nicht gelten. Und wo anders als im Eigenthum ist denn auch die juristische Grundlage jener Dispositionsbefugniss zu finden?"

[12] Ob das eine oder das andere der Fall sei, hängt blos von dem mehr oder minder weiten Blicke des Schenkers ab; der eine denkt nicht weiter, als bis auf die Gegenwart, und nimmt, weil eine Pfarrkirche jetzt Bestand hat, ohne weiters an, das Vermögen werde auf ewige Dauer dort seine Verwendung finden können; ein anderer ist weniger kurzsichtig, und trifft sogleich für den Fall des etwaigen Nichtmehrbestehens der Pfarrkirche oder des Klosters Vorsorge. Eine verschiedene rechtliche

kirchliche Gut, nach Aufhören des ursprünglichen Zweckes auf's neue eine kirchliche Verwendung finde. Wo aber der Schenker will, dass ein gespendetes Gut nicht ein für allemal kirchlichen Zwecken dienen solle, sondern blos einzig und allein für **denjenigen**, der zuerst in's Auge gefasst wurde, da drückt er diess aus, indem er bei stiftungswidriger Verwendung sich oder seinen Erben ein Vindicationsrecht reservirt.[13] So wenig man nun beim Eintreten des letzteren vom Stifter vorgesehenen Falles behaupten kann, seine oder seiner Erben nunmehr eintretende Dispositionsbefugniss habe seine Grundlage im Eigenthum, ebensowenig kann man diess in dem Falle behaupten, wenn

---

Beurtheilung kann aber offenbar hieraus nicht gefolgert werden, denn auch der Schenker erster Art will, dass das Vermögen stets der Kirche diene, somit nie, auch nicht beim Erlöschen des von ihm beschenkten Institutes res nullius und damit Eigenthum des landesherrlichen Fiscus werde. Beispiele von Schenkungen der letzteren Art sind nicht so selten, als man glaubt; ich verweise auf eine bereits oben S. 114 Nte 14 citirte, wo es ausdrücklich heisst: „Si vero contigerit quoque tempore venienti, praedictos fratres de praefata ecclesia et loco praedicto recedere, vel aliquatenus amoveri, jam dicta ecclesia S. Laurentii cum pertinentibus suis et omni melioratione ibi facta ad jus et proprietatem nostrae Aversan. ecclesiae libere debeat remanere." Aehnlich heisst es in einer Urk. v. J, 1243 (cf. Wadding Annales Minorum Tom. I Regest. Pontif. S. 57: „Et si aliquo tempore contigerit. quod in monasterio vestro regulam dominarum Ordinis. S. Damiani non habeatur, ipsa Ecclesia sancti Silvestri cum omnibus bonis suis ad jus et proprietatem Tarfen. monasterii revertatur."

[13] Auch Fälle dieser Art haben wir schon zur Genüge kennen gelernt vgl. oben S. 166 Nte 10 S. 169 Nte 18 cf. Nte 19. Vgl. auch Wadding Annales Minorum. Tom. I. Regestum Pontificium S. 59 f. Schenkung eines gewissen Andreas de Pontibus im J. 1244: „Item cedo et simplici donatione quae dicitur inter vivos dono et corporaliter investiens trado ac concedo tibi eidem Dominae Imillae recipienti pro te et ipsa Ecclesia et dominabus sororibus tuis praesentibus et futuris in ipsa Ecclesia praetactam regulam et vitam Ordinis S. Damiani habentibus in perpetuum; id est terram etc.... Quod, si absit, in eadem ecclesia ipse Ordo vel regula non haberetur, terra praetacta ad jus et proprietatem meam et haeredum meorum redeat ipso jure."

der Schenkgeber eine neue Verwendung zu kirchlichen Zwecken sei es ausdrücklich oder stillschweigend durch ewige Widmung für kirchliche Zwecke angeordnet hat, und nun der Vertreter der Kirche, gestützt hierauf, diesen Willen durch eine zweckentsprechende Innovation zu erfüllen sucht. Der Bischof oder Papst nimmt dieselbe nicht desshalb vor, weil das Gut inzwischen an die Kirche angefallen ist; es findet zu einem solchen Anfall gar keine Zeit; denn noch ehe diess geschehen könnte, ist es bereits durch den Kirchenobern einem einzelnen Institute, sei es einer Pfarr- Cathedral- oder der römischen Kirche zugetheilt worden.[14]

Wird nun dieser Uebergang auf der einen Seite, wie bemerkt, durch die lex fundationis in der oben erwähnten Weise vermittelt, so tritt andrerseits zur Abwehr gegen die Jagd des landesherrlichen Fiscus auf bie bona vacantia als zweiter Factor das positive Gesetz der Kirche hinzu, welches verbietet, dass je ein Vermögen, welches kirchlichen Zwecken gewidmet wurde, wieder verweltlicht (säcularisirt) werde, und welches überhaupt die Laienhände von jedwelcher Disposition über das Kirchengut ausschliesst.[15] Diess die beiden Hebel, welche dem staatlichen Heimfallsrecht so zu sagen den Boden unter den Füssen nehmen.

Eine ganz andere Frage ist es, ob der Staat jene Gesetze der Kirche über die Unverletzlichkeit des Kirchengutes für sich als bindende Norm anerkennt,[16] und ob er

---

[14] Cf. Schulte Lehrb. d. K. R. 2. Aufl. Giessen 1868 S. 498: „Will man Paralellen haben, so liegen sie nahe. Gemeindegut gehört den Gemeinden. Gehen sie ein, so fällt das, was der Gemeinde als politische Corporatian gehörte, an den Staat." S. auch Warnkönig in der Recension von Maas a. a. O.

[15] Vgl. Cp. 12 X 3, 13. Cp. 13 X 4, 17 und bes. Phillips Lehrb. d. K. R. 1862 § 223 S. 667. „Das Gut der Kirche soll dieser in keiner Weise entfremdet werden, weil dasselbe, als Gott geweiht, dazu bestimmt ist, den Zwecken der Kirche auf Erden zu dienen." S. daselbst auch die Belegstellen.

[16] Die meisten der neueren Verfassungen schliessen das staatliche Heimfallsrecht ohne weiters aus.

sich nicht darüber ebenso unbedenklich hinwegsetzt, als über die lex fundationis. Zieht derselbe aber, gestützt auf seine eigene Theorie, das Kirchenvermögen eines aufgehobenen kirchlichen Institutes ein, so erscheint ein solcher Act vom Standpunkte der Kirche als ein Rechtsbruch, nicht aber als eine Consequenz der Annahme der einzelne Institute als Eigenthümer ihres Vermögens.

Zwar lässt sich auch ein gewisser Zusammenhang der einzelnen Institute mit der allgemeinen Kirche nicht verkennen; die einzelnen Kirchen sind ja Theile der letzteren, die Anstalten, welche sie allerorts lokalisiren; allein wir können diesen Zusammenhang etwa mit dem vergleichen, der zwischen dem Staate und den den Staatszweck verfolgenden vermögensrechtlich selbständig constituirten Staatsanstalten (z. B. den Gemeinden) besteht, keineswegs aber das Eigenthumsrecht selbst als das jenen Zusammenhang vermittelnde Band betrachten, wie diess Maas thut, indem er behauptet: der Inbegriff der Rechte der einzelnen kirchlichen Institute am Eigenthum der Kirche bilde ein ähnliches Verhältniss wie die jura in re des Vasallen am feudum; der Unterschied sei nur der, dass dort der Rechtsinhaber eine juristische, hier eine physische Person sei; die einzelnen Kirchen stünden also in einem lehensrechtlichen Verhältnisse zur allgemeinen Kirche.[17] Dieses wird nun näher normirt, indem Maas anführt: „Nach der Verfassung der Kirche sind freilich die einzelnen kirchlichen Institute auch gegenüber der Kirche **nicht** blosse stationes fisci, sondern besondere, wenn auch nicht selbständige **Corporationen**.“ Betrachten wir diese Thesis näher, und wir werden sehen, dass auch Maas seiner-

---

[17] Mit grossem Beifalle ist dieser Lösungsversuch der Frage nach dem Zusammenhange der Einzelkirche mit der allgemeinen aufgenommen in einer Recension von Maas, von Balderich Frank, das Eigenthum der Kirche in den histor. polit. Blättern 1860 S. 311—323.

[18] Maas a. a. O. S. 692.

seits im Grunde doch mit uns über das Rechtssubject am Kirchenvermögen übereinstimmt. Es ist nämlich zugestanden: 1) dass die einzelnen Institute juristische Personen sind; 2) dass sie diess nicht nur Dritten, sondern auch der Kirche gegenüber seien. Natürlich hält Maas dieselben unter der generelleren Bezeichnung Corporationen für piae causae, Stiftungen;[19] es tritt also die Frage heran: kann ein pium corpus, eine Stiftung in der Art existiren, dass nicht **sie selbst** das Eigenthum an ihrem Vermögen besitzt, da dieses vielmehr einer dritten Person zusteht, so dass also die juristische Person an ihrem Vermögen zwar kein Eigenthum, sondern nur ein jus in re aliena besässe? Wird diese Frage mit Nein entschieden, so erkennt Maas offenbar auch der allgemeinen Kirche gegenüber ein Eigenthum der einzelnen Kirchen an, da er diesen den Charakter von Stiftungen auch der **Kirche gegenüber** zugesteht. Die angeregte Frage ist nun aber für piae caussae zweifelsohne zu verneinen; denn darin herrscht ja Uebereinstimmung, dass die Stiftungen ihr Rechtssubject in sich selbst tragen,[20] dass juristische Persönlichkeit nur auf einen Güterinbegriff übertragen werden könne, welcher nicht in dem Eigenthum einer andern physischen oder juristischen Person steht,[21] mit andern Worten, dass sich eine Stiftung gar nicht denken lasse, ohne dass sie Rechtssubject, d. h. Eigenthümer von

---

[19] Cf. Windscheid Pand. § 57 Anm. 5. „Die ältere Doctrin indentificirte die Begriffe der juristischen Person u. der Corporation."

[20] P. Roth über Stiftungen in Gerber u. Jhering Jahrbücher f. d. Dogmatik u. s. w. Bd. I (Jena 1857).

[21] Idem l. c. S. 206 (diess sind die Worte des Verf.) Vgl. auch Brinz l. c. S. 1063 und Schulte Dissert. l. c. S. 39. „Quorum (sc. institutorum) personae qualitas solius est juris privati. Cogitari vero non potest in jure privato persona moralis, cui non insit facultas acquirendi et in dominio habendi ea, sine quibus existere nequeat."

Vermögen sei, da ja der ganze Zweck der Constituirung einer juristischen Person einzig darin besteht, ein Vermögen, das bisher einen fremden Eigenthümer hatte, nunmehr selbständig zu machen, sich selbst, „dem neuen Subjecte", „der juristischen Person" angehören zu lassen; denn kein anderer Sinn lässt sich den obigen, in der Doctrin feststehenden Sätzen beilegen. Will man zu einem Zwecke ein Vermögen constituiren, aber in der Art, dass der Repräsentant dieses Zweckes zwar jura in re aliena, aber nicht das Eigenthumsrecht daran besitzen soll, so wird es Niemanden in den Sinn kommen, zur Construction der juristischen Persönlichkeit zu greifen; man wird dem Berechtigten Niessbrauch oder sonst ein dingliches Recht einräumen, überhaupt ein Rechtsverhältniss wählen, wie es zwischen dem Fiscus und seinen einzelnen Stationen oder zwischen Vater und Kind in Betreff des peculium adventitium besteht.[22]

Folgt man der Ansicht der Neueren, dass bei der pia causa ähnlich wie bei der hereditas jacens das Vermögen selbst als das Rechtssubject erscheint, wie man ja schon im gewöhnlichen Leben davon spricht, die Sache gehöre jener Masse, gehöre der Erbschaftsmasse, und dass nur die uns innewohnende Personificationslust

---

[22] Auch diese letzte Construction hat man bereits für das Rechtsverhältniss am Kirchengut verwendet. cf. Sternberg, Versuch einer juristischen Theorie vom Eigenthum der römisch kath. Kirche, Stuttgart 1860 S. 17. „Im altrömischen Recht (bestand) zwischen dem Familienvater (paterfamilias) und seinen (auch mündigen, verehelichten, grossjährigen) wirklichen oder angenommenen Familiensöhnen und seinen eigenen Sclaven, denen allen er ein besonderes Vermögen (peculium) zur selbständigen Verwaltung und Betreibung eines Geschäfts gestatten konnte oder nicht, ein Verhältniss, welches als das genaue Abbild des hier besprochenen Verhältnisses der allgemeinen Kirche zu den einzelnen Anstalten angesehen werden kann, wie es denn auch rein oder in der justinianischen Milderung ebenfalls das Verhältniss des Bischofs zu den niederen Geistlichen in alter Zeit abspiegelt und Bestimmungen erklärt, an die der Maassstab unserer Zeit vergebens gelegt wird."

und die Schwierigkeit, uns eine Sache als Eigenthümer zu denken, zu dem Schritte führte, dem Vermögen noch eine persona anzudichten,[23] so kommt man zu demselben Resultate; denn mit demselben Athemzuge, mit dem Maas nach dieser Auffassungsweise zugesteht, dass die einzelnen Kirchen auch der allgemeinen Kirche gegenüber juristische Personen seien, erkennt er auch an, dass derselben gegenüber Vermögen existiren, und da diese Vermögen nach jener Construction selbst Rechtssubjecte, Eigenthümer sind, so haben wir das Eigenthum der einzelnen Institute **auch der Kirche gegenüber** gewahrt. Uebrigens hat Maas im Grunde selbst es zugestanden, dass das eigentliche Wesen einer pia causa darin bestehe, dass das Vermögen sich selbst gehöre, also doch offenbar jedes fremden Eigenthümers entledigt sein müsse, indem derselbe a. a. O. § 7 Seite 683 ff. bemerkt: „Nach dem Vorgange Savigny's und Puchta's und der scharfsinnigen Deduction Unger's über

[23] Windscheid, die ruhende Erbschaft in der Ueberschau der deutsch. Gesetzgebung, Bd. I S. 186 bemerkt: „Das Vermögen besteht fort, wie es bestanden hat, es hält zusammen, wie es zusammengehalten hat. Aber als wessen Vermögen? Nun, als Niemandes Vermögen, eben als Vermögen." S. 187: „Nun wir sagen, dieses Recht (ein Grundstück, Pferd oder Erbschaft) gehöre dem Vermögen, der Erbschaft, wir nennen als Klägerin die Erbschaft; da haben wir die Erbschaft als berechtigtes Subject. . . Wir haben es mit einem Vermögen zu thun, das ein Vermögen ist, ohne Subject, welchem es zugeschrieben wird." — Demelius die Rechtsfiction S. 119: „Wenn letzteres etwas anderes heissen soll, als das Stiftungsvermögen ist das Vermögenssubject, so heisst es: Das Stiftungsvermögen ist Subject des Stiftungsvermögens"; und auf derselben Seite heisst es weiter: „Wir sagen vielmehr: wenn irgend etwas personificirt würde, so müsste es immer das Vermögen sein, denn der Kern der juristischen Sachlage ist in beiden Fällen ganz gleicherweise, dass ein Vermögen als solches vom Recht anerkannt und aufrecht erhalten wird, ohne dass es einem Individuum gehört, auch nicht so aufrecht erhalten, als wenn es einem Individuum gehörte, sondern vielmehr dem besonderen Zweck im einzelnen Falle gemäss." Id. S. 122. „Was kann aber nun heissen: ein Vermögen wird personificirt, als Begriffsganzes zur idealen Person erhoben? Nichts eben, als: es besteht, ohne einer Person zu gehören."

das Wesen der juristischen Person ist man in der Doctrin wohl darüber einig, dass die neuen Stiftungen nicht einer schon existenten pia causa resp. der Kirche ausdrücklich legirt werden müssen oder zu ihrer Existenz einer staatlichen Bestätigung, constitutio, bedürfen, vielmehr wird eine solche Stiftung, wenn jenes nicht geschehen ist, als ein selbständiges Vermögen behandelt, welches das Subject, dem es zusteht, in sich selbst trägt".[24] Wenn diess etwas anderes heisst, als die einzelne juristische Person wird Eigenthümer ihres Vermögens, so müssen entweder wir oder unser Gegner mit den Worten ganz neue Begriffe verbinden. Der Fehlgriff von Maas bestand also, um zum Schlusse zu kommen, darin, dass er die einzelnen Kirchen auch der allgemeinen Kirche gegenüber juristische Personen nannte; wollte er sich consequent bleiben, und nicht wie er es that, unversehens in's feindliche Lager übergehen,[25] so musste er etwa behaupten, dass,

[24] Vgl. auch Brinz, Pand. S. 1043. „Wie jedes Zweckvermögen muss auch dieses zuvor jedes andern Eigenthümers entledigt sein." Windscheid, Pand. § 58 S. 138. „Das Subject der Rechte u. Verbindlichkeiten ist die juristische Person als solche." (Womit selbstverständlich nicht ausgeschlossen sein soll, dass eine pia caussa auch jura in re aliena besitze.)

[25] Was demnach Maas von Schulte zu bemerken wagte, dass dieser letztere im Grunde doch mit ihm über das Eigenthum der allgemeinen Kirche übereinstimme, verhält sich demnach vielmehr im umgekehrten Verhältnisse in Richtigkeit.

Ehe wir den zuletzt behandelten Gegenstand verlassen, müssen wir die Schulte'sche Theorie, gegenüber dem Vorwurfe in Schutz nehmen, als ziehe dieselbe eine „Verkrüppelung des Anstaltseigenthums" nach sich; das Kirchenvermögen ist eine Vermögensmasse von so eigenthümlicher Beschaffenheit, dass eine Person, die das unbeschränkte Eigenthum daran besitzt, d. h. ein Eigenthum, das zu ganz beliebige Schalten und Walten berechtiget, nie wird gefunden werden können; desshalb kann man aber ebensowenig von einer Verkrüppelung des Eigenthumes sprechen, als desshalb, weil dasselbe eventuell nach Aufhören des lokalen Zweckes in einer andern Anstalt oder an einem andern Orte zur Verwendung gelangen kann. Ist doch auch unser Eigenthum ein solches, das nach unsern Ableben unsern Erben zufällt, und doch wird es Nie-

wenn auch die kirchlichen Institute Dritten und einander gegenüber juristische Personen seien, dieses Verhältniss doch der Kirche gegenüber ein anderes sei, indem sie dieser gegenüber etwa in einem Verhältnisse stünden, wie die stationes zum Fiscus oder wie Servitutberechtigte zu dem Eigenthümer.

§ 40.

Widerlegung der Maas'schen Thesis eines lehensrechtlichen Zusammenhanges der einzelnen mit der allgemeinen Kirche.

Nachdem wir bisher die rechtlichen Consequenzen der obigen Maas'schen Thesis nach **einer** Richtung hin gezogen haben, wollen wir nunmehr nachweisen, dass sie auch, an und für sich betrachtet, keineswegs den Werth besitze, welcher derselben von verschiedener Seite beigelegt wurde. Schon Warnkönig weist in seiner Recension der Maas'schen Abhandlung darauf hin, dass bei dieser Construction eine Verwechslung des Pfründners mit der Kirche unterlaufe,[1] da ja allerdings der Pfründner ein dem Vasallen ähnliches Recht besitze, allein regelmässig an dem der einzelnen Kirche als ihr Allodium, als ihre hereditas, den kräftigsten Ausdrücken mittelalterlichen Eigenthumsübertragung vermachten Eigenthum. Es ist ferner bekannt: die Kirche hat stets nach dem römischen Rechte gelebt, dieses war stets die Basis, auf der sie ihre vermögensrechtlichen Verhältnisse auch in den neuen christlichen Ländern ordnete; wie sollte sie dazu kommen, einigen, den einzelnen Kirchen von der bischöflichen zu Lehen verliehenen Grundstücken zu Liebe für ihren ganzen Organismus mit dem römischen Rechte zu brechen und das mittelalterliche Feudalsystem nun allen ihren vermögensrechtlichen Verhältnissen zu Grunde zu legen? Schon a priori lässt sich demnach obigem Versuche jede überzeugende Kraft absprechen. Wenn aber Maas

manden einfallen, es desshalb ein „verkrüppeltes" Eigenthum oder „successives" nennen zu wollen. Diess gegen Hübler l. c. S. 129.

[1] Warnkönig, Recension l. c. S. 367.

behauptet, schon im römischen Recht sei diess eigenthümliche Verhältniss begründet gewesen, das einzelne Institut erhalte die feudalartigen jura in re und da es sie mit der utilis rei vindicatio Dritten gegenüber vertheidige, so werde es in diesem Fall heres genannt,[2] so liefert derselbe damit einen neuen Beweis der Verstümmelung der Quellen dieser Periode; denn dass die römischen Quellen den einzelnen Instituten nicht nur eine utilis rei vindicatio, sondern die vindicatio selbst und damit das dominium an unzähligen Stellen zu schreiben, der Beweis wurde doch zur Genüge geliefert. Allein von allem dem abgesehen, führen die Maas'schen dem Lehensrechte entnommenen Sätze in richtiger Anwendung nicht zu einem Eigenthum der allgemeinen, sondern der römischen bezw. bischöflichen Kirche. Der Beweis dieser Behauptung kann hier schlagend geführt werden, doch können wir uns verhältnissmässig kurz fassen, denn die Rechtsverhältnisse selbst sind schon bekannt und die Subsumption derselben unter die Gesetze des Lehenrechts hat ja Maas selbst schon vorzunehmen sich bemüht.

„Beim Erlöschen", so beginnt der Verfasser,[3] „fällt das volle Eigenthum dem Lehensherrn zu." Ganz richtig: Das bonum vacans des Einzelinstitutes fällt in die Disposition der bischöflichen Kirche; fällt auch diese weg oder ist Exemption vorhanden wie bei den Klöstern[4], so greift das volle Eigenthum der römischen Kirche Platz.[5] Die Sätze des Lehensrechtes führten uns demnach in diesem Falle zu einem Eigenthume der Cathedral- beziehungsweise der römischen Kirche; zu einem ähnlichen Resultate führt die nächste von Maas dem Lehenrechte entnommene Bestimmung: „Wie das kirchliche In-

---

[2] Maas l. c. S. 702.

[3] Appendix feud. cap. extraord. u. II feud. 46, 1, 5. Maas l. c. S. 703.

[4] Cf. oben S. 189.

[5] Cf. S. 189 Nte 1 u. S. 190 Nte 3.

stitut, so wird das Lehen vom dominus errichtet;"[6] denn die Pfarrkirche erhält ihre Persönlichkeit von der bischöflichen, diese letztere aber von der römischen Kirche,[7] beziehungsweise ihrem Vertreter, wie oben des Näheren gezeigt wurde. Weiter bemerkt Maas: „Das Lehen verpflichtet den Vasallen wie den Beneficiaten der Kirche zur Treue."[8] Jura privilegia et auctoritatem sanctae Romanae ecclesiae so schwört, wie uns bereits aus dem Fidelitätseid des Bischofs, (des Vertreters der allgemeinen Kirche [ordinarius]) an die römische Kirche bekannt ist, . . . conservare, defendere, augere et promovere curabo neque in consilio vel facto seu tractatu, in quibus contra ipsum Dominum nostrum vel eandem Romanam ecclesiam aliqua sinistra vel praejudicialia . . . . machinentur.[9] „Der Kaiser", so fährt Maas fort, sei „prodominus aller Lehengüter, wie die Vertreter der Kirche über alle Güter der kirchlichen Institute. So verfügt die aurea Bulla c. VII § 5. Si vero aliquis ex hujusmodi principatibus imperio vacare contigerit, tunc imperator seu rex Romanorum de ipso providere debebit et poterit tamquam de re ad se et imperium devoluta."[10] Die entsprechende oben citirte Stelle, handelnd von dem Vermögen der aufgehobenen Klöster, das der römischen Kirche, der der sedes apostolica zufallen soll, lautet übereinstimmend „cujus bona et jura ad sedem apostolicam erant devoluta."[11] „Der Lehensherr verleiht und in-

---

[6] II feud. 31.

[7] Cf. S. 191 Nte 5. „Omnes episcopatuum cathedras . . . . instituit Romana ecclesia."

[8] Append. feud. cap. extraord. § 22.

[9] Cf. S. 193 der Fidelitätseid findet sich vollkommen abgedruckt bei Schulte, Syst. S. 290 ff. Gegen den Eid als einen wirklichen Vasalleneid ist bes. Kopp, die kath. Kirche S. 27.

[10] Maas l. c. S. 703.

[11] cf. oben S. 189 Nte 1.

vestirt auf das feudum, wie der Ordinarius auf das Beneficium."[12] Der römische Bischof ist es aber bekanntermassen, welcher den Ordinarius auf den Bischofstuhl investirt, „electus autem, so bestimmt das Wormser Concordat, regalia per sceptrum a te recipit exceptis omnibus, quae ad Romanam ecclesiam pertinere noscuntur."[13] „Der Vasall kann sine consensu domini nichts von dem feudum verpfänden, verkaufen oder vermiethen."[14] Possessiones vero ad mensam meam pertinentes non vendam nec donabo neque impignorabo nec de novo infeudabo vel aliquo modo alienabo etiam cum consensu capituli ecclesiae meae inconsulto Romano Pontifice.[15] „Er muss wie dieser das juramentum fidelitatis ablegen und wird wie dieser vom Dominus propter delicta beneficio privirt."[16] Ego N. electus Ecclesiae N., so schwört der Bischof, der Vertreter der allgemeinen Kirche, ab hac ora in antea fidelis et obediens ero beato Petro Apostolo sanctaeque Romanae ecclesiae et Domino nostro Papae N. suisque successoribus Et si ad aliquam alienationem devenero, poenas in quadam super hoc edita constitutione contentas eo ipso incurrere volo.[17]

Hiemit wäre einerseits gezeigt, dass man auch durch richtige Anwendung der Sätze des Lehensrechtes nicht zu einem Eigenthum der allgemeinen, sondern höchstens der römischen, beziehungsweise der bischöflichen Kirchen gelangen würde,[18] andrerseits aber ist der

---

[12] Feudum append. c. 17 u. Maas a. a. O. S. 703.

[13] Cf. das Wormser Concordat Pertz Monumenta III p. 76 § 2 s. auch can. 8 de sacr. ordin. Sess. XXIII Conc. Trident. Schulte System S. 222 u. 231.

[14] Feud. II 55 u. Maas a. a. O. S. 703.

[15] Diess die Worte des Bischofs aus dem Subjectionseide.

[16] II Feud. 5. 6 I Feud. 7 u. Maas a. a. O.

[17] Worte des Bischofs aus dem Subjectionseid.

[18] S. gegen Maas auch Hübler l. c. S. 109. Vgl. auch oben S. 121 Nte 24 u. S. 114 Nte 13 u. 14.

Beweis geliefert, dass man, will man anders die Quellen aller Jahrhunderte ignorirend, ein Eigenthum der allgemeinen Kirche noch festhalten, sich nicht zur Maas'schen Theorie, die sich selbst widerlegt, sondern zur Evelt'schen bekennen müsse, welche, wenn auch nichts weniger als überzeugend, so doch ohne allzu handgreifliche innere Widersprüche die einzelnen Kirchen als stationes des Aerars der allgemeinen Kirche betrachtet.

Achter Abschnitt.

Rückblick auf die gegnerischen Theorien.

§ 11.

Gott. Christus Eigenthümer des Kirchengutes. Uhrig's Theorie.

Es erübrigt noch eine kurze Ueberschau über die sonstigen Theorien zu veranstalten, welche, — natürlich abgesehen von der Schulte-[1] und Maas'schen[2] über

---

[1] Eine grössere Zusammenstellung von Schriftstellern, welche sich für die kirchliche Institutentheorie ausgesprochen haben, findet sich bei Hübler l. c. S. 111. Jedoch ist dieselbe theils richtig zu stellen, theils nicht unbeträchtlich zu vermehren. Zunächst wären aus derselben zu streichen J. Chr. Majer, welcher Schriftsteller strenge genommen ein reines Eigenthum der kirchl. Institute nicht statuirt; (s. die Stelle bei Hübler S. 125 f.) und die katholische Wochenschrift (vgl. dessfalls oben S. 247 Nte 2). Zu Windscheid's Citat ist zu bemerken, dass nach seiner Ansicht als Subject des K.-V. auch die Kirchengemeinde als eine Corporation gedacht werden könne (S. 136 Nte 6 unter Berufung auf Savigny). Weiters sind für die kirchliche Institutentheorie zu verzeichnen Schulte's seitdem neu erschienene Schrift betitelt: die juristische Persönlichkeit der kath. Kirche, ihrer Institute und Stiftungen, sowie deren Erwerbsfähigkeit etc. Giessen 1869, ferner Hübler selbst, welcher sich wenigstens vom Standpunkte des gemeinen Rechts dafür ausgesprochen hat (cf. S. 112 l. c. u. S. 152 Nte 7); ferner gehören hieher Permaneder, Handbuch des gemeingiltigen kathol. Kirchenrechts, herausgegeben von J. Silbernagl, 4. Aufl. 1865 S. 857 ff.; (vgl. jedoch Hübler l. c. S. 4—89.) Schöpf, Kirchenrecht Bd. III § 78, Nte 88 (vgl. oben S. 121 Nte 26) s. auch

das Rechtssubject am Kirchenvermögen bisher aufgestellt wurden.

Bd. IV § 205, S. 384, § 203 S. 372. Joh. Aug. Ginzel, Kirchenrecht (1857) Thl. II S. 657, § 1119, bes. Anm. 5. Schlettwein, Materie vom Kircheneigenthum (vgl. oben S. 177 Nte 5). Arndt's, Lehrb. d. Pand. München 1856 I. § 56. Makeldey, Lehrb. d. heut. röm. Rechts, § 145 n. 6. Mühlenbruch, Beurtheilung des Städel'schen Erbrechtsfalles (1828) S. 77 idem Lehrb. d. Pand.-Rechts § 201 num. 10. Forts. d. Glück'schen Comm. Bd. XXXIX S. 449 (cf. Bd. XI S. 79). Frhr. Ludw. v. d. Pfordten, Bemerkungen zu Mühlenbruchs Pand. § 201. Seuffert, Lehrb. der Pandekten Thl. I § 55. Unger, System des österr. Privatr. I § 44 S. 338. Walter, System des gem. deutsch. Privatrechts, Bonn 1854 § 85. Warnkönig in der kritischen Vierteljahrschrift f. Gesetzgebung u. Rechtswissenschaft Bd. III S. 361. Huller, (vgl. dessen oben S. 122 Nte * citirte Schrift S. 40—56). Helfert, Handbuch des Kirchenrechts II. Thl. Prag 1845, § 443, S. 709. Schefold, die Parochialrechte Bd. II (Stuttgart u. Sigmaringen 1846) § 94 S 228, „das nun einer Pfarrei Ausgeschiedene und ihr zum bleibenden Eigenthume Gewordene hiess man Benefiz;" (vgl. jedoch auch l. c. § 92 S. 217.) Kirchengut und Ablösung. Eine Stimme aus der Kirche zur Beurtheilung der Kammerverhandlungen nach den Grundsätzen des Kirchenrechts v. August Schröder Brandenburg 1850 S. 37; auch K. Maurer in der Kritischen Vierteljahrschrift für Gesetzgebung und Rechtswissenschaft VII Bd. (über Isländisches Kirchenrecht) S. 552. — Nicht recht klug wird man aus Attenhofer, (s. dessen Abhl. im Archiv. f. kath. K.-R. Bd. XIV (N. F. VIII) S. 387 f.) Derselbe spricht nämlich bald von der grössten und ältesten aller Corporationen, der grossartigen Universitas der katholischen Kirche S. 397, bald von einem Eigenthum der Kirchen u. kirchlichen Corporation (vgl. auch oben S. 139 Nte 13 u S. 56 Nte 3. Dagegen haben sich wieder klar ausgesprochen: Hermann Wasserschleben, Entwicklungsgeschichte der evangelischen Kirchenverfassung in Deutschland (Giessen 1861 S. 11.) Anton Barth, Vorlesungen über sämmtliche Hauptfächer (Augsburg 1842) Bd. VII Vorl. 68 S. 737 f. Georg v. Wiese, Grundsätze des gem. in Teutschland üblichen Kirchenrechts, 5. vermehrte u. verbesserte Ausgabe nach dem Tode des Verfassers herausgegeben von Wilh. Theod. Krauss, 1826 § 293 S. 346 (vgl. jedoch auch unten zu § 43 Nte 1). Beseler, System des gemeinen deutschen Privatrechts II Bd. Leipzig, § 76 S. 17. Puchta, Institutionen des römisch. Rechts Bd. II (1846) § 191 S. 293. (vgl. oben S. 69 Nte 12; auch Puchta in den Kritischen Jahrbüchern Bd. IV S. 707, 712. Krabbe a. a. O. S. 9 (vgl. oben S. 288 Nte 3 u. 4) und überhaupt jene Schriftsteller, welche sich oben für das Eigenthum der Klöster ausgesprochen haben (S. 220 Nte 5, 6, 7 u. 9).

Ueber diese beiden letzteren können wir natürlich hier mit Stillschweigen hinweggehen, nachdem wir uns bis

Von älteren, nunmehr schon grösstentheils verschollenen Schriftstellern halten unsere Theorie für die plausiblere: Georg Adam Struven, Discursus Juridicus de Jure ecclesiarum § 10. Schilter, Praxis Juris Romani in Foro Germanico Tom. I. Jenae 1698. Exercitatio ad Pand. IV § 1. De Busch, De Natura ac jure bonorum ecclesiasticorum Franecerae 1666, Membrum Primum § XXXVII p. 248 f.; bis jetzt gleichfalls unbekannt, wiewohl er unsere Lehre schon ziemlich ausführlich behandelt (cf. p. 236—249). Jos. Joan. Nep. Pehem, Praelect. in Jus Ecclesiast. Univers. Viennae 1791 P. I § 729 u. P. II § 721. Joh. Christiani Bachovii, Tractatus juridico historicus de Sepulturis coemeteriis aliisque Rebus Sacris et Religionis illarumque jure. Gothae 1725. Cp. I § 4 S 7. Schilling, Lehrb f. Institutionen u. Geschichte des römischen Privatrechts II. Bd. (Leipzig 1837) § 49 u. § 52 Zusatz (S. 214). Jos. Carrière, Praelectionum Theologicarum Compendium De justitia Editio Belgica Pars I Art. 1 Assert. 2, S. 50 (s. das Citat unten § 49 Nte 7). Jul. Schumann in der Zeitschrift f. Kirchenrecht von Dore, Bd. III 1863 S. 192 zu Nte 1 (vgl. jedoch unten § 43 Nte 17). Blätter f. administrative Praxis und Polizeigerichtspflege zunächst in Bayern. Bd. XVIII (1868) S. 89; auch den Aufsatz im Archiv f. kath. K.-R. Bd. XIX (1871) S. 201; vgl. ebendas. Bd. XIV 122 u. 128, ferner E. Hermann, Rechtsgutachten, Uebertragung der durch Aufhebung der Exemptionen den Pfarreiländern auferlegten Grundlasten Oldenburg 1856 S. 7, 8, 9 (vgl. unten § 43 Nte 11). Jo. Aug. Henr. Ulrich, Initia Philosophiae Justi seu juris naturae socialis et gentium. § 669 p. 460. Im gewissen Sinne gehört auch Kunstmann hieher (vgl. oben S. 198 Nte 10), da seine Annahme bezüglich eines Eigenthums der allgemeinen Kirche lediglich auf einer falschen Auffassung der Quellen beruht; ferner F. A. Köppen, System des heutigen römischen Erbrechts, Jena 1864 S. 313; s. auch die unten § 46 Nte 7 u. 10 gelegentlich des französischen Rechts benannten Schriftsteller. Ueber das Hortleder'sche Bedenken s. gleichfalls unten zu § 43 Nte *, vgl. auch die S. 266 Nte 3 citirten Schriftsteller.

Von einem Eigenthum der kirchlichen Institute und der Kirchengemeinden sprechen endlich ausser Windscheid noch: Rottek und Welker im VIII. Bde des Staatslexikons (Altona 1847) Artikel Kirchenvermögen S. 216. Seuffert's Archiv VIII Nro. 13. Affre vgl. unten § 46 Nte 10. Ueber die Ansicht jener, welche von einem Eigenthum der einzelnen kirchlichen Institute und der allgemeinen Kirche sprechen s. das Nähere § 47.

[2] Die Anhänger dieser Theorie s. bei Hübler l. c. S. 88. Den dort

zu dieser Seite fast ausschliesslich mit ihnen beschäftigt, und den Beweis erbracht haben, dass, so sehr die erstere

genannten sind noch anzureihen: Gräff, das Eigenthum der katholischen Kirche an den ihrem Cultus gewidmeten Metropolitan, Cath. u. Pfarrkirchen, Trier 1859 S. 17, 18. Ant Schmid, Institutiones juris ecclesiae Heidelberg 1771 § 297. W. A. Lauterbach, Colleg. theor. pract. Pandect. Tübingen 1725 P. I L. I tit. 8 § 7: „Bona ecclesiastica . . . in patrimonio ecclesiae existunt." Justi Meieri Collegium Argentoratense Tom. I p. 67. Reinerding im Archiv f. kath. Kirchen-R. Bd. XIV (N. F. VIII) S. 205—211 vom Kirchengut (s. bes. S. 205 u. 207: „fällt der Kirche als Haupteigenthümerin zu" vgl. auch S. 209). Schnaubert, Grundsätze des Kirchenrechts der Protestanten u. Kathol. in Deutschland. (Hübler S. 78 führt zwar diesen Schriftsteller für die kirchl. Gemeindetheorie an vgl. aber die Ausgabe vom J. 1805 u. 1806 § 278: „der Kirche steht auch das Eigenthum der Kirchensachen . . als ein Collegial-Recht zu.") Fraglich könnte es freilich erscheinen, ob hiemit die Frage des Eigenthümers am K.-V. innerhalb der Kirche entschieden, oder ob blos negativ bemerkt werden wollte, dass der Eigenthümer des K.-V. nicht ausserhalb der Kirche, etwa beim Staate zu suchen sei. Das hier zuletzt Gesagte gilt auch bezüglich des oben allegirten Lauterbach und Justus Meier; ferner von Hoppius Joachim, Commentat. succincta ad Institutiones Justinianeas Francf. 1772 Lib. II Tit. I § 8. Petr. Rebuff, de alienatione rerum ecclesiae Lugdun. 1564 S. 84 u. Joa. Petr. Gibbert, Corpus Juris Canonici Tom. III Tit. XII Sect. III. „Ad ecclesiam pertinet proprietas bonorum et redituum Beneficiis concessorum." Dagegen ist entschieden für die allgemeine Kirche Permaneder im Kirchenlexikon oder Encyklopädie der katholischen Theologie, Freiburg 1851 Bd. VI s. v. Kirchenvermögen (vgl. jedoch auch oben S. 262 Nte. 1). Nach Uhrig sollen endlich noch hieher zu zählen sein: P. Placidus Böcken, commentar. in jus canonic. Salisb. 1738 Tom. II p. 48 (welchen jedoch Hübler l. c S. 87 für die sogen. clericale Collegialtheorie citirt), endlich Affre. Der Letztere gehört entschieden nicht hieher. Allerdings spricht derselbe bisweilen davon, dass das Kirchengut vor d. J. 1789 der Kirche gehört habe, jedoch nur in uneigentlicher Weise, denn so oft sich Affre juristisch präcis ausdrücken will, räumt er das Eigenthum den einzelnen K.-Gemeinden u. kirchlichen Instituten ein, cf. die unten § 46 zu Nte 10 citirte Stelle, u. S. 26: „Les canonistes ont dit aussi, que les biens ecclésiastique étaient res sacrae, res nullius, comme ils ont dit, comme nous disons nous mêmes, qu'ils sont la propriétés de l'Eglise. Mais quand ils ont voulu déterminer d'une manière précise les droits caractéristiques de la propriété, le droit d'acquérir, d'aliéner, d'hypothéquer, de faire des baux emphythéotiques etc. ils les ont attribués **aux divers**

den Grundsätzen des canonischen Rechtes entspricht, ebenso sehr die letztere in der ausschweifenden Phantasie centripetalistisch gesinnter Canonisten ihre einzige Quelle hat. Nur die eine Bemerkung möge hier noch einen Platz finden, dass — wie nicht anders zu erwarten — die Theorie vom Eigenthum der einzelnen kirchlichen Institute auch in den einzelnen Particularrechten gebührend vertreten ist,[3]

établissemens ecclésiastiques; c'est d'ailleurs à ces mêmes établissemens, que le plus souvent ils attribuent la propriété." Dagegen kömmt hier statt des Genannten noch J. Silbernagl, Verfassung und Verwaltung sämmtlicher Religionsgenossenschaften in Bayern, Landshut 1870 in Betracht, welcher § 103 Nte 3 bemerkt: „In abstracto muss, wie die Freisinger Denkschrift mit Recht bemerkt, die Kirche in ihrer Gesammtheit als ein Ganzes, als eine moralische Person für das Subject des Eigenthums des gesammten Kirchengutes betrachtet werden, weil nur auf diese Weise dem Staate die Einziehung des Vermögens einer Stiftung, deren Zweck nicht mehr erfüllbar ist, abgesprochen werden kann," (vgl. jedoch auch wegen des Verhältnisses in concreto unten § 43 Nte 17). Dass die meisten bischöflichen Denkschriften sich für die allgemeine Kirche ausgesprochen haben, hatten wir bereits oben S. 181 Nte 6 zu bemerken Gelegenheit. Vgl. auch noch die unten gelegentlich des französischen Rechts genannten Schriftsteller Cochin u. Regnier cf. § 46 Nte 6 u. Nte 14 u. die in der vorigen Note citirten Stellen von Schefold und Attenhofer, cf. oben S. 56 Nte 3 und unten 47, auch Frank (cf. oben S. 252 Nte 17)

[3] Von den wichtigeren Particularrechten haben sich insbesondere für die kirchliche Institutentheorie ausgesprochen: Oesterreich (cf Schulte, die juristische Persönlichkeit der katholischen Kirche etc, Giessen 1869 S. 83 Nte 1). Für Bayern ist die Sache sehr bestritten. Fest steht blos, dass die allgemeine Kirche nicht das fragliche Rechtssubject ist; vgl. oben S. 57 Nte 6 in f. ferner S. 182 Nte 6. auch Roth, bayerisches Civilrecht I. Th. Tübingen 1871 § 37 S. 229: „In Bayern kann die von Einzelnen aufgestellte Annahme, dass der Gesammtkirche juristische Persönlichkeit zukomme, schon desshalb keine Anwendung finden, weil allen ausser Bayern befindlichen kirchlichen Instituten die Erwerbsfähigkeit ausdrücklich abgesprochen ist, und die Anerkennung als Corporation sich auf die im Königreich befindlichen Kirchengesellschaften beschränkt." Dagegen ist es, wie bereits oben angedeutet wurde, sehr strittig, ob hier die einzelnen kirchlichen Institute, oder die Kirchengemeinden als die rechtmässigen Eigenthümer des K.-V. anzusehen seien. Wäre die Controverse allein nach dem bayerischen

während die Maas'sche hier eine tabula rasa aufzuweisen hat. [4]

Landrechte zu entscheiden, so wäre das Eigenthum der ersteren sicher; heisst es doch daselbst Thl. III Cap. VI § 4 u. 6 ausdrücklich: „Was Gott oder seinen Heiligen überhaupt vermacht wird, gehört zum Gottesdienst in der Pfarrkirche, wo der Verstorbene zur Zeit des Absterbens eingepfarrt gewest" (u. dazu Kreittmayr Anmerk. z. § 3 nr. 2 l. c.) Vgl. auch idem zu § IV u. V nr. 6. „Es werden z. E. einem Pfarrer Kelch, Messgewand oder Kirchenornat vermacht; da halt man ex natura et qualitate rei billich dafür, dass das Legat nicht so viel auf des Pfarrers Person, als das pfarrliche Amt und die Pfarrkirche gemeint sei." Auch das Eigenthum an den res sacrae vindicirt Kreittmayr ganz consequenter Weise den einzelnen kirchlichen Instituten, wie wir diess unten § 51 des Näheren sehen werden.

Was Preussen betrifft, so verweise ich in Ansehung der in den dortigen Rechten begründeten Ansprüche der einzelnen kirchlichen Institnte auf Vogt, Kirchen- und Eherecht der Kathol. und Evangel. Kirche in den K. Preussischen Staaten; Breslau 1856 I S. 209 a. E. (cf. unten § 43 Nte 12) F. Jakobson, das Evangelische Kirchenrecht des Preussischen Staates und seiner Provinzen, Halle 1865, § 160 S. 641 (vgl. unten § 43 Nte 12); Schulte l. c. S. 87 ff. u. Dove in Richters K.-R. 6. Aufl. S. 933 Nte 8 Im Uebrigen s. w. Preussen unten § 43 Nte 12 f.. In Sachsen ist die juristische Persönlichkeit und das Eigenthumsrecht der einzelnen Kirchen an den ihnen gewidmeten Vermögen ausser Zweifel cf. § 52, 2074 u. 2165 d. Bürgerl. Gesb., Schulte l. c. S. 122 f. u. v. Weber, Darstellung des Kirchenprivatrechts des Kgrch. Sachsen, Leipzig 1845 Bd. 2 Abth. 2 § 95 S. 572 u. 573. Jedoch spricht derselbe auffallender Weise l. c. S. 571 „von einem mittelbaren (?) und subsidiarischen (?) Eigenthumsrecht, welches den einzelnen Kirchengemeinden an den für sie fundirten geistlichen Stiftungsgütern als ein Societätsrecht zusteht;" vgl. auch Bd. II Abth. I § 75 Nte u. zu Nte 63. Schliesslich kommen wir noch auf das ehemalige Kurfürstenthum Hessen zu sprechen, dessen Gesetzgebung nach Schulte gleichfalls ganz auf dem Boden des canonischen Rechtes aufgebaut ist, cf. l. c. S. 93 u. das Kurhessische Privatrecht von Paul Roth und Viktor von Meibom Bd. I, Marburg 1858 § 72 ff. (woselbst aber cf. S. 242 die Pfarr- oder Kirchengemeinde als Träger der mit dem Namen der Ortskirche bezeichneten juristischen Persönlichkeit angegeben wird, was nach Schulte l. c. S. 94 Nte 8 für die katholische nicht richtig ist.) Nicht recht klug wird man aus Büff, Kurhessisches Kirchenrecht, Cassel 1861, welcher § 278 S. 730 bemerkt: „In diesem Sinne ist die individuelle Kirchengemeinde, Gemeinde (εκκλησία) oder Kirche κυριακή -Inhaber des Kirchenvermögens. Richtiger ist es jedoch, da die Gemeinde

Von den **übrigen** Theorien, welche über das Rechtssubject am Kirchenvermögen aufgestellt wurden, würde nun zwar manche eine breitere und ausführlichere Behandlung gar wohl verdienen. Indessen zwingt uns die Oeconomie dieser Abhandlung, die einzelnen abweichenden Ansichten (ein paar derselben abgerechnet) nur ganz skizzenhaft vorzuführen.[5] Dagegen glauben wir auf andere Weise für den Ausfall manch' bemerkenswerther Mittheilung entschädigen zu können, nämlich durch die Anführung einer möglichst reichen Literatur. Es bleibt diess stets das trefflichste Mittel, auf ein Paar Zeilen eine reiche Fülle von Material zusammenzudrängen, allen jenen gewiss doppelt willkommen, welche den Wunsch haben, die in allen Rechtsgebieten zerstreut liegenden Notizen über die einschlägige Frage endlich einmal **möglichst erschöpfend** zusammengestellt zu finden.

Vor allem stossen wir auf jene alte, schon bei Gelegenheit[6] erwähnte Chimäre der meisten älteren Canonisten,[7]

---

im Allgemeinen gar keine juristische Persönlichkeit hat .... wie bei allen „Stiftungen" gewissermassen den frommen Zweck selbst als personificirt (Kirche) und Subject des Vermögens, und den, zu dessen Besten der Zweck dient, nur folgeweise als solches zu denken" vgl. auch unten § 46 Nte 14.

[4] Maas gesteht freilich diess nicht zu, ja ist im Gegentheil so kühn, den Schein zu geben, als ob seine Theorie fast allerorts in den Particularrechten begründet sei. Wer jedoch die Belege nachliest, welche Maas erbracht hat (cf. S. 656) der sieht auf den ersten Blick, dass wir es auch hier — wie so oft bei Maas — mit einer Behauptung zu thun haben, die eben nichts ist als eine — Behauptung. (Vgl. übrigens zu diesen Stellen meine Bemerkungen auf S. 57 zu Nte 6 u. S. 214, auch die oben S. 265 Nte 2 u. § 46 citirten Stellen von Affre.

[5] Sehr übersichtlich sind die Gründe pro und contra bei Hübler der Eigenthümer des Kirchenvermögens zusammengestellt. Insoweit ich nichts Neues zu bieten vermag, beziehe ich mich lediglich auf diesen Schriftsteller.

[6] Cf. oben S. 65 Nte 23, S. 66 Nte 1, S. 71, 129, S. 159 Nte 19, S. 161 Nte 23, S. 220 Nte 4.

[7] Vgl. die bei Hübler S. 4 u. 5 aufgeführten Schriftsteller; ausser-

Gott müsse Eigenthümer alles Kirchenvermögens sein. Seitz[8] kennt alle gegen seine Theorie gemachten Einwürfe: dieselbe sei superstitiös, bizarr, unjuristisch und absurd. Gott sei der Herr der ganzen Erde, desshalb sei es thöricht, ihm die specielle Proprietät besonderer Sachen zu attribuiren; Gott sei keine menschliche Person, desshalb sei es absurd, ihn in die menschliche Sphäre herabzuziehen, ihn als Besitzer irdischer Güter den weltlichen Gesetzen über Eigenthum, Handel und Verkehr zu unterwerfen u. s. w.; gleichwohl dürfe man sie nicht aufgeben, denn die Proprietät Christi gewähre sichere Garantie gegen Spoliationen und weil die übrigen Translationen, Suppressionen von Pfründen als wahre Eingriffe in das Eigenthum einer Religionsgemeinde unerlaubt sein müssten. Keineswegs sind die Maassregeln unerlaubt, da sie eben die Kirche in gewissen Fällen **erlaubt**. Was aber die angeblichen Garantien gegen Spoliationen betrifft, so ist das eine arge Selbsttäuschung; denn nirgends sind die-

---

dem: Held, Jurisprudentia universalis Lib. III P. II 2. Diss. I cap. II § 2 S. 473—484. Fleury, Institut jur. eccles. P. II c. 12 § 1 P. Gufl, Vindiciae jur. stat. eccl. P. I sect. II cap. 2 § 2 n. 107. Kahle, Elementa jur. canon. tom. I § 245 p. 409. Jachmann, Besitzthum der Geistlichen S. 33. Anselm Molitor, Theologische Abhandlung von der Macht der Kirche über die Kirchengüter, Freysing 1786 Cap. II § 1. (Von dem Eigenthum der Kirchengüter S. 46—60.) Th M. J. Montpellier, Défense des Droits de Dieu de l'église catholique et de ses mêmbres contre le projet de loi sur le temporel des Cultes, Liège 1865, S. 126: „Toutes les autres propriétés ecclésiastiques, quelle que soit leur destination particulière . . appartiennent à Dieu, parce que toutes ont Dieu pour fin dernière, et qu'elles ont été données à l'Eglise ou acquises par elle pour Dieu." S. ferner das Berliner polit. Wochenblatt Jahrg. 1836. S. 277. Winkler, Kirchenrecht 1862 § 209 S. 275 (vgl. jedoch unten § 47 Nte 4). Die S. 220 Nte 4 citirten Autoren, Elvers Lehre von der testamentarischen Erbfähigkeit S. 166 s. auch ebendenselben im Archiv f. praktische Rechtswissenschaft I 162.

[8] Recht des Pfarramts der katholischen Kirche Thl. I S. 315.

selben geringer, als wenn das Rechtssubject des Kirchenvermögens in der Luft schwebt.[9]

Hier ist der Ort auch des neuen Uhrig'schen Versuches Erwähnung zu thun, welcher ein Eigenthum Christi mit dem Eigenthum der einzelnen kirchlichen Institute zu vereinigen sucht, indem er folgende Thesis aufstellt: „Das Eigenthum des Vermögens der christlichen Kirche im Allgemeinen wie der Einzelkirchen, Altäre und milden Stiftungen im Besonderen, steht bei Christus dem Herrn. Damit aber die Einzelkirchen, Altäre u. Stiftungen, hierdurch im Staate keine Vermögensconfusion erleiden, geniessen sie in den Reliquien des Heiligen, über welchen sie erbaut, oder unter dessen Namen sie errichtet und Gott geweiht werden, selbständige Rechtsfähigkeit (persona) in Gott."[10] Sobald man diese Thesis von den ihr anklebenden theologischen Floskeln reinigt, steht Uhrig ganz auf der Schulte'schen Basis; legt man aber auf dieselben Gewicht, so ist seine Theorie ebenso unfruchtbar, wie die ein paar Zeilen höher bekämpfte von der göttlichen Proprietät.[11]

---

[9] Man vgl. gegen diese Theorie: Ferraris prompta bibliotheca s. v. domin. art. II n. 1 n. 2. — Geiger, Kirchenrecht § 116. — Grolmann, Grundsätze des allg. K. R. § 168. — Schenkl, jus eccl. II § 412. — Jos. Braun l. c. S. 36, 37, 38. — Pfaff's Akademische Reden über das K. R. p. 476. — Arnold Lange, das geistliche Recht der evangel. luther. Landesherren I. Thl. S. 393 VIII. Hauptst. — Suarez, Defensio Fidei Catholic. lib. 4 c. 18 n. 7 sequ. — Pfefferi, die Einziehung der Kirchen-Stifts- und Klostergüter, historische Skizze, Leipz. 1866 S. 18, 19, 20. — Schulte Dissert. § 2 S. 28. — Schulte, Syst. § 94 S. 481. — Puchta, krit. Jahrbücher 1840 S. 703. — Carpzov, Jurispr. Const. def. 398 squ. — Dissert. de onere reficiendi ecclesias et aedes parochiales Joann. Philipp. Gregel § 11 S. 11. — Gonzalez de Tellez in lib. III Decret. tit. XIII c. I S. 254. — Eybel, Introductio in jus ecclesiastic tom. II lib. II c. IV § 118. — Schlegel's kurhessisches Kirchenrecht Bd. 4 I. Buch I. Abthl. S 5—10. Hübler l. c. S. 10 u. 15 f.

[10] Vgl. Uhrig's oben S. 23 Nte 14 citirte Schrift.

[11] Zum Theil recht günstige Recensionen über Uhrig's Schrift s. im Bonner kath. Literaturblatt Jahrg. 1868 No. 3. Wiener kath. Literatur-

Im Sprachgebrauch hat man hinwiederum auch den Heiligen für den Eigenthümer des K.-V. ausgegeben,[12] diese Auffassung stimmt im Resultate mit der Theorie vom Eigenthum der einzelnen Kirchen vollkommen überein, nur der Name hat gewechselt, in der Sache kömmt es auf dasselbe hinaus.[13] Der Annahme, der Heilige **in Person** sei der Eigenthümer, liesse sich bloss jene an die Seite stellen, welche die ecclesia materialis für das fragliche Rechtssubject hält;[14] dass aber diese unvernünftig sei, hatten wir bereits zu bemerken Gelegenheit.

---

zeitung vom 9. März 1868 No. 10. Bamberger Pastoralblatt v. J. 1868 No. 9 u. 12. (Tüchtiges Quellenstudium wird derselben Niemand absprechen können.) Eine kurze Anzeige enthalten auch die Blätter für administrative Praxis u. Polizeigerichtspflege zunächst in Bayern Bd. XVIII S. 334; allein hier findet die Uhrig'sche Theorie vom Kircheneigenthume Christi wenig Anklang, dieses Ergebniss entspreche den Forderungen des römisch-kath. Episcopats; aber es stimme weder mit den Rechtsanschauungen des Volkes, noch mit der staatlichen Gesetzgebung überein.

[12] Vgl. oben S. 102 Nte 14. Uhrig l. c. S. 98 und Schmalzgrueber, jus eccl. lib. III tit. 25 n. 3: „Accedit communis sensus et vox fidelium dicentium, quod ecclesiarum bona et proventus spectent ad Sanctum vulgo dem Heiligen, in cujus venerationem ecclesia consecrata est." Ueber Schenkungen in's Eigenthum des Heiligen vgl. oben S. 53, 58 S. 146 Nte 7, 8 S. 154 cf. S. 158.

[13] Denn insoferne man nur annimmt, das einzelne kirchliche Institut sei Eigenthümer des K.-V., ist es ganz gleichgiltig, ob man sich die betreffende Vermögensmasse in der Kirche, dem Gotteshause oder dem daselbst verehrten Heiligen personificirt vorstellt. Vgl. auch oben S. 183 Nte *.

[14] Dass auch diese Irrfahrt schon geschehen vgl. oben S. 63 Nte 17 dagegen polemisirt schon Titius in der Probe des Teutschen Geistlichen Rechts 3. Aufl. 1741 im II. Buch I. Hptst. § 45 S. 203: „Es sind demnach sowohl die Geheiligten, als Kirchen-Sachen dem Eigenthum unterworffen; dabey denn der Eigenthums-Herr wohl acht zu nehmen: Es ist dieser die Kirche, hierdurch aber wird nicht verstanden, der steinerne oder hölzerne Tempel, wiewohl man insgemein sich diesen einbildet, wenn man von Kirchensachen redet, sondern eine Versammlung einiger Personen, die sich an einem gewissen Ort aufhalten und zu einer Glaubensformel bekennen, und zwar soferne sie als immer dauernder und

§ 42.
Die Armentheorie; das Kirchengut res nullius, res communis, im Eigenthum der communio fidelium.

Wenden wir uns nun von jenen, welche übernatürliche und ätherische Wesen zu directen Eigenthümern materieller Gegenstände stempeln wollen, zu jenen, welche doch wenigstens an irdische Wesen die Dispositionsfähigkeit über irdische Gegenstände knüpfen und hiemit aus den Wolken auf die Erde herabsteigen.

Etwas weniger, aber doch noch sehr unjuristisch ist die Ansicht jener, die gestützt auf Beweisstellen des canonischen und fränkischen Rechtes die Armen für die Eigenthümer des K.-Vermögens ausgeben.[1] Von der Wohlthat dieser Rechtsansicht haben diese Eigenthümer bisher noch wenig verspürt;[2] die einzige Rechtfertigung, welche diese sentimentale, sonst aber höchst naive Ansicht für sich aufzuweisen hat, liegt in der geschichtlichen Entwicklung eines bestimmten Zeitraumes, wo nämlich die Armenpflege auf das allerengste mit dem Cultus verflochten war, so dass man in symbolischer Weise gar wohl die Zwecke der christlichen Liebe mit den Zwecken des Religionscultus verwechseln konnte.[2]

Auch fehlt es nicht an solchen, welche die communio fidelium für die rechtmässige Eigenthümerin des K.-Vermögens ausgeben;[3] insofern die communio fidelium nach

---

gleichsam ewiger Hauffe überlegt, und von denen nach und nach lebenden Menschen immer fürgestellt wird." Vgl. auch Schulte, die juristische Persönlichkeit etc. Giessen 1869 S. 32 Nte 7 u. Pfefferi l. c. S. 19.

[1] S. die Gründe, worauf sich diese Theorie stützte, bei Hübler l. c. S. 17 f. Vgl. ausser den dort citirten Schriftstellern noch Surd tract. de alimentis tit. I q. 54. Thummius tract. de bonis eccles. qu. 6 p. 94 Lauonius de cura eccles. pro miseris et pauperibus c. 2 (s. auch oben S. 71 Nte 15.)

[2] S. dagegen bes. Braun l. c. S. 35. Hübler S. 19. Schulte, System S. 482. Dissert. S. 32 f. Sternberg l. c. S. 35.

[3] Joh. Lor. v. Mosheim, Allgem. K.-G. der Protestanten Helmst. 1760. S. 479: „Die Güter gehören unstreitig der ganzen Gesellschaft, der

einer freilich akatholischen Auffassung auch die Kirche bildet, fällt diese Theorie mit der Maas- Evelt'schen zusammen; dass sie im canon. Rechte nicht die geringste Begründung findet, versteht sich von selbst. — Nur der Curiosität halber möge erwähnt werden, dass auch Papst Pius IX. in der Allocution vom 23. September 1860 alle Christen als Eigenthümer des Kirchenstaates genannt hat.[4] Offenbar hat sich aber der Papst hier nicht als Canonist geäussert, sondern wollte nur das moralische, nicht das juristische Anrecht der Gläubigen betonen.

Andere verlockte der in den Quellen des canon. Rechtes mitunter auftauchende Ausdruck res ecclesiae — res nullius[5] zu der Annahme am K.-V. sei überhaupt kein Eigenthum möglich; es sei herrenloses Gut.[6] Dass indess der Ausdruck res nullius für Sachen, die keiner natürlichen

---

ganzen Kirche in corpore." J. Ulrichs Diss. inaugur. juridic. de bonis ecclesiasticis S. 41 „Statuimus itaque ecclesiae dominium competere in illa bona, intelligimus vero cum Augustino totum coetum fidelium." S. auch Karl Ludw. v. Haller Theorie der geistlichen Staaten und Gesellschaften Bd. I S. 203. Neu ist, was uns Wiese in seinem Handbuche des gemeinen in Teutschland üblichen Kirchenrechts II. Theil (Leipzig 1800) § 297 S. 709 versichert, dass auch die Ansicht aufgestellt worden sei, „der ganzen christlichen Welt stehe das Eigenthum an den Kirchengütern zu."

[4] Gousset, du droit de l'église touchant la possession des biens déstinés au culte et la Souverainité temporelle du Pape. Paris 1862 S. 177. „Il est donc vrai de dire avec notre très saint père le Pape, que les domaines et les droits du siège apostolique appartienent à tous les catholiques „ad omnes catholicos pertinent." Non, le pontife romain n'est point propriétaire des biens des ses états, il en a la haute administration, le jus altum, mais ce droit n'est point un droit de propriété."

[5] So heisst es z. B. in c. 3 X de praebendis „Ecclesiae res nullius in bonis sunt, nec quisquam proprias sibi potest vindicare."

[6] Vgl. z. B. Claude Fleury, Jnst. juris ecclesiae P. II c. 12. „Ecclesia bona immobilia nec libere requirere, nec libere alienare potest. Deo enim consecrata in neminis proprietate sunt." Cf. Zieglerus de privilegiis dotis eccles. S. 231. „Res enim ecclesiae . . . quia divini juris

sondern blos einer juristischen Person gehören, überhaupt vorkömmt, sollte doch als bekannt vorausgesetzt werden können.[7] Es hängt übrigens diese Ansicht mit dem Wahne einiger älteren Canonisten zusammen, dass den Kirchengütern ein gewisser Charakter der Heiligkeit innewohne,[8] und dass heilige Sachen unbedingt res nullius seien. Dass nun aber von einem, den Kirchengütern innewohnenden Charakter der Heiligkeit nicht die Rede sein könne, ist klar; ebensowenig ist aber auch der Satz richtig, dass nach canonischen Rechte an eigentlichen res sacrae ein Eigenthum nicht möglich sei; den Beweis dieser letzteren Behauptung behalten wir uns für § 50 f. vor.

Sporadisch heisst es in den Quellen vom Kirchengute auch, dass es Gemeingut sei, communes sunt res ecclesiasticae;[9] hiemit will blos diess ausgedrückt werden,

---

sunt, in nullius bonis sunt." Rosshirt: Geschichte des Rechts im Mittelalter Mainz 1846 I 289: „Juristisch sind sie (die kirchlichen Sachen, welche die Christen im chinesischen Reiche haben) herrenlos, aber im christlichen Sinne gehören sie dem Herrn der Kirche — Gott." Affre, Traité de la propriété des biens écclésiastiques Paris 1837 S. 26 bemerkt, dass auf Grund dieser Theorie die französ. Nationalversammlung das Kirchengut einzog. Hauptsächlich aber habe sich der Deputirte Beaumetz in der Sitzung v. 2. Nov. 1789 auf die res nullius-Qualität d. K.-V. gesteift.

[7] Cf. Windscheid P. § 146 Nte 16 und Affre (cf. unten § 46 Nte 10 bemerkt S. 27: „L'expression res nullius avait commencé avec les interdictions fort sévères des constitutiones impériales, qui prohibaient les aliénations. Afin de justifier ces prohibitions, . . les jurisconsultes et les canonistes ont dit, que ces biens ainsi enlevés au commerce n'appartenaient à personne. Mais cela n'était pas vrai à la rigeur, puisqu'il est constant, et les mêmes auteurs en conviennent, qu'il y avait des causes légitimes d'aliénations, dont les trois principales étaient la nécessité, l'utilité la charité."

[8] „Omnia sacra (sagt Martinus Navarrus ab Azpilcueta in s. Tractat. de reditibus eccles. in Opp. (Coll. Agripp 1616 I 280) sunt solius Dei at omnia bona ecclesiastica sunt sacra."

[9] C. 26 C. XII q. 1: „Res ecclesiae non quasi propriae, set ut communes et Domino oblatae . . non in alios, quam in praefatos usus

dass das Kirchengut gemeinschaftlichen kirchlichen Zwecken zu dienen berufen sei, und dass jede egoistische und particularistische Hand von vorneherein ferne gehalten werden müsse.[10] Vielleicht finden wir in obigem Ausdrucke auch Anklänge an jene Zeit, wo alles Kirchenvermögen der Diöcese noch eine gemeinschaftliche Masse bildete, und für den ganzen Diöcesanclerus wirklich eine Art von Gemeingut bildete.[11]

§ 43.

Die Kirchengemeindetheorie.*)

Wie ein Deus ex Machina tritt seit dem 16. Jahrhunderte nun auch die Kirchengemeinde mit Eigenthums-

---

sunt fideliter disponendae." (S. Molina de justit. et jure tom. I tr. II disp. 142 n. 10 S. 537.)

[10] C. 3 X de praeb. III 5. Schulte Dissert. cit. S. 33 f.

[11] Cf. oben S. 102 Nte 16. Am allerwenigsten sollte die Kirchengemeindetheorie sich auf jene Stellen stützen. Cf. Uhrig l. c. S. 108.

*) Die ziemlich umfangreiche Literatur bei Hübler S. 78 f. Ehe wir derselben noch einige Citate anreihen, möge es uns gegönnt sein, ein Paar kritische Worte über die von Hübler citirten Schriften und Schriftsteller fallen zu lassen. Für die Gemeindetheorie soll nach Hübler S. 79 Nte 3 sowohl das Hortleder'sche Bedenken v. J. 1538 oder 1539, als auch die Friedenslevensche Abhdl. mit einer Schärfe und Bestimmtheit sprechen, welche Majer's (Institutionen 2. Aufl. S. 336) Behauptung, diese Abh. stünden genau betrachtet ganz auf dem Boden des canonischen Rechtes, als unbegreiflich erscheinen lassen. Mir scheint nun meinerseits wieder, ich muss es offen gestehen, diese apodictische Behauptung Hübler's unbegreiflich. Heisst es doch in dem Bedenken ausdrücklich, „dass die Kirchengüter als Zehnten und andre Widemsgüter und alles das, das den Kirchen immer mehr zukömmt, also jeder Kirchen und Gemein Gottes eygen seyn solle und bleibe." Hier steht also neben der Gemeinde mit dürren Worten die einzelne Kirche als Rechtssubject und in der Friedeslevenschen Abhl. heisst es, nachdem der Satz, die Kirchengüter gehörten den Armen, auf seinen wahren Werth reducirt worden: **„Doch so bleiben sie als der Kirchen, die das eusser und menschlich Recht und Eigenschaft über diese Güter allein haben und behalten"** und an einer andern Stelle des Hortleder'schen Bedenkens heisst es: „So viel aber den eusseren Besitz belanget, wie alle zeitliche Güter von

ansprüchen auf das Kirchengut hervor.[1] Ein Subject,

Menschen besessen und zum Eigenthum ingehabt werden, uff solche weiss zu reden, ist die Kirch die einige, die dieser Güter rechten Besitz und Eigenthum hat, wie ein jed Stadt u. Gemein ires gemeinen Guts einige besitzerin und herrin ist."

[1] Ausser den von Hübler allegirten Schriftstellern habe ich die kirchliche Gemeindetheorie noch mehr oder minder ausgeprägt gefunden bei Paul Sarpi, vom Kirchengut Bamberg 1804 § 22. Klee, Allgem. Kirchenrecht II S. 268 Löwenberg, Motive der preuss. Gesetzgebung I 15 S. 554. von Selchow, Anfangsgründe des lüneburg. Privatrechts § 390. G. v. Rechberger, Jus. eccl. Austriacum Thl. I § 283. Jos. Scheill, Forts. des krit Commentars von Frey. § 36 S. 164. E. H. Merz, das Kirchengut ein Zeugniss für dessen Unverletzlichkeit Dresden 1849. J. Th. Wohlfarth die Unantastbarkeit der Kirchengüter S. 75—80. Wiese, Handbuch des gemeinen, in Teutschland üblichen Kirchenrechts II. Thl. Leipzig 1800 § 297 S. 709 (vgl. jedoch auch oben S. 263 Nte 1 u. Hübler l. c. S. 78) ferner waren bisher gänzlich verschollen die hieher gehörigen Anschauungsweisen von Titius in der Probe des Teutschen geistlichen Rechts (vgl. oben S. 271 Nte 14) von Joh. Laur Fleischer, Einleitung zum Geistlichen Recht Thl. I (Halle 1724) Anderes Buch das XIII. Hauptst. § 11 f. S. 767, von Christin. L. B. de Wolff, Institutiones Juris Naturae et Gentium Hallae 1750 P. III Sct. II Cp. III § 1026 S. 632: „Cum tam res sacrae quam profanae destinentur ad usum Ecclesiae cujusdam particularis, utraequae ecclesiae particularis sunt." (Dass aber unter diesem letzteren Ausdrucke nur die Kirchengemeinde verstanden werden wollte, geht aus dem Anfange des Paragraphen deutlich hervor; denn hier heisst es: „Ecclesia dicitur coetus hominum eodem modo Deum colentium, consequenter eidem religioni addictorum; Vocatur autem particularis, quae in loco quodam particulari est veluti in una urbe, vel certa ejus parte, aut in uno pago." Vgl. auch die Abhl.: Worte zur Verständigung über das alte Kirchengut in Würtemberg, Tübingen 1831 von Dr. X. S. 121—129. Allg. Kirchenzeitung 1826 Nr. 54. Neues Archiv für preuss. R. XVI 1854 von J. F. Sommer u. Boele n. 84. Archiv für rhein. Civil- u. Criminalrecht Bd. LVIII Abth. 2a S. 3. Blätter für administrative Praxis zunächst für Bayern Bd. XVIII S. 334. (Ferner verweise ich — als wenigstens zum Theil hieher gehörig auf Windscheid Pandekten [vgl. oben S. 262 Nte 1] Ruppert Mittermüller vgl. oben S. 200 Nte 4). Rottek u. Welker Staatslexikon (vgl. oben S. 140 Nte 14). Seuffert's Archiv VIII 13. Affre (vgl. unten § 46 Nte 10) u. Schumann in der Zeitschrift f. Kirchenrecht von Dove Bd. III 1863 S. 192 ff.

welches das römische[2] und ältere germanische Recht,[3] wo immer vom Kirchengute die Rede ist, mit keinem Worte erwähnt, das nicht eine Kirche gegründet und fundirt,[4] das nie durch Schenkung oder sonstwie ein kirchlichen Zwecken dienendes Vermögen übermacht erhalten hatte,[5] ja mit einer Reihe kirchlicher Institute nicht einmal in Berührung steht: ein Subject, dem die Kirche nur Pflichten nie Rechte zugestanden hat, will jetzt plötzlich Rechtssubject des Kirchenvermögens sein! Wie sehr besagte Theorie den Grundsätzen des canonischen Rechtes schnurstracks zuwiderläuft, darauf haben Evelt,[6] Maas,[7] Schulte,[8] Jos. Braun[9] und andere[10] schon zur Genüge hingewiesen.

Anders liegt freilich die Sache für das protestantische Kirchenrecht, dem gewiss die kirchliche Gemeindetheorie weit besser entspricht,[11] wiewohl selbst hier im einzelnen

---

[2] Vgl. oben S. 28 S. 30 Nte 2 S. 32 Nte 6, 7, 8, 9 S. 38 Nte 24 S. 46 Nte 7, 8 S. 47 Nte 15 S 49 Nte 17 S. 61 f. S. 89.

[3] Vgl. oben S. 139 Nte 13, 140 f.

[4] Vgl. oben S. 141 u. Hommel Rhapsodia Volum. VI Observ. DCCXCVI „sed velim tamen scire, unde ecclesiis hoc dominium venerit? sane universitates rusticorum aut nullas aut admodum paucas ecclesias dotarunt, quomodo ergo potuissent dominium nancisci rerum, quas nunquam habuerunt ... Mihi non succurit exemplum, ex quo universitatem, nempe ipsos rusticos aut cives, ecclesiam fundasse, eique jus patronatus competere pateat, nisi civium oppidali Gebesee in Thuringia, huc referre velis, qui pastorem suum ipsi sibi vocant.“

[5] Vgl. oben S. 140 f. Die Gemeindetheorie steht darin, dass sie sich -- wenigstens meines Wissens — nicht auf die Intention der Schenker zu stützen gewagt, einzig da. (Vgl. oben S. 159 ff.)

[6] l. c. § 8–20.

[7] l. c S. 658–667.

[8] System § 48 S. 286. Dissert. S. 13 f.

[9] l c. S. 20—35.

[10] Vgl. Uhrig l. c. S. 105. Hübler l. c. S. 82—88. S. bes. Archiv f. Kath. K.-R. (N. F.) XIV S. 128.

[11] Vgl. die Ideen eines protest. Gelehrten über das Kirchengut, Denkblatt für die Landstände in Würtemberg, Bayern, Baden etc. Leipz 1821. E. Hermann, Rechtsgutachten, Uebertragung der durch Aufhebung der Exemptionen den Pfarrländereien auferlegten Grundlasten,

Falle häufig die Pfarrkirche, nicht aber die Kirchengemeinde als eigenthumsberechtigt erscheint.[12]

Anders gestaltet sich ferner auch das Verhältniss, wenn die Frage über die Rechtsansprüche der Kirchengemeinde vom Standpunkte der verschiedenen Particularrechte aus in Betracht kömmt; denn hier muss anerkannt werden, dass die Kirchengemeindetheorie ein nicht unbeträchtliches Feld sich zu erobern wusste; insbesondere soll dieselbe im preussischen,[13] kurhessischen,[14] schweizerischen,[15]

Oldenburg 1856 S. 7, 8, 9 Anm. (Für das kath. K.-R. erklärt er sich jedoch ausdrücklich zu Gunsten der einzelnen kirchlichen Institute.) — Bibstein J. Th. Abgefertigte Anmerk. und Berichtigung des Nachdrucks der Schrift über protest. Kirchengüter überhaupt u. die Ansprüche der Evangelisch-Luther. insbesondere. Mannheim 1803. Kunstmann a. a. O. S. 200. J. Bender, Repititorium des gesammten gemeinen Rechts S. 437.

[12] S. Vogt, Kirchen- und Ehrenrecht der kathol. und evangelischen Kirche in d. K. Preuss. Staaten Breslau 1856 I S. 209. „In den ältesten Zeiten war die einzelne kirchliche Anstalt, die Pfarrkirche Eigenthümerin des erworbenen Vermögens. Das protest. K.-R. hat den Grundsatz des canon. Rechts über das Eigenthum am Kirchengut ebenfalls adoptirt, doch wird hin und wieder das Eigenthum den einzelnen Gemeinden zugesprochen. Nach Merkischem Provinzialrecht können die von dem Landesherrn errichteten oder mit dessen Bewilligung erbauten Patronatkirchen und deren Vermögen nicht als Eigenthum der Kirchengesellschaften angesehen werden, sie bilden vielmehr selbständige mit juristischer Persönlichkeit versehene Stiftungen." Vgl. Mejer Inst. des Kirchenrechts § 111 S. 335 Anm. α. Herrmann a. a. O. (cf. Nte 11) will nur eine Präsumtion dafür gelten lassen, dass das protestantische Kirchengut kein Stiftungs- sondern Corporationsgut sei. S. ferner Wasserschleben a. a. O. (cf. oben S. 263 Nte 1) w. Preussen vgl. auch noch Jakobson, das Evangel. Kirchenrecht d. Preuss. Staates Halle 1864, 66 S. 641, welcher ausdrücklich neben den Kirchengemeinden auch besondere kirchliche Anstalten u. Stiftungen als Rechtssubjecte des K.-V. anerkannt; ferner das oben allegirte oberstrichterliche Erkenntniss im Archiv für kath. K.-R. Bd. XIX S. 201 (vgl. oben S. 267 Nte 3) auch Richter Kirchenrecht § 287 u. Dove in Richter's K.-R. 6. Aufl. S. 934 Nte 10.

[13] Cf. Jokobson, das evangelische Kirchenrecht des preuss. Staates Halle 1865 § 160 S 641. Vgl. jedoch oben S. 267 Nte 3 u. S. 278 Nte 12.

[14] Vgl. oben S. 267 Nte 3 die Citate von Roth u. Meibom u. Büff.

würtembergischen [16] und bayerischen Rechte [17] begründet sein. Jedoch sind alle diese Annahmen nicht blos bestritten, sondern lassen auch anerkanntermassen Modificationen in der einen oder andern Richtung zu.

Die Frage aber, ob nach positivem, natürlich im

---

s. auch Schlegel, Kurhessisches Kirchenrecht Bd. IV Buch I Abth. 1 S 5—10.

[15] Die Ansicht, dass die Kirchengemeinde das Rechtssubject des Kirchenvermögens sei, ist auch die unter den schweizerischen Staatscanonisten vorherrschende. Vgl. den Aufsatz von Attenhofer: Die Verwaltung des Ortskirchenvermögens in der schweizerischen Diöcese Basel im Archiv für kath. Kirchenrecht Band XV S. 371—395. Doch wird diese Ansicht von dem Verf. entschieden verworfen u. bes. als historisch unrichtig erwiesen. (Vgl. oben S. 139 Nte 13.) Ueber die eigene Ansicht Attenhofer's s. oben S. 263 Nte 1.

[16] In Ansehung von Würtemberg bemerkt Pfeifer in seiner Lehre von den juristischen Personen § 19 S. 49 Anmerk. 3.: „Wie die ritterschaftlichen Corporationen so stehen (nämlich in Würtemberg) auch die allgemeine protestantische Landeskirche und die kath. Kirche als Corporationen derzeit noch auf dem Papiere, indem ihr Vermögen noch mit demjenigen des Staates vereinigt ist, so dass dermalen nur die Kirchengemeinden als juristische Personen lebendig sind," vgl. aber auch Schulte, die juristische Persönlichkeit der kath. Kirche etc. Giessen 1869 S. 112 f. w. Sachsen vgl. oben S 267 Nte 3.

[17] Vgl. wegen Bayern oben S. 266 Nte 3; dafür, dass nach bayerischem Rechte die individuelle Kirchengemeinde als Corporation Subject des Eigenthums des Ortskirchenvermögens sei, s. d. Blätter f. adm. Praxis. Bd. XIII S. 219, woselbst der Beweis aus der Geschichte des Ges. v. 1. Juli 1834, wodurch das Kirchenvermögen sowohl bei Katholiken als Protestanten besonderen Kirchenverwaltungen anvertraut wurde, geführt wird; s. auch Zeitschr. f. Kirchenrecht von Dove, Bd. III S. 192 ff, ferner die Blätter f. adm. Praxis Bd. XX S. 39 woselbst aus Art. 206 Abs. 3 der Gemeindeordnung v. 29. April 1869 die Anerkennung der Kirchengemeinde als „Rechtssubject" gefolgert werden will. Dagegen wollen ausser Kreittmayr (vgl. oben S. 267 Nte 3) das Eigenthum den einzelnen kirchlichen Instituten vindicirt wissen: Schulte, die juristische Persönlichkeit der katholischen Kirche etc. S. 68 ff. cf. bes. S. 74. Uhrig, l. c. S. 102 in der Nte 2 u. S. 109 Nte 19 und J. Silbernagl, Verfassung und Verwaltung sämmtlicher Religionsgenossenschaften in Bayern, Landshut 1880, § 103 Nte 3 unter Berufung auf Art. 69 d. Gem. Ord. f. d. diess. Bayern u. Art. 53 der Gem. Ordn. f. d. Pfalz v. 29. April 1869; (vgl.

jeweiligen Falle allein den Ausschlag gebenden Rechte nicht statt der einzelnen kirchlichen Institute die Kirchengemeinden als das Rechtssubject des Kirchenvermögens anzusehen seien, hat durch die jüngsten Ereignisse in der katholischen Kirche mehr denn je an Interesse gewonnen, denn hienach bemessen sich ja die Ansprüche der sogenannten Alt- und Neukatholiken am Kirchengute in ganz verschiedener Weise. Wir halten indess die Erörterung dieser Frage für so wichtig, dass wir ihr am Schlusse der Abhandlung einen eigenen Anhang widmen zu müssen glaubten.

§ 44.

Die Pfründner- Papal- und clericale Collegialtheorie.

Auch die kirchlichen physischen Personen hat man in früheren Zeiten nicht selten für die Eigenthümer des Kirchenvermögens ausgegeben, so z. B. den Pfründner für den Eigenthümer seiner Pfründe, [1] den Bischof für den Eigen-

jedoch auch oben S. 266 Nte 2 über seine Ansicht in abstracto). Neuestens hat sich auch P. Roth, Bayerisches Civilrecht I. Thl. Tübingen 1871 mit vorliegender Controverse eingehend beschäftigt, und gelangt (cf. § 37 S. 229 f.) zu dem Resultate, dass die Pfarreien oder Pfarrpfründen ferner die Bisthümer, die Domkapitel, die Klöster und geistlichen Bruderschaften als Rechtssubjecte ihres K.-V. anzusehen seien, dass aber im übrigen jede Kirchengemeinde jeder Confession als selbständige juristische Person anzusehen sei, da sie in vermögensrechtlicher Beziehung von der Kirchenverwaltung vertreten wird. Diese Ansicht sei auch in der Praxis recipirt, (Nte 12 a. a. O.) und dürfte dieselbe überhaupt als die richtige anzusehen sein.

[1] Vgl. die Literatur über die sogen. Beneficiatentheorie bei Hübler S. 29; das. S. 29—36 auch die Gründe, womit dieselbe vertheidigt und bekämpft wurde. Eingehend widerlegt wird sie auch in dem Tractatus Beneficiarius pro indemniter salvandis juribus s. m. ecclesiae quoad beneficia ecclesiastica autore A. Caes. Maria Sguanin (cf. Thomassin Vetus et mova eccles. discipl. T. III am Schlusse). Quaest. IV „An Beneficiarii plenum et absolutum bonorum Ecclesiasticorum dominium habeant?“ (S. 17—29.) s. auch Hedderich Elementa juris canonici P. III tit. 25 § 99.

thümer des Vermögens seiner mensa,[2] und endlich gar den Papst für den Eigenthümer alles Kirchenvermögens der ganzen Welt.[3] Alle diese Theorien können aber nunmehr als ganz aufgegeben betrachtet werden.

---

[2] S. gleichfalls die Citate bei Hübler l. c. S. 31 f. u. bes. Vasquez, De redit. ecclesiae c. 2 § 1. „Mihi breviter dicendum videtur, quod si esset sermo ante divisionem istorum bonorum, quando erant communia, dominium eorum erat apud clerum et episcopum sicut bona religionum modo sunt apud communitatem, et episcopo incumbebat illorum fidelis distributio, nec quisquam suum aliquid esse dicebat. Facta vero divisione existimo, quod beneficiarii et episcopi facti sunt domini bonorum immobilium, bonorum vero, quae in fabricae utilitatem assignata, existimo esse apud collegia Canonicorum et episcopum, cum onere tamen in eos illorum reditus consumendi et absque facultate alienandi." — Vgl. dagegen Bes. c. 2 X de donat. III 24. „Quum episcopus et quilibet praelatus ecclesiasticarum rerum sit procurator, non dominus" und Thomassin l. c. P. III L. II C. V. n. 4: „Cum vero penes Episcopos esset administratio, non proprietas; depositum non dominium rerum Ecclesiae." In Amerika, so bemerkt Schöpf, kath. K.-R. Bd. IV § 203 S. 371 Nte 25, wo der Bischof dem Staate gegenüber als Eigenthümer des kirchlichen Vermögens erscheint, ohne dass er es jedoch in Wirklichkeit der Kirche gegenüber ist, (cf. § 48) wollen bis heute noch besonders die deutschen Gemeinden das Eigenthum den Gemeinden vindiciren, daher der Streit mit den Bischöfen. — Rücksichtlich des Vermögens, welches nicht als beneficium einer kirchl. Person zugetheilt war, nahm Sarmiento, der Hauptverfechter der Pfründnertheorie ein Eigenthum der ecclesia particularis an. cf. Hübler S. 31 Nte 5.

[3] Auch über die Papaltheorie glaube ich unter Hinweisung auf Hübler S. 23, woselbst ausführlich darauf eingegangen ist, hinweggehen zu dürfen (vgl. indess auch oben S. 191 f.)

[4] Cf. die Citate bei Hübler S. 37. Turrecrementa Summa, de eccles. Lugdun. 1496 II c. 113 pr. 6: „sed sola communitas ecclesiae universalis, ut comprehendit caput et alia membra sc. praelatos et simplices personas ecclesiasticas est domina et proprietaria." Vgl. ferner J. H. Böhmer, Jus. Eccl. Prot. tom III Lib. III tit. 55 § 29, auch Anfossi, die Nothwendigkeit der Zurückgabe geistlicher Güter nach dem Italienischen d. Pater Anfossi Leipzig 1832 S. 34; Johannis Laurentii Fleischer's Einleitung zum Geistlichen Rechte I. Thl. (Halle 1724). Anderes Buch das XIII. Hauptstück § 10 S. 766 bemerkt: „Nach den Satzungen des Papstthums kann es niemand besser als der Clerisey zugeeignet werden, indem diese die gantze Christliche Kirche repraesentiret, und sich also

Hin und wieder treten auch der Clerus[4] in seiner Gesammtheit, oder der coetus ecclesiasticorum cujuslibet ecclesiae[5] als Eigenthumsprätendenten auf; auch ihre Ansprüche sind indess jetzt in Verschollenheit gerathen, und hier blos namhaft gemacht, um keine der Sackgassen zu verschweigen, in welche sich die Untersuchung nach dem Rechtssubject des Kirchenvermögens schon verrannt hat.

§ 45.

Der Staat, die Landeskirchen, Religionsfond's Kirchenkassen, und die Commune Rechtssubject des Kirchen-Vermögens.

Während nun die Canonisten so miteinander sich herum stritten, war es die Frucht falscher Begriffe von der Staatsomnipotenz oder einer crassen Ausdehnung des Territorialprincipes, wenn nun bald der Staat als der Eigenthümer des Kirchengutes in die Welt verkündet wurde; eine unbarmherzige Ausübung des Heimfallsrechtes war die natürliche Consequenz dieser Theorie,[1] welche von canonistischem Standpunkte aus betrachtet als ein Gräuel, von rein rechtlichem aber als eine Monstruosität erscheint.

Wie trefflich indess ihr Geist die französische Nationalversammlung erfasst hat, ist bekannt;[2] desgleichen das

---

dessjenigen, was dieser gegeben wird, allerdings anmassen kann." (Vgl. jedoch oben zu § 43 Nte 1)

[5] Diese heutzutag fast ganz in Vergessenheit gerathene Theorie wieder gebührend an's Tageslicht gezogen zu haben, ist ein besonderes Verdienst Hübler's. (Cf l c. S. 36 f) Das. auch die Gründe pro et contra und sämmtliche Vertreter.

[1] S. die einschlägige Liter bei Hübler l c. S. 48. Anzureihen sind noch: Karl Jos. Pratobevera, die Rechte des Staates über Kirchengut und geistliche Güter Wien 1792 Blau, Kritik der seit der Revolution gemachten Relig. Verordnungen Strassburg 1797 S. 53. S auch Schneckenberger, Worte zur Verständigung über das alte Kirchengut in Würtemberg Tübingen 1821.

[2] „Mais relevons la question en elle même quel est le vrai propriétaire de ces biens"; so beginnt Tallerand in der Nationalversammlung vom 10. Okt. 1789, „le clergé en général? Non, car rien absolument rien n'a été donné au corps du clergé, qui

Nachspiel derselben in Deutschland, sanctionirt durch den Reichsdeputationshauptschluss vom Jahre 1803. Die Un-

en conséquence n'a jamais pu faire un seul acte véritable de propriété. Les corporations particulières du clergé? Non, comment pourraient elles être propriétaires de leur biens, puisque elles ne le sont pas même de leur existence? Le titulaire particulier? Non, puisque le bénéfice n'a été donné dans l'origine ni à lui ni pour lui et qu'actuellement il peut être supprimé sans lui et malgré lui. Le fondateur? Non car hors ce cas d'une clause expresse de réversion il a toujours éte reconnu, que le don fait par lui était irrévocable. La diocèse ou canton? dans lequel est situé l'établissement ecclésiastique? Non, car si toutes choses égales, il est convénable que le bienfait reste là où il a d'abord été placé, une telle convénance ne peut constituer dans toute supposition und droit rigoureux. Ce bieu fait peut tellement se dénaturer, qu'il y devienne inutile disproportionné déplacé. Dès lors il devient nécessairement une portion libre de la fortune publique applicable là ou ailleurs à l'intérêt général; car ce peut être qu'à cette condition que la nation a ratifié une fondation quelquonque. A qui donc est la propriété véritable de ces biens? La réponse ne peut plus être douteuse, à la nation." — Ein Abriss der dem Decret vom 2. Nov. 1789 vorhergegangenen Verhandlungen der Nationalversammlung findet sich bei Merlin, Répertoire de Jurisprudence sub voce clergé und ist auch abgedruckt bei F. P. Hermens Handbuch der gesammten Staatsgesetzgebung über den christl. Cultus Bd. I S. 91—171 S. 7—36 Mirabeau's Rede, gehalten im Nationalconvent den 30. Oktober 1789 findet sich in Plank's neuest. Religionsgesch. III. Thl. Lemgo 1793 cap. VIII, s. auch: Choix de rapports, opinions et discours prononcés à la tribune nationale Bd. I S. 89 u. Frey, Von dem Rechte der Staatsgewalt über das Kirchengut 1805. — Neuestens erklärte das Belgische Ministerium die Kirchengüter Belgiens als Nationalgüter in einem an die belgischen Bischöfe concipirten Exposé. (S. Revue catholique de Louvoin 1865 pag. 372, 400, 460, 641, 729 ff.) In diesem Exposé finden wir folgende Grundsätze aufgestellt: I. Der souveräne Staat kann nicht durch eine andere Macht limitirt sein. II. Es gibt kein anderes Recht als das Civilgesetz. III. Es gibt in der Nation keine anderen rechtsfähigen Individuen als die natürlichen (physischen) Personen und jene moralischen oder fictiven Personen, welchen der Staat die Existenz gibt. IV. Man ist zwar nicht geneigt, der Kirche die Existenz in der spirituellen Ordnung zu nehmen, allein man stellt in Abrede, dass sie eine moralische Person göttlicher oder natürlicher Ordnung, dass sie eine vollkommene organisirte

haltberkeit dieser Theorie recht deutlich zu machen, wurden ganze Bücher geschrieben; vom rechtlichen Standpunkte aus betrachtet, ist es, wie schon gesagt, unnöthig, darüber ein Wort zu verlieren, wesshalb ich mich auch hier mit der Anführung der einschlägigen Literatur begnügen kann.[3]

Gesellschaft, (société parfaite) sei. V. Die Güter der katholischen Kirche sind Nationalgüter, welche durch den nationalen Willen dem Zwecke des kathol. Cultus zugewendet sind. VI. Es kann kein Privatier eine Stiftung zu Gusten der Kirche machen, weil er sonst eine moralische Person erschaffen würde; die Stiftungen zu kirchlichem Zwecke müssen den Kirchenfabriken, welche rein weltliche Anstalten sein sollen, zugewendet werden. — Ueber dieses Exposé échauffirt sich nun der Bischof Montpellier von Lièges in einer Gegenschrift, betitelt: Défense des droits de Dieu, de l'église catholique et de ses membres contre le projet de loi sur le temporel des cultes déposé à la chambre de représentants de Belgique le 17. Nov. 1864. Dessain 1864. (Vgl. oben S. 269 Nte 7.)

[3] Ueber und contra Staatseigenthum wären ausser den von Hübler verzeichneten Schriftstellern noch zu vergleichen. Knippschild, de civitat. imper. l. V c. 8 n. 6. Beudtel, das canon. Recht III. Buch VI, S. 236. Kritischer Commentar über das Kirchenrecht, frei bearbeitet nach Michels Kirchenrecht für Katholiken und Protestanten von Dr. Fr. Andr. Frey I. Bd. S. 444—458. Thummius, de bonis eccl. qu. 6 p. 29. — Allgemeine Grundsätze aus dem Natur- und Staatsrechte besonders Kirchenrechte in Hinsicht auf geistliche Güter. S. 12. J. J. Moser, kurze, doch gründliche und systematische Nachricht von dem geistlichen Gute in dem Herzogthum Würtemberg in seinen neuesten kleinen Staatschriften 1768. Verhältniss der würtembergischen Kirche zum Vaterlande, Köln 1790. — Knapp, Ueber das evangel. Kirchengut, ein Vortrag in den ständischen Verhandlungen des Jahres 1816 Abtheil. 21 zum Prot. vom 23. März 1816. — Fetzer, Geschichtliche Darstellung der Entstehung des geistlichen Gutes der Erblande, Ständeverhandlungen 1816 Abtheil. XXII, I St. S. 9—26. ad Prot. 24. April 1816. Bemerkungen über das geistliche Gut der würtembergischen Stammlande von Dr. Paulus in „Allgemeine Grundsätze über das Vertreten der Kirchen bei Ständeversammlungen", Heidelberg 1816. — Rechtliche Erörterung der Frage, ob das Kirchengut Eigenthum der protestantischen Kirche oder des Staats sei von Praes. Georgii 1821. Ob das Kirchengut Eigenthum der würtembergischen evangelischen Kirche oder des Staates sei, von Praes. Abel 1821. Untersuchung der Frage: Soll die abgesonderte Verwaltung des würtembergischen Kirchengutes wieder hergestellt werden? v. Praes. Georgi 1830.

Gleichfalls eine Frucht des Territorial- und Centralisationssystems war es, wenn man die National- oder Landeskirchen als Rechtssubjecte des Kirchenvermögens statuirte.[4] Dass das canon. Recht eine derartige Territori-

— Georgii und Bengel, Ueber Kirchengut, Kirchenverfassung in Würtemberg 1832. — Vortrag des Prälaten Märklin in der Kammer der Abgeordneten am 30. März 1830 im Anhang der Schrift: „die evangelische Kirche Würtembergs nach ihren äusseren Verhältnissen 1830. Scholl, Antrag auf Constituirung einer Generalsynode 1833 S. 29. Bericht der Commission für das evangel. Kirchenwesen über die Repräsentation der evangel. Kirche von Märklin 1833 S. 18. — Abhandl. von dem Rechte der Staatsgewalt über das Kirchengut nach reinen Grundsätzen des Staatsrechts und der Staatswissenschaftslehre bearbeitet, Frkf. a. M. Andrae 1805. — Abh. von dem Rechte des Kaisers u. der Stände des hl. Röm. Reiches über die Kirchengüter, Frkf. 1753. Geschichtliche Entwicklung der rechtlichen Verhältnisse der evang. Kirche in Würtemberg von M. Theod. Eisenlohr, Tübingen 1836 S. 99 - 109. E. H. de S. (Scharzkopf) Exposé du droit public d'Allemagne p. 457. v. Droste Hülshoff, Grundsätze des gem. K.-R. Bd. 1 S. 208. Klüber, Oeffentliches Recht des deutschen Bundes I. Ausgabe § 43. Die Säcularisation des Kirchengutes in Deutschland nach dem Reichsdeputationshauptschluss vom 25. Febr. 1803 und der § 37 dieses Recesses mit besonderer Beziehung auf die Stadt Coblenz von Dr. Longard I. Coblenz 1856 (bei Hölscher.) J. H. Böhmer, Jus. eccl. Prot. lib. III tit. 5 § 29, 31. S. auch Weiske, Rechtslexicon u. Aschbach's Kirchenlexicon s. v. „Kirchenvermögen".

[4] Für die Landeskirche hat man in dem Art. 63 des R. D. H. Schl. v. J. 1803 die Verheissung einer gleichsam potenzirten Persönlichkeit finden wollen; derselbe lautet: „Die bisherige Religionsübung eines jeden Landes soll gegen Aufhebung und Kränkung aller Art geschützt, insbesondere jeder Religion der Besitz und ungestörte Genuss ihres eigenthümlichen Kirchengutes ungestört verbleiben." Dass nun aber die Diplomaten des R. D. H. Schl. hiemit hätten Landeskirchen constituiren wollen, dürfte doch zum Mindesten sehr zu bezweifeln sein. Die Stelle des R. D. H. Schl. ist nichts, als eine Bestätigung der schon durch den westphäl. Frieden den Religionsparteien in Deutschland zugesicherten Rechte und beschäftigt sich durchaus nicht mit dem inneren Kirchenrechte. Ueber die Landeskirchen vgl. Otto Mejer, die deutsche Kirchenfreiheit für Belgien, Leipz. 1848 S. 49. Maurenbrecher, Staatsrecht § 224 u. Richter, K. R. § 287 Anm. 2. „Es gibt indessen Vermögensmassen, deren Eigenthum den Landeskirchen beigelegt werden muss, wie diess bei den sog. Intercalarfonds der Fall ist." Auch Rosshirt

alisirung ihres Vermögens perhorrescirt, folgt aus dem ganzen vermögensrechtlichen Aufbau der Kirche von selbst; staatliche Gränzen wurden dabei nie berücksichtigt.[5]

Particularrechtlich kommen mitunter auch sogenannte Religionsfonds,[6] und Kirchenkassen[7] als Eigenthümer von Kirchenvermögen in Betracht; insoferne die Territorien, für deren Bedürfnisse dasselbe dient, mit der kirchlichen Umschreibung zusammenfallen, erscheinen nach einer richtigen Auffassung als Rechtssubjecte des fraglichen Vermögens die Bisthümer, erzbischöflichen Sitze und Kirchenprovinzen,[8] denen, wie bereits oben bemerkt, auch nach kirchlicher Anschauung die Eigenschaft juristischer Personen zukommt.[9]

Auch die Commune, die erst jüngst ihr Haupt so kühn erhoben, spuckt in unserer Rechtsmaterie; denn auch sie hat ihre gierigen Hände nach dem Kirchengut ausgestreckt, ohne freilich hiebei von den Canonisten all zu

---

in Aschbach's Kirchenlexicon III 801 u. Jakobson, das evangel. Kirchenrecht d. Preuss. Staaten Halle 1864 Bd. II S. 641; die Landeskirche, ja nach einer noch viel ursprünglicheren Auffassung gar das Land, gilt nach einer gewissen Ansicht auch als der Eigenthümer des isländischen K.-V. (vgl. K. Maurer im VII. Bde. der Kritischen Vierteljahresschrift S. 538 Nte * u. S. 553 Nte *). S. das Nähere unten § 48

[5] Schulte, Diss. pag. 37. Schulte, System S. 485. (Controverse mit Richter) Mejer, K R. Instit. § 111 S. 335 n. 3. Affre, propriété de biens de l'èglise pag. 23. „L'église de France n'a jamais asquis comme corps, les divers établissemens acquéraient tous les jours à ce même titre." Für Bayern vgl. noch E. A. Gründler in d allg. Kirchenzeitung 1842 n. 40.

[6] Wie in Oesterreich Helfert, K. R. Bd. I S. 334.

[7] Wie in Würtemberg vgl. v Mohl, Würtemberg. Staatsrecht Bd. II S. 506 und folgender § Anm. 8. Für Nassau vgl. das Edict vom 9. Okt. 1827 bei Longer, die Rechtsverh. der Bischöfe S. 346.

[8] Schulte, Lehrb. d. K. R § 43. „Die Provinz als solche ist daher vermögensfähig und hat oft Vermögen, z. B. in Oester. sind die Güter der Religionsfonds Eigenthum der Kirchenprovinzen; das Corrigendenhaus in Prag gehört der böhmischen Kirchenprovinz."

[9] Vgl oben S. 236.

wohlwollend empfangen und aufgemuntert zu werden;[10] einer Widerlegung bedarf indess auch diese Theorie nicht; sie enthält aber jedenfalls mit eine der radicalsten Lösungen der Frage nach dem Rechtssubject am Kirchenvermögen, denn indem sie die Existenz eines solchen kurzweg negirt,[11] schüttet sie so zu sagen das Kind mit dem Bade aus.

§ 46.
Excursus auf das französische Recht.

Die politische Gemeinde ist es auch, welche man vielfach als das von der neueren französischen Gesetzgebung bezeichnete Rechtssubject des Kirchenvermögens ausgibt;[1] die nähere Einlassung auf diese Streitfrage würde uns indess von unserem Hauptthema zu weit entfernen; hier mag die Bemerkung genügen, dass eine Reihe von Schriftstellern die obige Ansicht auf das allergründlichste widerlegt haben.[2] Entschieden müssen wir uns aber dagegen

---

[10] Vgl. bes. Maas a. a. O. § 5 S. 658—667 u die dortigen Citate. Die meisten Canonisten strafen diese Theorie, indem sie mit Stillschweigen darüber hinweggehen. — Ernsthaft vertreten dieselbe Eybel introductio in jus eccles. cath. II 2 cp 4 u. Glück, Comment. zu den Pand. Thl. II p. 481; besonders heftig verwahrt sich dagegen der Erzbischof Hermann v. Vikari in Freiburg in s. Circulare v. 5. Mai 1854 (cf. Schöpf kath K. R. Bd. II S. 365—369.)

[11] Denn was eben Communalvermögen ist, ist eben nicht mehr Kirchengut.

[1] S. die einschlägige Literatur bei Schulte, die juristische Persönlichkeit der kath. Kirche etc. S. 124. Diese Ansicht stützt sich hauptsächlich den Avis du conseil d'état vom. 26. Pluvôse anno 13, welcher die Frage „si les communes sont devenues propriétaires des églises et presbytères, qui leur ont été abandonné en execution de la loi du 18. Germinal a. 10" dahin entscheidet: „Que les dites églises et presbytères doivent être considerés comme propriétés communales." cf. Hermens, Cultusgesetzgebung Bd. III S. 215.

[2] So insb. Gräff, das Eigenthum der kath. K. an den ihrem Cultus gewidmeten Metrop -, Cathedr.- u. Pfarrkirchen, Trier 1859. Otto Saedt, Ueber das Verhältniss der kathol. Kirchenfabriken Cöln 1863. W. Maurer

verwahren, wenn Maas a. a. O. S. 658 bemerkt, dass „auch die heutigen französischen Juristen die Kirche als Rechtssubject ihres Vermögens erklären", wobei sich auf Marcadé berufen wird, welcher zum Art. 910 bemerkt: „Les communes . . . les corporations ecclésiastiques forment une persone morale, sont capables de reçevoir par donation ou testament." In diesem Ausspruche eine Anerkennung der Kirche als Rechtssubject des Kirchenvermögens zu erkennen, ist jedenfalls neu, und liefert einen neuen Beweis für das ausserordentliche Interpretationsgeschick unseres Canonisten;[3] denn der citirte französische Gewährsmann sagt gerade das Gegentheil, dass nämlich die Gemeinden und kirchlichen Corporationen juristische Personen bilden und dass dieselben fähig sind unter Lebenden und Todten Zuwendungen zu erlangen. Weiter beruft sich Maas auf Merlin, Répertoire de Jurisprudence s. v. culte, wo bemerkt wird: „L'église réellement et actuellement est propriétaire des biens, dont elle avait la jouissance." Dass aber dieser Ausspruch Merlin's blos gegen

in seiner Schrift über Eigenthum an Kirchen mit Dependencen 1858, das Urtheil des k. Obertribunals zu Berlin v. 10. Mai 1863 und seine Auffassung der rechtlichen Stellung der Kirchenfabriken, beleuchtet vom Standpunkt der linksrhein Gg. und der preuss. Verfassung, Cöln 1863. Theodor Regnier. Plaidoyer in Sachen des bischöflichen Seminars zu Trier die Jesuiten- oder Dreifaltigkeitskirche betreffend gegen die evangelische Kirchengemeinde daselbst und den Königlich Preussischen Fiscus. Als Manuscript gedruckt Trier 1856; daselbst auch die weitläufigen französischen Literaturangaben. Vgl. auch noch noch den Aufsatz in den Blättern für administrative Praxis und Polizeigerichtspflege in Bayern Bd. XX S. 199—207 u. 208—213 betitelt: Sind in der Pfalz die Kirchengemeinden oder die politischen Gemeinden Eigenthümer der Kirchen. — Nach der in den Gesetzen am meisten begründeten Ansicht erscheinen in Frankreich nunmehr die einzelnen neuerrichteten Kirchenfabriken als das Rechtssubject des K.-V. Vgl. Regnier a. a. O.

[3] Nicht richtig ist es auch, wenn Maas l. c. S. 658 bemerkt, Affre spreche das Eigenthum den kirchlichen Instituten zu; er hätte vielmehr noch hinzusetzen sollen: und den Kirchengemeinden (vgl. unten § 46 zu Nte 10).

den Staat und gegen etwaige Eigenthumsansprüche desselben gemünzt war, geht schon aus der weiteren Bemerkung Merlin's hervor: „mais il était bien, de l'exproprier." Es ist ebenso unjuristisch, diesen Merlin'schen Ausspruch, der nichts sagen will, als dass der Staat nicht wegen seines Eigenthumsrechtes, sondern vom Standpunkte des Nothstandes und der Politik expropriirte, zum Beweise des Eigenthums der allgemeinen Kirche anzuführen, als, um sogleich ein würdiges Seitenstück zu liefern, sich zum Beweise derselben Behauptung (Eigenthum der allg. K.) auf den Ausspruch Klüber's: „Das Kirchengut ist Privatgut der Kirche, folglich an sich weder der Verwaltung noch der Verfügung des Staats unterworfen", zu berufen.[4]

Hätte Maas sich ernstlich um Merlin's Ansicht umgesehen, so hätte er wahrnehmen müssen, dass derselbe seine Ansicht geradezu widerlege; man vgl. nur Merlin's Répert. s. v. fabrique, wo es heisst: „Fabrique — c'est ce qui appartient **à une église** tant pour les fonds et les revenus affectés à l'entretien et à la rénovation de l'église que l'argenterie et les ornement." Gerade der Ausdruck affecté hat nun aber in der französ. Rechts- u. Gesetzessprache den Fall im Auge, wenn eine Sache im Eigenthume einer einzelnen jurist. Person steht.[5]

Dafür, dass zur Zeit des alten Regimes nicht so fast die allgemeine Kirche als die einzelnen kirchlichen Institute als Eigenthümer angesehen zu werden pflegten,[6] verweise

---

[4] Wie diess Maas S. 656 in der That thut.

[5] S. die Belege bei Regnier in Plaidoyer S. 129 ff.

[6] Für die classische Zeit des franz. R. findet sich vielfach auch die Auffassung, Gott sei der Eigenthümer der kirchlichen Zwecken dienenden Fonds. Man vgl. z. B. Remarques et réponses pour le Traité de l'abus par Fervet pag. 291 Remarque 6. „Car le Roi n'est ni maître ni Seigneur absolu des biens de l'église, ce sont res Deo dicatae le patrimoine de Dieu et des pauvres." Musste wirklich ein französischer Gewährsmann für die Ansicht, dass die allgemeine Kirche das Rechtssubject des Kirchenvermögens sei, angeführt werden, so war es vielleicht

ich unter andern auf Jos. Carrière,[7] welcher diese Ansicht in folgender Weise motivirt: „Facile colligitur ex dictis, nempe ex intentione donantium. Sed potest sic magis evolvi et explicari. 1. Bona ecclesiastica Galliae, ut de iis exempla gratia loquamur, non pertinebant ad ecclesiam in genere. Evidens est ecclesiis v. g. Italiae, Hispaniae etc. nullum jus in ea bona potuisse competere. 2. Haec bona non pertinebant etiam ad Ecclesiam Gallicanam, seu Clerum Gallicanum. Ecclesia Lugdunensis v. g. non poterat sibi vindicare bona sita in provincia ecclesiastica Parisiensi. Clerus quidem Gallicanus efformebat coram lege Corpus quoddam morale, per quod repraesentabantur variae ecclesiae particulares, quodque circa illarum bona varios administrationis actus exercebat; sed non ideo penes ipsum erat illorum dominium. 3. Bona ecclesiastica in una dioecesi sita non pertinebant ad ecclesiam hujus dioècesis in genere spectatam. Variae enim unius dioecesis ecclesiae habere possunt bona propria; item varia corpora seu communitates, quales erant communitates religiosae, quae profecto bonorum suorum dominium habebant. Bona igitur ecclesiastica dicenda erant pertinere ad corpora particularia, quibus donata fuerant, vel a quibus fuerant justo aliquo titulo acquisita."

Wie diesseits, so galt durchweg auch jenseits des Rheins die personificirte Einzelkirche als erwerbfähig; sie konnte zum Erben eingesetzt, mit Legaten und Fideicommissen bedacht werden, Verträge schliessen, und verwaltete durch eine besonders organisirte Repräsentation ihr Eigenthum;[8] der Inbegriff des Vermögens, resp.

---

angezeigt, die Oevres de M. Cochin tom. IV pag. 153 zu citiren, welcher bemerkt: „Les biens ecclésiastiques ne peuvent être aliénés, ceux qui les possèdent n'en sont pas propriétaires ils n'en ont que la simple administration; ils ne peuvent donc pas les aliéner au préjudice de l'église même en qui reste la véritable propriété."

[7] Vgl. oben S. 264 Nte 1 S. 44.

[8] Dafür, dass die französ. Gesetzgebung von den Capitularien ab bis zu dem kritischen Jahre 1789 den einzelnen kirchlichen Instituten die

Eigenthums der Einzelkirche heisst la fabrique (fabrica eccélsiae),[9] unter welcher Bezeichnung jedoch auch die sie representirende Laiencorporation aufgefasst wurde. Uebereinstimmend hiemit äussert sich Affre, Propriété des biens ecclesiastiques S. 23: „Ceux-la même qui attribuent la propriété non à l'église de France en général mais aux divers établissemens, qui la composent disent cependent quand ils parlent de tous les biens ecclésiastiques du royaume: les biens de l'église, les bien du clergé. C'est une locution plus abrégée, dont nous nous sommes servis et dont nous nous servirons encore. Mais si nous voulons parler le langage exact du droit nous disons et nous allons prouver, que sous l'ancien régime et aujourd'hui encore se sont les divers établissements appelés évêchés, chapitres, curés, séminaires communautés religieuses(?), qui sont propriétaires."[10] Dessgleichen bemerkte der Abbé Maury in der Sitzung der Nationalversammlung vom 13. Okt. 1789: „Les actes de fondation existent, ce n'est point à la nation, qui n'est comme le clergé luimême comme les hôpitaux comme les communes qu'un corps moral. Ce n'est pas même au culte publique, que ces dons ont été faits; tout a été individuel entre le dona-

---

im Texte bezeichnete rechtliche Stellung angewiesen habe, ist zu vergleichen: Recueil général des anciennes lois francaises depuis l'an 420 jusqu'à la révolution de 1789 par par M. M. Isambert Decrusy u. Taillandier sub verbis Eglise, Fabriques und Séminaires, und Regnier a. a. O. S. 55 f.

[9] Regnier a. a. O. S. 56.

[10] Cf. Affre l. c. S. 39. „Nous en avons sans doute assez dit, pour démontrer, que les divers corps ecclésiastiques étaient propriétaires avant 1789" u. l. c. § IV S. 39 betitelt. „Preuves directes, que les biens ecclésiastiques, appartenaient à l'Egsise, au, en d'autres termes, aux établissement ecclésiastiques." Vgl. auch J. Domat, le lois civiles dans leur ordre naturel T. III L. I Tit. I Sect. II Nr. 12 S. 62: „Les Hopitaux les Chapitres les Maisons Religieuses . . . . tiennent lieu de personnes et pouvant posséder des biens sont capables des successions testamentaires.".

tur, qui a légué et l'église particulière qui a reçu; on ne connaît aucun don générique fait à l'eglise;"[11] und Louis de Hericourt: Les lois ecclésiastiques de France conferées avec les usages de l'èglise Gallicane p. 272 bemerkt: „Les bénéficiers et ceux qui compesent les les communautés ecclésiastiques Séculières et Régulières n'ayent point le propriété des biens qui appartienent au bénéfice" .... Zum Schlusse bestätigt Portalis, die grösste Autorität Frankreichs für das in Frage stehende Gebiet unsere Auffassung in Betreff des Rechtssubjects am Kirchenvermögen vor der revolutionären Gesetzgebung, indem er in seinem Berichte an den Kaiser vom 14. März 1806, worin er den Arrêté vom 7. Termidor anno 11 commentirt, bemerkt:[12] „Elles (sc. les fabriques ordinées durch das citirte Gesetz) n'ont été établies que pour administrer les biens non aliénes, qui avaient anciennement appartenu aux églises paroissiales et que Votre Majesté leur a rendu par cet arrêté." Ein paar Zeilen tiefer bemerkt der Cultusminister: „Car les communes n'étaient pas propriètaires de ces biens et si ces biens n'avaient point été **restitués** aux églises paroissiales par un acte de Votre bienfaisance impériale, ils auraient été vendus comme des biens domaiaux.[13] Wir glauben hiemit

---

[11] Cf. Merlin, Repertor. s. v. Clerge § 2 p. 408.

[12] Discours, Rapports et travaux inédits sur le Concordat de 1801 par le Vicomte Frédéric Portalis. pag. 439.

[13] In ähnlicher Weise spricht sich Bigot de Préamenau, der Nachfolger von Portalis im Cultusministerium am 20. Oktober 1808 in einem Decrete an den Präfecten des Bover Departements aus, indem er bemerkt: „Tout ce qui a appartenu aux èglises supprimées par la nouvelle circonscription doit être remis lorsque le culte y cessera, aux églises conservées" zu finden bei Otto Saedt die katholischen Kirchenfabriken S. 117. Vergleiche daselbst S. 111 eine Verfügung des Generaldirectors der Domänen in seiner Instruction vom 6. Pluviose a. 12 „que le biens non aliénés et les rentes non transferés, affetés à ces fondations, doivent être rendus aux fabriques ou églises, auxquelles ils appartiennent" und S. 107 noch einen Ausspruch von Portalis: „Un

zur Genüge bewiesen zu haben, dass gerade das ältere französische Recht, wie bei der Gemeinschaftlichkeit der Quellen nicht anders zu erwarten war, nicht die allgemeine, sondern die einzelnen Kirchen als die Eigenthümer ihres Kirchenvermögens angesehen hat.[14]

§ 47.

Die Zwittertheorien.

Weder Hand noch Fuss haben jene Theorien, denen ein Eigenthümer des Kirchenvermögens schon nicht mehr

---

arrêté de Sa Majesté du 7. Thermidor XI a rendu aux églises les biens non aliénés qui avaient appartenu aux anciennes fabriques." Discours et rapports inèdits de Portalis pag. 299.

[14] Die gründliche Abhandlung von Regnier (Raidoyer) lag Maas nicht vor, sonst hätte sich dieser Schriftsteller gewiss auf nachfolgende Stelle Regniers gestützt. Derselbe bemerkt nämlich S 54. „Untersucht man nun näher, wie die Kirche, das Subject des privativen kirchlichen Eigenthums, aufzufassen sei, so ergibt sich, dass nach der herrschenden gemeinen Ansicht des canonischen Rechts überhaupt und des älteren französischen Rechts insbesondere die römisch katholische apostolische Kirche in ihrer Einheit als eine juristische Person aufgefasst und als dasjenige Rechtssubject anerkannt wird, bei welchem das Eigenthum aller Kirchengüter beruht." Jedoch schon zwei Seiten später (vgl. oben zu Nte 8 u. 9) lautet Regnier's Deduction ganz anders, u. er spricht daselbst so decidirt vom Eigenthum der einzelnen Kirchen, dass wir fast an der Ernsthaftigkeit seines Glaubens an die juristische Persönlichkeit der röm. kath. apostol. Kirche zweifeln müssen. Hiezu berechtigt uns auch die sich unmittelbar an die eben angeführte Stelle aureihende Deduction Regnier's, worin er seine obige Thesis, selbst als eine blosse Idee hinstellt, welche praktisch bedeutende Modificationen erfahren hätte. „Diese Idee ist jedoch in der Anwendung nicht rein durchgeführt, sondern nur in der Hauptsache festgehalten, im Uebrigen aber nach dem praktischen Bedürfniss modificirt worden" (S. 55). Ebenso energisch tritt Regnier für die einzelnen kirchlichen Institute in die Schranken in der Gelegenheitsschrift: Replik. auf die Denkschrift des k. Fiskus vom 21. April 1856 in Sachen des bischöflichen Seminars gegen den k. Fiskus u. die evangelische Gemeinde zu Trier die Jesuiten- oder Dreifaltigkeitskirche betr. s. bes. S. 9.

genügt, welche vielmehr deren zwei, drei, vier, und auf Verlangen gar noch mehr in einem Athem aufstellen.[1]

Am häufigsten geschah es, dass man die Theorie vom Eigenthum der allgemeinen und der einzelnen Kirche mit einander in Verbindung zu bringen suchte;[2] doch fehlt

---

[1] Von jenen ist natürlich hier nicht die Rede, welche z. B. für einzelne Stücke von K.-V. die kirchlichen Institute, für andere die K.-Gemeinden als Rechtssubject aufstellen, vgl. oben S. 264 Nte 1 gegen das Ende, auch S. 56 Nte 3.

[2] Vgl. Schmalzgruber, Jus eccles. lib. III tit. XXVIII n. 3, 4, 5. Jak. Ulrich's, Dissert. inauguralis de bonis ecclesiasticis Hannover 1672 S. 41. Henrici Bodini Diss. inaugural. de alienatione bonor. eccl. (1678). „Illa universalis ecclesia est prima et immediata domina suorum bonorum et habet dominium universale, particularis vero habet particulare dominium." M. Antonii de dominis de republica ecclesiastica (1618) Lib. IX cap. VI. „Quia ecclesia universalis non habet nisi dominium universale, particulares vero habent dominium particulare." Longard, die Säcularisation des Kirchenguts in Teutschland Coblenz 1856 S. 33. Haunold, Controversiae de Iustit. et jure privatorum Ingolst 1671 tr. 4 c. 2 contr. 1 n 63 s. (Hübler S. 43 Nte 16.) Pruner a. a. O. S. 213. Wegen Attenhofer vgl. oben S. 263 Nte 1. Ferner verweise ich auf Schefold l. c. § 92 S. 217 (vgl. jedoch oben S. 263 Nte 1). J. Chr. Majer, Das Eigenthum an geistlichen Gütern Ulm 1786 S. 58—64 (vgl. S. 162 Nte 1). Mart. Bonacina, Tractat. de censuris omnibus ecclesiasticis in particulari. Disp. I qu. 19 p. 2 (Opp. III 99): „Secunda sententia est Innocentii . . dominium bonorum Ecclesiasticicorum existere penes Ecclesiam vel universalem vel particularem, respective juxta intentionem eorum, qui ea bona darunt" u. Innocenz IV. (Sinibaldus Fliscus): Appartus in V lib. decret. ad c. 4 cum super X de caus. propr. et poss. 2 12. „Proprietas et possessio remanet penes Christum, . . vel penes universalem vel singularem ecclesiam" auch Lud. Molinaeus, De justilia et jure tr. 2 disp. 29 n. 22 II 145 (bei Hübler S. 41 Nte 6); ferner der Stand der Frage über das Eigenthumsrecht am Kirchenvermögen in Himmelstein Katholische Wochenschrift Würzb. 1850 VII S. 152 Anm. 1 u. 154 (cf. bei Hübler S. 124 die entscheidende Stelle, welche es meines Erachtens unmöglich macht, diese Schrift wie Hübler S. 112 thut, für die kirchliche Institutentheorie sprechen zu lassen); wegen Kunstmann s. oben S. 198 Nte 10 u. S. 264 Nte 1.

[3] Häufig hat man das Rechtssubject am K.-V. innerhalb der kirchlichen Sphäre gelassen, und dem Staate ein Obereigenthum, ein dominium eminens zugestanden. Vgl. z. B. den Bericht des Canton Luzern v. April 1848 an den grossen Rath dess. betr. die Aufhebung der Klöster

es auch nicht an anderen,[3] zum Theil wirklich spasshaften[4] Combinationen. Alle diese Theorien leiden zumeist an einem Grundübel, dass sie mit den einfachsten Rechtsbegriffen im Streite liegen; denn sie ignoriren sämmtlich den unumstösslichen Satz, dass mehrere Personen an einer Sache kein solidarisches Eigenthum haben können;[5] aber auch mit der Construction eines Ober- und Untereigenthums ist nichts gewonnen; denn dass jene Unterscheidung lediglich die Frucht eines Missverständnisses ist, darüber ist man jetzt gleichfalls im Reinen,[6] so dass wir über alle diese Zwittertheorien mit der blossen Verweisung auf ein beliebiges Lehrbuch der Pandecten hinweggehen können.

§ 48.

Der Patron, der Treuhänder Eigenthümer von Kirchenvermögen.

Auch der Patron der Kirche galt vielfach als Eigenthümer des Kirchengutes seiner Patronatkirche und zwar, wie schon bekannt, in einer gewissen Zeit mit gutem Grunde;[1] dass er es nach geltendem canonischem Rechte noch sei, kann, wiewohl es von manchen Autoren

---

St. Urban u. Rathhausen (Archiv f. kath. K.-R. Bd. XIV N. F. VIII S. 386) Hermannn Becker, Gedanken und Erläuterungen über das K.-V. Wismar 1772 § 21 S. 286, die Citate bei Uhrig l. c. S. 2 Nte 3 auch Brauer, Abhl. zur Erläuter. des Westphälischen Friedens Offenb. 1784 II § 10; vgl. dagegen bes. Attenhofer im Archiv f. kath. K.-R. Bd. XIV (N. F. VIII) S. 386 f.

[4] S. den originellen Einfall v. R. Mittermüller (oben S. 220 Nte 4); wahrhaft klassisch ist nebenbei auch Winkler in s. Kirchenrecht 1862 § 209 II S. 275. „Das Kirchenvermögen ist vorab Eigenthum Gottes, welchem die Kirche wie mit ihren geistlichen, so auch mit ihren zeitlichen Gütern angehört, dann ist es Eigenthum der Kirche, theils der resp. Diöcesankirche, theils der betreffenden Einzelkirche."

[5] Cf Hübler l. c. S. 107 u. 131 f.

[6] S. Windscheid P. § 169 zu Nte 9.

[1] Vgl. oben S. 141 Nte 16.

noch behauptet wird,[2] in Anbetracht der Stellung, welche

---

[2] Hommelii Rhapsodia quaestionum VI obs. 796. „Si ergo parocho, qui utitur tantum et fruitur, bonorum ecclesiasticorum proprietas non competit, si porro ratio deficit, quare ecclesiae dominium i. e. solitarium tribuamus, dico patrono rerum ecclesiasticarum non omne quidem et solitarium attamen condominium sive, ut rectius dicam, dominium directum competere; quod tamen legibus ecclesiasticis hoc est vi et potentia episcoporum et Papae ubique valde restrictum. Ceterum patroni majorem quam ipsius ecclesiae in bona ecclesiastica potestatem et dominium ut dixi directum his rationibus confirmo" Die Gründe selbst sind im Einzelnen bei Hommel nachzulesen; bemerken will ich nur, dass die meisten nicht stichhaltig sind, insbes. nicht die sub Nr. a, c, d u. f. aufgeführten. Dagegen verdienen die sub Nr. b u. e allegirten Beachtung; denn hier wird darauf aufmerksam gemacht, dass die Pfarrkirchen vielfach aus alten, von den Gutsbesitzern gegründeten und eigenthümlich besessenen Privatorationen entstanden; um nun ihren Geistlichen Unterhalt zu verschaffen, hätten die Gutsherrn zu einer Zeit, als das Geld noch seltener war, ihren Geistlichen Ländereien zu Lehen gegeben, (mit Berufung auf Böhmer, Jus. Eccl. Prot. tom. III lib. 3 tit. 37 § 9 u. tit. 38 § 20 u. 25. Beispiele solcher, den Caplänen zu Lehen gegebener Grundstücke, seien zu finden bei Estor. Obs. Teud. 45 und in Anonymi Erläut. Voigt Lande P. II p. 39), daher rühre es auch her, das in den Landkirchen das Pfarrgut „Pfarrlehne" genannt zu werden pflege (vgl. aber zur Erläuterung dieses Ausdruckes oben S 119 Nte 19). Hommel schliesst seine Motivirung mit den Worten: „Cum ergo verum dominium directum haberent quondam patroni, id etiamnum iis non denegandum, licet illud episcoporum invidia et potentia h. e. legibus ecclesiasticis valde limitatem, magisque adhuc apud Protestantes sit fractum deminutumque a Consistoriis." Doch trägt Hommel, diess möge ausdrücklich bemerkt werden, den thatsächlichen Verhältnissen des gegebenen Falles ausdrücklich Rechnung, indem er in folgender Weise schliesst: „Quod si autem bona conventui cuidam, Accademiae aut ecclesiae, a privato quodam per donationem aut testamentum appropriata fuerint, ea lege ut ipsum etiam dominium donaretur, tunc non repugno, quin, quae ita donata sunt, pleno jure ecclesiae adquirantur, et ad collegialia bona, sive, ut alii enunciant, ad bona universitatis ecclesiasticae referantur, sed si ecclesia adventitia bona esse non probaverit, in dubio praesumo, ecclesiastica bona ex patroni et majorum suorum liberalitate profecta." Noch bemerke ich, dass Hommel und dessen Theorie bei Hübler ganz vermisst wird; diess ist mit ein Grund, warum ihr hier grössere Aufmerksamkeit geschenkt wurde. (J. H. Böhmer, Jus eccl. Prot tom. III

die Kirche überhaupt den Laien einweist,[3] nicht mehr angenommen werden.[4] Gleichwohl möchten wir über diesen Punkt nicht hinwegeilen, ohne einige Bemerkungen über die heutigen Ueberreste dieses alten Rechtes des Kirchenerbauers an Kirche und Kirchenvermögen hier eingeschaltet zu haben. Island und Dänemark sind die Asyle, wohin sich jenes alte ungermanische Eigenthumsrecht des Patrons an der Kirche und ihrem Gute zurückziehen musste, und wo es, unerreicht von der Gewalt Roms, wenn auch verkümmert fortexistirt.[5]

Während ursprünglich in Island nach Auflösung der heidnischen Tempelverfassung sich ein dem heidnischen ganz ähnlicher Zustand ausgebildet hatte, dem zu Folge der Häuptling der kleineren Stämme den kirchlichen Dienst in eigener Person und in der ihm eigenthümlich zustehenden

---

lib. III tit. 59 bemerkt: „Jus patronatus est dominium quoddam directum patrono in suam ecclesiam competens." Vgl. auch Eybel, Introduct. in jus eccl. II § 120.

[3] Vgl. Cp. 12 X de reb. eccl. non alien. 3. 13.

[4] Ziegler, de dote ecclesiae cap. 12 § 14 ff. 19. — v. Weber, Darstellung des in Sachsen geltenden Kirchenrechts Bd. II Abth. I § 75 S. 385 Anm. 63. Kreittmayr Anmerk. z L. R. Thl. II Cap. I § 2 nr. 5. Büff, Kurhessisches K.-R. Cassel 1861 § 277 S. 727. — Indess ist es möglich, dass sich der Kirchenstifter, nunmehriger Kirchenpatron, ausdrücklich ein dominium directum (durch Einmischung und Anwendung des Lehensverhältnisses u. eine Art Subinfeudation) vorbehalten hat, u. dann besteht dasselbe natürlich ungehindert fort. Cf. Weber l. c Nte 63.

[5] Im Allg. ist über das in den nordischen Gegenden in diesem Umfange erhaltene Patronatrecht zu vergleichen. K. Maurer, Die Bekehrung des norwegischen Stammes zum Christenthum II S. 209, 213, 449, 453—455. Recension über Petrusson, Comment. de jure ecclesiarum in Islandia ante et post. Reformationem von Michelsen in der Neuen Jenaer Allgemeinen Literaturzeitung 4 Jahrg. Nro. 73 S. 289. Zeitschrift für Kirchenrecht Bd. II S. 424, besonders aber das Isländische Kirchenrecht von K. Maurer in Pöz's krit. Vierteljahrsschrift VII. Bd S. 161, 383, 535. Vgl. auch den Grundriss af den danske Kirkeret Kopenhagen 1834 - 1840, herausgegeben von Kolderup-Rosenwinge 2. Ausg. besorgt vom E. T. Engelstoft 1851. Siehe daselbst über das Patronatrecht. Thl. II § 159, 160.

Kirche verrichtete, unterschieden sich die Kirchen später, nachdem diesem ganz uncanonischen Zustande durch den sogenannten Pfründenstreit v. J. 1279 vergleichsweise ein ein Ende gemacht wurde,[6] in sogenannte Beneficialkirchen (lenskirkjur), deren Vermögen im Allgemeinen nach den Regeln des canonischen Rechtes der Disposition des Bischofs unterstellt wurde, und sogenannte Bauernkirchen (baendakirkjur), welche ursprünglich im Eigenthum des Privaten noch verblieben zu sein scheinen,[7] nur dass auch sie rücksichtlich der Temporalien allmählig der Disposition des Bischofs etwas zugänglicher wurden.[8] In der Frage nach dem Rechtssubjecte am Kirchenvermögen ist auch nach geltendem Rechte zwischen beiden Arten strenge zn unterscheiden: bei den Lehenskirchen ist unzweifelhaft eine juristische Person das Subject des Eigenthums, möge man sich nun diese Person in der einzelnen Kirche, der Landeskirche, oder dem Lande selbst personificirt vorstellen; bei den Bauernkirchen lässt sich zweifeln, ob deren Gut ebenfalls als das einer juristischen Person zu betrachten sei, oder ob dasselbe nicht nach wie vor als Eigenthum des Kirchenbesitzers gelten müsse.[9] Jon Petruson der Verfasser des bekannten Isländischen Kirchenrechts hält diese letztere Annahme für eine ausgemachte Thatsache.[10]

---

[6] Cf. Michelsen, Recension von Petrusson a. a. O.

[7] Vgl. aber auch die Bedenken bei Maurer l. c. S. 538 in der Nte * (Mauer neigt sich der Ansicht zu, dass auch diese Kirchen in früherer Zeit das Subject des Eigenthums in sich selbst getragen hätten. und dass den Kirchenbesitzern nur ein ganz eigenthümlich ausgedehntes Verwaltungsrecht, eine Art von tutela usufructuaria bezüglich deren Vermögens einzuräumen sei.)

[8] Maurer a. a. O. S. 552.

[9] Maurer a. a. O.

[10] Islenzkur kirk jur jettur saminn af Jóni Pjeturrissyni Reykjavik í prentsmiðju Islands p. 246 f.; nicht so bestimmt äussert sich Maurer a. a. O. S. 552: Betrachte man sich die Verhältnisse der Proprietärkirchen etwas näher, so zeige sich, dass bei dem zu ihnen gehörigen Grundbesitze seit der noch immer massgebenden Uebereinkunft von 1297 eine

In beiderlei Arten von Kirchen, den Lehenskirchen und Bauernkirchen, existirt nun aber neben ihrer Dotation an liegendem Gut, Fahrhabe und andern nutzbringenden Rechten noch eine zweite Masse kirchlichen Zwecken dienenden Vermögens, eine Art Kirchencasse, Kirchenportion (kirkjusjoður),[11] welche im Allgemeinen mit der Fabrica ecclesiae verglichen werden kann; diese Kirchencasse, welche sich von dem übrigen Vermögen der Kirche streng scheidet, wird als eine ganz selbständige Person behandelt, kann Forderungen und Schulden haben, bestreitet mit ihrem Vermögen die Visitationskosten der Kirchenobern, die Beleuchtung der Kirche, die Installationskosten des Pfarrers, die Ausgaben für die Reparatur der Kirche und die Beschaffung des zur heiligen Abendmahlfeier nöthigen Brodes und Weines. Als Eigenthümer dieser Partie Kirchenvermögens gilt sowohl bei Bauern- als bei Lehenskirchen das einzelne kirchliche Institut,[12] so dass wir selbst unter diesen ganz abnormen kirchlichen Vermögensverhältnissen neue Belege für die von uns vertheidigte Rechtsansicht gefunden hätten.

Der Vollständigkeit halber muss als letztes und zwar formales Rechtssubject des Kirchenvermögens auch noch der Treuhänder (fidejussor, delegatar, executor, mediator, fiduciarius, defensor, conservator, qui vulgo

---

Verkoppelung von zweierlei Gut vorliege, nämlich von sogenanntem Bauerngute, und von sogen. Kirchengute; dass der erstere Antheil um Eigenthum des Kirchenbesitzers stehe, sei gewiss, bezüglich des letzteren dagegen lasse sich diess keineswegs mit Bestimmtheit sagen. — Rolderup-Rosenvinge's Lehrbuch des dänischen Kirchenrecht Kopenhagen 1838—40, bezeugt gleichfalls (cf. Thl. II § 159 und 160), dass die Kirchen in Bezug auf ihre Zubehörungen keine juristische Persönlichkeit haben, dass sie vielmehr Objecte des Eigenthumsrechtes sind und dem Rechte und der juristischen Beurtheilung nach entweder dem Könige oder Privatpersonen gehören (cf. Michelsen l. c. S. 293).

[11] Cf. Maurer l. c. S. 544. Ueber die Bildung desselben l. c. S. 540 ff

[12] oder nach einer andern Auffassung die Landeskirche oder gar das Land vgl Maurer a. a O. S. 552 u. 553 Nte *.

Salemannus nominatur) erwähnt werden,[13] d. i. jenes Organ, dessen sich die Kirche in gewissen Fällen als Surrogat eines anderen kirchlichen Rechtssubjects ihres Vermögens zu bedienen pflegt. Will nämlich die Kirche da, wo ihr der Staat das Recht der Persönlichkeit nicht verliehen hat, und wo es ihr nicht möglich ist, für ihre Anstalten das Recht der Eigenthumsfähigkeit zu erwirken, auf die Existenz von kirchlichen Zwekvermögen, die doch in einem gewissen rechtlich normirten Verhältnisse zum jeweiligen

---

[13] Ueber die Salmannen sind im Allgemeinen zu vergl. Schulte, Deutsche Reichs- und Rechtsgeschichte S. 437. Albrecht's Gewere § 23 S. 231 bes. 264 n. 684. Haltaus, Glossar. unter dem Worte: Treuhand, Salmann. Heumann, Comment. de Salmannis in dessen opusc. 289 ff. Schmeller's Wörterbuch III S. 221. Beseler, die Lehre von den Erbverträgen I, 261 ff. — Häberlin ad Meichelbeck S. 36, 37, 38 S. 13. — Dr. Wittmann, Das Schenkungsbuch d. Kl. St. Emmeramm zu Regensburg in den Quellen u. Erörter. zur bayer. und deutsch. Geschichte Bd. I S. 19 Anm. 2. Cf. Brinz, Pand. S. 1000 u. 1001. Die verschiedenen Zwecke, zu welchen die Aufstellung von Salmannen in Verbindung mit Schenkungen an einzelne kirchliche Institute benützt zu werden pflegte, finden sich sehr übersichtlich und mit zahlreichen Beispielen kirchlicher Schenkungen erläutert in dem rechtsgeschichtlichen Excurse über die alten Schenkungsbücher bayerischer Kirchen u. Klöster, welche in dem ersten Bande der Quellen und Erörterungen zur bayerischen und deutschen Geschichte, herausgegeben auf Befehl und Kosten Sr. Majestät des Königs Maximilian II. 1856 enthalten sind. — Beispiele von Schenkungen an Kirchen durch die Hand von Treuhändern, s. auch bei Meichelbeck num. 4 I, 2. num. 200 I, 2 num. 1338 I, 2 num. 1213 u. 1169 I, 2 num. 18 II, 2. „Sanctae Mariae sanctoque Corbiniano Frisingensi per manum illustris Comitis Chr. nostri Delegatoris sive Salemanni contradidimus pleno jure" . . . . Cf Heumann l. c. 306. „Tradidit autem hoc modo rogando scilicet fidejussorum suum B. ut eam domum delegaret in manum filii sui G, per eum monasterio perpetuo jure conservandum." Heumann l. c. 308: „Ego A. curiam eum plenissimo jure transtuli ad dominium Frisingensis ecclesiae ita quod per manum mediatoris, qui vulgo dicitur Salman earundem possessionem stabilire debeam memoratae factam ecclesiae traditionem; si quis vero dictam ecclesiam possessionibus impulsaverit fide data ad hoc me obligari ut pro eisdem possessionibus sicut auctor rei, qui vulgo gewer dicitur, respondere tenear." Vgl. auch oben S. 150 Nte 19.

kirchlichen Institute stehen, nicht ganz verzichten, so muss sie auf einem Umwege abzuhelfen suchen; das Mittel dessen sie sich bediente, war stets dasselbe: Es ist der Treuhänder.

Wir fanden schon im im dritten Constantinischen Restitutionsedicte vom Jahre 313 „res ecclesiae ad jus singulorum pertinentes“,[14] wir finden die Treuhänder wieder im Mittelalter,[15] zur Zeit der französischen Revolution, in Belgien[16] und in America.[17] In Bezug auf die Vereinigten Staaten Nordamerikas existirt eine interessante von Papst Gregor XVI. bestätigte Entscheidung der Sacra Congregatio de propaganda fide, vom 15. Dez. 1840, die noch heut zu Tage jenseits des atlantischen Oceans Geltung hat und uns zeigt, wie daselbst ein grosser Theil des Kirchenvermögens formell im Eigenthume „treuer Hände“ sich befindet. Es möge uns gestattet sein, diess merkwürdige Schriftstück im Auszuge hier anzuführen: Einschlagend ist aber hauptsächlich folgender Passus: „Quum in foederatis Americae septentrionalis Statibus nulla a legibus civilibus ecclesiastica successio agnoscatur, et ideo nullum jus nec Episcopis nec Sacerdotibus ab iisdem legibus tribuatur, transmittendi suis successoribus bona quaecunque, quae a pia fidelium largitate ad ecclesiasticos vel pios usus sive Episcopis sive Sacerdotibus donata fuerunt, praedictorum bonorum .... securitati prospicere volens S. Congregatio de propaganda fide decrevit in posterum servanda esse quae sequuntur: Archiepiscopus Baltimorensis et Episcopi omnes in foederatis Americae septentrionalis Statibus statim post hujus decreti receptionem testamentum juxta leges status, in quo degunt (quarum accuratam notitiam ex certis fontibus sibi comparabunt) conficiendum curent. Illud autem

---

[14] Vgl. oben S. 35 Nte 13 auch S 32.

[15] Cf. Zöpfl, a. a. O.

[16] Cf. Warnkönig, Recension von Maas a. a. O. S. 364.

[17] Unter dem Namen Salmans, trustees. Wegen der Bettelklöster vgl. oben S. 223 Nte 9.

duplicato et aeque authentico chirographo seu exemplari omnino efficient atque heredem bonorum omnium ecclesiasticorum[18] quae ipsi actu possideant vel jus ad possidendum habeant, illum ex Episcopis suis Americanis, quem magis in Domino expedire judicaverint, constituent . . . Moneatur etiam a testatore Episcopus, qui heres constitutus fuerit, per litteras (quas perlectas comburet) eo tantum fine se heredem nuncupatum fuisse, ut bona omnia dioecesis religiose custodiantur, donec a Sede successor eligatur illique tunc fideliter et legitime transmittantur. Eadem sollicitudine Sacra congregatio providere volens securitati bonorum communitatum omnium sive ecclesiasticarum sive religiosarum tum virorum tum etiam puellarum et quarumcunque aliarum piarum institutionum, quae inter bona ecclesiastica locum obtinent vel saltem eorum naturae participant atque sollicita ecclesiae pastorum cura piis usibus, ob quos vel comparata vel donata fuerunt, servanda et posteris fideliter transmittenda sunt, quae sequuntur decernit: Archiepiscopus et Episcopi post decreti hujus receptionem ad superiores praefectos vel praesides communitatum, quae intra dioecesis suae fines reperiuntur, scribent illisque omnibus ad hoc autoritate S. Congregationis (quae illis omnibus ad hoc specialiter delegatur) praecipient, ut quum primum fieri poterit, certiorem per litteras Episcopum ipsum faciant. 1°. An quae et quo opere bona possideat communitas, cui praeest. 2°. An suae communitati facultas seu jus civili potestate datum fuerit, bona omnia vel eorum partem possidendi et ad successores transmittendi. 3°. An bona omnia vel aliqua eorum pars a superiore vel ab aliquo communitatis membro vel a pluribus conjunctim possideantur.

---

[18] Die Sacra Congregatio nennt hier und weiter unten im Eigenthume physischer Personen befindliche Vermögensmassen, welche kirchlichen Zwecken dienen, bona ecclesiastica, rechtfertigt also unsere oben aufgestellte (Behauptung) Unterscheidung von Kirchenvermögen im weiteren und engeren Sinne. Cf. S. 231 f.

4°. An aliquem invenerit modum tuto ad successores bona praedicta transmittendi et quis sit modus sit. 5°. An nullus alius habeatur modus praeter testamentum.

Responso accepto ordinarius, quid faciendum sit, comperiet. Nam si quae sint communitates, quibus jus a potestate civili tributum fuerit, possidendi et ad successores transmittendi bona omnia vel aliquam eorum partem, nulla erit occasio sollicitudinem exercendi ad eorum conservationem. Sin autem modus aliquis excogitatus fuerit possidendi bona per societatis contractum, quo bona in cummuni possideutur, a tribus vel quatuor societatis membris, ita ut omnes socii illud jus possideant, naturalis vitae suae tempore sed quocunque ex illis mortuo jus apud superstites socios remaneat possidendi bona universa nulla facta cuique ex ipsis potestate alienandi suae vitae tempore vel per testamentum relinquendi bona praedicta post mortem; tunc id tantummodo ab Episcopo curandum erit ut uno ex sociis mortuo alius ex communitatis membris in societatem adcsiscatur. Tandem si unica remaneat testamenti via transmittendi bona ad succussores, praecipiat Episcopus superioribus vel illi, qui suo proprio nomine communitatis bona possidere tunc poterit, ut statim testamentum juxta leges dublici exemplari aeque authentico perficiat, ex quibus unum in communitatis sacriniis diligenter asservetur, alterum vero ad Episcopum dioecesanum in archivio asservandum mittantur. Facta vero Sanctissimo Domino nostro Gregorio Papae rei totius relatione per S. Congregationis Secretarium, Sanctitas sua, quae superius scripta sunt, in omnibus confirmavit et exequenda esse jussit." Datum Romae ex aedibus Sacrae Congregationis de propaganda fide de 15. Decemb. 1840.

Welch eine gewaltige Kluft liegt — dieser Gedanke prägt sich hier einem unwillkürlich auf — zwischen dem Ausspruche Gregor des Grossen, wo es noch von dem Bischofe in Betreff des ihm anvertrauten Kirchengutes heisst: „ut Deo nostro non hominibus de his quae tibi commisimus rationem te noveris positurum"[19] — und jener von Gregor XVI. bestätigten Entscheidung, welche das Eigenthum am Kirchenvermögen einfachen Menschen zugesteht, denen der Obige nicht einmal die Befugniss auf Rechenschaftsablegung einrämen wollte. Ich glaube, wir dürfen jenem Rechte, welches den obigen Schritt ohne Zaudern gemacht hat, den im Vergleiche damit verschwindenden Fortschritt wohl zu trauen, dass es im Laufe der Zeiten die einzelnen Pfarrkirchen als die Eigenthümer ihres Vermögens angesehen habe, wiewohl vor einem Jahrtausend noch die Cathedrale alles Kirchengut in ihrem Besitze vereinigte.

---

[19] L. 9 epist. 24.

Neunter Abschnitt.

Das Rechtssubject der heiligen und geweihten Sachen.

§ 49.

Einleitung.

Nachdem wir bisher die Frage über das Eigenthum am eigentlichen Kirchenvermögen (den res ecclesiasticae dem patrimonium ecclesiae) nach allen Richtungen hin erörtert haben, erübrigt noch in einem letzten Abschnitte das Augenmerk auf die für den Gottesdienst unmittelbar bestimmten Sachen zu richten.

Als bekannt setzen wir voraus, dass es nach katholischen Grundsätzen zwei verschiedene Arten gibt, wie profanen Gegenständen eine kirchliche Weihe verliehen wird; bald spricht man nämlich von consecrirten, bald von blos benedicirten Gegenständen.[1] Zu den ersteren rechnet man insgemein die Kirchen, Kelche, Patenen und Altäre, zu den letzteren die Kirchhöfe, Glocken, Messgewänder, Paramente, Crucifixe etc.[2]

Bei den Protestanten vertritt die Stelle der förmlichen Consecration und Benediction eine blosse Dedication, Destination, Weihe oder Hingabe dem neuen Zwecke.[3]

---

[1] Ueber den Unterschied zwischen der Benediction und der Consecration s. Zech de jure rerum Eccles. P. I § 32.

[2] Cf. Kreittmayr Anm. z. Bayer. L. R. Thl. II Kap. I § 2 nr. 2 u. die daselbst citirten Canonisten.

[3] Vgl. Wappäus auf S. 56 f. der S. 309 Nte 5 citirten Abhandlung.

Die Frage, wem hieran das Eigenthum zustehe, ist von den Bearbeitern der Lehre vom Rechtssubjecte des Kirchen.-V. überhaupt sehr stiefmütterlich behandelt worden; und doch bietet sie nicht geringere Schwierigkeiten dar, und ist auch praktisch von nicht zu unterschätzender Bedeutung. [3]

Vgl. auch Kreittmayr, Anmerkungen zum L.-R. Thl. II Kap. I § 2 Nr. 2: „Von dem was wir bisher circa res sacras angeführt haben, gehen Principia Protestantium sehr weit ab. Einige aus ihnen wollen gar keine rem sacram mehr erkennen. Andere lassen zwar dergleichen zu, und verstehen auch nichts anderes darunter, als was dem Gottesdienst immediate gewidmet ist. . . . Die Uebergab sammt dem würklichen Gebrauch der Sach vertritt bei ihnen die Stell unserer Consecration oder Benediction. . . . An ein gewisses Rituale binden sie sich hierinn nicht, sondern es wird arbitrarie tractiret, und bestehet solches lediglich in einer öffentlichen Declaration, welche bei dem ersten Gottesdienst an die versammelte Gemeinde, mittelst einer Lob- und Dank-Predigt zu geschehen pflegt. Unsere ritus Consecrationis hingegen sehen sie nur für Abergläubisches Wesen an." (s. das. auch die Literaturnachweise).

[3] Diess stellt zwar Schulte in s. oben S. 21 Nte. 5 citirten Dissertation in Abrede, indem er bemerkt: „Inter res ecclesiast., a quibus tacite hic excluduntur quas dicunt „spirituales" discernendae sunt „res sacrae", quae consecratae aut benedictae ad certum usum in cultu administrando destinatae, neque unquam ad alium finem sunt aelhibendae, quare „res divini juris" vocantur, neque in commercio versantur. Quarum rerum domius quis sit, quaerere est superfluum" (S. 1, l. c.). Ich kann mich aber von der Richtigkeit dieser letzteren Behauptung nicht recht überzeugen, vielmehr gebe ich folgende Fälle zu erwägen, in denen die Frage, wer Eigenthümer der res sacra sei, recht wohl praktisch wird. Dem N. . Besitzer einer Schlosskirche wird aus seiner Kirche ein Kelch entwendet; hier frägt es sich, wer da die Vindication anstellen kann? doch wohl nur der Eigenthümer. Oder: In einer Schlosskirche wird ein Schatz aufgefunden; da nun die Hälfte desselben dem Eigenthümer als dem dominus soli zufällt, (cf. Windscheid R. § 184 Nte. 10,) so frägt sich, wer dieselbe ansprechen kann. (cf. Wappäus l. c. S. 69 Nte. *.). In der jüngsten Zeit war in den Blättern wiederholt davon die Rede, dass die Nicolaikirche in München sich im Eigenthum der dortigen Gemeinde befinde. Ist denn überhaupt nach den allgemein recipirten Grundsätzen, und insbes. denen des kath. u. protest. K.-R. ein solches Verhältniss möglich? (Vgl. zum Folgenden Schulte in der Zeitschr. f. Civilr. u. Proc. N. F. VIII auch Richter, Kirchenrecht 5. Aufl. § 286, 300, 301.)

Wir freuen uns, auf einem Felde angelangt zu sein, wo dem selbständigen Forschen ein bei weiterem grösserer Spielraum gegönnt war, als diess gelegentlich einer Streitfrage der Fall war, die bereits eine ausserordentlich umfangreiche Literatur aufzuweisen hat.[4] Zunächst lassen wir nun die einzelnen Theorien folgen, welche über das Rechtssubject an den **res sacrae** aufgestellt wurden, und behalten uns vor, in einem späteren § über die blos geweihten Sachen (res benedictae) zu handeln.

Erste Unterabtheilung.

Das Rechtssubject der heiligen (consecrirten) Sachen.

§ 50.

Dominial- oder Antidominialtheorie?

Vor allem begegnen wir der Ansicht jener, welche ein Eigenthum an einer consecrirten Sache für ein juristisches Unding halten, da ja dieselbe durch die Consecration jedwelchem Eigenthumsnexus entzogen, und zu einer res nullius im eigentlichsten Sinne des Wortes werde.[1]

Diese Theorie vertritt zunächst Puchta, Vorlesungen über das heutige römische Recht § 35, wo es heisst:

[4] Ein glücklicher Zufall liess uns eine schon ganz verschollene Monographie über die hier behandelte Rechtsmaterie, erschienen unter dem Titel: „Cogitata sua de dominio Rei sacrae speciatim templi" von L. Georg Adolph Caroc d. 23. Maji 1708, auffinden.

[1] Titius bemerkt an der S. 271 Nte. 14 dieser Abhl. allegirten Stelle (§ 41): „Was die Res sacras oder geheiligte Sachen anlangt, so ist eine gemeine Meinung, dass sie keinem Menschen zugehören." .. „Ja man kann leicht sehen, dass die listige Clerisey im Heiden- und nachgehends im Papstthum durch Verneinung des menschlichen Eigenthums ein Blendwerk gemacht, damit sie unter selbigem sich zu Herren über die geistlichen Güter machen, und die Layen von Untersuchung solches Missbrauchs abhalten könne." Dass Titius obige Meinung heftig bekämpft, werden wir weiter unten erfahren.

„Ganz absolut gilt diess (scil. die Unmöglichkeit des Eigenthums) von den res divini juris, die in keines Eigenthum stehen, auch nicht der Kirche. Dieser Grundsatz ist auch in der katholischen Kirche recipirt." Mit ihm stimmt überein: Helfert, Handbuch des Kirchenrechts II. Thl. Prag 1845 § 415 S. 673: „Von den heiligen Sachen werden einige durch ihre alleinige Widmung zum gottesdienstlichen Gebrauche geheiligt, andere hierzu eingesegnet und noch andere geweiht. Die einen und die andern stehen ausser allem Eigenthumsverbande."

Diese auch noch von andern Schriftstellern [2] getheilte Ansicht ist indessen nicht haltbar; denn bereits von Alters her wurde dagegen geltend gemacht, schon daraus, dass dieselben unter gewissen Bedingungen veräussert werden können [3] und dass sie der Vindication zugänglich

---

[2] Anhänger dieser Theorie sind Zallinger Instit. jur. eccles. univers. maxime privati tit. V de praebend et dignit. § 152. „Rubrica agit de rebus ecclesiae non de ipsis ecclesiis, quae proprie alienari non possunt, quia in alicujus dominio non sunt." cf. Hellfeld s. v. dominium § 7. J. H. Böhmer jus Eccles Protest. bemerkt lib. III lit. 40 § 45: „Sunt praeterea alii consecrationis effectus, qui itidem magni esse censendi momenti; huc pertinet, quod patronus nullum amplius dominium in ecclesiam fundatam et consecratam habere credatur." Vgl. auch die Schrift: Ueber das Eigenthum an kath. Kirchen und deren Zubehörungen in den vormal. s. g. vier neuen Departementen Frankreichs, insbes. in Rheinhessen. Besonderer Abdruck eines über diese Materie 1859 ergang. Urtheils des grossherzogl. hess. Cassationshofes, sammt dem bei dieser Veranlassung gehalt. Vorträge des grossherzogl. Generalstaatsprocurators. S. 40. Ferner verweise ich auf: Lauterbach L. 41 T. 1 § 11 Haller, de natura et indole dominii; Hoppius Joachim, Commentatio Succincta ad Institutiones Justinianeas. Trancf. 1772. Lib. II Tit. I § 8 „quia rerum ecclesiasticarum proprietas est ecclesiae sacrarum vero nullius" und Büff, Kurhessisches Kirchenrecht. Cassel § 290 S. 767 § 279 Nte. 1 u. zu Nte. 1 cf. § 137 u. 278.

[3] cf. Reichsabschied v. J. 1542 § 65 u. v. J. 1544 § 44: „Aber der Kirchen Kleinodien u. Gezierde sollen in dieser Anlage nicht mit begriffen, sondern ein Schatz der Christenheit, wo man des zu einem eilend, nothwendigen und unvermeidlichen Hülf bedarf, gespart und aufbehalten werden." Bemerkenswerth ist auch was Kreittmayr in den Anmerk. z.

sind, müsse die Thatsache, dass sie sich dem Eigenthumsverbande nicht entziehen, unwiderlegbar gefolgert werden. In diesem Sinne schreibt G. G. Titius in seinem jus privatum romanum germanicum lib. IX c. 5: „res sacrae vulgo secund. excellentiam nullius dicuntur .... nam juxta rei veritatem res illae sunt in dominio ecclesiae parochialis, possunt enim certis in casibus alienari ut et furto ablatae semper vindicari, qui effectus dominium liquido arguunt, ad profanos quidem usus illae adhiberi regulariter non possunt, sed id negando dominio non sufficit."[4]

Der Umstand, dass die Quellen des römischen Rechts, die res sacrae res nullius nennen, steht dem nicht im mindesten im Wege; denn einmal ist der Standpunkt des römischen Rechts hierin gänzlich überwunden,[5] und für's zweite ist bekanntlich der Ausdruck „res nullius" kein

---

L.-R. Thl. II Kap. I § 4 Nr. 6 bemerkt, dass durch den Verkauf eines ganzen Dorfes oder Hofmarchs-Corporis auch die darin liegende Kirche sammt dem Friedhof und Erbbegräbnisse auf den Käufer übergehe, sofern kein besonderer Vorbehalt vorliege: „Dann wenn gleich Res sacrae nicht in Commercio seyend, so leidet doch dieses zuweilen einen Absatz, si transferuntur de una persona ad aliam ad eundem usum sacrum, oder religiosum, oder wenn solches nur per modum Accessorii und ohne besonderen Anschlag geschieht."

[4] Caroc l. c. § V p. 8: „Ubi ut distincte incedamus, praejudicialis, ut vocant, quaestio praemittenda venit: an nempe aliquod dominium humanum in res sacras cadat. existatque. Quod ut negemus, nos non movent Pontificiorum obtentus, quibus, quid causae subsit, facile intelligunt cordatiores. Neminem latere arbitror, rerum sacrarum alienationem in casu necessitatis et pietatis procedere. Illa vero dominium, quod abit in accipientem, penes transferentem fuisse arguit, per tritum illud: Privatio supponit habitum. Et licet raro ejusmodi rerum alienationes permittantur, ut dominii effectus plerumque cessent, vel quiescant, inde tamen illud in se spectatum deesse neutiquam evincitur. ... Nec esse videtur, ut excipias, rei sacrae alienationem Dei nomine peragi . Hic enim supponitur, ejus rei dominium Deo competere, id vero nonnisi universale est, quod dominium hominibus quaesitum minime tollit vel excludit."

[5] cf. Heinrich Wappäus zur Lehre von den dem Rechtsverkehr entzogenen Sachen. Göttingen 1867 S. 8 ff.

präciser, und will häufig nur so viel sagen, dass eine Sache sich nicht im Privateigenthum befinde, was aber durchaus nicht hindert, dass eine juristische Person das Eigenthum daran besitzt. [6]

Gegen die Antidominialtheorie haben sich denn auch ausser den bereits erwähnten Schriftstellern noch ausgesprochen: Leyser [7], Ulrich Huber [8], und insbesondere [9], Kreittmayr, der Verfasser des bayerischen Landrechts [10].

---

[6] Caroc l. c. § VI p. 9. „At, inquis, quo pacto cum ante dictis componere licebit, legum Romanorum placita, quibus res sacrae rebus nullius annumerantur, quo fit, ut nec vindicari, nec possideri nec usucapi queant. Haec omnia non ausim ego tam crude ac citra omne temperamentum accipere. Non afferam, quod aedes sacrae rerum publicarum appellatione contineantur, quas vario sensu nec raro improprie vocari scio. Ita vero mea fert vel opinio, vel conjectura, res sacras dici nullius non simpliciter, non absolute, sed relative, respectu singulorum, idque haud aegre persuadebitur easdem leges curatius introspicienti. Assimilantur ibidem junguntarque res sacrae publicis, quae vero certissimum habent dominum, vel Principem vel Remp. Accedit, quod muri, portae dicantur res nullius (§ 10. Inst. d. R. D.). Ea vero in dominio nempe publico esse quis equidem negaverit?"

[7] Med. ad Pand. vol. 1 u. 2. spec. XXII, 2. „Res sacrae in dominio ecclesiae sunt, natura dominii et indoles rerum sacrarum satis ostendit, res sacras etiam in dominio esse. Quidquid enim hominibus servit atque ab illis custoditur et ad cujus usum non omnes promiscue admittuntur, illud dominio subjectum erit neque obstat nobis, quod res sacrae in nullius bonis esse dicuntur, hoc quippe de singulis et privatis intelligendum est, sed excutiendum nobis restat, in cujus dominio res sacrae sint. Neque Pontificii neque nostri D.D. satis inter se de eo conveniunt."

[8] Praelect. juris civilis 1689. Cura Menkenii Lipsiae 1707 S. 77. „Has omnes (intelligit res sacras, sanctas, religiosas) esse in dominio reipublicae ostendi in notis ad Strauch VI, 5 pag. 61. Et quamvis profanari non debeant res sacrae, tamen a negatione usus omnimodo ad negationem dominii non valet consequentia."

[9] Vgl. auch Vinnius ad Institution. 1 2 T. 1 § 7. Vorhof der Jurisprudenz T. II p. 517. J. H. de Berger, Oeconomia juris ad usum hodiernum accommodatum, Ausg. v. Chr. G. Haubold 1801 S. 219. endlich Titius in der Probe des teutsch. u. geistl. Rechtes, anderes Buch I. Hptst. § 41 u. 42 S. 402.

[10] s. die Anmerk. zu Tbl. II Kap. II § 4. „Wenngleich die Authoren

Ferner nenne ich von Neueren: Wächter [11], Unger [12], Windscheid [13], Brinz [14], Wappäus [15] und Regnier [16]; den

die res sacras, sanctas, publicas gemeinrechtlich anhero (sc. zu den res nullius) rechnen, so haben wir doch schon oben das Contrarium und soviel vernommen, was gestalten sie resp. in dominio ecclesiae vel rei publicae seyend und nur per excellentiam nullius genannt werden." — Die Stelle, worauf sich Kreittmayr hier bezieht, findet sich in den Anmerk. zu Thl. II Kap. I § 2 Nr. 2, wo derselbe gleichfalls die Antidominialtheorie als unbegründet verwirft.

[11] Handbuch des im Königreiche Württemberg geltenden Privatrechts II. Bd. Stuttgart 1842. Derselbe bemerkt § 44 S. 282 über die res sacrae, es sei im Röm. Rechte angenommen worden, sie gehörten den Göttern, und auch in den christlichen Zeiten habe der Gedanke noch lange vorgeherrscht, dass sie Gott, Christus oder den Heiligen gehörten; „Nach unseren Begriffen sind die geheiligten, d. h. die zum christlichen Gottesdienste unmittelbar bestimmten ... Sachen Gegenstand des Eigenthums, sie sind ein Eigenthum der Kirche (sowohl nach den Ansichten der Protestanten als der Katholiken), können auch bei Privatkapellen in Privateigenthum sein."

[12] System des österreichischen allgemeinen Privatrechts. 3. Auflage 1868 S. 367 f.

[13] Lehrb. der Pandecten. Bd. I § 147 zu Nte. 4.

[14] Lehrb. d. Pandecten. II. Abth. 2. Hälfte S. 1046 f. Hier wird betont, dass das Rituale der christlichen Consecration mit keinem Worte eine Hingabe, wohl aber in Worten und Handlungen eine gewisse Qualificirung der Sache enthalte; diess Moment, dass die Sache aus ihrem bisherigen Eigenthum weg, und an den Zweck, dem sie nunmehr dienen kann und allein dienen darf, hingegeben werde, sei in der Consecration nicht enthalten, weder unmittelbar noch mittelbar. Nicht unmittelbar; denn der Consecrationsact trete nicht als Vergabung auf, nicht mittelbar; denn daraus, dass eine Sache für einen gewissen Zweck nunmehr dienen kann und allein dienen darf, folge noch lange nicht, dass sie für diesen Zweck auch weg- und hingegeben sei, mithin für ihn gehöre.... „So kömmt es denn auch, dass wir in den Quellen des canonischen Rechts die consecrirten Sachen nirgends mehr allgemein und grundsätzlich als res nullius geschildert finden".

[15] In seiner oben in Nte. 5 citirten Schrift S. 58.: „Daraus geht hervor, dass das Recht des Eigenthum's (an einer res sacra) in abstracto jeder rechtsfähigen Person zustehen kann." S. auch die Recension dieser Schrift in der Kritisch. Vierteljahrschr. f. Gesetzgeb. u. Rechtswissenschaft. XIII. Bd. 1871 S. 128.

[16] In seiner Streitschrift betitelt: „Replic auf die Denkschrift des

Beweis aber, dass auch das canonische Recht in unserer Frage keinen abweichenden Standpunkt eingenommen hat, werden wir unten (§ 51) zu führen im Stande sein.[17]

Dass auch nach den Grundsätzen der **Protestanten** die durch Dedication dem Gottesdienste gewidmeten Sachen für unfähig zu erachten seien, im Eigenthum zu stehen, ist meines Wissens ohnedem noch niemals behauptet worden.[18]

§ 51.

Die verschiedenen Ansichten.

Nachdem wir bisher blos negativ zu Werke gegangen, und erwiesen haben, dass die Antidominialtheorie in ihrer Anwendung auf die consecrirten Sachen in den Rechten

---

kgl. Fiscus v. 21. April 1856. In Sachen d. bischöfl. Seminars gegen d. k. Fiscus u. die evangel. Gemeinde zu Trier, die Jesuiten- oder Dreifaltigkeitskirche betr." Trier 1856 S. 8 cf. dessen Schrift betitelt: „Plaidoyer in Sachen d. bisch. Sem. zu Trier, die Jesuiten- oder Dreifaltigkeitskirche betr." Trier 1856 S. 121.

[17] Denn dort (cf. Nte 20) werden wir sehen, dass die res sacrae wiederholt als im Eigenthum eines kirchlichen Institutes befindlich genannt sind.

[18] Vgl. darüber, welche Ansicht hier am meisten durchzudringen vermochten unten § 51 Nte. 8. Bemerkenswerth ist Brinz's Auffassung in s. Pandecten S. 1049, wo es heisst: „Nach protestantischem Kirchenrecht sollen Kirchen und andere für den Gottesdienst bestimmte Sachen überhaupt nicht mehr res nullius und extra commercium sein können, dabei geht man von der Voraussetzung aus, dass es lediglich die Consecration sei, welche nach canonischem Recht jene Wirkung habe; weil nun die Consecration nach protestantischem Rechte wegfalle, und statt ihrer eine blosse Widmung (simplex dedicatio) im Gebrauch sei, so werde die Sache nicht mehr res nullius, nicht mehr extra commercium. Nun aber kommt Alles darauf an, was diese dedicatio sei. Ist sie Vergabung, dann enthält die protestantische Widmung vielmehr umgekehrt eine Rückkehr zu dem Wesen der antiken Consecration; dann macht gerade sie die Sache nothwendig zur res nullius, d. i. zu einer Sache, die keiner lebendigen Person, aber für den kirchlichen Zweck gehört. ... Wäre sie blosse Bestimmung, für den vorliegenden Zweck, dann allerdings bliebe sie in ihrem bisherigen Eigenthum, bei der Gemeinde oder sonstigen Herren. Ob sie nun aber blos dieses oder jenes sei, scheint vielmehr quaestio facti, als juris zu sein."

nicht begründet sei, wollen wir einen Schritt weiter in der Untersuchung unserer Frage machen, und die einzelnen Subjecte vorführen, denen man das Eigenthum an diesen Gegenständen schon eingeräumt hat.

Wir treffen hier wiederum dieselben Personen, deren Ansprüche bereits oben gelegentlich des Eigenthums am Kirchengute überhaupt zu prüfen waren. Zunächst also Gott, den Papst, die ecclesia particularis, die Kirchengemeinde; ferner die politische Gemeinde, den Staat, den Landesherrn, und Private; nur der allgemeinen Kirche hat hier meines Wissens Niemand das Wort geredet, was wir hiemit ausdrücklich constatirt haben wollen.

Was nun zunächst die Theorie der göttlichen Proprietät betrifft, [1] so hat darüber bereits Caroc im Anfang des 17. Jahrhunderts den Stab gebrochen, indem er [2] bemerkt: diese Ansicht empfehle sich durch ihren gottesfürchtigen Charakter, hindere aber nicht, offen auszusprechen, was dann eigentlich hinter der Sache stecke. „Absit, so fährt er fort, ut inficiemur, quod sacra loquitur pagina, summum Numen rerum omnium, quae mundi systema complectitur, esse dominum, eoque modo rei sacrae dominium Deo competere. Cum vero illud ipsum sit universale et generale, non impedit quominus detur specialius humano generi quaesitum vel quaerendum. Ajunt vero, rem sacram cultui divino consecrari, ac per hanc consecrationem, quam alienationis speciem esse volunt, omne jus, quod hominum erat ante dedicationem in Deum transcribi. . . . Quae vero

[1] Martinus Navarrus bemerkt in s. Tractatus de redditibus ecclesiasticis in Opp. Col. Agripp. 1616 (I 280): „Omnia sacra sunt solius Dei, at omnia bona ecclesiastica sunt sacra(?) Ratio, cur bona sacra dicuntur esse nullius, est, quia solius Dei sunt, non quidem ita nullius, ut occupantis fiant, sed ita, ut nullius hominis puri vel hominum sint, sed Dei tantum et D. N. Jesu Christi"

[2] L. c. § VII p. 10. Ich glaube durch ausführlichere Allegation sowohl dieses gewiss vielen ganz unzugänglichen Autors, als auch der übrigen bisher noch nirgends citirten Stellen manchem Leser einen wesentlichen Dienst zu erweisen.

omnia analogice et minus proprie dici, facile apparet vel obiter intuenti consecrationis finem, cujus in civili negotiorum humanorum aestimatione praecipua habetur ratio. Id agitur in consecratione, ut divinae gratiae ac tutelae res consecrata commendetur, non, ut ejus Dominium Deo quaeratur. Et quid? Num putabimus, novum jus facto humano immediate in ipsum Deum transire posse, qui summus est rerum moderator ac arbiter, ut ejus intuitu nihil proprii possideant mortales". [3]

Eine zweite Ansicht vindicirt, wie gesagt, das Eigenthum der consecrirten Gegenstände dem Papste; [4] aber auch dieser gebricht es selbstverständlicher Weise an allem rechtlichen Fundamente; Caroc lässt sich darüber in seiner bereits öfters citirten Monographie [5] folgendermassen vernehmen: „Multo minus audiendi veniunt, qui Rei Sacrae dominium penes Pontificem Romanum esse jactant. Quos equidem in terris Evangelicorum conticescere jubet dudum inde eliminata Pontificis jurisdictio. Nec alias dominium istud Papae competere, norunt edocti, quam debili, fundamento in Hierarchia Ecclesiastica Pontificis authoritas superstructa sit. Quinimo cordatiores et intelligentiores Romanensium Scriptores ne quidem rei ecclesiasticae proprietatem Praesuli suo vindicare audent." [6]

Dass man bei der Verschwommen- und Verfahrenheit der Lehre auch an den Staat, oder den Landes-

---

[3] Vgl. auch gegen das Gotteseigenthum Kreittmayr, Anmerk. z. L.-R. Thl. II Kap. I § 2 Nr. 2.

[4] Einen Schriftsteller, der sich in diesem Sinne ausgesprochen, konnten wir nicht auffindig machen; indessen verbürgt uns Kreittmayr in den Anmerk. z. L. R. (Thl. II Kap. I § 2 Nr. 2), dass der Papst für den Eigenthümer aller heiligen Sachen ausgegeben wurde und es erhellt noch deutlicher daraus, dass Caroc Veranlassung nahm, speciell gegen ihn sich auszulassen.

[5] L. c. § XI p. 12.

[6] (Mit Berufung auf Anton de Dominis de Rep. Eccles. Lib. IX c. VI § 15).

herrn dachte, lag nahe; in diesem Sinne bemerkt Stryk in seinem usus modernus pandectarum. Hal. 1730. I 8. § XI. I 130: „Non recte dictum a Groenwegio: Templa hodie non esse in nullius, sed in universitatis dominio. Rectus: Templa sunt in illlus dominio, cui jus sacrorum in republica competit. Unde admitto, templa esse in dominio vel potius arbitrio civitatis Imperialis, utpote quae jure sacrorum cum aliis Imperii statibus gaudet; non vero in dominio ullius civitatis municipalis, utpote quae circa sacra disponendi arbitrium nullum habet, sed hoc, cum ad Principem pertineat, Princeps vero haec jura plerumque per Consistoria exerceat, sine hujus consensu nil quicquam circa templa immutandum.“ [7]

Auch diese Theorie, deren Träger gelegentlich bemerkt, meist protestantische Rechtslehrer waren, [8] ist begreiflicher Weise nicht lebensfähig gewesen und ist überhaupt bloss eine kurz vorübergehende Erscheinung geblieben. Wissenschaftlich betrachtet, [9] hat sie wenigstens nicht die mindeste

---

[7] Hieher gehört auch der bereits oben § 40 Nte. 6 allegirte Ulrich Huber. cf. Hugo Grotius de jure belli et pacis lib. III c. 5 § 2.

[8] In den Anmerkungen zum L.-R. Thl. II Kap. 1 § 2 Nr. 2 in f. bemerkt Kreittmayr: „Quo ad Dominium et jus alienandi tractiren sie res sacras fast auf gleichen Fuss mit den rebus universitatis et publicis, und gestehen sohin der Landesherrschaft meistentheils Dominium saltem publicum hierüber ein,“ unter Hinweisung auf Heineccius, Instit. § 323 Stryk L. I Tct. VIII § 2. Leyser Spec. 22 § 2. Böhmer, de bon. paroch. C. I § 4 u. 5 idem de Potestate civili in templa C. 2 sect. 5 u. Jus eccles. L. III T. 1 XIII § 54 u. Glaffey, Jus natur. p. 784.

[9] Caroc l. c. § X p. 13. „Rectius et civilius sibi sentire videntur, qui res sacras esse publicas tradunt, earumque dominium Principi assignant; quamvis et nos non uno ore loqui, iisdemque argumentis sententiam suam ornare deprehendamus. Alii urgent Principum jus disponendi de rebus sacris. Ubi tamen monuit illustris Dn. D. Hert. Elem, Prud. Civ. R. I. Sect. V. p. Nr 115. ex eo, quod Principi de rebus sacris disponere liceat, easdem non esse publicas. . . . Sic et jus visitandi Ecclesias, jus ferendi leges de cultu Dei externo, cui in templis operamur, sunt jura imperii non dominii, quod in hoc argumento opponitur, et

Berechtigung, und währe wohl überhaupt nie zu Tage getreten, hätte nicht zu einer gewissen Zeit die Manie sich festgesetzt, alles, was mit dem Vermögen der Kirche im Zusammenhange stand, dem Fiscus in die Hände zu spielen.

Auch Anklänge an die sogenannte clericale Collegialtheorie[10] finden wir bei mehreren älteren Schriftstellern, so insbesondere bei P. Placidus Boekhn Comment. in jus Canon. univers. tom. lib. II tit. 12 § 2 N. 55 welcher bemerkt: „Res sacrae tametsi, humano commercio sint eatenus exemptae, ut cum rebus temporalibus commutari nequeant, sunt tamen sub dominio nempe communitatum vel personarum ecclesiasticarum."[11] Ihm folgten Heineccius[12] und Schmier.[13]

---

supra § 2 opposuimus imperio. . . . . Alii argumentum petunt a Principis consensu, sine quo praesertim in terris Evangelicorum templa extrui nequeunt. Certe hoc solo censenu Principem haud effici dominum, facile patescit vel aliarum rerum exemplo, quae, licet absque Principis authoritate non comparentur, suos tamen habent retinentque Dominos privatos. . . Allii tandem provocant ad Grot. de Jur. B. et P. P. III, V 2, ubi res sacrae accensentur publicis. Verum ipse Grotius locum citatum temperat, III. 12. 6, ubi rem sacram suo modo (in sensu latiori et improprio) publicam esse scribit. Scilicet, cum templa qua cultum divinum, cui illa sunt destinata, cunctis pateant, hactenus recte dicuntur loca publica. . . Id quod fixum immotumque manet, quod supra innuimus, res nostras esse sub Princiqis imperio, jurisdictione, dominio universali, quod tamen speciale et proprie sic dictum dominium privatis salvum esse sinit."

[10] Vgl. oben S. 281 Nte. 5.

[11] „Non quidem eo sensu (setzt er erläuternd hiezu) quasi partem patrimonii ac bonorum consistant, (sic enim nullius esse dicuntur § nullius 7, Inst. de rer. divis. l. i. pr. D. eod), sed quoad dispositiones, quas natura rerum illarum patitur faciendas."

[12] Instit. jur. civilis § 320: „Rerum autem sacrarum dominium ecclesiis seu coetibus religiosis tribuimus."

[13] Dieser letztere hält sich an Boekhn **womöglich wörtlich** — jedoch ohne Quellenangabe — in seiner Jurisprudentia canonica civilis seu Jus canonicum universum. Salisb. 1729 III. (II. c. 9 s. 1 § 1. n. 4) II 421: „Res sacrae tametsi humano commercio sint eatenus exemtae, ut cum rebus

Nebenbei hat man auch die Kirchengemeinde auf's Tapet gebracht oder gar die Clerisey.[14] In Ansehung der ersteren bemerkt Titius in der Probe des Teutschen geistlichen Rechts anderes Buch. I. Hpstck. § 15: „Es sind demnach sowohl die geheiligten als Kirchensachen dem Eigenthum unterworfen; es ist dieser (der Eigenthümer) die Kirche, hiedurch aber wird nicht verstanden der steinerne oder hölzerne Tempel, sondern eine Versammlung einiger Personen, da sich an einen gewissen Ort zu einer Glaubensformel bekennen." Aehnlich legen sich auch Wolff[15] und Schilter[16] die Sachlage zu Recht.

Hiegegen polemisirt wieder Caroc, welcher diese Ansicht bloss dann gelten lassen will, wenn die Kirchengemeinde die Kirche mit ihren Mitteln erbaut habe; jedenfalls könne aus der Baulast der Eingepfarrten an Kirche und Kircheneinrichtung kein Eigenthum daran gefolgert werden.[17]

---

temporalibus commutari nequeant, sunt tamen sub dominio nempe communitatem vel personarum Ecclesiasticarum."

[14] Dass man an sie auch schon dachte, verbürgt uns wieder (vgl. oben S. 314 Nte. 4). Kreittmayr in Anmerk. zu Cod. Maxim, Bav. Thl. II Cp. I § 2 Nr. 2.

[15] Christ. L. B. de Wolff, Institutiones Juris Naturae et Gentium Hallae 1750. P. III Sect. II Cp. III § 1026 S. 632: „Cum tamen res sacrae quam profanae destinentur ad usum ecclesiae cujusdam particularis, utraeque ecclesiae particularis sunt." Dass aber unter dem letzteren Ausdrucke die Kirchengemeinde verstanden werden wollte, geht aus dem oben S. 276 Nte. 1 allegirten Citate deutlich hervor.

[16] cf. Jo. Schilter, Praxis Juris Romani in Foro Germanico Jenae 1695. Exercitat. ad Pandect. IV § 4: „Atquin hinc est, quod uti universitas vindicare potest res publicas, ita et societas sacra res sacras." Vgl. auch Windscheid P. §. 147 zu Nte. 4 (jedoch auch oben S. 262 Nte. 1.)

[17] „Nolim itaque templi dominium coetui Parochianorum der Gemeinde, den Einpfarrten asserere, nisi forte horum sumptibus illud aedificatum, aut comparatum esse constet. Nec ad rem pertinere videtur, quod nonnunquam in Parochianos devolvatur onus reparationis. Id enim aliquando alterius, quam domini esse vel exemplo usufructuarii liquet." (Caroc l. c. § XIII).

Endlich haben wir die Ansicht jener zu verzeichnen, welche sich auch in Ansehung der heiligen und geweihten Sachen für das Eigenthum jedes einzelnen kirchlichen Institutes ausgesprochen haben. Ihr huldigt vor allem Kreittmayr, welcher nach Aufzählung der verschiedenen Ansichten bemerkt: „Wir stimmen also der letzteren Meinung allerdings bei, **dass jede Kirche selbst soweit sie personam mysticam vorstellt, die wahre Eigenthümerin von ihren res sacrae [18] sei.**" [19]

Auch die Quellen des canonischen Rechts, kommen wiederholt in die Lage, von dem Eigenthum einzelner kirchlichen Instituten an einer res sacra zu sprechen; [20] allein es geschieht diess blos gelegentlich;

---

[18] Anmerk. zu Bayr. L.-R. Thl. II Kap. I § 2 Nr. 2.

[19] Uebereinstimmend Blume, Kirchen-Recht § 194. Regnier in der S. 311 Nte. 16 citirten Schrift. S. 8: „Fragt man nun noch nach dem Subjecte aller bei einer res sacra nur denkbaren Rechte, so ist es allein die Zweckbestimmung (?), welche wie bei allen juristischen Personen, besonders aber bei sämmtlichen piae causae durch eine gesetzliche Fiction zu einem Rechtssubjecte erhoben wird." Dass Regnier hierunter die einzelne kirchliche Anstalt verstand, geht aus der Forts. deutlich hervor. Caroc bemerkt l. c. § XI p. 14: „Quapropter alii optime rem definiri putant, si id, de quo loquimur Ecclesiae particulari, (cujus nomine an coetum Parochianorum certi alicujus templi, an totius Provinciae Ecclesiam intelligant, non adeo liquet.) adscribatur (mit Berufung auf D. Schilt. Instit. J. Can. Lib. II Tit. VI p. 301 und Titius in der Probe des geistlichen Rechts. Lib. II C. 1 § 44). Cui asserto praesidium quaerunt tum inde, quod Ecclesiae ejusque Oeconomis detur rei sacrae nulliter alienatae vindicatio, e domino oriunda, tum in eo, quod templa sumptibus et cura Ecclesiae particularis si non extruantur, conserventur tamen atque reparentur. ... Id vero hic supponitur, quod aliunde constat, Ecclesiam particularem esse dominii capacem, prout rerum universitatis exemplo manifestum est. ... Praeterea supponitur Ecclesiae dominium in res sacras non esse absolutum, et liberum, sed restrictum, s. conditionatum" etc. cf. auch noch: Zum preussischen Kirchen-Recht. Eine zeitgemässe Monographie. Schaffhausen 1838. S. 14, 15.

[20] Vgl. die nachfolgenden Stellen: c. 24 X lib. I tit. 6. „Cum ipsa (sc. eccles.) pertineat ad ecclesiam Sanctae Agathes pleno jure." c. 6 X. lib. III tit. 19 (suprascriptio) „ecclesiae jure proprietatis ad invicem possunt

denn ex professo findet sich im corpus juris canonici unsere Frage nicht entschieden.

§ 52.
Der richtige Standpunkt.

Wollte man sich nun bei der zuletzt citirten Ansicht beruhigen, so wäre man von der Lösung der Frage nach

permutari," c. 3 X. lib. III tit. 21: „ex praesentium latoris insinuatione accepimus, quod sacerdos ecclesiae de Offitona calicem argenteum et medietatem unius breviarii ejusdem ecclesiae pro sua necessitate pignori obligavit, et ea, morte praeventus, minime recollegit. Unde quoniam indignum est, ut eidem ecclesiae res suae et praesertim quae sacris ministeriis deputatae sunt, taliter debeant deperire mandamus" etc. c. 34 X de appellat. II, 28. „Prespyterum ecclesiae sancti Jacobi Zamoren, quae est propria Compostellanae ecclesiae." c. 2 X lib. III tit. 37. „Unde praedictus praedecessor noster ecclesiam vestram capitulo, quo se conquesta fuerat, spoliatam salvo jure proprietatis sancti Laurentii revestire curavit." „ad haec sancti Laurentii Oeconomus ex adverso respondit, quod Ecclesia illa nullo medio ad Romanam Ecclesiam pertinebat." Sexti Decretales lib. V tit. VII c. 10: „aliquam ecclesiam, ad jus et proprietatem Romanae ecclesiae pertinere." . . , Ipsam ecclesiam forte exemptam aut eam juris beati Petri existere sive ad jus et proprietatem Romanae ecclesiae vel ad Romanam ecclesiam specialiter aut sine medio vel etiam simpliciter pertinere." Tit. 12 c. 3 l. c. „praeter ecclesiam et oratoria ad ecclesiam destinata et coemeterium, quae tam ad praesentia quam ad futura in jus et proprietatem nostram et praedictae Romanae ecclesiae simili modo et auctoritate recipimus." Joann. XXII Extravag. tit. 14 c. 3 „omnium utensilium et librorum rerumque mobilium et praesentium et etiam futurarum ecclesiarum quoque et oratoriorum tam praesentium quam etiam futurorum . . . proprietatem et dominium plene ac libere ad se et Romanam ecclesiam pertinere." Bei Tamburin de jure Abbat. tom II disp. 13 qu. 13 findet sich folgende Entscheidung der S. R. Rom. (decisio 20 Nr. 32). „Secundum idem privilegium dictae praepositurae competit, quia ipsa est de proprio patrimonio Romanae ecclesiae et de horto ejusdem, prout sunt omnes ecclesiae Marciae et Ferrariae." Vgl. auch die oben S. 114 Nte. 13 u. 14 citirten Stellen aus Wadding Annales, wo es z. B. heisst: „reservata tamen proprietate dictae Ecclesiae S. Laurentii . . jam dictae ecclesiae nostrae Aversanae." auch S. 122 Nte. 2.

wie vor noch weit entfernt; jedenfalls hätte man nur ein Bruchstück derselben in Händen; denn merkwürdiger Weise kömmt manches jener Individuen als Eigenthümer von heiligen und geweihten Sachen mit vollem Rechte in Betracht, die wir oben bei der Frage nach dem Eigenthum am Kirchenvermögen als solchen mit ein paar Worten abzuspeisen vermochten.

Dass man bei Erörterung unserer Frage überhaupt nicht schablonartig vorgehen, vielmehr im einzelnen die Untersuchung aufnehmen müsse, wem denn eigentlich diese oder jene heilige Sache gehöre, hat schon Coroc vor fast zweihundert Jahren richtig erkannt, indem er auf die Bitte, doch endlich auch seine Anschauung von der Sache zum Besten zu geben, bemerkt, eine allgemeine Regel lasse sich schlechterdings nicht anführen, es komme vielmehr Alles auf den gegebenen Fall an. Im Zweifel sei indess anzunehmen, dass sich die Cathedralkirche im Eigenthum des Bischofs befinde; in evangelischen Ländern werde der letztere durch den Landesherrn vertreten, welcher auch als der rechtmässige Eigenthümer der Schloss- oder Hofkirche erscheine, gemäss der Rechtsregel: Accessorium sequiter principale. Collegial- und Klosterkirchen befänden sich im Zweifel im Eigenthum der Corporation der Canoniker oder Mönche. Was die übrigen Kirchen betrifft, so will Caroc zwischen solchen in Städten und auf dem Lande unterschieden wissen; als der Eigenthümer der letzteren soll der Eigenthümer des Grund und Bodens derselben gelten, wogegen die ersteren sich im Eigenthum der politischen Gemeinde befänden.[1]

---

[1] Caroc. l. c. § XII p. 15 f. „Hucusque indicavimus, quam varie in hoc nostro argumento sentiant D. D. Meam si quis forsan scire velit sententiam, haud facile crediderim, generali regula definiri posse, quisnam sit templi dominus proprie talis. Verum magis esse videtur, ut pro diverso locorum ac circumstantium habitu judicium feratur, idque felicius procedat, quam si hic subtiliter et problematice disputaveris. In dubio quidem probabilius puto, praesumiter, Ecclesiam Cathedralem esse in dominio Episcopi, quem in terris Imperii Evangelicorum repraesentet

Bei diesen Unterscheidungen, die wir nun näher prüfen wollen, läuft neben dem Falschen mancher richtige Gesichtspunkt mit unter.

Vorerst bedarf es wohl keiner Versicherung, dass nach katholischen Rechtsgrundsätzen der Bischof nicht der Eigenthümer der Cathedralkirche sei; diese letztere befindet sich vielmehr mit ihren heiligen und geweihten Sachen regelmässig im Eigenthum der sich in dem bischöflichen Stuhle personificirenden juristische Person, genannt: das Bisthum. Aber auch nach den Grundsätzen der Protestanten halte ich es für bedenklich, den Landesherrn für den Eigenthümer der Cathedrale auszugeben; viel richtiger dürfte es sein, an dessen Stelle die Kirchengemeinde zu substituiren,[2] falls nicht auch hier deren Ansprüche vor denen der einzelnen kirchlichen Anstalt zurückzutreten haben.[3]

Dagegen hat Caroc vollkommen recht, wenn er behauptet der Landesherr sei der rechtmässige Eigenthümer der Schlosskirche. Auf den ersten Blick wird man zwar ungläubig den Kopf schütteln, wenn einem zugemuthet wird, an der Möglichkeit des Eigenthums eines Privaten an einer res sacra zu glauben; man wird sagen, wenn sich nicht einmal die res ecclesiasticae im Eigenthum eines Laien befinden können,[4] so kann diess doch unmöglich bei einer res sacra

---

Princeps. Atque hic etiam dominus erit templi arcis, Germ Schloss-Kirche per trilum illud: Accessorium sequitur principale (Vid. D. Fabricii Amoen. Eccl. Diss. 8 de Eccles. aulicis.) Nec ambigo, quin in dubio Ecclesiae Collegiatae et Monasterii proprietas recte adscribatur Collegiis Canonicorum et Monachorum. Quantum ad reliqua templa, sunt vel ruralia vel urbana. Illorum dominus censeri poterit, qui est dominus praedii, ita tamen ut aliis salvum maneat jus patronatus, sicut et alias hoc asserto nullius juri sive publico sive privato quicquam detractum esse volumus. Haec, templa urbana optime referri videntur ad res civitatis, quarum proprietas est penes cives collective sumptos, usus vero singulis patet."

[2] Cf. Wappäus l. c. S. 57.

[3] Wie oben bezüglich des Kirchengutes überhaupt vgl. S. 277 Nte 12

[4] S. die Belegstellen oben S. 296 Nte 3.

der Fall sein;[5] und doch entspricht dieses Verhältniss vollkommen den Rechtsgrundsätzen des canonischen Rechts.

Hienach muss nämlich behauptet werden, dass an und für sich die Consecration einer Sache dieselbe dem früheren Eigenthümer noch keineswegs entziehe, und dass, um eine consecrirte Sache auch zum Kirchengute zu machen, noch eine specielle Hingabe an die Kirche, ein Widmungs- oder Schenkungsact an dieselbe hinzutreten müsse.[6] Wenn man also, wie diess häufig geschieht, auch die res sacrae ganz allgemein zum Kirchengute rechnet,[7] so ist diess nicht richtig und kann nur in der weitesten Bedeutung dieses letzteren Begriffes[8] verstanden werden; denn nur ein Theil der consecrirten Sachen steht im kirchlichen Eigenthumsverbande, bei dem übrigen trifft diess aber nicht zu; ja es

---

[5] und wirklich ist auch diese Behauptung schon aufgestellt worden, vgl. Regnier in der S. 311 Nte 16 citirten Schrift betitelt Replic etc. „Jede Kirche wird durch ihre Consecration zu einer res divini juris, zu einer res sacra. Wenn man auf der Gegenseite glaubt, dass eine solche res nullius sei, so kann dieses nur in dem weiten Sinne dieses Wortes richtig sein, nämlich in dem Sinne, dass sie sich in keinem Privateigenthum befinden, nicht aber in dem Sinne, dass sie sich überhaupt in keinem Eigenthum befänden. Die res sacrae befinden sich als res divini juris in einem besonders gestalteten öffentlichen Eigenthumsverhältnisse und sind als solche extra commercium, d. h. sie können nicht in einem Privateigenthum stehen." (S. 8 l. c.) Ganz andere Grundsätze lesen wir freilich in Regniers Schrift, betitelt Plaidoyer etc. Cf. unten Nte 12.

[6] Ein anderer Fall ist es freilich dann, wenn, was das häufigere sein wird, der fragliche Gegenstand schon vor seiner Consecration und vor der protestantischen einfachen Dedication sich im kirchlichen Eigenthume befinden, dort im Eigenthum des einzelnen Kircheninstitutes, der besonderen bischöflichen oder Parochialkirche als der juristischen Person, nach protestantischer Rechtsanschauung in demjenigen der einzelnen Kirchengemeinde; in diesem Falle, den Wappäus l. c. S. 57 zunächst vor Augen hat, wird mit der Consecration das Rechtssubject überhaupt nicht geändert.

[7] Vgl. z. B. Jakobson, das evangelische Kirchenrecht des Preussischen Staates. II. Abth. Halle 1865 § 163 S. 646.

[8] Vgl. oben S. 231 Nte 10.

kann vorkommen, dass z. B. eine Schlosskirche nebst allen ihren heiligen Sachen im Eigenthume des Schlossbesitzers sich befindet, was nicht hindert, dass für den daselbst bestehenden kirchlichen Zweck ein Vermögen constituirt ist, welches im kirchlichen Eigenthumsnexus steht; dann hätten wir den freilich seltsamen und scheinbar sich widersprechenden Fall, dass die Kirche, das Principale und scheinbar doch viel wichtigere in Laienhänden ist, während bei dem bei weitem secundären Elemente, dem Kirchenvermögen dieses Verhältniss um keinen Preis stattfinden darf.[9]

Ueber die Möglichkeit eines Privateigenthums an einer res sacra in der oben beschriebenen Weise stimmt mit uns insbesondere überein: Brinz in seinem Lehrbuche der Pandecten,[10] ferner ausser den daselbst citirten

[9] Der Widerspruch ist in dessen ein blos scheinbarer; denn das canon. Recht sagt blos, dass das Kirchenvermögen nicht Laienhänden angehört und angehören darf, sagt aber nicht, dass auch Laien ihnen eigenthümlich bleibendes Vermögen nicht kirchlichen Zwecken dienen lassen dürfen. Nach dem aber, was wir oben gehört haben, braucht die Kirche, das heilige Gebäude keineswegs zum eigentlichen K.-V. zu gehören, kann vielmehr blos kirchlichen Zwecken dienendes Privatgut sein. Umgekehrt kann sich auch sehr wohl der Fall ereignen, dass die Kirche aus Kirchenmitteln erbaut ist, also Kirchengut bildet, während das Vermögen, was zur Unterhaltung derselben und des an ihr angestellten Geistlichen dient, im Laieneigenthum sich befindet; man denke an den Fall, dass ein Gutsherr dem Pfarrer Grundstücke zu Lehen gegeben, vgl. oben S. 296 Nte 4. Freilich liegt hier wieder ein Fall des K.-V. vor, wo dieser letztere Begriff nur im weiten Sinne des Wortes anwendbar ist. (Vgl. oben S. 231 Nte 10.)

[10] Zweite Abthl. 2. Hälfte 1. Liefer. S. 1048 Das Patronat erscheine in Concilienbeschlüssen, Kapitularien und Urkunden vom 8. bis 13. Jahrh. zuförderst als Eigenthum an der Patronatskirche . . Das spätere canonische Recht habe diesem Rechte des Patronats zwar mit Erfolg entgegen gearbeitet; allein die Möglichkeit eines Eigenthums an Kirchen und consecrirten Kapellen sei damit doch nicht beseitigt worden; namentlich könnten Schloss- und Hauskapellen nicht anders als im Eigenthume des Schloss- oder Hauseigenthümers befindlich gedacht werden; aber auch andere consecrirte Sachen, wie Gewänder, Kelche etc. seien nicht selten

Autoren [11] noch Regnier, [12] Wappäus, [13] Uhrig, [14] Glück. [15] Insbesondere aber verweise ich auf den unserer Materie überhaupt mit einer gewissen Vorliebe behandelnden Kreittmayr, welcher in den Anmerk. z. bayr. L. R. Thl. II Kap. I § 7 Nr. 1 bemerkt: „Dann soviel res sacras, sanctas, religiosas betrifft, ist wohl nichts weniger wahr, als dass sie res nullius sein sollen; indeme wir bereits oben [16] vernommen

---

Eigenthum des Priesters, ja mitunter Eigenthum des Laien, wie z. B. eine Monstranz der Familie Lobkowitz in Prag.

[11] Windscheid P. § 147 Anm. 4 u. Wächter a. a. O. (vgl. S. 311 Nte. 11).

[12] Regnier in dem oben S. 311 Nte. 16 allegirten Plaidoyer bemerkt S. 121: „Solche kanonisch erigirte Oratorien und Kapellen etc. in Klöstern, Lyceen, Collegien, Seminarien, Congregationen, Schlössern und selbst bei grossen Fabrikgebäuden unterscheiden sich von den Pfarr-Succursal- und Annexkirchen wesentlich durch ihren privativen Charakter. Jene werden zu den öffentlichen Orten (lieux publics) gezählt, in dem Sinne, dass der Eintritt in dieselben Niemand verweigert werden kann; diese zu den Privatgebäuden, zu welchen der Zutritt nur mit ausdrücklicher oder stillschweigender Erlaubniss des Eigenthümers gestattet ist. Nach kanonischem und bürgerlichem Rechte, bei den Schriftstellern und in der Jurisprudenz ist darüber kein Streit, dass diese Gattung von Kapellen, deren kirchliche Bestimmung auf eine gewisse Klasse oder Anzahl von Personen beschränkt ist, sich im Privateigenthum derjenigen physischen oder juristischen Personen befinden, welche dieselben mit Erlaubniss des Bischofs errichtet oder durch irgend einen Rechtstitel erworben haben."

[13] Wappäus l. c. S. 57: „Aber nicht etwa nur die Kirche oder Kirchengemeinde haben wir uns als befähigt zu denken, das Eigenthum der res sacrae inne zu haben, sondern es kommt auch nicht selten vor, dass blossen Privatpersonen an gottesdienstlichen Gebäuden mit allem ihren Zubehör das Eigenthum zusteht" (mit Berufung auf Stryk. U. M. P. II 272).

[14] A. a. O. S. 81 f.

[15] Erläuterung der Pandecten 1790 II 30 cf. auch Dorner, Kurze Erörterung der Rechtsfrage, wenn das Eigenthum am Kirchengute zusteht. (Rosenheim 1868) S. 64.

[16] Die Stelle, worauf Kreittmayr verweist, findet sich in Thl. II Kap. I § 2 Nr. 2; hier heisst es: „Und sind (nämlich die res sacrae etc.) nicht einmal dominio privato et singulorum gänzlich ausgeschlossen, wie die tägliche Erfahrenheit an Kelchen, Messgewändern, Reliquien und

haben, dass sie der Kirche und respective dem Staat, worin sich selbe befinden, eigenthümlich gehören, ja sogar dominium privatum in gewisser Maas nicht ausschlagen, einfolglich würde auch derjenige übel anfahren, welcher sich derselben ex praedicta regula quod (res nullius) cedant primo accupanti bemächtigen wollte."

Ich mache mich hier indess schon im Voraus auf den Einwand gefasst, dass die hier vorgetragene Lehre zwar auf Seite der Civilisten Anhänger gefunden, nicht aber auf Seite der unsere Rechtsfrage mit unbefangenem Auge betrachtenden Canonisten. Ich begegne aber demselben schon zuvor, indem ich mich auf Nicollis, [17] eine an der römischen Curie gut angeschriebene, ja als Autorität geltende Persönlichkeit stütze, welch' letzterer sich über unsere Frage in nachfolgender Betrachtung ergeht: „Quaeritur an possit Clericus disponere de vasis argenteis et ornamentis, emptis ex propria pecunia pro suo privato usu, an possit disponere de rebus sacris emptis propria pecunia. Declaro, supradicta procedere, quando vasa, vestimenta ornamenta praedicta non fuerunt dicata Deo, ecclesiae vel oratorio expresse vel tacite, [18] ut si haberent signum ecclesiae, quae dedicatio in dubio non praesumitur. Unde est, quod si de praedictis vasibus vestibus et ornamentis clericus non disposuerit, non succedit ecclesia vel spolium, sed heredes ab intestato venientes."

---

andern geweihten Sachen, die sich in oratoriis vel manibus privatis befinden, mit sich bringt. Zwischen diesen und andern eigenthümlichen Sachen ist also kein anderer Unterschied, als dass jene anderer Gestalt nicht dann ad usum sacrum et religiosum von dem Eigenthümer applicirt werden dürfen."

[17] a. a. O. Tom. I lib. I § III n. 85.

[18] Nicollis stimmt also der oben vorgetragenen Ansicht vollkommen bei, indem er gleich uns annimmt, dass, um eine res sacra auch zum Kirchengut zum Kirchengut zu machen, eine ausdrückliche oder aus den Umständen des Falles zu entnehmende Hingabe an die Kirche hinzukommen müsse.

Zum selben Relultate gelangt P. Placidus Bökhn in seinem Commentarius in Jus Canonicum Salisburg 1735. l. II tit. 10 § 2 n. 55, wo er schreibt: „Immo et laici, qui equidem exclusi sunt ab habendis juribus ecclesiasticis eligendi, decimandi et similibus, possunt tamen dominium quoddam habere rei alicujus sacrae v. gr. calicis: nam si laicus calicem suis sumptibus comparatum consecrari faciat, utique non ideo dominium amitit et potest non quidem ad usus profanos, sed sacros v. gr. privati sui oratorii, si aliquod ipsi concessum sit, adhibere: nemo etiam negaverit, quod possit similem calicem alicui ecclesiae donare. Cum tamen si dominus haud foret, certe nec donare posset propter vulgatam juris regulam, quod nemo valeat plus juris in alium transferre quam ipse habeat. Accedit quod indubitato talem calicem furto forsan ablatum, possit vindicare, non modo a fure sed a quovis possessore. Hoc idem patet de sacris reliquiis, quae etiam laicis devotionis et spiritualis tutelae causa concedi solent.“ [19]

---

[19] Am ausführlichsten motivirt seine Ansicht Suarez in seiner defensio fidei cathol. lib. IV c. 19 n. 5 wo es heisst: „Primo, quia nullum est jus ecclesiasticum, quo omnes privatae personae vel communitates humanae incapaces fiant dominii talium rerum, eo ipso quod consecratae sunt. Neque etiam ex natura rei sunt incapaces, nam possunt habere verum titulum dominii circa rem ipsam seu circa materiem rei consecratae; nulla enim ratio est, cur consecratio sola dominium auferat. Multi enim Theologi dicunt, hominem habere dominium etiam ipsius gratiae, quae multo magis supernaturalius est quam vas consecratum. Deinde si persona privata sit ecclesiastica praesertim sacerdos non est cur non possit esse ... Dominus calicis vel aliarum rerum sacris ministeriis deservientium, quia ex parte materiae potest illas suis sumptibus facere et ex parte consecrationis potest illis libere et suo jure uti legitimo usu, quod satis est ad rationem dominii. Si vero sit laicus, potest etiam habere titulum dominii circa materiem; et licet post consecrationem non possit per se ipsum licite rebus uti propter incapacitatem personae, potest tamen illis uti per alios convenientes ministros et similiter aliis potest facultatem concedere utendi hujusmodi rebus, et ipso invito nemo potest tales res vel usum earum usurpare sine injustitia, ergo signum est, privatum hominem

Nach dem Gesagten wollen wir schliesslich noch die sonstigen Ansichten prüfen, welche Caroc oben über die möglichen Rechtssubjecte einer res sacra aufgestellt hat.[20]

Zuförderst aber soll constatirt werden, dass durchaus nichts im Wege steht, dass auch nach katholischem Kirchenrechte der Staat Eigenthümer einer res sacra sei;[21] denn

---

etiam laicum posse habere talium rerum dominium. Denique usus etiam et experentia hoc persuadet; nam multae privatae personae possident tamquam proprias res consecratas ut vestimenta sacra et calices et paramenta altarum, quae saepe habent in privatis suis oratoriis, in quibus vel etiam in propriis cubibus habent sacras imagines, reliquias Sanctorum et alias res benedictas, de quibus etiam disponunt tamquam proprii dominii ... n. 7 ... Atque ob similem rationem non videtur vera alia Iuristarum assertio, videlicet non committere verum furtum, qui calicem v. gr. aut aliquam rem consecratam a privata persona, quae eam tamquam propriam possidet, surripit. Nam licet illo furto addatur circumstantia sacrilegii, non ideo tollitur vera malitia furti, nam est injusta acceptio rei alienae invito Domino, neque illa injustitia est contra alium praeter quam contra illum, qui rem illam licet sacram tamquam propriam possidet, ergo contra illum furtum committitur et non est, cur actio furti illi denegetur. n. 8. Praeterea, quia licet negare non possumus, hujusmodi res sacras esse sub dominio privatorum fidelium" etc. Später spricht derselbe (Jesuit) von den consecrirten Altären und sagt: „Ex quo etiam fit, ut licet manere possint sub hominis dominio, nihilominus dominium illud valde restringatur . . . ad solum usum sacrum." Zu vgl. sind noch ausserdem: Joh. Helfert, von der Erbauung, Erhaltung und Herstellung der Kirchen Prag 1834 § 38 S 112. Jos. Valent Eybel Introductio in jus ecclesiasticum Vienn 1777. II 2 § 118 u. die bei Uhrig l. c. S. 82 Nte 17 cit. Schriftsteller.

[20] Zum Theile haben wir damit schon oben begonnen (vgl. S. 321.)

[21] So stehen z. B. die preussischen Militär- oder Garnisonkirchen im unbestrittenen Eigenthum des Staates (cf. Jacobson, das Evangelische Kirchenrecht des Preussischen Staates. Halle 1865 § 160 S. 641 Nte 11). Man denke ferner an den Fall, dass der Staat ein Gefängniss erbaut, und darin eine Kirche errichtet; Gefängniss und Gefängnisskirche stehen im Staatseigenthum, oder das gewisse Hausgüter eines Fürsten mit allem Zubehör als da sind Kirchen, Kelche, Monstranzen etc. in das Eigenthum des Fiscus übergehen. Vgl. überhaupt Wappäus l. c. S. 58

nachdem wir gesehen haben, dass jedwelcher Privater diess sein könne, so ist ein Grund gegen die Ansprüche des Staates nicht einzusehen.[22]

Dass Collegial- und Kloster-Kirchen regelmässig im Eigenthum des Capitels und der Corporation der Mönche sich befinden,[23] wird gleichfalls vernünftiger Weise nicht bestritten werden können.

Dagegen scheint uns Caroc offenbar auf einen Irrweg gerathen zu sein, wenn er bei den übrigen Kirchen zwischen solchen in den Städten und auf dem Lande unterscheidet und die Proprietät der ersteren der Commune, die der letzteren dem Eigenthümer des Grund und Bodens vindicirt.[24] Vielmehr wird man behaupten müssen, dass die Stadt- und Landkirchen sich im Zweifel im Eigenthum des einzelnen kirchlichen Instituts, der juristischen Person sich befinden,[25] sofern nicht ein gegentheiliger Beweis geliefert ist, z. B. der, dass der Patron oder die Commune[26] die Kirche aus eigenen Mitteln erbaut haben und blos die dortige Handhabung kirchlicher Verrichtungen gestatten, ohne sich hiemit des Eigenthums an der Kirche begeben, m. a. W. ohne die Kirche zum eigentlichen Kirchengut gemacht zu haben.[27]

---

u. Rüttiman, Nachtrag z. s. Gutachten, betr. die Baseler Festungswerke S. 12, 22.

[22] Richtig ist blos, dass der Staat nicht Eigenthümer aller res sacrae sei. Vgl. oben S. 314 ff.

[23] Vgl. oben S. 320 Nte 1.

[24] Vgl. oben S. 320 Nte 1.

[25] Diese Präsumption wird bezüglich aller res sacrae aufzustellen sein; denn abgesehen davon, dass die meisten Kirchen aus Kirchenmitteln erbaut sind, spricht doch immerhin eine Vermuthung dafür, dass die consecrirte Sache mit oder doch nach der Consecration der Kirche auch eigenthümlich überlassen worden sei.

[26] Dass nach particularem Rechte auch eine Kirchengemeinde Eigenthümerin einer res sacra sein kann, unterliegt dem Gesagten zu Folge natürlich auch keinem Zweifel. — Ebenso gut kann natürlich der Papst einzelne consecrirte Gegenstände eigenthümlich besitzen; falsch ist nur, dass er Eigenthümer aller res sacrae ist.

[27] Fälle dieser Art liegen nahe; man denke den Fall, ein politische

Ehe wir das Kapitel von den res sacrae schliessen, haben wir noch eines Kirchengegenstandes Erwähnung zu thun, der, so einfach und untergeordnet er an und für sich ist, dennoch schon ausserordentlich viel Staub aufgewirbelt hat: ich meine die Kirchenstühle. Bezüglich ihrer herrscht nämlich unter den Canonisten und Civilisten schon von Alters her eine grosse Meinungsverschiedenheit darüber, ob sie den rebus sacris oder mere ecclesiasticis beizuzählen seien.[28] Nach unserm Dafürhalten wird man mit der Aufstellung einer allgemeinen Regel nicht durchkommen, vielmehr wird man unterscheiden müssen, ob der Kirchenstand aus Kirchenmitteln erbaut und mit der ganzen Kirche, (respective als inhaerirender Bestandtheil derselben) consecrirt wurde, in welchem Falle derselbe als res sacra und ecclesiastica zugleich erscheint, oder ob der Kirchenstand aus Privatmitteln hergestellt wurde und an der Consecration der Kirche als accessorium derselben blos Theil nahm;[29] in diesem letzteren Falle sind wieder zwei Eventualitäten möglich: entweder hat der private Hersteller mit der Hingabe zum Zwecke sich ausdrücklich oder stillschweigend jedes Eigenthumsrechtes daran entschlagen, und dann gilt als der

---

Gemeinde gründet ein Spital und erbaut darin auch eine Kirche; so steht z. B. die Nikolai-Kirche in München im unbestrittenen Eigenthum der dortigen Gemeinde; dieser Zustand ist auch nach dem canonischen Rechte ein legaler. (Vgl. unten S. 333 Nte 7).

[28] Vgl. über diese Controverse Leyser Meditat. Sep. 22 § 4. Titius Jur. Priv. L. 9 C. 6 § 4. Böhmer de bon paroch. C. 2 § 2. Nach Kreittmayr Anmerk. z. L. R. Thl. II Kap. I § 2 nr. 6 ist soviel gewiss, dass sie nicht ad res sacras primi, sondern allenfalls nur infimi ordinis gehören. Vgl. auch Hommel princ. jur eccles. sax. S 162 u. überhaupt Griebner. Cent. observat. for. Eccles. Obs. 100 u. Wernher Observat. P. III Obs. 119.

[29] Wird, was ja auch vorkommen kann, ein Kirchenstuhl erst nach erfolgter Consecration der Kirche von einem Privaten mit Erlaubniss der Kirchenobern in einer Kirche aufgestellt, so kann von einer sacralen Natur desselben ohnedem nicht die Rede sein, es sei denn, dass der Kirchenstuhl zum dauernden Bestandtheil der Kirche gemacht würde und hienach als unzertrennlicher Theil derselben deren rechtliche Eigenschaft theilt.

Eigenthümer des Kirchenstandes wie im ersterwähnten Fall das einzelne kirchliche Institut;[30] oder hat er sich sein Eigenthum ausdrücklich oder doch wenigstens in unzweideutiger Weise vorbehalten, und dann ist kein Grund vorhanden, warum er dasselbe nicht nach wie vor besitzen könne; denn so gut ein Privatmann Eigenthümer von Kirchen, Altären und Kelchen, ebensogut kann er auch Eigenthümer von Kirchenstühlen sein.[31]

Zweite Unterabtheilung.

Das Rechtssubject der benedicirten Sachen.

§ 53.

Noch viel besser als die Consecration verträgt sich aus leicht begreiflichen Gründen die Benediction mit dem Eigenthum überhaupt, und insbesondere mit dem eines Privaten;[1] ich brauche zum Beweise dieser Behauptung

[30] In Anschluss an die obige Stelle bemerkt Kreittmayr: „Und da wir der Kirche bereis oben das Dominium rerum sacrarum nach Meinung der Rechtsgelehrten überhaupt eingeräumt haben, so können wir ihr solches über die Kirchstühle desto minder absprechen.“ Auch v. Weber Darstellung des Kirchenprivatrechts des Königreich Sachsen vindicirt das Eigenthum der Kirchenstände den einzelnen Kirchen cf. Abth. II § 102 S. 621.

[31] Dieser Grund ist meines Erachtens durchschlagend. Ueber das Rechtssubject der Kirchenstände s. auch noch Büff, Kurhessisches Kirchenrecht Cassel 1861 § 293 S. 776 (kein Eigenthum dem Inhaber).

[1] Brinz, Lehrbuch der Pandekten S. 1049 bemerkt in letzterer Beziehung: „Irgend ein Satz, der die benedicirten Sachen für res nullius und extra commercium erklärte, existirt nicht; das Rituale der Benedictionen enthält kaum einmal etwas, das man als eine Vergabung an einen gewissen Zweck deuten könnte; Sachen, die benedicirt und gleichwohl im Eigenthum physischer Personen sind, kommen vor, z. B. Crucifixe etc. etc. Dadurch ist aber nicht ausgeschlossen, dass mit der Benediction einer Widmung oder Vergabung der Sache für den Zweck um dessentwillen benedicirt wird verbunden und hienach die benedicirte Sache res nullius, d. i. Zweckvermögen werde; wie wenn z. B. von Privaten Glocken, Kreuze, Bilder etc. etc. in eine Kirche „gestiftet“ und dann

blos an die geweihten Rosenkränze zu erinnern, welche man wie ein anderes Privatgut in unbeschränktem Eigenthume besitzt und an seine Nachkommen vererbt; werden doch nach katholischem Ritus am Ostertage selbst Speisen, als da sind: Brod, Fleisch, Salz und Eier geweiht, ohne dass in Folge davon irgend welche Expropriation vor sich ginge.

An all diese Gegenstände, welche doch nahe liegen, denkt man freilich in der Regel nicht, schlägt aber andrerseits darüber Lärm auf, wenn behauptet wird,[2] dass auch nach canonischem Rechte Kirchhöfe im Eigenthum der Gemeinden stehen; Schulte bekämpt diese Ansicht, weil das canonische Recht eine Pfarrgemeinde als juristische Person nicht kenne, der Civilgemeinde aber sicher kein Recht einräume.[3] Diese Behauptung halte ich blos in in Ansehung jener Kirchhöfe für haltbar, welche das accessorium einer Kirche bilden, welche selbst wieder in kirchlichem Eigenthum sich befindet, nach der Regel accessorium sequitur principale.[4] Kirchhöfe der letzteren Art sind aber dann nicht blos geweihte Sachen, sondern auch Kirchengut und können qua solches nach katholischem Kirchenrecht

---

benedicirt werden. Die Dedication (Vergabung) ist hier nicht in, sondern neben, oder vor der Benediction."

[2] Cf. Brinz l. c. S. 1050. Wappäus l. c. S. 58. Böhmer J. E. Prot. III 28 § 12.

[3] Schulte, Lehrb. d. K.-R. (neueste Aufl.) S. 356.

[4] Coemeteria tamquam accessoria templi judicantur sagt Böhmer in s. jus eccl. Prot. lib. III tit. 28 § 14, 15. Dieser Satz kann natürlich dann nicht mehr zur Anwendung kommen, wenn der Kirchhof — wie diess in Folge polizeilicher Erwägungen in der Neuzeit fast regelmässig geschieht — nicht mehr um schon bestehende Kirchen, sondern ganz selbständig ausserhalb der bewohnten Orte angelegt wird. Häufig wird, wenigstens in grösseren Städten in den städtischen Friedhöfen eine kleine Kirche oder Kapelle erbaut, und hier kehrt sich dann der obige Satz gerade um, denn nicht der Begräbnissplatz bildet dann das accessorium der Kirche, sondern diese letztere eine accessorium des ersteren. Vgl. auch Brinz a. a. O. S. 1050.

allerdings nicht im Eigenthum der politischen oder kirchlichen Gemeinde stehen.[5] Ein ganz anderer Fall ist aber der, wenn eine politische Gemeinde aus eigenen Mitteln einen Kirchhof, einen Begräbnissplatz errichtet und wenn nach dessen beendigter Anlage derselbe die kirchliche Einsegnung erhält; hiedurch allein wird derselbe noch lange nicht Kirchengut, vielmehr verbleibt derselbe nach wie vor im Eigenthum der Commune, und zwar nicht nur thatsächlich, sondern auch kirchenrechtlich; hindert doch selbst nichts, dass auch die Kirche oder die Kapelle, falls der Magistrat eine solche auf dem Begräbnissplatz aus Gemeindemitteln zu erbauen für gut finden sollte, trotz erfolgter Consecration im Gemeindeeigenthum verbleibt,[6] denn ebensowohl als ein Privater, kann auch eine Civilgemeinde Eigenthümer einer res sacra sein; ja ich gehe noch einen Schritt weiter und behaupte, dass sogar einem Nichtchristen aus dem Kirchenrechte der Nachweis nicht geliefert werden könne, dass er Eigenthümer einer res sacra oder benedicta nicht sein könne; setzen wir den Fall, ein Jude kauft eine Fabrik in welcher sich unter andern Gebäulichkeiten auch eine canonisch erigirte und consecrirte Kapelle befindet. Falls das Eigenthum derselben nie einer Kirche vermacht, und sich auch der Verkäufer kein Eigenthum daran reservirt, ist derselbe unbestrittener Eigenthümer derselben.[7] Es ist

[5] Vielmehr werden sie regelmässig im Eigenthum des einzelnen kirchl. Institutes sich befinden cf. J. Mooren, Ueber Eigenthum und Benützung der Kirchhöfe auf dem preuss. Gebiete des l. Rheinufers, Köln u. Neuss 1857: „Unter Einzelkirche ist aber durchaus nicht das corpus collectivum einer Gemeinde, sondern vielmehr ein ideelles Wesen (abstractum), nämlich die Anstalt zu verstehen, die da ist, um etwas zum Heile einer Gemeinde zu verwirklichen.“ Vgl. auch Helfert, von der Erbauung, Erhaltung u. s. w. der kirchlichen Gebäude S. 413. Für Preussen verweise ich auf Vogt a. a. O. Bd. I S 223 und des daselbst daselbst abgedruckten Rescript.

[6] Vgl. oben S. 328 Nte 27. In Ansehung der Erb- und Familienbegräbnisse verweise ich besonders auf Kreittmayr Anmerk. z. L. R. Thl. II Kap. I § IV nr. 6 ff.

[7]. Vgl. Kreittmayr's Citat oben S. 308 Nte 3.

also kein Grund einzusehen, warum eine Civil- oder Kirchengemeinde nicht die rechtmässige Eigenthümerin des Friedhofes auch nach den Grundsätzen des kathol. Kirchenrechts sein könne.[8]

---

[8] Auch den Einwand, dass das katholische K.-R. die Kirchengemeinde als juristische Person gar nicht kenne, kann ich nicht gelten lassen. Das kathol. K.-R. kennt bloss die Pfarrgemeinde nicht als Eigenthümer von Kirchengut; die Gründe aber, welche gegen diese Annahme in's Feld geführt wurden, laufen sämmtlich darauf hinaus, es gehe diess desshalb nicht an, weil die Laien überhaupt keine Gewalt über das Kirchenvermögen ausüben könnten, die Pfarrgemeinde aber rechtlich betrachtet nichts sei, als eine multitudo solcher Laien; dieses Argument zieht aber hier nicht, denn wir haben ja gesehen, dass jeder Laie Eigenthümer einer res sacra oder benedicta sein könne, folglich kann es auch eine multitudo solcher Laien, id est eine Kirchengemeinde. (Vgl. auch noch Wappäus l. c. S. 71.) Ueber das Eigenthum an Kirchenglocken, die Pflicht sie anzuschaffen und die Verfügungsgewalt in Betreff derselben mit näherer Rücksicht auf neuere Entscheidungen der badischen Regierungsbehörden und der preussischen Gerichte s. das Archiv für kath. K.-R. Bd. VIII (N. F. Bd II Jahrg. 1862) S. 33—51.

Anhang

enthaltend ein Rechtsgutachten über die Anrechte der Altkatholiken auf Ueberlassung von Kirchen und Kirchengut.

Wir haben bereits in dem Vorworte die Zusage gegeben, die ausserordentlich brennend gewordene Frage zu besprechen, ob und welche Ansprüche die in Bildung begriffenen altkatholischen Gemeinden auf Ueberlassung von Kirchen und Kirchengut haben.

Dass der Besitz von Kirchen für die altkatholischen Gemeinden, unerlässlich sei, liegt auf der Hand. Wie viele Tausende sind es nicht, denen die Kirche die Möglichkeit des Empfangs der Sacramente entzogen, und welche sie förmlich vor die Thüre gesetzt hat. Wo soll fortan getauft, wo gepredigt, wo das Messopfer gefeiert, wo die kirchliche Einsegnung ertheilt werden, wenn nicht in Kirchen? Die Bitten der Altkatholiken um Ueberlassung von Kirchen fussen demnach auf einem dringenden Bedürfnisse; ihnen nicht willfahren heisst, um von allen rechtlichen Gesichtspunkten vorerst abzusehen, Tausenden von Seelen jedwelche Möglichkeit der Besorgung ihrer geistigen Angelegenheiten benehmen, und sie unfehlbar dem Indifferentismus in die Arme treiben.

Nicht weniger dringend als der Anspruch auf Kirchen erweist sich der auf Ueberlassung von Kirchengut. Man unterschätze überhaupt die Bedeutung der Rolle nicht, welche dasselbe in unserer modernen Kirchenspaltung gespielt hat, und welche es noch spielen kann und sicherlich auch noch spielen wird.

Wie mancher Bischof hat seine früher rückhaltslos ausgesprochene feste Ueberzeugung, dass der tausendjährige Satz „errare humanum" auch auf den Papst seine unbedingte Anwendung finde, nicht desshalb über Bord geworfen, weil ein angeblich ökumenisches Concil es so haben wollte, sondern desshalb, weil er sich die Frage nicht zu bejahen getraute, ob seine **materiellen** Verhältnisse beim Festhalten am Glauben der Väter nach wie vor bestellt blieben.

Ja, sprechen wir es nur offen aus: die Liebe zur Pfründe hat über die Liebe zur Wahrheit in nur zu vielen Fällen den Sieg davon getragen. —

Ich bin fest überzeugt, hätte der Staat **sofort** nach der Verfertigung des verhängnissvollen Dogmas vom 18. Juli 1870 erklärt, er erkenne dasselbe nicht nur nicht an, sondern könne auch nicht zugestehen, dass die dieses Dogma lehrende Kirche die alte katholische, d. i. jene sei, welche er mit dem Rechte Eigenthum zu besitzen und als Eigenthum besitzende anerkenne, und dass er den altkatholisch bleibenden Geistlichen alle ihre bisherigen Rechte garantire und sie gegen Roms Uebergriffe schütze, so wäre mancher Bischof, mancher Priester treuer zu seiner Ueberzeugung gestanden, und wäre die Zahl jener weit beträchtlicher geblieben, deren Aufgabe es ist, unermüdlich Licht zu verbreiten, bis dass in Rom ein fehlbarer Papst den Schritt rückgängig macht, den ein unfehlbar sein wollender in beklagenswerther Verirrung gemacht.

Noch ist indess nicht alles verloren. Was versäumt ist, lässt sich noch einholen. Sache der Altkatholiken ist es, ihre Rechtsansprüche auf das Kirchengut laut geltend zu machen. Sind sie dann in der Lage, ihren Priestern genügenden materiellen Unterhalt zu bieten, so wird es ihnen auch an solchen nicht fehlen, und zwar an Priestern, in deren Herzen der Keim der neuen Lehre noch keine Wurzeln geschlagen. Können sie ihnen aber nichts bieten, so können sie ihnen auch den Heroismus nicht zutrauen, aus Liebe zur Wahrheit ihre ganze Existenz in die Schanze zu schlagen.

So kann man denn schon jetzt mit Sicherheit behaupten, dass der Streit um Kirchen und Kirchengut und der Ausgang desselben für die Sache der Altkatholiken eine wahre Lebensfrage ist; denn von dessen Verbescheidung hängt es ab, ob sie im Stande sind, ihren Glaubensbrüdern eine geordnete Seelsorge zu bieten, einen würdigen Gottesdienst zu feiern und ein Priesterthum zu erhalten, das seines hohen Berufes würdig ist. Doch nun zur Sache.

Bereits oben[1] hatten wir Gelegenheit, kurz anzudeuten, dass die Frage, ob in einem Lande die Kirchengemeinden oder die einzelnen kirchlichen Institute als die rechtmässigen Eigenthümer des Kirchengutes anzusehen seien, für jene andere Frage präjudiciell ist, ob, und welche rechtlichen Ansprüche die Altkatholiken auf Kirchen und Kirchengut besitzen.

Solche Ansprüche sind bekanntermassen erhoben worden; man sehe desfalls die Nr. VII des in den Zeitungen veröffentlichten Programm's für den Katholiken-Congress in München.[2]

Sind nun

I.

in einem Lande die **Kirchengemeinden** das Subject des örtlichen Stiftungs-Vermögens,[3] so wird den sich etwa

---

[1] Vgl. oben § 43 in fine.

[2] S. die Beilage zur Allgemeinen Zeitung v. 23. Sept. 1871 (S. 4696) und die Fortsetzung im Texte. Auch auf Ueberlassung von Kirchen sind bereits wiederholte Ansprüche Seitens der Altkatholiken erhoben worden, deren Verbescheidung durch den Staat noch abzuwarten ist.

[3] Darüber, in welchen Ländern die Kirchengemeinden als das berechtigte Subject des örtlichen Kirchenvermögens anzusehen seien vgl. S. 278 Nte 13—17; speciell wegen Bayern s. auch unten S. 343. Dass nach canonischem Rechte die kirchliche Gemeindetheorie nicht begründet sei, haben wir gleichfalls bereits oben cf. S. 275 nachgewiesen.

bildenden altkatholischen Kirchengemeinden ein Anspruch auf Kirchen und Kirchengut nicht bestritten werden können, und zwar in keinem Falle, mag man die Sache vom alt- oder neukatholischen Standpunkte aus betrachten.

Stellt man sich nämlich:

A. auf den Standpunkt, welchen die Altkatholiken in dem oben angeführten Programme eingenommen haben, so sind die Anrechte derselben schon an und für sich unumstösslich; denn nicht als Anhänger einer etwa neu gebildeten Sekte, sondern „als vollberechtigte Glieder der katholischen, durch die vaticanischen Decrete nicht alterirten Kirche, welcher die Staaten politische Anerkennung und öffentlichen Schutz garantirt haben, halten hienach die Altkatholiken ihre Ansprüche auf alle realen Güter der Kirche aufrecht."[4] Nach den Grundsätzen, wie sie in jenem Programme niedergelegt sind, erscheinen altkatholische Kirchengemeinden als von der katholischen Kirche überhaupt gar nicht abgefallen; dass aber nur abgefallene id est convertirende Gemeinden ihres Kirchenvermögens verlustig gehen, wird ja überhaupt von allen Seiten zugegeben.

Aber auch für den Fall, dass man

B. anzunehmen geneigt ist, sich bildende altkatholische Gemeinden würden von der katholischen Kirche förmlich abfallen, wird man zu keinem anderen Resultate gelangen. Die Kirchengemeinde nimmt dann mit ihrem Uebertritte in ein anderes Religionsbekenntniss in Folge eines Corporationsbeschlusses Kirche und Kirchenvermögen mit hinüber. Sie ist aber hiezu auch vollkommen berechtigt; denn qua Eigenthümerin[5] kann sie über ihr Vermögen

---

[4] S. No. VII des oben S. 336 Ntc 2 allegirten Programms.

[5] Wir gehen hier nämlich noch stets von der Annahme aus, dass in einem Lande die Kirchengemeinden das Rechtssubject des kirchlichen Vermögens seien.

beliebig verfügen, und kann es nach Gutdünken diesem oder jenem Glaubensbekenntnisse dienstbar machen.[6] Wenn man erwägt, wie häufig Corporationen einzelne Paragraphen ihrer Statuten ändern, und damit ihr Eigenthum einem neuen Zwecke unter neuen Modifikationen dienstbar machen, so kann hierin nichts Absonderliches erblickt werden.[7]

Freilich trifft man auch vereinzelt die Behauptung, dass convertirende Gemeinden auch vom Standpunkte der Gemeindetheorie aus ihres Kirchenvermögens verlustig gehen, und zwar desshalb, weil sie dasselbe „blos in ihrer Eigenschaft als Gemeinden einer bestimmten Kirche besassen."[8] Diese Annahme ist aber offenbar gesucht und hat nicht nur die communis opinio[9], sondern auch die Natur der Sache gegen sich.[10] Mit gutem Grunde wendet

---

[6] Auf jene Sätze des canon. Rechts, welche jedwelche Disposition von Laien über das K.-V. ausschliessen, kann man sich natürlich hier nicht berufen; denn diese Sätze sind schon durch den thatsächlichen Ausgangspunkt, dass nämlich die Kirchengemeinde das Eigenthum über das K.-V. besitzt, als überwunden zu betrachten.

[7] Ich gebe übrigens zu bedenken, dass ja auch die katholische Kirche durch die Erhebung der Lehre von der Unfehlbarkeit des Papstes zum Dogma eine wesentliche Neuerung in ihrem Glaubensbekenntniss geschaffen hat, was nicht hindert, dass sie nach wie vor Ansprüche auf Kirchen und Kirchengut geltend macht.

[8] Vgl. Mejer, Institutionen des gem. deutschen Kirchenrechts Gött. 1845 II. Aufl. 1856 § 111 Anm. 4 u. Dove in der IV. Aufl. von Richter's Lehrb. des K.-R. § 302 Anm. 13.

[9] Dieselbe hat auch im Preussischen Landrechte entsprechenden Ausdruck gefunden, wo es Thl. II Tit. XI § 171 heisst: „Auch durch Veränderung ihrer Religionsgrundsätze verliert eine Kirchengesellschaft nicht das Eigenthum der ihr gewidmeten Kirchengebäude."

[10] Man denke sich den doch immerhin möglichen Fall, dass mit Ausnahme von Tausend Seelen die ganze Bevölkerung eines Landes das Dogma von der Unfehlbarkeit des Papstes nicht annehmen würde; hier müsste, wenn obige Ansicht nicht falsch wäre, sämmtliches Kirchengut den altkatholischen Kirchengemeinden abgenommen und den Tausend

sich gegen dieselbe auch Hübler,[11] indem er schlagend bemerkt, dass man im Zeitalter der Reformation anders geurtheilt habe.[12] Auch muss selbst die Kirche die hier bekämpfte Ansicht perhorresciren, denn sie hätte als Aquivalent für die Hoffnung, das Vermögen einzelner Kirchen sich zu erhalten, zu risquiren, dass sich die Spitze besagter Theorie gegen sie selbst kehrt. Würde nämlich eine Staatsregierung sich auf den Standpunkt stellen, dass auf Seite der Altkatholiken ein Festhalten an der alten katholischen Lehre vorliege, und dass umgekehrt auf Seite der neukatholischen Gemeinden ein Glaubenswechsel gegeben sei, so würden nun folgemässig alle neukatholischen Kirchengemeinden all' ihr Kirchengut bis auf den letzten Heller an die altkatholischen abgeben müssen, was doch für die Kirche ein viel empfindlicherer Schlag wäre, als der sich in richtiger Anwendung der Rechtssätze deducirende.

Nicht ungünstiger gestaltet sich das Verhältniss für die Altkatholiken, wenn ihre Ansprüche auf das Kirchengut

II.

vom Standpunkte der **kirchlichen Institutentheorie**[13] aus beurtheilt werden.

Stellt man sich hier wieder wie oben auf den Standpunkt, welchen wir[14] als den der Altkatholiken gekennzeichnet haben, dem zu Folge sie festhalten wollen an dem

Anhängern des Dogma's von der Unfehlbarkeit ausgehändigt werden, was doch Niemand im Ernste wird behaupten wollen.

[11] In dem oben S. 1 Nte 1 citirtem Werke auf S. 128 Nte 141.

[12] Stehen sich in einer Kirchengemeinde Alt- und Neukatholiken gegenüber, so muss natürlich zur Theilung von Kirchen und Kirchengut geschritten werden, und zwar berechnet sich der Anspruch der einen und andern nach dem Verhältniss der Kopfzahl.

[13] Darüber, in welchen Ländern dieselbe heimisch ist, vgl. oben S. 266 Nte 3.

[14] Vgl. S. 337.

alten katholischen Glauben, wie er in Schrift und Tradition bezeugt ist, sowie am alten katholischen Cultus, sich ferner als vollberechtigte Glieder der katholischen Kirche betrachten und sich weder aus der Kirchengemeinschaft, noch aus den durch diese Gemeinschaft erwachsenden kirchlichen und bürgerlichen Rechten verdrängen lassen wollen: so ist von vorneherein klar, dass den Altkatholiken ein Anspruch auf Kirchen und Kirchengut wirklich gebührt. Denn hienach repräsentiren ja eigentlich **sie** die alte katholische Kirche, während umgekehrt auf Seite jener Gemeinden, welche die unter dem Pontifikate Pius IX. zu Stande gebrachten Dogmen von dem „unfehlbaren Lehramt" und von der „höchsten ordentlichen und unmittelbaren Jurisdiction des Papstes" angenommen haben, ein offenbarer Abfall von der Lehre der katholischen Kirche vorliegt.

Allein man braucht sich nicht einmal auf diesen specifisch altkatholischen Standpunkt zu stellen, um die Ansprüche der Altkatholiken auf Kirchen und Kirchengut im deutlichsten Lichte erkennen zu lassen.

Das Kirchengut ist unserer nunmehrigen Auffassung zu Folge „Stiftungsgut". Die Gemeinden stehen damit nur zufälliger Weise in Verbindung. Dieses Stiftungsgut wurde z u e i n e r Z e i t g e s t i f t e t, als die Lehre von der persönlichen Unfehlbarkeit des Papstes noch nicht bestand, es sei denn im Gehirne gewisser, durch ihre jesuitischen und papistischen Gesinnungen sich auszeichnenden Theologen und Canonisten. Dass auch die meisten Stifter des Kirchenvermögens von besagter Lehre noch nichts wussten, ja davon nicht die mindeste Ahnung hatten, ist gleichfalls sicher.[15]

---

[15] Man lese zum Beweise dieser Behauptung die Beantwortung der Interpellation des Abgeordneten Herz und Genossen durch den kgl. bayer. Staatsminister des Innern für Kirchen- und Schulangelegenheiten v. Lutz, (Ausserordentl. Beilage zur Allgemeinen Zeitung No. 293 f.) woselbst schlagend und mit Aufwand einer reichen Fülle von Gelehr-

Diese Stifter gaben nun ihr Gut einzelnen kirchlichen Instituten, in denen gleichfalls nur jene Lehre vorgetragen wurde, welche wir heutzutag die altkatholische κατ' ἐξοχὴν nennen.[16] Gestützt auf diese drei Momente wird man unwillkürlich zu der Behauptung getrieben, das gesammte Kirchengut, insoweit es bis zum 18. Juli 1870 bestand, war **altkatholisches Kirchengut**. War es aber diess bis zum 18. Juli 1870, dann muss es diess auch **noch** sein, und muss es in solange bleiben, als überhaupt die alte katholische Lehre, im Hinblick auf welche ja besagtes Gut gestiftet wurde, Anhänger zählt.

Man wende hiegegen nicht ein, dass, falls auch die Kirche ihren Lehrbegriff verändert habe, es ihr doch zustehe, das Kirchengut demselben nunmehr dienstbar zu machen; denn die Richtigkeit dieser Behauptung müsste mit aller Entschiedenheit bekämpft werden. Oben, als wir von der Annahme ausgingen, die einzelnen **Kirchengemeinden** seien das Rechtssubject des örtlichen Kirchengutes, konnten wir so argumentiren;[17] desgleichen könnten wir es, falls die Voraussetzung gegeben wäre, dass die **allgemeine Kirche** die rechtmässige Eigenthümerin ihres Vermögens sei.[18] So aber

---

samkeit der Beweis geliefert ist, dass in dem Dogma vom 18. Juli 1870 eine **Neuerung** an dem Lehrbegriffe der katholischen Kirche liege.

[16] Das von ihnen gestiftete Kirchengut ohneweiters in das neukatholische Lager mit hinüber nehmen, heisst Alles weniger, als den Willen des Stifters, der doch vor allem heilig zu halten ist (vgl. oben S. 171 Nte 20) erfüllen.

[17] Vgl. S. 337 f.

[18] In diesem Falle stünde es um die Anspsüche der Altkatholiken weniger günstig; allein obige Annahme trifft nicht nur nach canon. Rechte nicht zu, (diesen Beweis glaube ich in dieser Schrift schlagend geführt zu haben), sondern auch nicht nach irgend welchem Partikularrechte (vgl. oben S. 267 Nte 4), am allerwenigsten aber nach bayerischem Rechte (vgl. oben S. 57 Nte 6, S. 182 Nte 6, S. 266 Nte 3 u. S. 279 Nte 17.) Alle übrigen Theorien über das Rechtssubject (vgl. überhaupt den Achten Abschnitt dieser Schrift S. 262—303) konnten hier schon

diess nicht zutrifft, wir jetzt vielmehr davon ausgehen, dass die einzelnen örtlichen Stiftungen das Subject ihres Vermögens in sich selbst tragen, steht es nicht in der Macht der Kirche resp. der Bischöfe, mit dem Stiftungsgute zu spielen, und dasselbe nach Willkür heute diesem morgen jenem neuen kirchlichen Glaubenssatze dienstbar zu machen. Denn diess ist eben das Charakteristische beim Stiftungsgute, dass dessen Verwendung stets stiftungsgemäss zu geschehen hat, und dass es nicht im Belieben der Verwalter steht, dem Charakter der Stiftung bald diese, bald jene Färbung zu geben.[19]

Demnach haben die Altkatholiken vom Standpunkte der kirchlichen Jnstutentheorie aus nicht blos überhaupt einen sicheren Anspruch auf Kirchengut, sondern geradezu Anspruch auf **alles Kirchengut,** wenigstens insoferne es am Tage der Verkündung des neuen Dogma's schon existent war.[20]

---

desshalb übergegangen werden, weil sie irrationell sind und in den deutschen Particularrechten einen Eingang gleichfalls nicht zu finden vermochten.

[19] Wohl kann der Eigenthümer über seine Sache disponiren, und die Corporationsmitglieder über das Gut der Corporation; über das Gut der Stiftung aber kann, falls nicht eine Ermächtigung durch den Stifter selbst vorliegt, Niemand verfügen, vielmehr kann dasselbe, falls eine stiftungswidrige Verwendung eintritt, von den Repräsentanten des ursprünglichen Zweckes vindicirt werden.

[20] Dieser Rechtsanspruch hat auch in No. VII des oben allegirten Programms seinen deutlichen Ausdruck gefunden, woselbst ein Anrecht **auf alle realen Güter der Kirche** erhoben wird. Vom Standpunkte der Kirchen-Gemeindetheorie aus lässt sich ein solcher Universalanspruch nicht rechtfertigen, vielmehr gebührt hienach, wie wir diess oben (S. 336 f.) näher ausgeführt haben, zwar den altkatholischen Kirchengemeinden ein Anspruch auf Kirche und Kirchengut, was nicht ausschliesst, dass den neukatholischen ein solcher gleichfalls zukömmt; denn auch in ihrer Macht ist es gelegen, durch Corporationsbeschluss Kirche und Kirchengut der neukatholischen Lehre dienstbar zu machen. So kann man den sagen,

Nach dem Gesagten kann die Frage, welche Anrechte die in Bildung begriffenen altkatholischen Gemeinden Bayern's [21] auf Ueberweisung von Kirchen und Kirchengut haben, keine Schwierigkeiten bieten. Die Sache wird indessen hier doch in soferne verwickelter, als es in Bayern noch bis zur Stunde bestritten ist, wer als das Subject des örtlichen Kirchenvermögens anzusehen sei, die Kirchengemeinde, oder das einzelne kirchliche Institut. [22] Ja eine dritte Meinung will bekanntermassen gar beiden Theorien gerecht werden, indem sie dem Vermögen der Kirchengemeinde das Vermögen der Pfarrei oder Pfarrpfründe entgegenhält, welch' letztere in der Praxis als ein selbständiges von der Kirchengemeinde zu unterscheidendes Rechtssubject aufgefasst werde. [23]

Mag man nun aber die eine oder andere dieser Ansichten zum Ausgangspunkte der Entscheidung nehmen, so werden doch immerhin die altkatholischen Kirchengemeinden mit ihren Rechtsansprüchen auf das Kirchengut durchzudringen vermögen; denn die Frage ist, wie wir oben gesehen haben, in allen Fällen nicht die, ob sie überhaupt einen Anspruch darauf haben, sondern ob sich derselbe auf **alles** [24] oder nur **einen Theil** [25] des Kirchengutes erstreckt.

---

dass auch die neukatholische Kirche an den wohlthätigen Folgen der kirchlichen Gemeindetheorie participire.

[21] Ich nehme hier auf die Verhältnisse Bayerns besondere Rücksicht und zwar desshalb, weil hier die Frage brennender ist, als irgend wo zu Lande.

[22] Vgl. oben S. 279 und die dortigen Hinweisungen.

[23] Vgl S. 279 Nte 17 in fine u. die Belege bei Roth a. a. O.

[24] Anspruch auf alles K.-V. haben die Altkatholiken wie oben S. 342 nachgewiesen, vom Standpunkte der kirchlichen Institutentheorie, welche für Bayern von Schulte, Kreittmayr, Silbernagl und Uhrig als massgebende bezeichnet wird (vgl. oben S. 279 Nte 17). Für die Richtigkeit dieser Ansicht sprechen besonders die bei Uhrig a. a. O. S. 102 angeführten Belege.

[25] Vom Standpunkte der kirchlichen Gemeindetheorie aus haben,

Wenn es sich endlich darum frägt, auf welchem Wege die Altkatholiken ihr gutes Recht auf Kirchen- und Kirchengut geltend machen müssen, so bieten sich hiezu deren zwei: Geltendmachung vor den Gerichten oder den Verwaltungsbehörden. Welcher Weg ist nun der richtige? Auf der ersten Blick wird man geneigt sein, die Gerichte für competent zu erachten, da es sich um eine reine Privatrechtssache handle. Werden aber die Grundsätze, wie sie in Bayern seit einer Reihe von Jahren in Uebung sind, auch im gegebenen Falle gehandhabt, so steht zu erwarten, dass die Verwaltungsbehörden Competenzconflikt anregen werden, und zwar desshalb, weil es sich im gegebenen Falle zumal in Ansehung der Kirchen um eine Frage von eminent öffentlichem Interesse handelt.[26]

Für den Fall nun, dass unsere Frage vor den Verwaltungsbehörden ausgetragen werden sollte, wird es von wesentlichem Interesse sein, schon jetzt die Anschauungen kennen zu lernen, von welchen die bayerische Staatsregierung ausgehen zu müssen glaubt, so oft sie — wie im gegebenen Falle über eine Angelegenheit sich schlüssig zu machen berufen ist, welche mit den oft erwähnten Concilsbeschlüssen zusammenhängt.[27]

---

wie oben S. 337 nachgewiesen, die altkatholischen Kirchengemeinden gleichfalls einen sicheren Anspruch auf Ueberlassung eines verhältnissmässigen Theiles von Kirchen und Kirchengut, allein keinen dessfallsigen Universalanspruch, wie wir diess schon oben S. 342 Nte 20 des Näheren motivirt haben. — Dass die kirchliche Gemeindetheorie ausschliesslich in Bayern Gesetze begründet sei, der Nachweis dürfte nicht geliefert werden können. Nach der Auffassung von Roth wäre zum Mindesten das Pfarrgut altkatholisches Stiftungsgut und als solches der Vindication der Altkatholiken zugänglich; bezüglich des übrigen Kirchenvermögens gälte das zu Anfang der Note Gesagte.

[26] Ob die Ausdehnung der Competenz der Verwaltungsbehörden über reine Civilrechtsfragen bei obschwebendem öffentlichen Interesse in diesem Masse gerechtfertigt werden könne, ist eine andere Frage, über deren verneinende Beantwortung man so ziemlich einig ist.

[27] Vgl. zum Gesagten und zum Folgenden den denkwürdigen Erlass

Nach der leitenden Anschauung der bayerischen Staatsregierung haben nun aber diejenigen Recht, welche behaupten, durch Definirung des Dogma's von der Infallibilität des Papstes sei eine wesentliche **Neuerung** an der katholischen Kirche begründet worden. Folgemässig und insbesondere wegen ihrer Ueberzeugung von der Staatsgefährlichkeit jenes Dogmas hat dieselbe Staatsregierung die Zusicherung gegeben, jede Mitwirkung zur Verbreitung der neuen Lehre und zum Vollzuge von Anordnungen zu verweigern, welche von den kirchlichen Behörden in Rücksicht auf die neue Lehre und zu deren Durchführung getroffen werden.

Bleibt die bayerische Staatsregierung anders diesem Programme treu, so können die Altkatholiken der Verhandlung ihrer Rechtsansprüche auf Kirchen- und Kirchengut auch vor den Verwaltungsbehörden mit Zuversicht entgegensehen. Denn gerade in der abschlägigen Beantwortung derselben würde eine nicht zu unterschätzende Mitwirkung zum Vollzuge von Anordnungen liegen, welche von den kirchlichen Behörden in Rücksicht auf die neue Lehre und zu deren Durchführung getroffen werden. Der Ausschluss der altkatholischen Priester und Laien von Kirche und Kirchengut erscheint nämlich offenbar als nichts anderes, denn als eine von der kirchlichen Behörde in Rücksicht auf die neue Lehre und zu deren Durchführung getroffene Anordnung.

Von weit durchlagenderem Erfolg scheint mir der folgende Gesichtspunkt. Die bayerische Staatsregierung, von der Neuheit und damit von der Unverbindlichkeit[28] der

des bayerischen Cultusministeriums an den Erzbischof von München. (Allgemeine Zeitung 1871 No. 242.)

[28] Denn eine Lehre, die nicht zu allen Zeiten und zu allen Orten und von Allen geglaubt wurde, kann nach den Grundsätzen der Kirche ohnedem nicht zum Dogma erhoben werden. Mit der Behauptung der

Dogmen vom 18. Juli 1870 durchdrungen, vermag Männer und damit auch Vereinigungen von Männern, id est Gemeinden, welche der Einführung des neuen Dogma's widerstreben, unmöglich nach dem Beispiele so manches dem Dogma freundlichen Blattes mit Ungläubigen, Indifferenten oder mit „**Abtrünnigen**" auf eine und dieselbe Stufe zu stellen.

Die kgl. bayerische Staatsregierung ist nicht blos gewillt, den einzelnen Anhänger der alten katholischen Lehre fortwährend als Katholiken zu betrachten, sondern hat weiters die Zusage gegeben auch etwa sich bildende altkatholische Gemeinden als katholische anzuerkennen und denselben und ihren Geistlichen alle jene Rechte einzuräumen, welche sie gehabt haben würden, wenn die Gemeindebildung vor dem 18. Juli 1870 vor sich gegangen wäre.[29]

Nach der Auffassung der kgl. bayerischen Staatsregierung liegt dem Gesagten zu Folge bei Kirchengemeinden, welche, wie z. B. die von Mehring, der neuerfundenen Lehre den Eingang verweigern, ein Abfall von der katholischen Kirche gar nicht vor,[30] sie sind in ihren Augen nach wie vor katholische, ja geradezu die katholischen im eigentlichen Sinne des Wortes, woraus weiter folgt, dass ein Zweifel über die Frage, ob sie im Besitze ihres Kirchenvermögens zu schützen seien, gar nicht auftauchen kann. Denn dass **nicht** convertirende Gemeinden ihres Kirchenvermögens nicht verlustig gehen, ist ja ohnedem, wie schon oben bemerkt, eine ausgemachte Sache.

Neuheit der Lehre stellt demnach die bayerische Staatsregierung die Oecumenicität des jüngsten Concils förmlich in Abrede.

[29] S. den Schluss der Beantwortung der Interpellation des Abg. Herz u. Genossen durch den k. bayer. Staatsminister des Innern für Kirchen- und Schulangelegenheiten v. Lutz.

[30] Wir finden demnach hier eine vollkommene Bestätigung der in Ziff. 1 des Programms für den Katholiken-Congress in München aufgestellten Grundsätze.

Schliesslich wollen wir noch bemerken, dass da, wo der Staat, Private, oder Stadtgemeinden Kirchen eigenthümlich besitzen,[31] dieselben keinen Uebergriff begehen, wenn sie dieselben den Altkatholiken zur förmlichen und alleinigen Verfügung stellen. Denn der Eigenthümer ist zur Disposition über sein Eigenthum befugt, insoferne er nur nicht anderweitig (zum Beispiel in Folge einer Stiftung zu einer stiftungsgemässen Verwendung) gebunden ist. Indem aber eine Kirche den Altkatholiken zur Verfügung gestellt wird, wird sie nach unserer und von der königl. bayer. Staatsregierung getheilten Ansicht, dem ursprünglichen Zwecke überhaupt nicht entfremdet; denn der **alten katholischen, nicht einer neuen Lehre** wird sie ja dienstbar gemacht.

---

[31] Dass diess Verhältniss selbst nach den Grundsätzen des katholischen Kirchenrechts ein legales ist, diesen Beweis haben wir oben geliefert (vgl. wegen des Staates oben S. 327 Nte 21, wegen der Gemeinden S. 328 Nte 26 u. S. 333 Nte 8, wegen der Private S. 321 ff.).

Autoren-Register.

Register.

Die grösseren Ziffern bedeuten die Seitenzahl, die kleineren untenstehenden die Noten.

A.

B.

C.

D.

E.

F.

G.

H.

I.

J.

K.

L.

M.

N.

O.

P.

R.

S.

T.

V.

W.

Z.

www.ingramcontent.com/pod-product-compliance
Lightning Source LLC
LaVergne TN
LVHW092156300926
849161LV00002B/287